北京大学经济学院教授文库

刘伟 著

改革与发展的经济学分析

通过这些著述和文稿，我们不仅可以分享教授们的研究成果，领略他们的学术风格，而且可以把握不同历史时期我国经济学研究的思想脉络，反思特定历史阶段的特殊经济实践以及经济学理论发展和研究方法的进程。

刘伟文集（1995—2004）

U0407901

图书在版编目(CIP)数据

改革与发展的经济学分析——刘伟文集(1995—2004)/刘伟著.—北京：北京大学出版社,2005.9
(北京大学经济学院教授文库)
ISBN 978-7-301-09455-6

Ⅰ.改… Ⅱ.刘… Ⅲ.①经济体制改革-研究-中国-文集 ②经济发展-研究-中国-文集 Ⅳ.F12-53

中国版本图书馆 CIP 数据核字(2005)第 086328 号

书　　名：改革与发展的经济学分析——刘伟文集(1995—2004)
著作责任者：刘　伟　著
责 任 编 辑：叶　楠
标 准 书 号：ISBN 978-7-301-09455-6/F·1167
出 版 发 行：北京大学出版社
地　　　址：北京市海淀区成府路 205 号　100871
网　　　址：http://www.pup.cn　电子邮箱：em@pup.pku.edu.cn
电　　　话：邮购部 62752015　发行部 62750672　编辑部 62752926
　　　　　　出版部 62754962
印 刷 者：北京汇林印务有限公司
经 销 者：新华书店
　　　　　　650 毫米×980 毫米　16 开本　23 印张　389 千字
　　　　　　2005 年 9 月第 1 版　2008 年 9 月第 2 次印刷
定　　　价：48.00 元

未经许可,不得以任何方式复制或抄袭本书之部分或全部内容。
版权所有,侵权必究
举报电话：010-62752024　电子邮箱：fd@pup.pku.edu.cn

编 委 会

主　编：睢国余
副主编：黄桂田
编　委：何小锋　　胡　坚　　黄桂田　　睢国余
　　　　李庆云　　李心愉　　刘　伟　　刘文忻
　　　　孙祁祥　　王大树　　王跃生　　王志伟
　　　　萧　琛　　萧国亮　　萧灼基　　晏智杰
　　　　叶静怡　　郑学益

序　言

北京大学经济学院成立于1985年5月，其前身是北京大学经济学系。经济学系始建于1912年，是中国高等学校建立最早的经济系科，源于1898年戊戌维新运动中创办的京师大学堂商学科。

在近百年的北京大学经济学系、经济学院发展进程中，不同历史阶段的教授们以崇高的敬业精神和执著的经世济民的职业操守为北京大学经济学科的发展作出了自己的卓越贡献。这些教授不仅包括学术泰斗和学界先贤，而且包括活跃于经济学舞台的先贤传人和后起之秀。他们是北京大学经济学系及迄今为止有20年历史的经济学院发展中的开拓者、建设者。在北京大学经济学院成立20周年庆典之际，我们对历代北京大学经济学系、经济学院的教授们表达诚挚的敬意和衷心的感谢！

《北京大学经济学院教授文库》选录了经济学院部分教授公开发表的有代表性的著述。虽然这些著述由于文稿作者的年龄、阅历、所处时代背景不同，学术视野、价值取向各异，甚至文稿所反映的某些学术观点和理论判断值得进一步斟酌和商榷，但是通过这些著述和文稿，我们不仅可以分享教授们的研究成果，领略他们的学术风格，而且可以把握不同历史时期我国经济学研究的思想脉络，反思特定历史阶段的特殊经济实践以及经济学理论和研究方法的发展进程。有些论文的思想和方法按今天的某种"学术规范"或"学术前沿"衡量，可能显得"陈旧"和"过时"，但它们却是属于"当时"的学术前沿和符合"当时"的学术规范的。从动态的、历史的、发展的眼光审视经济类学科的发展，不仅是过去，而且在现在和将来，都不存在一成不变的"学术规范"和永恒性的"学术前沿"，因为经济活动现象和经济发展过程太具有嬗变性、多样性和生动性，以解释和解决现实经济问题为出发点的经济学成果怎么可能保持它的不变性？尊重历史、尊重反映各个阶段历史的学术成果，从历史史实和"历史性"成果中吸取养分,借以站在前人成果的肩膀上"创造"我们所处阶段的"学术前沿",才是学术发展永恒的道理。可以说,这是我们出版《北京大学经济学院教授文库》的宗旨之一。

我们希望通过这套文集的出版,进一步推进经济学院未来学科的建设,吸引北京大学经济学院未来的教授们以更精彩的篇章进入《北京大学经济学院教授文库》。

真诚地感谢北京大学出版社的合作及相关工作人员的辛勤劳动!

《北京大学经济学院教授文库》编委会
2005 年 5 月

目 录

所有制与企业产权制度

产权范畴的理论分歧及其对我国改革的特殊意义 ………… 3
国有制改革必须与社会产权构造转变融为一体 …………… 16
解放思想实事求是　推进所有制改革 ………………………… 26
20年国有企业改革的进展与基本经验 ………………………… 42
国有企业改革与所有制结构调整 ……………………………… 50
产权缺陷与伦理冲突 …………………………………………… 60
激励所有者与激励经营者 ……………………………………… 68
所有制变化与经济增长和要素效率提升 ……………………… 74
关于我国转轨期所有制变化的历史"合理性"考察 ………… 85

经济增长与经济发展

经济发展目标的结构解释 ……………………………………… 103
加速发展重在经济质态转变 …………………………………… 108
关于水灾之后"移民建镇"的几点思考 ……………………… 115
就业目标：结构转换与企业重组的重要约束 ………………… 119
论中国经济持续增长 …………………………………………… 156
经济增长中的效率与公平 ……………………………………… 166
产业结构与经济增长 …………………………………………… 172

私有经济与民营企业

经济"软着陆"与非国有经济 ………………………………… 187
当代中国私营资本的产权特征 ………………………………… 194
关于当代中国私营资本企业"管理青春期"的考察 ………… 205

清晰界定民营企业的产权的重要性 ················· 214

市场化与市场秩序

市场化进程与财产制度的演变 ···················· 223
转轨时期市场经济秩序建设的历史特殊性 ············ 252
货币扩张、经济增长与资本市场制度创新 ············ 257
中国银行业改革的侧重点:产权结构还是市场结构 ······ 266
经济体制改革新的转折点 ······················ 282
关于发展教育产业的讨论
　　——与国家教育发展研究中心教育发展战略研究室
　　主任诸平、国家教育发展研究中心研究人员王蕊
　　的对话 ······························ 285
银行业的集中、竞争与绩效 ···················· 290

经济学与改革的正义性

中国经济学必须直面改革发展现实 ················ 305
培育效率与公平相互协调的制度基础 ··············· 316
经济学:争论为何回归基础问题
　　——价值、劳动、生产、阶级、剥削 ··········· 325
新时期经济学研究的历史重任
　　——访北京大学教授刘伟 ·················· 333
怎样看待改革中经济制度演变的历史合理性
　　——生产力标准的历史唯物主义考察 ··········· 337
经济学为什么研究价值理论
　　——兼论马克思劳动价值论面临的历史性挑战 ····· 345

跋 ·· 360

所有制
与
企业产权制度

产权范畴的理论分歧及其对我国改革的特殊意义*

一、马克思关于产权的基本解释

严格地说,马克思关于产权的思想就是他的与所有制分析相联系的所有权思想。在马克思的著述中尽管存在后来人们归纳出来并被认为有别于所有权的关于产权的论述,但总的说来,马克思是以其所有制、所有权理论来解释整个财产权利关系及其运动的。

1. 马克思是从其所面临的时代历史性质的产权形态出发来考察所有权的,分析的是资本主义社会私人所有权的产生、发展及灭亡的内在历史运动规律。在经济史上,马克思考察的是19世纪之前的资本主义私人所有权的运动,因此马克思关于所有权的理论,首先是以私人所有权为核心内容;其次是把这种私人所有权作为一种运动于市场机制中的可交易的法权,而不是一般意义的私人所有权;其三是作为资本的属性和资本的权利,而不是一般意义的市场价值权利。因此,马克思所描述的资本社会财产权利,或者说马克思通过分析资本生产关系所定义的产权(所有权)是一种以私人间的排他性来界定"所有"的、可以进行市场交易并在交易运动中不断增值的财产权。这是马克思关于产权(所有权)的最一般的定义。

2. 马克思区分了所有制与所有权,并把对所有权的解释建立在对所有制的系统分析基础之上。马克思特别指出,所有制是一个事实,是一种经济存在,而所有权作为一种权利属于上层建筑范畴,是一法律范畴。因此,严格地说,所有权概念是所有制这一经济基础在法律范畴上的表现。①

3. 马克思区分了广义和狭义的所有权,因而考察了所有权的结构。对

---

* 本文由刘伟和李风圣共同撰写,原载于《经济研究》1997年第1期。
① 产权或所有权的英文是 Property Rights,而英文中的"所有"则是 Ownership;在德文中所有权是 Eigentums recht,所有或所有制则是 Eigentum。因此,在词义上"所有"和"所有权"是不同的,混淆两者实际上是混淆了经济学范畴和法学范畴。

于所有权的这种区分，在马克思的著述中首先是基于对所有制进行广义和狭义的界定。狭义的所有制或称所有，即为对资产的排他性地占有，或称资产对人的社会隶属制度。狭义的所有制概念具有高度的抽象意义和静态的刻画性质。广义的所有制则是指在社会经济生活的历史运动中，在人与资产的社会结合过程中，进而社会的人与人之间，在生产、分配、交换、消费等全部经济过程和方面的运动中所体现出来的所有制性质对全部经济生活的规定性，即社会生产关系。与所有制的广义和狭义的区分相适应，所有权范畴也就有了广义和狭义的区分。

正是由于存在广义和狭义所有权的概念，因而在马克思的所有权思想中，实际上已经包含了所有权的权能结构含义。也就是说，狭义的所有权作为广义的所有权权能体系中的一个组成部分而存在，广义的所有权范畴除包括静态的刻画财产隶属关系的内容外，还包括其他内容。马克思曾从使用价值形态和价值形态两方面考察过所有权的这种权能结构。从使用价值形态上，马克思以前资本主义社会最基本的生产资料土地为考察对象，指出对土地的所有权包括所有、占有、支配和使用诸方面的权利（马克思，1985年中译本，第45卷，第382页）。显然，这是把所有权理解为狭义的所有、占有、支配和使用四方面的权利。对于使用价值形态的资产权利的确可以发生上述四方面的权能分离，或者说，上述四方面的权能在所有权体系中，对于实物形态的资产来说，均有其独立的意义。① 从价值形态上，马克思特别分析了资本主义市场机制中股份公司作为一种资产权利所具有的委托—代理制的特点，指出股份公司制度中的所有权是所有、代理、管理三权分离的构造（马克思，1985年中译本，第25卷，第436页）。

根据以上马克思所定义和解释的产权，首先是等同于所有权；其次是属于上层建筑法权性质的权利，对应于所有制而有别于所有制；其三是指排他性的可交易的资本属性的权利；其四是动态的生产关系再生产全过程中存在的权利；其五是广义的包含一系列关于资产权利在内的权利束。

二、当代西方学者关于产权的定义

在西方经济学者中，从亚当·斯密开始直到19世纪末，对于财产权问

---

① 必须注意，马克思在讲到所有权包括所有、占有、支配、使用四方面权利时，几乎都是针对土地而言的，也就是说针对实物形态的资产而言。因而，不能用这种四权结构来解释市场经济中的所有权结构，因为市场运动中的所有权是价值形态的。

题,表现出三个基本倾向:一是将财产权的核心归结为对资产的所有权,产权即为所有权;二是将这种所有权进一步理解为"天赋人权",即平等地获得排他性的资产权利是历史永恒的自然,因而法权式的私有权而不是特权式的私有权应成为社会的制度基础;三是财产权作为制度前提被作为假定存在条件,排除在正统的微观经济学和标准的福利经济学分析之外,正统理论承认私有产权的重要但并不认为经济学应当分析它。直到20世纪初,一批制度经济学家尤其是30年代的罗纳德·科斯(Ronald H. Coase)的产权理论提出之后,逐渐引起人们对产权问题的重新关注,特别是到70年代之后,这种关注越来越普遍,对产权的定义也就越来越多样化。

1. 认为产权即为财产所有权,并进一步把财产所有权解释为包含多方面权能的权利束。

对这种观点最简单明确且具有权威性的表述是来自《牛津法律大辞典》,该辞典认为:产权"亦称财产所有权,是指存在于任何客体之中或之上的完全权利,它包括占有权、使用权、出借权、转让权、用尽权、消费权和其他与财产有关的权利"(David M. Walker, 1988, p.729)。

把产权等同于所有权,进而把所有权解释为包括广泛的因财产而发生的人们之间社会关系的权利束的观点,在理论上阐述更为详尽的,也最具有代表性的是配杰威齐(S. Pejovich)等人。配杰威齐首先指出:"产权是因存在着稀缺物品和其特定用途而引起的人们之间的关系"。"产权详细表明了在人与其他人之间的相互关系中,所有的人所必须遵守的与物相对应的行为准则,或承担不遵守这种准则的处罚成本。"(S. Pejovich, 1990, p.27)这种准则即为所有权。他的关于产权即为所有权的定义,与罗马法、普通法关于产权的定义是一致的。在罗马法中,产权被解释为几种权利的集合,即所有权(在法律限定下的对某种财产的使用权)、侵犯权(穿过他人土地权)、收益权、使用他人资产权、典当权。看起来似乎罗马法把所有权仅仅作为产权的一个内容而不是等同于产权。但配杰威齐进一步指出,罗马法中的"所有权"不过是对自身资产的使用权而已,而使用权是包含在通常所说的所有权范畴之中的。配杰威齐认为,所有权包括四方面的权利:一是使用属于自身资产的权利和在一定条件下使用他人资产的权利,统称使用权;二是从资产中获得收益的权利,包括从自己所有的资产上取得收益和租用他人资产并从中获得收益的权利,统称收益权;三是变化资产的形式和本质的权利,即处置权;四是全部让渡或部分让渡资产的权利,即交易权(S. Pejovich, 1990, pp.27—28)。配杰威齐认为,作为上述四种权利统一的所有权,实际上也就是罗马法中所说的产权,只不过罗马法中把"所有权"特别定义为使用权。

2. 把产权看作是一个比所有权更为宽泛的范畴。而这又可分为两大分支。一个分支是从人权的高度去刻画产权,认为产权不仅包括人对物的权利,而且包括更广泛的人的各类权利,是一种人与人的社会关系。

这种观点的典型表述,是把产权等同于人权,认为产权与人权是统一的。巴塞尔就指出:"在产权与人权之间作出区分是荒诞的。人权只不过是人的产权权利的一部分。"(Barzel, Y., 1989, p.2)阿尔钦和艾伦则进一步指出:"试图比较人权与产权的做法是错误的。产权是使用经济物品的人权。试图区分使用财产权的人权和公民权的不同同样是误入歧途了,公民权并不与使用物品的人权相冲突。"(Alchian, A. A. and W. R. Allen, 1977, p.114)显然,这里不是一般地把产权作为人对物的权利,甚至不是一般地把产权作为经济性质的权利,而是作为与人权密不可分的,甚至作为人权核心基础内容的权利。这种思想在早期资产阶级学者中已产生了,但专门系统考察并特别指出产权与人权的统一性却是当代学者所做的工作。

相当数量的经济学家不赞同把产权归结为人对物的权利,而是把产权归结为由于物而发生的人与人的社会关系。西方早期学者费雪(I. Fisher)曾指出:"一种产权是当它承担享用这些权益所支付的成本时的自由权或是允许享用财产的收益……产权不是物质财产或物质活动,而是抽象的社会关系。一种产权不是一种物品。"(Fisher, I., 1923, p.27)当代学者如菲吕博腾(E. Furubotn)等人就特别强调,产权不是指人对物的关系而是人与人之间的关系,并指出这是产权的本质。他们指出:对于产权概念"要注意的中心点是,产权不是指人与物之间的关系,而是指由物的存在及由于它们的使用所引起的人们之间相互认可的行为关系……它是一系列用来确定每个人相对于稀缺资源使用时的地位的经济和社会关系。"(菲吕博腾,1991,第204页)这种关于产权的定义有两个特点:一是把人与物的关系视为产权由以发生的直接现象性原因,进而把人与人的关系视为产权的本质所在;二是把产权视为一种经济性质的权利,视为人们社会地使用资产过程中发生的经济、社会性质的关系。既然把产权定义为一种社会关系,运动便成为产权内涵的本质特征。这才导致了被巴塞尔视为"对资源配置分析有用"的产权定义(Barzel, 1989)。对产权特定制度作用的研究,激发了对自由市场机制的辩护(Buchanan, 1985; Vanek, 1970; Fogel, 1974)。

另一分支则从法律或国家(政府)强制性层面上刻画产权,认为产权与"权威"(authority)和"非禁止"(nonprohibited)这两层涵义紧密相连,因而产权是形成人们对资产的权威的制度方式,产权不是静态的客体,而是一系列旨在保障人们对资产的排他性权威的规则,进而是维持资产有效运行的社会制度。

这种观点较有影响的代表为阿尔钦(A. A. Alchian),他明确指出:产权是授予特别个人某种权威的办法,利用这种权威,可从不被禁止的使用方式中,选择任意一种对特定物品的使用方式(Alchian, 1977, p. 130)。显然,这里不仅把产权作为一种权利,而且更强调产权作为一种制度规则,是形成并确认人们对资产权利的方式。

阿尔钦特别分析了作为人们对资产权威方式的产权的形成,考察了这种产权发生的两条基本途径:一方面,产权是在国家强制实施下,保障人们对资产拥有权威的制度形式;另一方面,产权是通过市场竞争形成的人们对资产能够拥有权威的社会强制机制。由此来定义产权,可以将产权理解为由政府强制和市场强制所形成两方面相互统一的权利。阿尔钦所说的这种产权定义,在当代西方产权理论研究中,被称为阿尔钦"产权范式"。这一范式是以资本私有产权为分析对象,认为私人产权一方面是"国家社会强制而实现的对某种经济物品的各种用途进行选择的权利",没有社会强制就实现不了这种权利。这种强制有赖于政府的力量、日常社会行动以及通行的伦理和道德规范(Eatwell, 1992, p. 1101)。另一方面,产权是市场竞争机制的本质,市场竞争价格机制不过是个人产权的运动形式,正是通过市场竞争机制,才真正动态地形成产权,正是由于产权的存在,也才有可能存在市场竞争机制,竞争是私有产权本质的要求和固有的属性,因此产权可定义为市场竞争权利机制(Alchian, 1974, p. 142)。这种把产权解释为市场竞争机制,以产权分析来理解市场竞争,把市场竞争视作产权的本质要求和基本属性的观点,弥补了其他学者分析中只把产权理解为国家权力确定和实施的法权的不足,使政府强制和市场竞争并行不悖地成为产权界定的理论核心。也就是说,这里不仅把产权视为国家强制的法权,而且视为市场经济运行本身固有的权利。

3. 认为产权定义应从其功能出发,而不能抽象地加以解释,或者说真正的产权只能就其某种功能具体地定义,脱离对其功能的分析抽象地定义产权缺乏解释能力。

张五常以私有产权为考察对象,认为从其功能上看,私有产权包括三个权利:一是私有的使用权(有权私用,但不必然私用);二是私有的收入享受权;三是自由的转让权。产权既然是包括上述三方面功能的权利体系,因此定义产权也就需要从其功能作用出发具体地加以概括,而不能抽象地概括为所有权。他进一步认为,"所有权"的概念在经济上无足轻重,可有可无,因为所有权是一种抽象的存在,理解所有权应当也可以将其分解为使用、转让和取得收入的权利,定义产权需要从其具体功能作用上定义,而不能抽象一般地去定义(张五常,1989,第176页;汪丁丁,1992)。

在西方学者中被广泛引用的德姆塞茨(H. Demsetz)的关于产权的定义,本质上也是从对产权功能和作用理解出发来定义产权的,他认为:"产权是一种社会工具,其重要性在于事实上它能帮助一个人形成他与其他人进行交易的合理预期";"产权包括一个人或者他人受益或受损的权利";"产权的一个主要功能是引导人们实现将外部性较大地内在化的激励"(德姆塞茨,1994)。在这里,他把产权同样首先理解为人与人之间的社会关系,而不是简单地对物品的关系,但他并未给产权下一个抽象的具有一般解释能力的定义,而是把产权视为一种多方面权利集合的权利束,从功能上分解这一权利束,分别从受益受损人、外在性内在化、交易的合理预期等方面定义产权的作用,进而将产权归结为一种协调人们关系的社会工具。

法经济学家的重要代表R. A. 波斯纳(Richard A. Posner)在其1977年再版的《法律的经济分析》中,对于产权的解释实际上也是从产权的功能出发的,他从产权体系是否能有效发挥作用角度概括了产权有效体系的三个标准:一是普遍性,也就是说,要使产权有效发挥作用,必须使资产普遍有其所有者,他强调的是个人所有的普遍性,哪一领域的有限资源缺少所有者,哪一领域就必然无序且无效;二是独占性,在大多数情况下,产权越是独占和完整,资源配置越有效,只有当交易费用极高,使得独占性排斥了产权的转移时,产权独占性才会降低资源使用效率;三是可转让性,即产权必须是可以自愿自由地交易,否则资源配置难以有效(Posner, 1977)。实际上,波斯纳并没有给出一般的产权定义,而是根据对产权社会作用的理解,从如何才能保障这种社会作用有效的目的出发,提出了衡量一种产权是否有效的三个标准,而他对产权定义的理解通过这三个标准得以体现。

显然,不可能给产权下一个统一、全面而又精确的定义,人们总是从某一角度根据特定的研究需要和特殊的理解来定义产权,因此,准确地定义产权概念,总是要在"产权"之前加上一系列特殊的条件,不同界定条件下作出的产权定义是难以直接统一的。所以,不同学者关于产权概念的不同,与其说是源于对产权范畴本身的理解不同,不如说是讨论产权时给定的前提条件不同。但在西方学者关于产权的定义中,尽管存在种种差异,归纳起来,以下三点含义是共同的:首先,产权是一种排他性的权利,这种权利必须是可以平等交易的法权,而不是不能进入市场的特权;其次,产权是规定人们相互行为关系的一种规则,并且是社会基础性的规则;其三,产权是一权利束,它可以分解为多种权利并统一呈现一种结构状态。

三、产权范畴定义在我国的特殊分歧及现实意义

可以说,前述西方学者关于产权概念的分歧,在中国学术界均不同程度地有所反映。也可以说,马克思关于所有权广义与狭义,尤其是关于所有权权能结构的思想不仅被中国学术界的主流所继承,而且相当大程度上,中国学术界关于产权(以所有权替代产权)概念的分歧源于对马克思所有权内容理解上的分歧。

直到目前,中国学术界最为流行的观点是把产权等同于所有权。这一观点包含了许多种具体意见,并且包括了多种不同改革倾向的思考,在具体关于产权内容的概括、分类上也极不相同。但共同之处在于,他们均把产权视为关于财产的权利,并进一步将其归结为所有权;其基本方法是把所有权的内涵拓宽,以广义的所有权概念来解释产权,并把产权的根本归结为狭义的所有权,即把人对资产的占有隶属关系视为产权关系的基础与核心(于光远,1990;高鸿业,1991,1994;吴易风,1995,1994)。

另一种引起人们关注的观点是把产权区别于所有权,他们或者认为所有权比产权更为宽泛,或者认为产权比所有权更为宽泛。

关于产权定义的上述分歧至少在以下几方面涉及对改革现实的不同理解。

1. 中国的改革是否已真正触动所有制?企业产权改革是否意味着所有权的根本改变?

把所有权等同于产权的学者,大都把中国关于企业制度方面的改革视为企业产权制度的变化。在理论概念上,他们把产权等同于所有权,并且把所有权解释为包括所有、支配、收益分配、使用经营等多方面权能的范畴,从这一概念出发来解释中国的改革,进而把有关企业的承包、租赁和划小核算单位等方式与企业资产的出售、合资、股份化等一并统统划入企业产权变革范围,因为这些形式都涉及企业财产权利,所以均构成所有权的变革。持这一观点的学者在改革的价值取向上又可分为截然不同的两大类:一类是认为所有权即产权,是包括关于资产诸方面权利在内的一个权能体系,而改革

作为生产关系变革意义上的革命，根本在于变革所有制，因为所有制是生产关系的核心，所有制的变革不能不表现为所有权制度的变化，因此所有权改造应当成为中国改革的根本，事实上关于企业经营权的独立和扩大，关于国有企业承包制和股份制，关于企业的租赁和出售等等，都是所有权体系中不同方面权利制度的变迁，这种变迁构成并且也应当成为中国改革的主流和方向；[①] 另一类学者也是从产权即为所有权，并把所有权理解为包括关于一切财产权利在内的广义范畴出发，进而来认识中国的改革，把关于企业权利诸方面的改革和诸种形式的改革纳入所有制改革内涵之中，并将其归结为所有权改革，特别是把经营权、收益分配权、资产的支配权等方面的改革视为所有权改革题中应有之义，产权或所有权性质不能仅仅从法律规定的所属关系上去认识，而应从财产在经济运动中具体权利的实现方式上去认识，如果分配权、支配权、交易权背离了所有权，那么无论法律上对所有权如何规定，其真正的性质事实上已发生了改变。由此他们认为，国有企业个人承包、公有企业租赁给个人，以及将企业股份化，特别是股份个人持有且可交易等等，如同将资产出售给个人一样，本质上都是企业产权的改变，是资产所有权的私有化，而产权私有化不应成为中国社会主义市场经济机制的制度基础，中国企业改革主要应是提高管理水平，而不是改造产权，更不是根本改变所有权性质。[②] 事实上，这种观点不仅在中国学者中存在，相当一批西方学者也持同样看法。一些西方学者在解释20世纪70年代以来西方国家的私有化浪潮时，对以往国有企业的承包、租赁、股份化改造、整体出售等均视为私有化内容；俄罗斯及原东欧计划经济国家的一些学者，在解释其本国企业改革时，同样将企业财产权利变化，特别是股份制等归结为私有化。[③]

另一类观点是将所有权与产权在概念上区分开来，区分的目的也在于解释中国的改革。这种观点的基本内涵在于，产权不同于企业所有权，产权的内涵是指给定财产的占有权、使用权、收益权和转让权，而企业所有权指的是对企业的剩余索取权(residual claimancy)和剩余控制权(residual rights of control)(张维迎，1995，第292页；1996)。产权不同于生产资料所有权，也不同于通常法律意义上所说的"财产权"，而是指在不同财产所有权(广义

---

① 于光远、董辅礽、厉以宁、蒋一苇等均主张企业财产权利制度改革应成为改革的根本，尽管他们强调的角度和讨论的方式不同。
② 高鸿业、吴易风、吴树青、智效和等大都持这一观点。
③ 英国亚当·斯密研究所把撒切尔夫人执政后采取的出售、承包、租赁等非国有化改造均称为私有化，并归纳出私有化的22种方法。

的财产权)之间对各自权利与义务的进一步划分与界定(樊纲,1993)。所有权只是一种特定形态的产权(刘世锦,1993)。产权是一种体系,并且是价值形态的财产收益,产权还具有可分性(常修泽,1995)。所有权所强调的是主体对客体的最高的、排他的占有关系,这种占有关系是通过主客体拥有的任意的支配处置关系来刻画的,这种支配处置关系表现为主体对客体拥有的一系列的权利,是从归属的角度来强调的,产权作为包括所有权、经营权、管理权、使用权、支配权、分配权等一切关于资产权利在内的具有广泛内容的权能体系,任何一方面的权利分割改造均可视为产权改革的内容之一,但不能将所有权变革等同于或归结为所有权的变化,因为所有权不过是产权体系中的一部分并非全部(丁建中,1994)。

可见,中国学者关于产权定义的分歧,本质上首先源于对中国改革,特别是中国企业改革认识上的分歧。将所有权与产权等同,不外是为了把已有的企业制度改革归结为所有权的变革,尽管这些学者对这种变革的价值取向根本不同;将产权区别于所有权,不外是力图避开所有权这一命题,为企业财产权利制度改造寻找更广阔的讨论空间。

我们认为,一方面必须承认,在西方市场经济中与国有经济对应的是私人经济,因而把国有企业财产任何一方面权利,无论是所有权还是经营权、分配权非国有化,其结果均是由私有经济来吸纳,由此将诸方面国有企业财产权利的非国有化解释为私有化,是有其历史依据的。而俄罗斯等国关于国有企业股份制改造,实际上就是把所有权出售给个人,由此将其解释为私有化也是符合事实的。但中国企业改革则不同,一方面在中国存在大量非国有但又非私有的公有经济,非国有化改造并不必然私有化;另一方面,承包、租赁等虽然涉及企业产权变化,但不能简单地将其归结为所有权的变更,更不能将由此而来的权利清晰解释为所有权意义上的私有化。另一方面,若把产权理解为广义的所有权,那么,权利作为上层建筑,其实现形式的改变并不等于经济基础本身的改变,如国有产权是否为公有性质不在于它是否采取国家所有的形式,而要视其权利运动是否真正为社会利益服务;若把产权理解为狭义的委托制下的代理权,那么,这种产权变化并不意味着所有权性质的变化。

2. 如何认识现代企业制度中的企业法人产权?企业法人产权有无所有权的含义?怎样理解企业法人产权与出资者所有权的关系?

这是中国企业改革中非常现实的问题,也是导致人们在产权概念定义上发生分歧的重要原因。这里涉及的问题首先是如何认识所有权与所谓

"企业法人产权"(有人亦称为"企业法人所有权"),而这种认识的背后包含着存在深刻分歧的对企业制度改革的要求。

相当流行的一种观点是把企业法人产权理解为企业法人所有权,这种观点在中国政府的文件中屡见不鲜,在经济理论界和法学界的著述中也常见到。实际上这里隐含的假设是企业产权是具有财产所有权意义的权利,进而以企业法人作为主体,作为对企业财产的所有者,所以便有了所谓"企业法人所有权"概念。这种把企业产权解释为企业法人所有权的观点,目的在于为国有制企业改革寻找出路,即如何在不改变国有制的条件下,使国有企业真正实现政企分离,真正在财产权利制度上保证企业的独立性,保证国家不能随意干预企业行为,使企业真正成为独立的市场行为主体。因而,在承认国家作为所有者,掌握所有权的同时,又创造出一个"企业法人所有权"的概念,力图以这种"企业法人所有权"作为企业独立经营的基本权利制度保障,以此排斥政府对企业的行政干预。应当说,其推进改革的追求是积极的。

我们认为,不能把企业法人财产权理解为企业法人所有权。从经济学上来讲,首先,资产的所有权必须是人格化的,公司作为法人,并不是一个明确的所有者载体,公司不过是一种抽象的法律组织形式,资产归公司所有,是指归公司的员工,还是经理,或是董事会成员?均不明确。其次,出资者作为股东,其所有权转化为股权,这只是其所有权的作用形式发生转化,而不是所有权本身弱化更不是丧失,公司的行为归根到底还要受所有权约束。其三,公司对于资产的权利本质上是对他人资产的支配权,是在市场经济中发生的委托—代理关系,公司法人财产权的特殊性不在于公司法人支配着在所有权上属于自身(董事会)的权利,而在于更多的是支配不属于自身的所有的资产权利,越是规模巨大、股权分散的现代企业越是如此。公司法人权利来自两方面:一方面是在委托—代理制下所有者将资产的支配权委托给公司董事会,由其支配,前提是董事会作为公司法人代表能够事先依法承担相应资产责任,或者说公司法人受损,甚至破产,在资产上蒙受损失最大的首先是董事会成员,因而其资产责任对其权利的约束大于非董事股东,这也是为何董事会要依股权大小而形成的重要原因。另一方面,公司对他人资产的支配权、经营权来自国家法律规定,是法定的受法律承认由法律规则赋予的权利。其四,公司法人财产权有其独立性,它受制于所有权但又有别于所有权,其独立性在于所有者不能凭所有权任意分割公司法人财产权,所有权转化为股权,所有者可转让,但不能凭股权来直接分割公司资产,股票不能退本但可交易,所有者不能凭所有权来破坏公司法人产权的完整性和独立性,除非公司破产(刘伟,1994)。

从法学上来看,一方面法律只能容忍一个权利主体,即一物一权,一物不可二主,这是由所有权的排他性、垄断性所决定的,因而若将企业法人产权视为企业法人所有权必将导致"一物二权",这是对所有权的损害和否定;另一方面,无论是在西方还是在我国的实践中,从不存在所谓"法人所有权","法人所有权"不过是对公司理论的一种曲解或误解,对公司而言,只存在股东的所有权,而不存在公司所有权,公司取得法人地位,并不意味着企业法人对自身的财产取得所有权。①

企业法人产权(作为公司的法人)具有以下主要特征:第一,企业法人产权是以企业法人为主体享有的对企业资产的权利,不是单个自然人对资产的权利。第二,企业法人产权不同于所有权,企业法人不是也不可能是企业资产的所有者,所有者是对企业进行投资的出资者,不仅企业法人作为一个主体不同于出资者,而且即使是借贷的资金,同样可以作为企业法人资产,但却不可能存在企业的所有权问题,对企业法人资产的认可,是视其能支配多少资产,法律予以认可的法人权利,而不论其最终归属是谁。第三,企业法人产权的实质,是在委托—代理制下发生的由代理者(法人代表)掌握的对他人或社会的资产(出资者资产)的支配权。第四,企业法人产权形成的前提在于代理者(如董事会)必须依法事先承诺对委托者的财产责任。第五,企业法人产权是经国家有关法律认可并保护的权利,并不仅仅是所有者委托的权利,法人产权的许多内容、职能也不是所有权的内容和职能。第六,企业法人产权的独立性、完整性除体现在法律制度上的规定外,在经济上体现为所有者作为出资者一旦将资产委托出去,便不能凭所有权(如股权)任意分割企业法人资产,企业法人产权的完整性不依所有权的变更而有所变化,所有者可以转让所有权,但不能以退股的方式分割企业法人资产,除非法人企业解体,所有者才可依法律程序分配剩余资产。第七,企业法人产权不同于一般的企业经营管理权。一方面,一些经营权不能列入企业法人产权,比如有些经营权是来自政府批准或是只能由政府授予的权利,甚至是特许的权利,这些权利与财产权无关;另一方面,管理权是执行决策的权利,其属性是公司内部的"行政权",它存在的前提并不是管理者对出资者事先规定的法定资产责任,管理者只对决策者(法人代表——董事会)负执行

---

① 著名民法学家佟柔曾专门论证这一点(参见戴凤岐,1996)。

责任。第八,在功能上,企业法人产权是联结所有权与管理权的中介,受所有者委托并直接对所有权负财产责任,代表所有者直接约束管理权,是在法律规定的范围内,无需根据所有者的意志而独立存在并运动的财产权,因而公司法人产权区别于独资、合伙企业产权。第九,企业法人产权最主要的作用是对形成企业法人资产整体在市场交易中的支配权,企业法人产权是法律上肯定企业成为独立商品生产经营者法人的最基本的依据,也就是说,企业法人产权是规定企业法人成为市场行为者的制度基础,因此,企业法人产权作为市场运动中的财产权利,其主要存在和运行形态是价值形式,其运动的基本目的是盈利,即价值增值。

参 考 文 献

1. Alchian, A. A. and Allen, W. R., 1977: Exchange and Production—Competition, Co-ordination, and Control, 2nd ed., Belmont, Calif.: Wadsworth.
2. Alchian, A. A., 1977: Economic Forces at Work, Indianapolis, Ind.: Liberty Press.
3. Alchian, A. A. and Demsetz, H., 1972: Production, Information Costs, and Economic Organization, American Economic Review, 62, No. 5, pp.777—795.
4. Alchian, A. A., 1974: Corporate Management and Property Rights, In the Economic of Property Rights, ed. E. Furbotn, Cambridge: Ballinger, p. 142.
5. Buchanan, A., 1985: Ethics, Efficiency and the Market, Totowa, NJ: Rowman & Allanheld; Oxford Glarendon Press.
6. Fogel, R. W. and Engerman, S. I., 1974: Time on the Cross, New York, Little, Brown.
7. Vanek, T., 1970: The General Theory of Labour—Managed Market Economics, Ithaca and London, Cornell University Press.
8. Fisher, I., 1923: Elementary Principles of Economics, New York: Macmillan.
9. Pejovich, S., 1990: The Economics of Property Rights—towards a Theory of Comparative Systems, Kluwer Academic Publishers.
10. Barzel, Y., 1989: Economic Analysis of Property Rights, Cambridge University Press.
11. Posner, R. A., 1977: Economics Analysis of Law, 2nd, edn, Boston: Little, Brown.
12. 马克思:《摩尔根〈古代社会〉摘录》,《马克思恩格斯全集》,中译本,第 45 卷,人民出版社 1985 年版。
13. David M. Walker:《牛津法律大辞典》,中译本,光明日报出版社 1988 年版。
14. 菲吕博腾等:《产权与经济理论:近期文献的一个综述》,《财产权制与制度变迁》,上海三联书店 1994 年版。
15. 张五常:《中国的前途》,香港信报有限公司 1989 年版。

16. 汪丁丁:《制度创新的一般理论》,《经济研究》1992 年第 5 期。
17. 于光远:《序言》,载刘伟、平新乔著《经济体制改革三论:产权论、均衡论、市场论》,北京大学出版社 1990 年版。
18. 高鸿业:《科斯定理与我国所有制改革》,《经济研究》1991 年第 3 期;《私有制、科斯定理和产权明晰化》,《当代思潮》1994 年第 5 期。
19. 吴易风:《马克思的产权理论与国有企业产权改革》,《中国社会科学》1995 年第 1 期;《西方产权理论与我国产权问题》,《高校理论战线》1994 年第 4 期、第 5 期。
20. 张维迎:《企业的企业家—契约理论》,上海三联书店 1995 年版;《所有制、治理结构及委托—代理关系》,《经济研究》1996 年第 9 期。
21. 樊纲:《渐进之路》,中国社会科学院出版社 1993 年版。
22. 刘世锦:《关于产权的几个理论》,《经济社会体制比较》1993 年第 4 期、第 5 期。
23. 丁建中:《产权理论及产权改革目标模式探索》,上海社会科学院出版社 1994 年版。
24. 戴凤岐:《关于企业法人财产权的若干问题》,《决策参考》1996 年第 18 期。
25. 刘伟:《公司(企业)法人产权与治理结构》,《改革》1994 年第 4 期。
26. 李风圣:《公平与效率——制度分析》,经济科学出版社 1995 年版。

国有制改革必须与社会产权构造转变融为一体*

一、国有企业改革面临的经济背景及由此规定的改革目标导向已发生了深刻的变化

经过 18 年的经济改革，我国的经济运行机制已发生了深刻的变化，我们改革的目标导向也已由不清晰逐渐清晰起来，从而对国有制企业改革提出了一系列新的约束条件。

就改革的目标导向而言，从党的十二大提出"计划经济为主，市场调节为辅"，从而历史性地把引入市场机制作为体制改革的任务，创造了在经济体制上引入市场机制的可能，到党的十三大进一步把社会主义经济概括为"有计划的商品经济"，继而把计划与市场均视为覆盖全社会的经济调节方式，实现了由计划经济为主市场调节为辅的"主辅论"向计划经济与市场调节相结合的"结合论"的转变，再到党的十四大明确指出改革的目标在于建立社会主义市场经济体制，第一次明确把社会主义"市场论"作为基本的改革目标导向。伴随这一改革目标的演进与清晰，国有企业改革所面临的历史任务和约束条件发生着深刻的变化。如果说，在社会主义市场经济体制目标明确之前，无论是以计划为主市场为辅，还是以计划与市场相结合作为体制目标，国有企业改革的目标还可以确定在放权让利或行政性发包——承包上，那么，社会主义市场经济作为改革的目标明确之后，一切关于国有企业的行政性改革以及建立以行政关系为纽带的体制目标均与整个改革的目标发生着深刻的冲突，从而使国有企业改革的目标必须确定在适应社会主义市场经济要求的基础上。可以说，国有企业改革所遇到的一切深层次的体制性难题，均出自于国有企业性质与社会主义市场经济体制目标之间的

---

* 本文原载于《国有企业：你的路在何方——50 位经济学家论国有企业改革》，经济科学出版社 1997 年版。

冲突。体制目标的明确迫使国有企业必须按市场经济要求进行改造。

就我国的经济运行机制而言,国有企业所面临的经济运行环境伴随改革的深入,也已发生了深刻的变化。首先,除石油、铁路、航空、电力、煤炭等少数行业还保留部分指令性计划外,大部分国有企业已被推向市场。市场价格信号虽有扭曲,但已成为调节包括国有企业在内的整个经济运行的主要信号;市场机制虽不完备,但已开始成为调节企业行为的基本机制。其次,非国有经济迅速发展,特别是乡镇、集体等非国有的公有经济成长以及各类合资企业的发展,使国有企业所占市场份额不断下降,对国有企业形成日益增大的市场竞争压力。其三,政府对国有企业的行政性干预与保护逐渐降低,从简政放权、放权让利到全面承包,再到以股份制为主要形式的现代企业制度改造,企业自主、自立性日益加强,行政干预相对减弱。就税赋而言,经过利改税到包税制,再到分税制,不仅国有企业的体制性优惠已不再存在,而且其体制性负担已构成影响国有企业市场竞争力的重要因素。其四,伴随中国对外开放程度的提高,关税和市场准入条件的逐步降低,外国商品和资本流入量不断增大,不仅加剧了在国内市场上与国有企业的竞争,而且开始把国有企业全面推向国际市场竞争。总之,市场化的加深,使国有企业不能不根据市场竞争的要求在体制上进行深刻的改造。

因此,无论是从体制改革的导向上,还是从市场化的进程上,国有企业改革的根本命题在于如何使之真正在体制上接受市场规则的硬约束,如何按照市场经济的一般竞争要求重新塑造国有企业,如何通过国有企业的改造,使整个社会经济基础在不失其公有制为主体的条件下,为市场经济创造必要的微观制度基础。这一命题的处理,既是改革的关键,也是社会主义市场经济作为历史性的制度创新的根本困难。

二、国有企业改革面临的根本制度性矛盾

所谓国有企业改革面临的根本制度性矛盾是指目前仍作为国民经济主体的国有企业,在根据市场经济一般要求进行的体制改造中,遇到的源于国有制本身的体制性矛盾,或者说,在企业国有制性质不变,在整个社会国有制企业所占主体规模地位不变的情况下,按照市场经济的要求,难以满足或根本就不可能满足市场经济基本要求的体制障碍。这是占统治地位的国有制的内在逻辑与市场经济作为配置资源的基本机制的内在逻辑之间的冲突。

这种冲突主要集中在两方面。

1. **市场经济要求的政企分离与国有制内在的政企合一间的冲突**

市场经济作为配置资源的基本方式,要求社会占主体的企业在制度上必须是政企严格分离的,至少在产权制度上保证企业产权具有纯粹的经济性质,而不能具有任何超经济性质。因为,市场经济是交易的经济,交易的本质是当事人所有权的彼此让渡,这就要求所有权必须是可以交易并且能够首先接受市场等价交换规则约束的权利,但恰恰只有单纯的经济性质的权利才可以也应当采取等价交换的方式实现其运动,一切超经济性质的权利,诸如政治的、行政的、司法的、立法的、军事的、宗法的等等权利,各有其特殊的运动规则,不能也不应当贯彻市场经济的等价交易规则,超经济性质权利运动若通过市场买卖来实现,那么必然意味着对市场公平竞争的根本否定,因为超经济权利本身并不是法权,而是具有特殊性质的权利,这种具有特权性质的权利一经进入市场交易,市场秩序也就彻底崩溃,同时,超经济权利直接投入交易意味着腐败。而国有制就其产权性质而言,恰恰不成其为单纯的经济权利,因为国家作为阶级统治力量,不可能仅仅是经济性质的力量,一定是集社会政治、经济、法律、行政、军事、外交等于一体的超然的凌驾于社会之上的力量,因而国家为主体直接占有生产资料,其中的权利关系不可能是单纯经济关系。也正因为如此,国有制作为一种国家现象,即有国家才可能出现国有制,无论在哪种形态的阶级社会,国有制一经产生,便具有政企不分,甚至政企合一的制度特征,这是国有制性质所规定的。即使是当代西方资本主义国家,如英、法等国,在法律上也明确规定,国有制企业的领导须是政府任命的官员。政企在一定程度上合一是国家作为所有者实现其权利的方式,要求国有制企业实施严格的政企分离,就产权关系而言不仅是不可能的,而且也是不应当的,因为要求国家不管不监督国有制企业,实际上是对所有者(国家)的侵权。

因此,国有企业改革现在面临这样一个难题:市场经济的一般要求迫使社会绝大多数企业必须在产权上是单纯经济性质的,因而要求占统治地位的国有制企业必须普遍政企分离;但国有制的性质又在根本上规定国有企业不能也不应当政企分离。这不是国有企业管理方式上与市场经济体制目标的冲突,而是国有制本身与市场经济的矛盾。因而,国有企业的政企分离问题,不是政府对国有企业多管少管、直接管间接管的问题,而是对一定的企业,还要不要采取国有制的问题,若要求企业适应市场并进入市场竞争,要求其政企分离,实际上就要对其实行非国有制改造(当然这在中国不等于私有化)。

如果说,政企分离涉及的是国有制产权制度,而不仅是管理方式,在这一点上我国与西方资本主义市场经济国家并无区别,西方的国有制也同样存在政企不分,其若要实现政企分离,同样要在产权关系上进行非国有改造(西方私有制基础上的非国有化可以视为私有化);那么,我国国有企业政企分离过程与西方国有企业非国有改造在经济本质上的区别在于,我国是以公有制为主体的社会,除国有制外,存在大量多种形式的其他公有经济,因而非国有改造,除其中部分可能被非公有的经济成分吸纳外,更多的则可能被非国有的其他公有经济所吸纳,或创造出新的非国有的公有制形式。

再进一步讨论,会发现我国的国有制企业政企分离在政治体制上与西方国家也存在严格的区别。我国在政治体制上是采取以共产党为领导核心,其他民主党派参政议政的体制,不同于西方体制上的多党制。因此,我国的国有企业作为国家产权,实际上是受共产党领导并掌握的,我国的政企合一,是以政治体制上的党政合一,进而党、政、企三位一体为政治体制条件的,也就是说在国有制企业中以基层党组织为领导核心,企业作为一定行政网络中的环节,从事经济活动,即通常所说的"党委领导下的厂长(经理)分工负责制"。在西方,国有制企业作为国家资产,但不属于哪一政党,因而企业里不存在党组织,更不存在党的领导。其政企分离问题只有在产权上处理国与民的产权变更关系。在我国则不然,政企分离事实上涉及党在企业中的地位问题,要实现政企分离,在政治体制上就不能不触及企业内部的党委,实际上政企分离要求党政、党企分离。这一点在国有制企业改造为股份公司过程中已尖锐地显现出来,尽管国有企业改造成股份公司,国有股和法人股仍占绝对优势(全国国有企业改造为股份公司的企业,国家股和法人股平均达到63%左右),但在法律上如何界定企业中党委的权力、地位、作用、责任等已经成为严峻的现实问题。因此,如何在普遍实施政企分离过程中,建立新的有效实现党的领导的制度方式,不能不成为中国国有企业改革的重要命题。

可见,我国的国有企业政企分离命题的处理,在经济制度上,实际上触及的是如何对待国有制;在政治制度上,实际上涉及如何对待企业中的党委。正因为如此,政企分离自1979年提出至今,举步维艰,因为这里要处理的是根本性的制度问题。本质上,这是社会主义公有制如何真正与市场经济相统一这一前无古人的历史性命题的题中应有之意。

2. 市场经济要求的权利与责任对称性与国有制企业委托—代理中的权责失衡间的冲突

市场经济作为以所有权彼此让渡为实质内容的交易的经济,其有效性的重要制度基础在于企业产权界区必须清晰。产权界区不清,或者导致市场交易中摩擦增大,从而交易成本上升,降低市场机制效率;或者根本就不可能进行所有权转让意义上的交易,从而导致市场失灵,如外在性领域。产权界区问题本质上并不是一个单纯的权利界定问题,在市场经济中的产权问题实际上是人们之间的一种社会关系,因此,企业产权界定问题实际上首先明确的是对他人、对社会、对交易各方的责任问题,是在责任与权利相互对称条件下的制度界定,也就是说一定的权利一定伴随相应的责任,权利若脱离相应责任的约束,必然导致权利的滥用,产权界区不清导致的外在性等市场失灵,导致的搭便车等道德投机,本质上都是脱离责任而行使权力。

就企业制度而言,只要资产权利开始分解,只要采取委托—代理的方式,只要不同权利主体存在不同的目标函数,推卸责任的冲动便会产生;只要信息不对称,只要监督不利,这种冲动就可能变为现实。因此,马克思在考察资本主义股份制时特别指出,股份公司制最大的制度漏洞在于,它使一部分人获得了拿别人或社会的财产去冒险而又不负责任的可能。也正因为如此,西方公司制度的演变,从无限责任到有限责任的推进,从外部股市投票约束到直接内部监督的不同选择,从委托—代理关系的探讨到公司内部治理结构的研究等等,实际上都是力图弥补委托—代理关系中的这种权利与责任可能发生偏差的漏洞。

如果说,在西方以股份公司为典型的委托—代理制也还严重存在权利与责任失衡的可能,那么,在我国现阶段国有企业改革中的委托—代理关系下,这种漏洞就更为严重。因为,在西方公司制度的演进中,就企业外部市场条件,特别是证券市场而言,发育远比我国完备,所有者通过外部市场投票以选择公司法人作为资产代理者的市场机制较我国发达,外部市场约束较有效;就企业内部产权构造而言,作为广大分散股东资产代理人的公司法人——董事会,其成员原则上是凭股权的多少进入,也就是说,由于董事会成员对公司法人投资比重大,因而若公司资产蒙受损失,甚至破产,董事会成员受损要大于一般分散的股东,董事会成员的资产责任相对最重,由资产责任最重者来代理资产责任较少者的资产,责任心也相对更强;就企业管理制度而言,包括会计、审计、票据等方面的制度演进,监督与被监督者之间的信息不对称,公司治理结构上的漏洞等越来越多地被限定。相比较而言,我国国有制企业采取的各种委托—代理制漏洞则更多。

以国有企业的承包制为例(承包制是目前我国国有企业,尤其是大中型国有企业采取的最普遍的形式,到1992年大约95%以上的大中型国有企业实施了不同形式的承包制,到目前尚有80%以上大中型企业继续实施承包制),承包制是政府与企业承包人之间的一种行政契约关系,因而是以行政契约方式维系的资产委托—代理关系。问题在于:一方面,承包者作为代理人,本身毫无资产责任能力,承包制的宗旨是所有权与经营管理权两权分离,因此承包者所支配的企业资产在所有权上并不属于承包人,而是属于国家,那么从效率原则出发,拿不属于自身所有的资产在市场上冒险,前提在于事先必须在经济上可能,在法律上明确代理者应负多少资产责任,并且这种事先明确的资产责任尽管可以不是无限责任,但也必须能够起到有效约束其所掌握的代理权的作用,而承包制的根本性漏洞恰在于承包者在经济上不可能,在法律或行政契约上大都不必承担资产责任,这在本质上是使承包者获得了支配社会资产的权利而又可以不负责任,这种可以脱离资产责任的委托—代理制度,不可能造就企业家,只能造就"败家子"。另一方面,政府作为委托者,在发包的同时,尤其是对"拨改贷"之后的国有企业的发包而言,并不真正具有资产委托人的能力,因为政府作为所有者对于国有企业的资本金注入严重不足,所有者权益占企业资产总额比例偏低。据统计,我国目前全部国有清产核资企业所有者权益总额只占企业资产总额24.9%;从资本金积累看,资本公积占6%,盈余公积占12.4%,两项合计为18.4%,比国际通行的最低企业资本金储备限额(25%)低6.6个百分点;同时,企业未分配利润赤字较大,若以损失挂账冲抵所有者权益后,全部清产核资企业所有者权益占资产总额实际比率仅为16.7%;另据对18个城市清产核资,到1995年底,资不抵债的国有企业已占企业总户数的16.28%,空壳企业占总户数的23.98%。[①] 实际上,所有者在这里发包的,更多的是债务,而不是资产,发包者要求代理者承担企业债务责任,这本身就意味着委托者正在失去所有者的责任能力。结果便有委托者作为所有者不对企业债务负责,承包者作为代理者不对企业资产负责,形成双向的关于企业资产的权利与责任的失衡。

以股份公司制为主要形式的现代企业制度建设,在使企业所有者切实

---

① 资料来源:《中国统计年鉴》(1995);国有资产管理局经济研究所,《国有企业改革与发展的背景报告》(1996)。

成为所有者方面有着极大的进步,在解决以往国有企业所有者权益占总资产比例偏低、企业资本金储备过低等方面的矛盾,迈出了坚实的一步,从而使企业所有者的所有者权益与应承担的债务间的对应关系进一步明确;但在截至1995年底的近4000家由国有企业改造为股份公司的企业股权构成中,国家股和法人股两项合计共占63%,实际上还是国家绝对控股的国有制企业,因而在采取股份公司这种委托—代理的方式时,董事会作为代理者,同样还存在一个能否对所有者切实承担资产责任的问题,也还存在能否真正政企分离的问题。

三、国有企业改革必须纳入整个社会经济结构改造

根据前述国有企业改革面临的制度、体制目标约束和改革进程中存在的主要根本性矛盾,至少以下几方面的准则是需恪守的:首先,国有制企业改革作为整个社会经济改革的重要组成部分,必须在总体上(并不一定在局部、个别企业上)保证形成以公有制为主体的经济基础,否则改革便不再成为社会主义事业。其次,国有制企业改革作为社会主义市场经济建设的不可或缺的内容,必须在整个社会资产关系上使占绝大多数的企业资产权利成为单纯经济性质的权利,进而保证市场经济中运行主体普遍能够政企分离,因而国有制企业本身不能占据社会资产的主体地位,否则改革便不可能实现市场经济目标。其三,国有制企业改革必须贯彻权利与责任相对称原则,以保证资产权利的运用效率。其四,检测国有制企业改革是否成功的根本标准在于视其是否真正有利于推动经济发展,即视其是否有利于提高国有制企业作为国有制应履行的责任能力,以提高克服市场失灵并主导国民经济发展方向的效率;视其是否有利于促进社会主义市场经济的发育,以提高整个资源配置的效率,进而促进生产力发展。其五,国有制企业改革和国有制企业制度选择,必须根据社会经济发展的要求,根据社会主义初级阶段生产力发展的特点,根据生产社会化在不同领域的不同程度,从而推进社会主义公有制为主体多种经济成分长期共同发展的制度关系与社会主义初级阶段生产力多层次、多元性的有机统一,切实使国有企业改革起到解放、发展生产力的历史作用。

就国有制企业的性质而言,不能不具有以下特征,否则便不成其为国有

制:首先,国有企业的所有权属于国家并由政府行使,因而要求以不同的方式在不同程度上政企合一;其次,国有制企业的最终资产责任和风险必然由国家承担,甚至由政府财政来平衡其预算;其三,国有制企业的行为目标首先不是企业资产增值,在计划经济中国有企业目标只能体现为完成上级计划指标最大化,在市场经济中国有企业目标不可能按照边际原则确定规模,进而难以实现企业微观盈利极大化,而首先要满足政府"社会福利"最大化目标;其四,国有制企业相互之间产权主体是同一的,因而不存在所有权转移意义上的市场交易;其五,价格信号对国有制企业可以不起主要作用,行政性的数量信号在制度上则可能成为主要信号。

正由于国有制企业的这种情况,使得国有制应当也首先能够在这样的领域发挥不可或缺的作用:首先,在公共品领域,因为公共品要求公共财政来平衡预算,因而采取国有制的生产组织形式是适合的;其次,信息严重不对称领域,由于等价交换在此难以贯彻,因而采取更多的政府监督是必要的,其中举办国有制方式也是可取的形式之一;其三,天然垄断领域,由于种种原因垄断成为客观,甚至成为有效,那么与其让个别企业垄断,不如由国家垄断并通过国有制企业来实现这种国家垄断;其四,产权界区难以界定因而存在严重外部性领域,由于在此市场是无效的,只能由政府干预来克服市场失灵,采取国有制形式是政府干预的重要方式;其五,社会发展的某些长远目标,整个国民经济宏观目标实现所要求的某些领域,由于市场机制在实现长期发展目标和宏观目标上具有显著的不确定性,因此对一些直接关系发展目标、宏观目标能否有效实现的产业,政府必须介入,除采取宏观政策、发展政策、产业政策等宏观、微观政策性干预外,举办国有制企业也是重要的方面。国有制企业的主导作用主要是通过在上述几方面有效地发挥作用而得以体现。

根据上述国有制企业改革需恪守的原则和国有制企业的性质及功能,基于我国现阶段经济发展的性质、特点及国有制企业的现状,推进国有制企业改革,就全国总体(并不是说某一地区)而言,必须坚定不移积极科学地贯彻"抓大放小"的战略举措。

就总量而言,我国现阶段具有国有企业 30.5 万户(不包括金融类企业 2.4 万户,不包括军队办的企业及国家在境外投资),总资产为 74 721 亿元,其中国家作为所有者的权益总额为 22 959 亿元,负债总额为 51 762 亿元。国有企业资产占全社会企业资产比重大约为 67% 左右,在这 67% 中,国有大型和特大型企业资产占全部国有企业资产的 49% 左右,即占全社会企业资产的 33% 左右,中小型国有企业资产占全部国有企业资产 51% 左右,即占全社会企业资产 34% 左右。自 1985 年城市经济改革全面展开以来(以 1984 年 10 月党的十二届三中全会决议为标志),国有企业资产占全社会资产比重大约下降 20 个百分点以上,平均每年 2 个百分点以上,[①] 如果沿着这一趋势发展下去,到 2010 年我国社会主义市场经济基本建立时,整个国有企业资产占全社会企业资产的比重大约将保持在 30% 以上,也就是说,在今后 15 年左右时间里,逐渐在原则上把目前占国有企业资产 51%、占全社会企业资产 34% 的中小国有企业"放"掉,是完全可行的。

从国有企业的分布来看,现阶段在我国国有企业资产的产业分布中,国有资产占 100% 的产业部门为:航空、邮电、铁路;国有资产占 90% 的产业部门为:石油、电力、煤炭;国有资产占 70% 以上的产业部门为:金融、冶金、煤气、自来水、蒸汽热水等。可见,国有资产在基础性产业、能源动力、基础材料工业以及金融业、公用事业中占有绝对优势。[②] 在这些国有制占绝对优势的产业中,一方面恰恰符合国有制的性质和生产社会化的要求,另一方面也正是我国大型、特大型国有企业集中的产业领域。按照"抓大放小"原则,将这些领域中存在的占全社会企业资产 33% 左右的大型、特大型国有企业真正由国家掌握,并以各种形式的改革提高国家对其监督效率,使之真正起到国民经济主导作用,同时将大量存在于其他竞争性领域占全社会资产 34% 左右的分散的中小国有企业"放"出,是符合我国生产力发展的要求,符合生产社会化情况的。

那么,若如此,到 2010 年我国经济结构将可能呈现怎样的状态?我国现阶段的社会经济结构大致如下:国有企业资产比重占全社会企业资产 67% 左右;各种形式的集体公有制企业资产占全社会资产比重大约在 16% 左右;各种私有企业,包括个体、私营、三资企业资产占全社会资产比重在 13% 左右,股份制企业资产约占全社会资产 5% 左右,[③] 在这 5% 的股份企业中的主体部分是由国有企业改造而成,其中国家股和法人股合计平均在 63% 左右。因此,目前包括国有、集体、股份经济在内的公有经济资产比重合计为 88% 左右,私有企业资产约占全社会企业资产 13% 左右(略去了小数点后的数字)。

---

① 资料来源:《中国统计年鉴》(1995),国家统计局 1996 年公布的"第三次工业普查资料"。
② 资料来源:同上。
③ 资料来源:同上。

如果到 2010 年之前,将目前占全社会企业资产比重 67% 的国有企业企业资产中的一半,即占全社会资产比重 34% 的中小国有企业逐渐"放"出,如果放出的 34% 的中小国有企业并不是简单的私有化,假定其中至少有一半被集体、股份等其他公有经济吸纳,即占全社会资产比重 17% 的原中小国有企业被改造成其他公有制形式,那么,从现在起到 2010 年,以每年国有企业比重下降 2 个百分点计,到 2010 年,国有制企业资产比重将占 33% 左右,各种集体、股份等形式的非国有的公有企业资产比重将由现在的 21% 上升为 38% 左右,整个公有经济比重将在 71% 左右,各种私有经济资产比重将达到 29% 左右。这是一个国有制不为主体但为主导,公有制为主体但非公有经济成为重要补充的经济结构。应当说,这是符合我们开始时所设定的国有企业以及整个社会经济结构改革的目标及约束条件的。

解放思想实事求是　推进所有制改革*

如果说20世纪70年代末80年代初围绕实践是检验真理标准的大讨论是新时期的第一次思想解放,集中回答了社会主义要不要改革的问题;如果说80年代中期至90年代初期围绕市场经济姓"资"姓"社"的大讨论是新时期的第二次思想解放,辩证回答了我国社会主义改革的体制目标是什么的问题;那么,以党的十五大报告为标志,围绕社会主义初级阶段应建立怎样的所有制结构并选择怎样的公有制实现形式的大讨论则是新时期的第三次思想解放,目的是要从根本上回答我们所选择的社会主义市场经济运行体制目标需要以什么样的财产制度为基本经济制度基础的问题。可以说,三次思想解放依次回答了:社会主义经济体制要不要改革,体制改革要改到哪里去,怎样在基本制度上保证体制改革。这一思想解放的历程本身是顺应改革开放实践的内在逻辑要求的。因而,根据生产力发展的历史要求,坚持解放思想、实事求是原则,坚定地推进所有制改革已成为我们跨世纪改革与发展的根本命题。

一、党的十五大报告关于所有制理论的
重要突破是指导所有制改革实践的根本

党的十五大报告中关于社会主义初级阶段所有制理论的突破至少集中表现在四个方面。

1. 坚定而明确地回答了所有制改革以及公有制实现形式的选择的根本依据和判断标准究竟是什么

报告明确指出:"一切符合'三个有利于'的所有制形式都可以而且应该用来为社会主义服务。"同时指出:"公有制实现形式可以而且应当多样化。一切反映社会化生产规律的经营方式和组织形式都可以大胆利用。要努力

---

* 本文原载于《经济科学》1998年第1期。

寻找能够极大促进生产力发展的公有制实现形式。"这里表明了两层含义：一是说我国社会主义初级阶段结构的选择必须紧紧围绕解放生产力和发展生产力这一根本目标，这才是社会主义的本质所在。正如邓小平同志反复强调的，发展才是硬道理，社会主义的本质是解放生产力、发展生产力。一切抽象的脱离活生生的经济发展要求的教条主义式的姓"资"姓"社"、姓"公"姓"私"的争论，在发展和解放生产力这一社会主义本质面前，都是极其苍白而无解释力的，一切孤立的静止的单纯以意识形态的标准形而上学地对待所有制命题的态度，在处理中国面临的发展现实问题面前，都是极其乏力而无希望的。把社会主义财产制度建设与"三个有利于"统一起来而不能有丝毫的分离，这既是历史唯物主义的基本观点，也是运用邓小平理论对我国改革发展深化面临的种种矛盾作出的根本回答。二是说我国社会主义初级阶段坚持以公有制为主体，以国有制为主导，多种所有制经济共同发展这一基本财产制度结构，就总体而言，恰是基于我国现阶段生产力发展的根本要求，这是我国经济实践，特别是改革开放以来的历史实践证明了的。也就是说，在财产制度的总体上，我国生产力发展要求以公有制为主体，但就某一企业、某一产业、某一地区而言，并不必然要求以公有制为主体，在具体企业改革实践中，一种制度形式的选择，首先要问的问题应当是：这种制度是否有利于企业经济发展，是否有利于促进社会生产力的提高。而不能首先以其他似是而非的、既不可证实也无以证伪的主观臆想或传统教条的标准作为判断根据。

2. 在所有制结构上对我国社会主义初级阶段的基本经济制度有了新的认识

报告指出："公有制为主体、多种所有制经济共同发展，是我国社会主义初级阶段的一项基本经济制度。"改革开放之前，人们认为社会主义社会的基本经济制度是公有制，而且尤其是以国有制为代表，并且认为越是公有越是国有越是社会主义，进而取消一切非公有经济的存在。据统计，在改革之前，中国非公有经济资产仅占总资产的1%。改革开放以来，多种经济成分获得了显著的发展，已成为我国经济发展和吸纳就业的重要力量，仅以工业为例，非公有经济目前固定资产净值已占全社会固定资产净值20%以上；吸纳就业已占职工总数11%左右；在工业总产值构成中已占30%左右；缴纳税收已占工业上缴财政利税总额的23%左右。在第三产业和农业中非公有制经济发展则更加迅速。这表明在公有制为主体的前提下，承认并鼓励多种经济发展是符合我国现阶段社会的性质和生产力发展要求的。因此,改革开放以来,我们党始终把公有制为主体、多种经济成分并存或共同发展作为一项基本政策和根本方针。但作为基本政策和方针,承认非公有制经济成分作为社会主义经济的补充,并不等于将非公有制经济的存在作为社会主义社会基本经济制度的不可或缺的内容,而只是说社会主义社会基本经济制度是公有制,非公有制经济不过是这一基本经济制度之外的政策性存在的补充。党的十五大则第一次明确承认,非公有制经济与占主体的公有制经济一道,统一构成我国社会主义初级阶段的基本经济制度。将非公有制经济作为我们社会的基本经济制度的有机组成,这既是对马克思主义科学社会主义理论的重大发展,更是对中国改革开放实践的总结,对于中国特色社会主义建设实践的意义将是极其重大而深远的。

3. 对于全面认识公有制经济的含义,认识公有制实现形式的多样性有了重大突破

公有制经济的具体实现方式应根据经济发展的具体要求而加以选择,不能将其单一化、纯粹化。报告强调:公有制实现形式可以而且应当多样化。一切反映社会化生产规律的经营方式和组织形式都可以利用。报告在公有制实现形式上至少有三方面突破:一方面,打破把公有制实现形式固定化的教条主义,把公有制实现形式视为一个不断创造的动态过程,一个需要努力探索的过程,并不存在固定的静止的公有制实现方式,生产力的多样性和发展的活跃性决定了公有制实现形式的多样性和创造性;另一方面,对股份制这一现代企业的一种资本组织形式于社会主义的可适用性作出了明确肯定。如果说党的十四大根据小平同志南方谈话对市场经济这种资源配置方式于社会主义的可适用性作出了明确回答,那么,十五大则进一步对现代企业资本重要组织形式——股份制作出了肯定,也就是说,不仅市场经济机制社会主义可以运用,而且在财产制度上的股份制形式社会主义同样可以运用,市场经济本身不存在姓"资"姓"社"问题,股份制本身也不存在姓"公"姓"私"问题,关键看控股权掌握在谁手中。此外,报告对大量出现的多种多样的股份合作经济作出了明确的肯定,既肯定股份合作经济是改革中的新事物,必须予以支持和引导,又强调其中普遍存在的以劳动者的劳动联合和劳动者的资本联合为主的集体经济是新形式的公有经济,尤其应予以提倡和鼓励。股份合作制在西方公司制演变中是不存在的,按照传统公有制理论也是难以解释的,但却在我国经济发展中获得了广泛的生存空间和旺盛的生命力,为中国特色社会主义财产制度建设增添了一道特殊的光彩。

4. 对国有经济的地位、功能、作用有了新的、更为明确、更为符合社会

主义市场经济运行要求的认识

长期以来,在对待国有经济的认识上,我们存在着两方面的误区:一方面,把国有制等同于公有制,并且进一步视为公有制的高级形式。实际上国有制是一种国家现象,有国家就可能有国有制,而不是公有制的必然现象,国有制产权是一种国家的权利。作为国家权利,严格地说并不是一般意义上的社会经济基础,而更具有上层建筑色彩,更具有国家权力的强制性和垂直的行政性,而不具有市场经济中的法权性质。把国有制等同于公有制,进而将公有制僵化为国有制,是根本否定市场经济的制度基础。另一方面,为什么要搞国有制?长期脱离生产力发展的要求,把实行国有制、扩大国有制作为社会主义建设的重要标志,为搞国有而搞国有,模糊了本应遵循的发展经济的根本目标,这是在国有制问题上值得总结的又一教训。党的十五大在总结以往对待国有制的经验教训的基础上,系统地阐释了为什么要搞国有制以及国有经济究竟应具有怎样的地位和功能,从而更有利于解放生产力。

关于国有经济的认识,报告至少有三方面的突破:一是明确了发展国有经济的目的在于体现国家对经济的控制力,即保证国有经济主导地位。这种主导的控制力主要表现在对社会基础产业、市场失灵的公共品领域、关系国计民生的国民经济命脉等方面的支配地位,相应地在其他非主导性经济领域则不必在数量上追求国有制的支配地位,国有比重可以减少一些,退出一些领域,即使不完全退出,也可以不在数量上居支配地位,而更注重国有资产的质量和运用效率。二是旗帜鲜明地提出了在非主导性领域的非国有改造的历史任务,尤其是明确了对小型国有企业的非国有改造。报告提出:采取改组、联合、兼并、租赁、承包经营和股份合作制、出售等形式,加快放开搞活国有小型企业的步伐。这里列出的7种国有小型企业改革的途径,除承包制外,实际上都是产权制度上的根本变化,也就是在所有权及产权上采取非国有改造。当然,这种非国有改造并不是简单的私有化,出售给私人和外商等只是其中一种形式,更多的则是要建立公有制的非国有的新的实现形式。三是对国有经济的实现形式和实现效率作出了新的阐述。一方面,进一步明确了国有企业进行现代企业制度改革的方向,特别明确了大中型国有企业实行规范的公司改革的必要性,强调了在资产权利与责任上的均衡,并且以适应市场并成为市场的法人实体和竞争主体为目标;另一方面,对国有制的效率除强调其微观上的竞争力之外,突出强调了其体现"主导"经济的效率,强调其对国民经济的支配力,因此,即使是在需要采取国有制的领域,也应打破百分之百由国家掌握资产的传统,而应通过各种股份制方式,在保证国有资本的支配地位或有效影响地位的前提下,吸纳进而实际支配更多的国有资本,以提高国有资本的支配范围。

二、推进所有制改革是我国经济体制改革深化的根本

一定的经济体制至少包含三方面的内容:一是社会经济的财产制度,即社会所有制构造;二是社会经济的微观运行体制,即市场机制及相应的企业制度;三是政府对社会经济的调控机制,即政府宏观调控体制。就我国的经济改革而言,无论是市场机制建设及市场主体培育,还是政府职能转变及宏观调控机制的改造;无论是总结改革的历史进程,还是面对目前改革面临的体制性障碍,尤其是国有企业改革面临的体制性矛盾,所有制改革均已成为历史的必然。党的十五大正是顺应着这种历史的必然,提出了推进所有制改革的战略性命题。

1. 推进所有制改革是切实形成社会主义市场经济机制的需要

从理论上来说,国有制若在社会总资产上占据绝对统治地位,那么,这个社会的资源配置方式必然不可能是市场经济机制。根本原因在于,市场经济作为交易的经济,其交易的实质在于所有权的相互买卖,而要保证所有权的可交易性,首先要求这种投入交易的所有权必须是单纯经济性质的权利,因而能够并且只能接受市场规则和市场竞争规律的约束,如果是作为超经济性质的权利,如政治的、行政的、宗法的等等权利存在,其权利运动必然首先服从政治的、行政的、宗法的等超经济规则约束,而难以接受市场硬约束。正如马克思所分析的,在前资本主义社会之所以早就存在私有制和社会分工,因而存在市场交易的可能和必要,但却不存在市场经济,根本原因就在于所有权并不是独立存在的纯粹的经济权利,而首先是作为隶属于政治的、司法的、行政的、宗法的等超经济权利的奴仆存在,从而取消市场交易的制度可能。① 国有制作为一种国家掌握资产权利的制度,国家作为所有权主体,就国家的属性而言不可能也不应当是单纯的经济力量,必然具有超经济性质。因此,若国有制占据统治地位,社会绝大部分资产的运动首先必须

---

① 《马克思恩格斯全集》,第 25 卷,人民出版社 1985 年版,第 436 页、第 891 页。

服从国家的意志和政府行政权力的支配,市场规律对大部分资产无以支配,因此也就不可能是市场经济社会。我们既然已明确以社会主义市场经济为基本的体制目标,也就是说要使市场成为调节资源配置的基本形式和基本力量,那么,在所有制结构上就必须根本改变国有制占统治比重优势的格局,当然这种国有制统治比重的改变并非私有化,而是采取多种所有制经济的同时,采取多种多样的公有制新形式。社会主义市场经济需要的是以公有制为主体,但绝不是国有制为主体,国有制可以也应当为主导,即保证国家对国民经济命脉的有效控制,但不能以国有制为主体,否则便不可能使市场经济成为社会经济资源基础性的调节机制。

从我国的市场经济改革实践来看,改革开放以来,我国市场经济程度之所以取得深入进展,根本原因恰恰在于所有制结构上的变化,在于非国有经济的发展。据测算,我国现阶段商品生产和商品流通的市场化程度已超过80%,95%左右的价格已由市场决定;劳动力要素市场化程度已达70%以上,受行政约束的劳动力不到30%;在资本要素市场上,尽管政府管制程度较高,但各类金融机构自主贷款的比重已达56%左右。据国家计委一份研究报告测算,我国总体经济市场化程度已超过65%。又据世界银行1996年发展报告评价,世界上全部体制转轨国家市场化指数平均为4.4,而我国则为5.5,远超转轨国家平均市场化速度。这一市场化进展,显然是以所有制结构的变化为基础的。据统计,从1980年至1996年,在全社会固定资产投资构成中,国有经济所占比重由90%左右下降到52%左右,非国有经济则从10%左右上升到48%左右(其中集体公有占15%左右);在工业增加值构成中,国有经济的比重由76%左右下降为48%左右,非国有经济所占比重则由24%左右上升为52%左右(其中集体公有占32%以上);在1996年完成的GDP总额中,国有经济占40.8%,非国有经济占59.2%(其中集体公有占35.2%);在城镇就业结构中,国有经济吸纳就业职工的比重由70%以上下降到57%左右,农村劳动力则均由非国有经济吸纳。[①] 可以说,没有这种所有制结构的深刻变化,就不可能有经济运行方式的市场化推进。

我国现在距离2010年基本建立社会主义市场经济体制目标尚有十几年时间,我国的社会主义市场经济建设自改革开放以来,也已走过十多年的路程,我们已经取得的市场化进程取决于财产制度的演变,我们要真正建立社会主义市场经济体制,仍有赖于所有制结构的改造。事实上,社会主义市

---

① 资料来源:《中国统计年鉴》(1997)。

场经济的财产制度基础在于：各种公有制经济在资产上和国民生产总值上分别保持在70%左右，切实成为经济主体，国有制在资产上必须降到50%以下。按照1980年至1996年国有经济固定资产由90%左右下降到52%左右的发展轨迹，平均每年下降2.4个百分点，到2010年国有经济固定资产保持在30%左右是完全可能的，从而一方面保证市场经济成为基础性调节机制，另一方面保证国有制对国家经济命脉的有效控制，由此形成公有制为主体，国有制为主导，多种所有制经济共同发展的社会主义市场经济的基本经济制度基础。

2. 推进所有制改革是解决国有企业面临的体制性矛盾的需要

国有企业的改革已成为我国经济体制改革的难点所在。从我国国有企业改革的进程来看，从1979年至今，大体已走过四个阶段：第一阶段是自1979年至1983年，主要改革内容是放权让利；第二阶段是自1983年至1987年，主要内容是利改税；第三阶段是自1987年至1992年，主要内容是实行承包制；第四阶段则是自1992年至今，主要是逐渐进行现代企业制度改造。从已进行的几个阶段，特别是前三个阶段的国有企业改革历程来看，具有普遍性的特点在于两方面：一方面在改革的方式上，基本上是自上而下的行政性推动的政府行为过程，这是由于国有企业的所有者是政府，因而改革的决定权掌握在政府手中，使国有企业改革成为一种政府行政行为；另一方面在改革的内容上，主要是集中在分配关系，特别是集中在政府财政收入与企业收入、企业收入与职工收入、地方政府收入与中央政府收入等方面的利益关系的调节和规范上，除少数企业以试点的形式进行所有制改革探索外，大部分国有企业的改革是从分配关系上展开的。从目前国有企业面临的矛盾来看，如果再仅仅围绕分配关系，再主要甚至单纯依靠政府行政性的直接推动，国有企业面临的难题无法解决，必须从所有制上进行根本改革，才可能真正使每一个工人、企业领导从切身利益上、责任上、改革的权利和主动性上投入改革，使改革真正具有群众基础，才可能真正解决国有企业面临的体制性障碍。

国有企业改革在体制上现阶段至少存在三方面制度性矛盾，也就是说不从所有制改革入手便不可能真正解决这三方面的矛盾。

首先，如何实现国有企业的政企分离？政企分离的命题早在1979年改革伊始便被提出，十几年来之所以举步维艰，就经济制度而言，是由于政企分离，并非是政府对企业的管理方式的转变，而是涉及企业所有权的问题。从理论上讲，作为国有制企业，其所有权归国家并由政府掌握，其资产责任当然也由所有者承担,因而严格的国有制就不应当也不可能真正实现政企分离,对国有企业要求其政企分离,要求作为所有者的政府从企业退出,本质上是侵权;另一方面,若在制度上真正实现政企分离,也就意味实行非国有制改造,所有权自国家手中转移出去自然也就失去了政企合一的财产制度可能。问题在于,既要使企业保持国有性质,又要实行严格的政企分离,这在理论上和逻辑上是不成立的。从实践上看,从人类经济发展上看,还未有过既是国有制的企业,同时又实行严格的政企分离,即使是当代资本主义市场经济发达的国家,如英国、法国等,在法律上也是明确规定:国有企业的领导人是政府任命的官员。也就是说,企业领导不对市场负责而是对政府负责,企业行为目标首先不是市场竞争目标而是政府行政目标。因此,要求某企业实行政企分离,本质上需要首先回答:这一企业还需不需要采取国有制?如果就这一企业的性质、国民经济发展的要求等条件而言,仍属需要国家支配的主导命脉的企业,仍需国有制,那么,就不是简单地需要政企分离的问题,而是要进一步加强政府监督、控制,进一步完善国有制、严肃国有制,使之更有效地体现国家意志和政府政策目标的要求,即使之更有效地起到国有制应起的对国民经济的主导作用;如果说企业属于不需国有制的主导命脉部门之外的其他领域的产业,那么也无须实行政企分离,而更需要采取非国有制改造,政企分离不过是非国有制改造的某种结果。显然,在社会主义市场经济条件下,占据主体地位的大多数企业应当而且必须接受市场调节,因而必须普遍实行政企分离,否则市场中运动的便不可能是经济主体而是行政主体,由此市场不可能成为基础性调节机制。而要做到这一点,除切实体现对国民经济命脉控制力的领域外,对其他大多数国有企业必须采取非国有制改造,在制度上保证政企分离。当然非国有制改造除少部分出售给私人或外商外,主要是采取新的非国有的公有制形式。正如十五大报告所说,只要是公有制为主体,国有制为主导,国有制的比重可以减少一些。可见,政企分离这一难题的解决,根本在于所有制改革,在于处理社会主义初级阶段所有制结构中的国有制如何分布,在于明确哪些领域、哪些企业需要采取非国有制。

其次,如何建立国有企业的有效的治理结构,如何实现国有企业的资产权利与相应的资产责任间的相互制衡?权利与责任的失衡是十几年来国有企业改革存在的最显著的制度漏洞。无论是采取承包制还是采取国家绝对控股的股份制,都属于委托—代理制。委托—代理制的形成至少需要两方面的制度条件。一方面,必须事先在法律上规定代理者对所有者的资产责任;另一方面,必须在经济上证明代理者确实具有承担法律规定的责任的能力。这种责任尽管不必是完全的或无限的,但必须大到能够有效约束代理者权利行使的程度,使其对社会或对他人资产的支配权受到有效的必要的资产责任约束。实际上,这一问题即使在西方公司制度演变中也始终是个需要不断探索的命题。正如马克思所指出的,股份制最大的制度漏洞便在于,它使一部分人获得了支配他人或社会的资产的权利却又可以逃避责任的可能。① 在我国企业改革中,这一制度漏洞更加突出。以承包制为例,其宗旨是所有权与经营管理权两权分离,因而承包者在市场中所支配的资产,在所有权上并非自身所有,而是属于国家的,因此承包者最应负的责任首先应是对国家(所有者)的资产责任,但承包者作为党的干部,最不可能负的责任恰恰是这个最应当负的资产责任,因为承包者绝大多数均是无产阶级先锋队的成员,属于无产者。这样,承包人所获得的是对国家资产的支配权,而制约这种权利的责任却不可能是资产责任,至多只能是行政的、政治的和道义的责任。事实上,采取股份制改造的国有企业,只要国家仍持绝对优势股权,而国家作为最大所有者又无法直接进入企业,而是将资产委托给代理者——企业法人(董事会),那么企业法人也就同样获得了对国家资产的支配权,而同时又不具有相应的资产责任能力,董事会成员作为政府任命的行政性官员,根本不可能也不必承担资产责任。西方现代股份公司制度之所以要求进入董事会必须凭借股权大小,根本原因就在于股权大者作为对其他分散小股东委托资产的代理者,公司的好坏对其影响要远大于一般小股东,其对公司的资产责任相对更大,而且即使具有完备的股市条件,大股东也相对难以转移股权而逃避风险;即使允许部分无资产董事进入董事会,则一方面需经过股东大会的严格程序,进而股东(所有者)愿意替无资产董事承担资产责任,另一方面,无资产董事大都具有丰富的管理才能,因而拥有较多的人力资本。公司绩效损失,甚至破产对其人力资本的损害是极为严重的,实际上是以人力资本的资产责任在约束其手中的对他人资产的支配权,当然,这种约束需要存在较发达的企业家市场。因此,国有企业改革需要解决的根本制度问题之一,便是使代理者切实受到资产性责任约束,或者说使最具资产责任能力,进而使最富资产责任心的主体成为资产的代理者,否则,无论是承包制还是股份制都难以有效。这实际上要求国有制的实现形式发生根本改变,将国有股"稀释"并掺入到其他股份经济之中,而不必绝

---

① 《马克思恩格斯全集》,第 25 卷,人民出版社 1985 年版,第 496—497 页。

对控股,如果需要采取委托—代理,就必须把国有资产委托给资产责任能力最强者;如果仍需国家绝对控股并支配,那么就不必对资产进行委托,仍由国家直接管理,以防止资产权利与责任间的制度性失衡。这种制度建设本质上是所有制的改革,是企业资产权利结构的重建,也是国有制实现形式的改变。

其三,如何筹集国有企业改革的成本?改革成本的筹集是约束国有企业改革进展的重要现实条件。直观地看,至少存在以下制度性成本制约国有企业改革:一是传统体制下形成的国有企业离退休职工负担如何解除。据国家劳动部测算,目前全国职工在职工人对离退休工人负担系数已达0.29,即大约三个多在职人员负担一位离退休工人,并且随着2000年我国进入老龄化社会(60岁以上的人口超过总人口的10%),这一问题会更加突出。二是传统体制下国有企业职工的医疗保险问题如何解决。据估算,目前职工医药费开支大约相当于职工工资总额的15%左右,如何解除企业这一负担是一重要问题。三是传统体制下国有企业职工的住房问题如何处理。以往是由企业承担,其费用大体已接近国有企业总资产的20%左右,并且不从体制上解决,这一费用还将无止境地增长。四是体制与政策性形成的国有企业过重的债务负担如何解除。特别是"拨改贷"之后,国有企业固定资产的形成基本上由银行贷款形成,国家财政一般不再注资,形成企业过重的负债,增大企业融资成本。上述体制性费用怎样分摊,从政府、企业、家庭三者关系上看,任何单一方面均无力承担。如果由政府财政安排,其他不论,仅解除企业政策性债务一项,"拨改贷"形成的企业固定资产大约2万多亿元。若由财政注资,切实由国家作为出资人履行所有者责任,那么以目前财政每年大约可集中500亿元注入企业固定资产投资的出资能力,大约需要40年,况且国家财政困难已十分严重,"八五"期末已累计财政赤字6 300多亿元,到1996年已累计发行国债6 700多亿元。如果由企业继续承担,不仅已无可能,而且为时不久便会将国有企业的市场竞争力彻底瓦解。如果由居民家庭承担,既不现实也不公平,因为在传统体制下乃至改革以来相当长的时期里,职工工资中并未包含这些费用。但是国有企业的改革又不能因此而停滞,拖得越久实际上累计的成本越高。就现阶段现实来看,出路仍在所有制改革。一方面,通过所有制改革,放掉部分小型国有企业,并采取多种措施对国有制实行非国有改造,努力探索公有制等其他实现形式,以减轻国家对企业的直接经济责任,使国家能够集中力量,特别是在国有经济必须占支配地位的领域,通过资产重组和结构调整,以加强重点,使举办国有制经济与国家财力切实吻合；另一方面，通过出售部分国有资产，包括放掉小型国有企业，也包括以股份制的形式出让部分大中型国有企业的股权，以支付国有企业改革的成本，促进解决企业改革中的"钱从哪里来，人到哪里去"的问题，特别是以此降低企业由于政策性因素形成的过高的负债率。

三、推进所有制改革是保证国民经济有效均衡增长和持续协调发展的需要

从我国改革开放以来的经济发展和经济增长的实践上看，所有制的改革，特别是在"坚持公有制为主体，国有制为主导，多种所有制经济共同发展"这一基本经济制度的基础上，鼓励并支持非国有经济的成长，已成为支持我国经济增长的重要制度动力，坚持并完善这一基本经济制度，更是我国经济协调发展的历史要求。

1. 所有制结构以及公有制实现形式的变化是我国实现经济均衡增长，尤其是实现"软着陆"的重要制度条件

无可否认，改革开放以来我国创造了经济增长的奇迹。这一奇迹突出表现在两方面：一方面，我们实现了世界公认的高速增长。改革开放以来，我国GDP年均增长率超过10%，1992年以来更是超过12%，远远超过同期世界平均3%左右的增长率，即使与东亚新兴工业国新加坡、韩国相比也是遥遥领先(新加坡在8%左右，韩国则在7%左右)。到1996年，我国完成GDP总量已超过6万亿元人民币，按照国家统计局测算的人民币真实购买力折算(1∶5左右)，我国已在GDP总量上列世界第7位，人均GDP已接近1 000美元。另一方面，更为难能可贵的是，在实现高速增长的同时，成功地抑制了通货膨胀。改革开放以来，我国年通货膨胀率始终平均在一位数以下，即使在通货膨胀率最高的年份1994年也只是在27%左右(消费品物价指数)，并且到1995年便回落到15%，到1996年又进一步回落到6%左右，与我国处于同样发展阶段的当代下中等收入的发展中国家平均62%的年通胀率相比，是低的；与同样处于体制转轨期的国家百分之百，甚至上千的通胀指数相比，则更低。之所以能取得这种"高增长，低通胀"的均衡增长奇迹，主要原因在于三方面：一是有效的宏观调控政策实施，尤其是在缩紧财政的同时，货币政策发生了重大作用；二是经济市场化程度的加深，使得微

观经济单位的自我约束力逐渐加强,使增长的有效性得到体制保障;三是财产关系上的变化,使微观主体,特别是非国有经济主体活跃的同时,不得不在资产制度上切实接受市场硬约束,为均衡增长创造了资产制度条件。事实上,宏观调控政策之所以有效,市场化进程之所以深化,其重要的制度基础也在于所有制结构和公有制实现形式上的深刻变化。

从所有制结构的变化对增长的作用来看,由于改革开放以来非国有经济的迅速发展,使之已成为我国经济增长的重要源泉。1992年以来,我国年均12%的GDP增长率中8个百分点以上是非国有经济实现的,国有经济只占3个百分点左右。1996年我国国有工业增长率仅为6.1%,远低于全国GDP 9.7%的增长率,但同期非国有的集体工业增长率为19.8%,城乡个体工业增长率为30.6%,其他经济增长率为14.2%,非国有工业增长远高于国有工业增长,而非国有工业在工业总产值中所占比重为70%以上,由此拉动整个增长率提高。从所有制结构的变化对抑制通货膨胀的作用来看,非国有经济对平抑物价起了重大作用。首先,农业的持续丰收为控制通胀创造了重要的条件,而农业在体制上基本上是非国有经济,加上农村改革的深入,农户行为在制度上基本上纳入市场硬约束,除政府在宏观政策上对农业予以保护、支持外,农户本身不可能直接得到财政的支持,根本不可能由政府财政为其平衡预算,因而农户在市场中不存在软预算约束问题,这是农户效率提高的重要制度基础。其次,就非国有的工业和第三产业经济而言,由于其财产制度的特征,一方面,财政不可能直接对其给以补贴,从而减轻了对财政支出的压力,同时,政策性贷款对非国有经济总体上也难以给予优惠,因而缓解了对信贷支出的压力;另一方面,非国有经济由于不能直接依赖国家,只能依靠市场,所以其市场适应力较强,市场竞争效率较高。就工业企业而言,1996年国有工业企业的资产利润率不到1%,而非国有工业企业的资产利润率则为3%。因此,非国有经济上缴财政税利增长速度快,到1995年非国有经济上缴财政利税已占利税总额的43.1%,但同时对财政支出依赖度低。非国有经济资金周转快,还贷能力强,但同时对银行信贷支出规模,尤其是对政策性信贷压力小。可见,所有制结构上的非国有经济比重上升,在带动经济高速增长的同时,为平抑物价作出了积极有效的贡献。

从公有制,特别是国有制实现形式的转变来看,既为社会主义市场经济竞争主体的培育创造着重要制度条件,同时也构成我国经济高速均衡增长的重要制度原因。一方面,国有经济比重虽有所降低,但改革开放以来其总量扩张的速度仍在不断提高。据统计,1950年至1995年,国有资产总量年均增长12.4%;1980年至1995年,年均增长14.5%;1990年至1995年,则年均增长17.8%,虽然其固定资产比重已由90%以上下降至52%左右。同时,在结构上国有经济起着基础性和支柱性作用,主导着国民经济。到目前,在基础设施和公用事业领域基本上完全由国家控制,如航空、邮电、铁路等基础产业,国有资产比重为100%;重要的能源、动力、原材料产业也是由国有经济绝对控制,如石油、电力、冶金等产业国有资产比重在90%以上;在其他关系国计民生的重要命脉部门,如金融、机电、汽车、煤炭、石化、城市水气等公用事业部门,国有资产比重大都在80%以上。可以说,没有国有经济的这种基础性和支柱性作用,尤其是没有国有经济承担着大量的社会发展成本,特别是承担着一系列体制性的社会责任,没有国有经济在承担高社会成本的同时对国家财政的贡献(上缴财政利税到1995年仍占56.9%),就不可能有我国经济的高速增长,也不可能有非国有经济的高速发展,虽然国有经济本身直接的市场微观效益较低。另一方面,国有企业本身的改革,特别是国有制实现形式的改变,也促使企业逐渐进入并接受市场约束,使之市场效率得以提高的同时,对财政和政策信贷的依赖度有所减弱,因而对宏观上控制盲目扩张、控制物价上升逐渐创造着微观制度条件。首先,全国100家现代企业制度试点经过近3年的摸索,试点企业的现代企业制度基本架构开始形成并逐渐推广,到1996年,全国由国有企业改造而成的股份公司已由1993年的3 600多家上升为近9 000家。其次,"抓大放小"迅速推进。在"抓大"上,国家确定的重点企业由300户扩大到今年的512户,在抓管理、抓技改的同时,国家在政策上予以扶持,采取主办银行允许发行可转换债券,并在上市时予以优先安排,使之在产权构造上逐渐变化并适应市场机制。此外,深化企业集团试点,由1990年的57家扩展到1997年的120家,特别强调以产权为纽带形成跨地区、跨行业、跨所有制的现代大型企业集团公司制,在政策上允许其建立财务公司,扩大其融资权利,经财政机关批准,可以按集团统一纳税等等。在"放小"上,各地小型国有企业根据实际,采取多种形式,尤其是以股份合作制的形式进行改组、改制、联合、兼并、出售、租赁等,进展十分迅速。其三,为综合配套推进国有企业改革,扩大并深化"优化资本结构"城市试点,围绕国有企业产权重组,将综合试点城市由18个扩大到58个,1997年进一步扩大到111个。这些改革,一方面对所有制结构的重构起到了重要作用,另一方面也使国有制本身在实现形式上,进而在适应市场竞争的要求方面产生了深刻的变化。没有这种变化,要实现"高增长,低通胀"的均衡增长是难以想像的。

就我国目前出现的宏观经济失衡而言,突出的问题在于失业率较高。事实上我国待业下岗、停产半停产以及较长时间停发工资的职工已近10%,再考虑到由于以往体制性因素造成的2 000多万企业冗员,随着改革深入必然成为显性的需要再就业者,单纯依靠国有经济的重振予以吸纳是根本不可能的。克服这种失衡,除发挥宏观政策的作用,以及采取产业结构调整,创造新的就业领域等措施外,十分重要的制度因素也在于所有制实现形式的改变。到1996年,中国城镇职工就业中非国有经济已占43.3%,农村劳动力则基本上均在非国有经济中就业,全国城乡总劳动力由非国有经济吸纳的比重已达84%。随着非国有经济的发展和国有企业改革的深化,在吸纳就业方面,非国有经济将成为越来越主要的力量。在制度上允许并鼓励非国有经济发展,不仅是我国经济增长的要求,不仅是抑制通货膨胀的要求,同时也是克服另一种宏观失衡——缓解失业的要求。

2. 所有制结构的改造及公有制实现形式的多样化是我国实现经济长期协调发展的要求

经济长期发展不同于短期增长的根本原因在于,发展主要是处理产业结构转换的命题,而增长主要是处理总量均衡的命题。我国改革开放以来,从产业结构转换意义上实现的经济发展速度是惊人的。以三大产业结构变化为例,1978年,我国三大产业的就业结构比重依次为78%、12%、10%左右,产值结构比重依次为23%、59%、17%左右,属于典型的落后农业国,与当代世界低收入国家结构极其相似(当代低收入国家就业比重平均为73%,农业产值比重平均为31%);1996年,我国三大产业的就业结构比重依次为56%、34%、20%左右,产值结构比重依次为18%、49%、33%左右,达到标准的下中等收入发展中国家产业结构状态(当代下中等收入发展中国家农业就业比重平均为54%,农业产值比重平均为17%)。历史上发展中国家完成这一由低收入到下中等收入发展阶段的结构转变大体用了30—40年时间。日本是在1885—1925年间完成这一结构转变的。而我国用了不到20年的时间实现了历史上发达国家需要几十年才实现的结构转换,的确是一个发展的奇迹,尤其是考虑到我国总人口和农村人口的特殊性,这种转变就更来之不易。

如此深刻的结构变化,原因当然是多方面的,但必须承认的是基础性的原因在于所有制的变化。首先,如果没有农村的改革,没有农村农户经济的发展,没有农村集体农业经济实现形式的家庭承包制的选择,没有农村乡镇企业的发展,农业效率不会显著提高进而为降低农业就业和产值比重提供可能,也就不可能有农村经济工业化的显著进展。正是由于农村的改革,特别是农村财产关系的改革和所有制实现形式的突破。一方面,使得农业在1984年实现粮食总产量6 000亿斤,实现了基本解决温饱的目标,而后粮食产量更是逐年递增,到1996年已达到9 800亿斤,使全国未解决温饱的贫困人口从1978年的2.4亿猛降到1996年的4 500万;另一方面,为推动我国工业化、现代化提供了坚实的农业基础。其次,如果没有允许非公有制经济发展的改革方针和政策,我国第三产业的发展,无论是从资金来源还是从劳动力来源,无论是从发展规模还是从发展速度而言,都不可能取得如此迅猛的进展。在传统的要求所有制纯而又纯、"一大二公"的体制条件下,我国第三产业在1978年的比重比建国初期的50年代还有所下降,就是对这一问题的最好说明。

就我国目前产业结构演变的主要矛盾来看,特别是工业、制造业的结构矛盾来看,突出的问题在于两方面:一方面,产业结构趋同,地区间、行业间"大而全"、"小而全",并未真正形成市场竞争要求的结构效益,主导产业不明确,优势产业不明显,结构性竞争力弱,在产业结构上难以及时根据市场需求结构的变化进行相应重组;另一方面,在产业组织的规模结构上,企业"大不大,小不小",普遍未能达到市场经济所要求的规模经济,与国际市场竞争要求相距甚远。

究其原因,直观地看,在于政府行政干预过多,市场力量作用不强,从而形成行业间、部门间、地区间的行政性封锁和保护,使市场被行政力量分割,因而资源配置难以根据市场规律的要求,在不同部门、不同产业、不同地区间实现有效流动,导致结构趋同;同时,行政保护下的重复建设,使得企业间难以有效地通过市场竞争形成优势集中,"优胜劣汰"的市场竞争法则在行政保护和割裂下难以实现,市场所要求的规模经济无以形成。进一步分析,之所以存在这种状况,根本原因则在于资产制度上的国有制垄断和企业在产权制度上的超经济性质,这种超经济性质的所有权普遍存在,是行政性割断资源配置内在有机联系的根本制度条件。因此,要提高我国产业结构效益,切实通过市场经济引导并推动产业结构转换,根本的制度前提之一在于推进所有制改革,使企业产权切实变成市场竞争中可交易的法权,在产权制度上保证资产可以根据市场竞争的要求,在区域间、行业间、部门间、企业间充分流动,资源的流动本质上是所有权的流动;同时,也只有在资产制度上保证产权的市场可交易性,才可以从根本上冲破进入市场的不必要的行政性壁垒,通过竞争真正从所有权上实现兼并、改组、联合,形成企业的规模经济，真正形成市场竞争所要求的，"以资本为纽带，通过市场形成具有较强竞争力的跨地区、跨行业、跨所有制和跨国经营的大企业集团"。

总之，所有制改革，包括所有制结构和公有制实现形式的改革，既是我国经济改革和发展取得巨大成就的制度原因，又是我国经济改革和经济发展进一步取得成效的重要制度前提。十五大深刻总结了我国经济改革和经济发展的这一基本经验，把所有制改革与整个经济改革的历史进程，尤其是与经济发展的内在要求紧密地统一起来，为我们在跨世纪的历史进程中有效地处理改革与发展命题，为推进有中国特色的社会主义事业，提供了科学的理论指导和可靠的实践依据。

20年国有企业改革的进展与基本经验*

以 1978 年 12 月党的十一届三中全会的召开为标志,我国进入了改革开放崭新的历史时期。总结近二十年来改革开放历史进程的基本经验,特别是总结国有企业改革进程,有着极为重要的意义。

一、我国国有企业改革的进展

新时期的经济体制改革之所以不同于我国历史上以往的体制调整,突出的一点在于十一届三中全会以来的经济体制改革是以企业改革,尤其是以国有企业改革为重要内容,从某种意义上甚至可以说,整个城市经济体制改革是围绕企业改革这一核心命题而展开的。

早在 20 世纪 50 年代中期和 60 年代初期,我国也曾有过重大的经济体制方面的调整,但所处理的核心问题是中央与地方的关系问题,并未真正触及企业,更未以企业改革为主要内容。无论怎样调整中央与地方的关系,在体制上主要涉及中央与地方的权利划分,企业本身的权、责、利并未因此而发生任何根本变化,企业在管理体制上无论是收归中央,还是划给地方管理,不过是换个"婆婆"而已,改变的只是行政隶属关系,而不可能改变其行政依附性质。之所以如此,重要的原因在于,我国传统计划经济体制形成过程中,贯彻的是体现发挥中央和地方两方面积极性的所谓"两条腿走路"的方针,在中央集中计划的前提下,各级地方政府拥有一定的权利,从而使我国传统计划经济体制与前苏联的部门主义计划经济模式有一定的区别。因此,一方面相对前苏联模式更有利于调动地方积极性,但另一方面也使我国传统计划经济体制长期存在"条块之争"的矛盾,协调这一矛盾相应地成为历次经济调整的主要任务,因而企业改革便不可能被承认。与以往不同,党的十一届三中全会提出的改革历史任务,从一开始就明确了企业改革的不

---

* 本文原载于《求是》1998 年第 19 期。

可或缺的地位,强调指出:"现在我国经济管理体制的一个严重缺点是权力过于集中,应当有领导地大胆下放,让地方和企业在国家统一计划的指导下有更多的经营管理自主权;应该着手大力精简各级经济行政机构,把它们的大部分职权交给企业性的专业公司或联合公司。"[1] 正是由于将企业改革作为整个经济改革的重要内容,使得新时期的体制改革无论是在深度上还是在广度上,均是以往体制调整所不可比拟的。因此,总结企业改革,特别是国有企业改革的进程,对于总结整个经济改革历史实践经验和深化改革,具有重要意义。

近二十年来,国有企业改革已经历了四个阶段。第一阶段自十一届三中全会召开至1983年,改革的主要内容是"简政放权,放权让利",特别是扩大企业管理权限,允许并增大企业留利;第二阶段是自1983年至1987年,改革的主要内容是采取"利改税"的方式调整并规范企业与政府间的利益分配关系,同时开始采取"拨改贷"的方式,改变国有企业固定资产投融资的机制;第三个阶段是自1987年至1992年,改革的主要内容是全面实施各种形式的企业承包制,经两轮承包期至1992年末,我国大中型国有工业企业大都采取了承包制,与此同时在中央与地方财税体制上采取"包税制";第四阶段是自1992年至今,改革的主要内容在于两方面,一方面对国有大中型企业进行现代企业制度改造,另一方面,把国有企业的改革纳入整个所有制结构调整,围绕以公有制为主体,国有制为主导,多种所有制经济共同发展的基本经济制度建设,进行企业产权重组,贯彻"抓大放小",同时财税体制采取"分税制"。

改革开放的历史进程,使国有企业体制发生了并仍在继续发生着深刻的变化,使国有经济获得了迅速的发展,国有企业所面临的经济环境也已发生了深刻的变化。

就国有企业面临的经济运行环境变化而言,至少发生了六个方面的变化。首先,除石油、铁路、电力、煤炭等为数不多的行业还保留部分指令性计划外,绝大多数国有企业已被推入市场,市场价格信号已成为调节包括国有企业在内的整个社会经济运行的主要信号,市场竞争机制已开始成为调节企业行为的基本机制;其次,非国有经济的迅速成长,对国有企业形成越来越大的市场竞争压力;其三,财税体制改革经过"利改税"、"包税制"、"分税制",在税赋上,不仅国有企业的体制性优惠不再存在,而且其体制性负担已

---

[1] 引自《中国共产党第十一届中央委员会第三次全体会议公报》。

成为影响国有企业竞争力的重要因素；其四，政府对国有企业的行政直接干预不断减弱，从"简政放权"到"全面承包"，从以股份公司为主要形式的现代企业制度改造到"抓大放小"；其五，伴随经济开放程度的提高，关税和市场准入条件的逐步降低，外国商品和资本流入量不断增大，不仅加剧了外资在我国国内市场上与国有企业的竞争，而且事实上开始把国有企业推到国际市场竞争之中；其六，从"拨改贷"到资本市场的逐渐发育，再到金融体制的逐步改革，国有企业的投融资体制和融资方式及条件发生了极大的变化，间接融资的市场约束力度逐渐加强，直接融资的渠道逐渐形成。

就国有企业的发展而言，至少有两方面的突出特点。一方面，国有企业发展尽管面临前所未有的竞争压力和困难，但其资产总量获得了前所未有的增长。据第三次工业普查资料显示，国有企业共有30.5万户(不包括金融类企业、军队企业和境外国有企业)，其资产总额为74 721亿元(按1995年底会计账面价格计)，其中国家所有者权益为22 959亿元，负债总额为51 762亿元，平均负债率为69.27%。全国的国有资产总额(包括国有企业、事业单位和金融企业)为51 920亿元(不含负债)。国有资产总量1950年以来平均增长12.4%，1980年以来平均增长14.5%，1990年以来平均增长17.9%。显然，伴随改革的深化，国有资产总量增长速度明显加快。另一方面，国有企业资产在全社会资产中所占比重持续下降的同时，在结构上对国民经济命脉的控制和国民经济的主导地位稳固。以独立核算的国有工业企业为例，其固定资产占全社会工业企业固定资产(净值)的比重从改革初期的90%左右降至1985年的85.4%，又降至1994年的65.1%，到1997年已降至60%以下；国有工业企业的产值所占比重由改革初期的77.6%，降至1994年的34.1%，到1997年已降至30%以下。[①] 但关系到国计民生、国民经济基础和命脉的部门，仍牢固地为国有经济所掌握。现阶段，我国国有资产占100%的部门有邮电、航空、铁路等部门，占90%以上的有石油、电力、煤炭等部门，占75%以上的有冶金、金融等部门。可见，国有资产在基础性产业、能源材料工业和金融命脉产业占绝对优势。

二、我国国有企业改革的主要经验

回顾近二十年来的国有企业改革，最为主要的经验在于三方面，或者

---

① 资料来源：《中国统计年鉴》(1995、1997)。

说,我国国有企业体制之所以能够发生如此深刻的变化,国有企业改革之所以能够获得如此深刻的进展,重要的在于从以下三方面展开了艰苦的理论与实践的探索。

第一,国有企业改革必须与社会主义市场经济机制培育统一起来。国有企业改革必须以适应社会主义市场经济要求为目标导向,社会主义市场经济建设必须以现代企业制度改革为微观基础。这是近二十年国有企业改革实践所总结出的重要经验。

一方面,国有企业改革是否以适应社会主义市场经济需要为目标导向,是否纳入整个社会主义市场经济建设之中? 这关系到国有企业改革的根本方向和改革可能达到的深刻程度。而回答这一问题,首先在于如何确定社会主义经济体制改革的目标,即我国的经济改革是否以社会主义市场经济体制为目标体制。从改革开放初期,人们普遍认为社会主义与市场经济,甚至与市场调节是根本对立的,到党的十四大,我们党明确提出我国经济体制改革的目标模式是社会主义市场经济,这期间经历了艰苦的理论与实践探索。这一目标体制的确立,不仅使整个经济体制改革的目标逐渐清晰起来,而且使国有企业改革的目标导向也日益明确了。可以说,没有社会主义市场经济体制目标的明确,我国国有企业的改革不可能如此深刻,甚至不可能真正展开。

另一方面,在改革实践中怎样协调国有企业制度改革与市场机制培育的相互关系,即在同时缺乏完备的市场机制和缺乏有效的现代企业制度的条件下,怎样统一企业改革进程与市场机制建设进程? 这关系到整个以社会主义市场经济为目标的经济改革以怎样的逻辑线索和推进道路发展的问题。是以市场机制培育,特别是以价格机制改革为中心,企业改革服从于价格改革,整个财税、金融、贸易流通等宏观体制改革与价格改革相配合为基本改革思路,还是以企业改革,特别是以企业产权改革为中心,价格改革以及其他方面的宏观体制改革服从并适应于企业改革为基本改革逻辑,这是我国改革理论和实践长期探讨的问题,也是几乎所有体制转轨国家遇到的共同问题。以价格改革为中心,价格放开的同时,企业制度改革滞后,企业可以不受市场价格的硬约束,企业在制度上,特别是在资产制度上缺乏自律约束能力,市场机制缺少必要的微观行为主体,放开价格的同时难以形成有效的市场秩序。以企业改革为中心,企业改革先行,市场发育滞后,企业在脱离计划体制的同时,缺少有效的市场机制,企业既不能运用计划体制,又无以运用市场机制,结果企业可能既不受计划约束,又不能受市场约束。我国在处理这一矛盾上,积累了丰富的经验。经过实践的反复探索,特别是在党的十四大和十四届三中全会之后,在明确了社会主义市场经济目标体制的基础上,进一步明确现代企业制度建设的原则,使市场机制培育与现代企业制度改造及相应的宏观调控机制改革在理论与实践上统一于社会主义市场经济体制目标,这是我国国有企业改革之所以能够逐步深入的重要原因。

第二,国有企业改革必须与所有制改革联系起来。我国国有企业改革是从管理体制,首先又是从政府对企业的行政管理方式的转变开始的,但国有企业改革要不要从所有制方面展开,这是涉及国有企业改革究竟能否真正朝着适应社会主义市场经济方向发展的根本问题,也是涉及经济改革能否真正统一公有制与市场经济的根本问题。我国国有企业改革以及整个经济改革之所以较为成功的重要原因,便是在这一问题上的创造性实践。

国有企业的改革不仅应当涉及企业资产制度,而且应当与整个社会主义社会的基本经济制度建设相统一。就企业制度改革本身而言,在我国改革过程中相当长的时期主要进行的是企业管理方式的改革,特别是集中在国家与企业间利益分配机制的改革上。初期"放权让利",继而"利改税",重点显然是分配关系的调整,即使到后来的承包制,也未真正触及企业资产制度,因为承包制的核心是企业承包上缴利税,仍是围绕分配关系进行的改革,从而使得企业行为缺乏资产责任约束。实践告诉人们,要使企业真正拥有市场竞争的权利,在企业产权制度上就必须保证这种竞争权利,同时必须保证相应的资产责任对权利的约束,因而,以适应社会主义市场经济为目标导向的国有企业改革不能不从管理方式、分配关系的调整深入到企业产权制度的改造。如果说这种企业产权制度改造在社会主义市场经济目标未曾明确之前尚可回避,那么,在这一目标明确之后,企业产权制度改造便成为不可回避的历史任务。国有企业产权制度改革一经提出,整个社会主义社会所有制结构的改造,社会主义初级阶段基本经济制度的创新,便成为历史的必然。同时,对于社会主义现阶段基本经济制度特征的明确,也构成国有企业产权改造的基本前提。因而,党的十四大明确提出了社会主义市场经济目标,继而十四届三中全会明确提出建立现代企业制度,特别是明确了企业产权制度改造任务,党的十五大又对社会主义初级阶段的基本经济制度,即所有制结构作出了崭新的概括。同时强调,公有制可以有多种实现形式,并非国有制一种;发展国有经济的主要目的在于使之对国民经济发展起有效的主导作用,只要保证公有制为主体,保证国有制起主导作用,国有制的比重可以低一些。可以说,没有这种对于社会主义基本经济制度的深刻认识,国有企业的产权制度改造不可能深入,国有企业"抓大放小"不可能真正展开。将国有企业改革与所有制改革逐渐统一起来,这是我国经济改革之所以不断深化的根本原因;将国有企业产权制度改造与社会主义基本经济制度创新统一起来,这是我国经济改革极为重要的经验。

第三,国有企业改革必须以是否符合"三个有利于"为根本标准。这是我国经济改革,包括国有企业改革取得成就的最为根本的经验,也是党的十一届三中全会以来,"解放思想,实事求是"思想路线最为集中的体现。国有企业改革,特别是国有企业产权制度的改造、公有制实现形式的创新、所有制结构的调整等触及基本经济制度的变化,如果不以是否符合"三个有利于"作为根本判断标准,那么,一切改革都不可能成为历史的进步。

以小平同志提出并被我们党反复强调的"三个有利于",作为衡量和判断改革成败及一切工作是非的根本标准,这是马克思主义唯物史观在当代中国的进一步发展。改革,包括国有企业改革必须有利于社会主义社会生产力的提高,有利于人民生活水平的提高,有利于综合国力的提高。这是不容动摇的根本标准,也是我国改革实践的根本追求。"三个有利于"标准本质上是解放生产力、发展生产力的标准,正如小平同志所强调的"发展才是硬道理"。我国的改革正是坚持了这一"硬道理",才使改革与发展统一为一体,使改革成为推动解放和发展生产力的极大动力。就国有企业改革而言,离开"三个有利于"标准,人们根本不可能将国有企业改革与所有制改革联系起来,根本不可能以社会主义市场经济作为国有企业改革的目标导向,根本不可能提出现代企业制度建设的历史任务,也根本不可能探索股份制、股份合作制等多种形式的企业制度改革,根本不可能展开公有制各种新的实现形式的实践。是否坚持"三个有利于",在思想路线上,实际是要不要以解放思想、实事求是的态度来对待社会主义;在组织路线上,实际是要不要以尊重直接代表生产力发展要求的广大群众的创造性实践作为改革的根据;在改革与发展前途上,实际是要不要以推动历史进步作为改革的根本方向。

三、国有企业改革面临的挑战和趋势

国有企业经过近二十年的改革,发生的变化是深刻的,取得的成就是巨大的,但深化改革所面临的挑战也是极为严峻的。就国有企业面临的体制性矛盾而言,至少存在三方面亟待处理的问题。

首先,如何真正实现国有企业的政企分离?政企分离的要求自十一届三中全会就已提出,但至今仍未根本解决。关键在于,从经济体制上来说,国有企业的"政企分离"必须与"政资分离"统一起来,而"政资分离"实质上需要根本改变国家对企业的占有制度,需要在企业产权制度上采取非国有制改造,需要创造公有制的新的实现形式。这就需要首先根据国民经济发展的客观要求,根据保证国有经济主导作用的客观要求,科学地确定国有制的比重和分布结构,在此前提下,在更广阔的不需要采取国有制控制的竞争性领域,探索非国有的新型公有制形式并发展多种所有制经济,从而为国有企业"政企分离"创造财产制度基础。而实现这一点,需要长期的理论与实践探索,需要进一步解放思想,科学地掌握经济发展的客观规律对所有制结构和企业产权制度的要求。

其次,如何使国有企业的资产权利与责任相对称,在制度上既保证企业市场竞争权利和企业领导、职工的积极性,又使之面临相应的经济责任约束。防止普遍发生"拿社会的或他人的资产冒险而又不负责"的状况,这是一切市场经济条件下现代企业制度建设普遍重视的问题,也是我国国有企业改革迫切需要解决的问题。难点在于国有企业无论采取承包制,还是采取国有股占优势的股份制,企业领导获得了支配国有资产的权利,但却不能以相应的资产责任来制约其权利,至多只能是以行政、政治、道义责任予以约束,国家所有者权益受到严重伤害。而在制度上解决这一问题,不仅会涉及企业产权制度改造和企业治理结构完善,而且更深刻地触及如何使公有制,特别是国有制真正与市场经济统一的历史命题。

第三,如何筹集国有企业体制改革的成本,使改革进展与成本筹集能力相互适应?国有企业改革是一项复杂的社会工程,这种体制变革必然发生一系列的体制变迁性费用,主要包括:由于企业制度改革而发生的国有企业离退休职工的费用、住房费用、医疗费用;由于投资体制改革,特别是"拨改贷"而形成的国有企业资本金不足,债务负担过重的包袱;由于就业制度变化,特别是国有企业减员增效而形成的大量企业冗员的消化等等。筹集这一费用的能力,不能不直接制约国有企业改革的进展。这不仅涉及经济能力上支持国有企业改革的可行性问题,而且更涉及改革、发展与稳定的相互关系问题;不仅构成对国有企业改革本身的约束,而且更对社会保障机制、就业机制、金融体制、财政体制等多方面提出了深化改革的要求。

就国有企业面临的发展竞争性困难而言,主要集中在以下几方面:首先,企业效益普遍较低。国有工业企业利润增加缓慢,在整个工业企业总利润中所占比重持续下降,亏损不断增长。其次,国有企业的主要经济效益指标低于全国平均水平,在百元固定资产实现利税、资本金利润率、工业成本费用利润率、流动资产周转次数等与资产效率有关的指标上,国有企业长期偏低。其三,国有企业负债率普遍较高,我国企业债务问题主要是国有企业的债务问题。其四,国有企业资本金注入不足,相当一批企业已资不抵债,更有一批企业已成为空壳企业,国有企业资本金储备明显低于国际上通行的最低企业资本金储备限额;企业所有者权益占资产总额比重低,同时,国有企业未分配利润赤字较大,若以损失挂账冲抵所有者权益,其所占资产比重更低。其五,国有企业技术装备总体水平落后,据世界银行研究报告显示,按国际竞争要求,我国国有企业设备技术水平属于国际六七十年代以后水平的占20%,仍可使用的占20%—25%,应淘汰的占55%—60%。中国国有企业技术装备的整体水平与国际水平相比,相差20—30年。

解决国有企业面临的体制性矛盾和发展性矛盾,关键要深化改革,贯彻"抓大放小"的方针。就"抓大"而言,首要的在于明确哪些领域、哪些产业、哪些企业需要采取国有制,在其他领域必须尽快实现国有经济的战略性转移,只有这样才能真正保证重点,保证国有制真正可能有效发挥"主导"经济的作用,否则,以每年国家不足2 000亿元的可能投入,支持30多万户国有企业,不仅根本不可能保证国有企业发展需要,而且国家也不可能真正对其实行有效监控。如果说国有经济的发展趋势在于不断提高其对国民经济发展的"主导"作用效率,那么,国有经济从"非主导性"领域退出而集中于"主导性"领域就是必然。就"放小"而言,首要的在于必须明确"放小"的实质并非管理权限的逐级行政性下放,而是在根本制度上对中小国有企业进行多种形式的非国有改造,其中主要是创造各种新的公有制实现形式。无论采取怎样的形式改造中小国有企业,其判断取舍的根本标准应视其是否符合"三个有利于"。事实上,"放小"进展越有效,非国有经济越发展,国有大企业的改革和发展才越可能顺利。

国有企业改革与所有制结构调整*

一、关于我国国有企业改革的进展

首先，对我国国有企业的状况作一大致描述。国有企业目前的情况是：第三次工业普查的资料显示，按照1995年年底的会计账面价格计算，我国现有国有企业30多万户。统计中不包括2.4万户左右的金融类企业，因为金融类企业的自有资本和它实际支配的资本很难区分（国外统计也把金融类企业单作为一类企业统计）；统计中也不包括军队、警察、安全系统办的企业；也没有统计我国在境外的国有资产。按照1995年年底的会计账面价格计算，国有企业总资产是7万多亿元人民币，负债是5万多亿元人民币，平均负债率是69.8%，所有者权益是2万多亿元人民币。这是国有资产的总盘子。

7万多亿元人民币中把非生产性的资产减掉，国有企业目前生产性的资产是3万多亿元人民币。按30多万户国有企业计算，平均每户国有企业的生产性资产是1 000万元人民币。目前国有企业（工商业企业）的总资产占全社会工商业企业总资产的比重1995年（第三次工业普查）是67%，到1997年年底是58%。而在1985年时则是87%，十多年下降了29个百分点，平均一年下降不到3个百分点（之所以按1985年计算，是因为1985年与1980年相比，没有什么变化。城市经济真正触及财产关系的全面改革是1984年，在此之前，城市改革属于试点阶段）。但国有企业资产总量增长的速度相当快。从1950年到1995年，我国国有资产平均每年的增长率是12%左右；从1980年到1995年，国有资产每年的递增速度在14%左右；从1990年到1995年，国有资产每年的递增速度在17%左右。从这三个数据看，随着改革的开始与深化，国有企业总资产的增长速度明显加快。这就是说，经过20年改革，国有企业总量规模扩张比改革之前明显加快，但相对比

---

* 本文原载于《国际经济评论》1999年第1—2期。

重也在显著地下降,这表明非国有经济的增长速度更快于国有经济的增长速度。在 30 多万户国有企业中,中大型和特大型的企业占 5%,约 16 000 家左右;剩下的 95% 都是中型和小型企业。大型和特大型企业占有的资产是 63% 左右,国有企业上缴的利税 85% 来自 5% 的大型和特大型企业。

20 年来,国有企业改革大致分为四个阶段:第一个阶段是从 1978 年年底到 1983 年,这个阶段国有企业改革的核心内容是四个字——"放权让利"。1979 年在共和国的历史上第一次允许企业留利,在此之前国有企业的利润是百分之百全部上缴财政的。不仅利润,国有企业提取的折旧费也都上缴财政,折旧费是维持简单再生产的,这说明传统体制下国有企业是没有简单再生产的决定权的。利润百分之百上缴,说明企业扩大再生产的决定权也是没有的。为调动企业积极性,1979 年国家允许企业留利,最初标准定为 3%,后来逐渐提高。从 1983 年到 1987 年,是国有企业改革的第二个阶段,这个阶段就企业本身的改革来讲,主要内容就是三个字——"利改税",利改税是把过去企业既要上缴利润又要上缴税收改为把利和税捆在一块,然后企业按一定比例按章纳税。1983 年、1984 年两步利改税,调整了国家和企业利益的分配关系。利改税后,原企业和政府签订的留利合同一律作废,全国只保留 100 家进行放权让利试点,实际上是后来承包制的试点。在利改税的同时,企业的投资体制进行"拨改贷",其含义是将过去政府财政对国有企业固定资产注资,改为政府对国有企业固定资产的投资不再无偿拨款,而是由银行贷款。这两个措施,一个是重新规范政府和企业的利益分配关系,一个是调整了政府和企业的投融资关系。第三个阶段是从 1987 年到 1992 年,这个阶段改革的核心内容是"承包制"。从 1987 年的下半年开始,在国家经委的倡导下,全国的工业企业陆续开始承包,三年一个承包期,到 1992 年经历了两轮承包,98% 的国有大中型工业企业都采取了不同程度的承包。80 年代末 90 年代初,是中国国有企业承包的高潮时期。微观上,企业承包;宏观上,财税体制采取了包税制。这两个配合起来,就是企业对政府采取承包,地方政府对中央政府也承包,即包税。包死一个基数,包死一个递增幅度,然后地方与中央分灶吃饭,各花各的钱,全国进入了一个所谓"大包干"的时代。1992 年以后,以小平同志的南方谈话作为动员,以党的十四大的召开作为里程碑,中国的国有企业改革进入了第四个阶段。第四个阶段的改革主要是两个内容。第一,围绕着十四大提出的社会主义市场经济总体目标的要求,对企业进行现代企业制度改造。第二,把国有企业的现代企业制度建设放到所有制改革中进行。或者说,把国有企业改革、制度改造纳入到整个社会主义社会的基本制度建设当中去,把国有企业改革、所有制结构的调整和社会主义初级阶段的基本经济制度的建设统一在一起。这个任务是党的十五大提出来的。我们现在就处在这样一个改革阶段。

就这个过程本身而言,我想强调的是:中国的国有企业改革从它的历史进程来看,在相当长的时期里,它的主要矛盾是企业收入目标与政府收入目标之间的一种冲突。这个冲突表明,在国有企业改革的相当长时间里没有触动所有制,没有真正触动生产关系的核心,而只是在分配关系上展开。严格地讲,到1992年以后,即改革的第四个阶段,国有企业改革才真正触及所有制问题,也就是企业的财产关系问题,在此之前基本上是解决分配制度的问题。

二、国有企业改革目前面临的体制性矛盾

所谓体制性矛盾,即不包含发展性的矛盾。例如,企业缺少资金、技术落后、产品没有竞争力、市场份额比较小,这些都是永恒的问题。只要是企业,无论在什么制度下,无论在什么时间都有这些问题,这是企业发展方面的问题,不构成我国国有企业现实与历史的特点。我个人理解,我国国有企业体制性的矛盾概括起来主要有三个方面。

1. 如何真正实现政企分离

这是个体制问题,甚至是个制度问题。政企分离我们提得相当早,十一届三中全会的决议就已涉及这个问题,改革伊始就把政企分离的任务提出来了。20年来,国有企业在投融资体制、生产管理体制、用工体制等方面应该说都发生了很深刻的变化,但惟独在最早提出的政企分离问题上举步维艰。实际上,如果不确认是搞市场经济,政企可以不分;既然要搞市场经济,那么政企就必然要分离。因为政企不分离,企业在市场上是接受市场规则的约束,还是受行政上级规则的约束就会发生矛盾。企业在市场上就不可能首先对市场负责,不可能接受市场的硬约束,它的行为就很难市场化。为什么国有企业政企分离这么难?主要是涉及了两方面的制度要求,或者说它触及了两方面根本性的制度创新。

第一方面是在经济制度上。要政企分离,首先要回答一个问题,就是国有企业还需不需要采取国有制。如果它还需要国有制,还需要国家垄断,那就不应该也不可能政企分离。什么叫国有制?国有制就是国家作为老板出

资办的企业,因此,它的财产责任和一切经济损失就应由国家来承担。既然国家承担着一切风险和责任,那么国家自然就要求权利。责任和权利永远是对称的。古今中外,只要是国有制,必然政企合一。就是在当代市场经济发达国家,像英国和法国,法律上明文写着,国有企业的领导人,是政府任命的官员。作为官员不是凭个人资产责任能力进入企业,而是凭借行政上级的任命。作为任命的官员负什么责任呢?他不对市场负责,他对授权给他的行政上级负责。他负的不是经济责任,更不可能是财产责任,他负的是行政责任。所以古今中外只要是国有制,必然是政企合一,只是政企合一的方式在不同的国家、不同的历史时期可能有所不同而已,但本质上,特别是在财产关系上,它肯定与国家是行政隶属关系。在风险责任上,是下级对上级负行政的责任,而不可能负经济的、市场的风险责任。现在给我们的国有企业出了这样一道难题:让它又是国有性质的企业,然后又是严格的政企分离,这是前无古人的,是对我们民族智慧的考验。所以要求国有企业政企分离,就首先要回答,这个企业按它的性质,按它所属产业的特点,按国民经济成长的要求,是不是命脉性的,是不是国家要用国有制的形式来控制的,进而这个企业需不需要采取国有制。如果还需要采取国有制,就不要提政企分离,因为政企不可能分,分开之后就是侵权。如果它不需要采取国有制了,那么也不要提政企分离;使其非国有化,自然就政企分离了。政企分离问题在制度上、在本质上要求的是财产制度的选择问题,是要不要采取国有制的问题;不是一般管理方式的改变,而是涉及基本财产制度的安排问题,因此,解决起来就很困难。开始提政企分离时,以为政企分离就是政府对企业管理方式的改变,20年后回过头来看,没想到这个问题在基本财产制度层面上提出了挑战,这个问题不解决,政企分离不可能实现。

政企分离困难的第二个原因,涉及在政治制度上,在国有企业里还要不要党委。虽然说国有企业在经济制度上是政企合一,中国和西方国家没有任何区别。但是在政企合一的政治制度上,中国和西方却是不一样的。西方的政治体制是多党制,所以西方国有企业属于政府、属于国家,而不属于任何党,执政党的党费开支也不能划到任何一个国有企业的账号上,更不能直接划到国家财政里。如果划的话,就叫丑闻。我们国家这点和西方不同,是人民民主政权,共产党一党执政。国家的财产就是共产党的财产,所以我们国家的政企合一,首先得通过党政合一。在企业这个层面是党、政、企三家合一,而且是以党的领导为核心,传统体制下的企业是党委领导下的厂长分工负责制。这种体制下要求政企分离,实际在政治体制上就首先要求党政分离,然后党企分离,最后才真正有可能做到政企分离。企业改革要想政企分离,党委怎么办?要不要党委?党委在企业里负什么责任?有什么权利?现在比较多的做法是兼职制,党委书记兼董事长、兼副董事长或是兼总经理,党委委员兼理事或兼其他要害部门的职务,如会计。我认为这是个进步,值得肯定,值得进一步探讨。它回答了一个问题:党委书记或党委成员在公司里面干什么。但是,它没有回答另一个问题:党委在公司里面干什么。后一个问题从制度上讲,比前一个问题更重要。要明确党委在公司里边到底有什么权利,有什么责任,而不仅仅要明确党委书记、党委委员这个人在公司干什么。

由此可见,政企分离为什么举步维艰,就是因为它涉及了两个基本问题:还要不要国有制,还要不要党委。这不是可以简单回答的,是需要通过实践认真探讨、解决的。

2. 如何实现权、责、利的平衡

这三者之间的失衡,是我们国有企业改革在制度创新上最大的失误。从效益和秩序原则上讲,一份权利一定要有相应的一份责任去约束它,否则权利和责任一旦失衡,这个社会便既无效率也无秩序。我国国有企业改革,最开始提出放权让利,目标是活而不乱,但一旦权利和责任失衡,它就是乱而不活,既没有秩序也没有效率。这是我们改革实践中一个很值得重视的教训。以承包制为例,国有企业改革,承包制是最普遍的,现在大中型国有企业仍有80%以上继续搞承包,而搞股份制改造的企业现在还不到1万家,上市的不足1/10,即800多家。承包制按我们党的文件中所讲是两权分离,所有权和企业的经营管理权分离;承包制的性质是政府和企业之间的行政契约关系,而不是市场关系。既然它的宗旨是两权分离,那么承包者所支配的资产,其所有权不是承包者的,而是国家的,是社会的。这即是说,承包制是承包人拿着不属于自己的资产,在市场上冒险的制度,这显然是权利与责任失衡的。我们后来提出搞股份制,股份制能解决权利与责任失衡的问题吗?有可能,但不必然。因为国家持大股的情况下,就如同国有制一样。我们9 000多家股份公司里,国家股平均持股率是63%,在国家占绝对优势股的情况下,它的财产最终还是国家的,不是董事会成员自己凭资产权利进入的。当然股份制有其进步意义,总比铁板一块好。但是要真正堵住这个漏洞,恐怕还要经过长期的探索,即使是西方的公众公司,这个问题也没有解决,只要有委托代理,它就有这个问题,但西方国家有相应的法律,负有限责任,而我们则可以把所有责任推给共产党,决策者是零资产责任,这样约束力就很差了。所以,马克思早在《资本论》中就指出,股份制最大的漏洞就是一部分人获得了拿他人或社会的财产冒险而又不负责任的可能。如果西方成熟的股份制下都有这种漏洞,那我们的股份制和承包制这方面的漏洞就更加严重。解决这个问题就要靠治理结构的完善,靠现代企业制度的建设。

3. 如何筹集国有企业的改革成本

制度变迁是要花钱的,国有企业改革是涉及历史和现实、企业和政府、家庭、居民及社会方方面面的极其复杂的社会工程,它是有制度性摩擦的,解决这些制度性摩擦总是有费用的,间接费用不谈了,从直接成本来看,至少有以下成本:

第一,安置离退休工人的费用。我们的离退休保障制度在传统体制下是由国有企业来承担的,现在这个负担越来越重。据劳动人事部统计,现在离退休负担系数是 0.29,即是说 1 个在职的工人负担 0.29 个离退休工人,也就是 3 个略多一点儿在职工人负担 1 个离退休工人。这个负担系数是相当大的。在一些老产业、老行业、老企业,这个问题就更大。而且中国 2000 年将进入老龄化社会,60 岁以上老人占人口总数的 10%。西方国家老龄化是在工业革命完成之后半个世纪左右才到来,老龄化要有物质生产力的保障。而我国工业化还没有完成,正处于工业化的加速时期。我国还有独生子女政策,一边是老龄化,一边是独生子女,两个小孩组成一个家庭,八个老人需要照顾,这个问题加在一起很不好解决。把这么沉重的负担交给企业,它就不用竞争了。

第二,企业富余人员的安置成本。据国家经贸委统计,国有企业里的大量隐蔽性失业,亦即企业的冗员,现在是 2 000 多万人。朱镕基同志 1997 年在全国经济工作会议上讲,有的国有企业的冗员至少 3—5 倍,按这个数算起来更大了。就按 2 000 万算,占我们城镇劳动力的 10%。随着企业改革的深化,企业富余人员要分离出去,即减员增效。分离出去谁来承担呢?怎么安置?这是第二个成本。

第三,国有企业的医疗保障费用。现在国有企业职工的医疗费用大概相当于职工工资总额的 12%,毫无疑问是增大了企业的成本。这块成本最后是要摊进产品的,无疑会使企业的竞争力下降。分离出来交给谁?我们的社会保障体系正在发育,不完备,这个成本由谁支付也是难题。

第四,职工住房费用。企业的职工住房原来是交给企业解决的,这笔开支大概相当于国有总资产的 20%,即 14 000—15 000 亿元人民币,这块是要摊进企业产品成本的。如果改革后将这块分出来,又由谁来承担?

第五,企业由于体制和政策性原因造成的不合理债务负担。这个债务负担是体制改革过程中、政策实施过程中造成的,和生产经营没有关系。拨改贷以后,企业的固定资产从银行贷款形成,而国家不再注资。从 80 年代中期到现在,拨改贷形成的固定资产达 20 000 多亿元人民币,年利息按 10%算就是 2 000 多亿元,这都摊在企业每年给银行的付息账上。这本来应该是国家作为资本金进入的,而不应该作为贷款利息账,而现在这个负担就给了企业,有的负债率接近 200%—300%。这是政策性、体制性原因造成的,分离出来,谁来负担这笔钱?

以上这些问题如何解决,只有一个办法,就是党的十五大提出的:所有制改革、政企分离问题要想真正到位,国有制本身不改革是不可能的。这就涉及在我们这个社会里怎样在所有制结构上合理确定所有制的比例,合理地确定国有制的分布,使它确实能够起主导作用,掌握经济命脉的同时又不成为市场经济中的主体。因为我国经济制度的主体是公有制,不是国有制,国有制和公有制不是一个概念,在国有制和私有制之外还有很大的各种公有制新的形式探讨的空间,这是十五大提出来的,政企分离问题,如不触及国有制本身,也就是不把哪些需要国有制、哪些不需要国有制在制度上明确下来,要想推进政企分离是不可能的。权、责、利平衡问题更是一个现代企业产权制度的构造问题。不搞所有制改革,特别是企业产权制度改革,权、责、利三者不可能平衡。改革成本的筹集还是依赖于所有制改革,通过"放小",卖一部分资产来筹措改革的成本。所以说,国有企业改革现在面临的这三大制度性矛盾,根本出路就是十五大提出的所有制改革。十五大明确指出,社会主义初级阶段的基本经济制度是公有制为主体,多种所有制经济共同发展。在这个过程之中协调好国有制、公有制、非国有制、非公有制几者之间的关系,恐怕是我们解决国有企业改革的一个必要的制度前提。

三、国有企业改革对所有制改革的要求

怎样在所有制改革的背景下,推进国有制的改革。从总体上讲,就是要根据党的十五大精神,统一认识,认真贯彻。党的十五大报告是一个很好的报告,提出了我们现在的历史性任务,特别是所有制改革任务。十五大提出的最主要的方针就是四个字:"抓大放小"。而抓大放小能不能做好,现在上下普遍关心的就是三年之内国有企业能不能基本走出困境,我们只要真正贯彻中央抓大放小的方针,三年之内国有企业基本摆脱困境应该说是有希

望的。

如何"抓大",大不一定是资产规模大,应该根据其社会作用,看是不是命脉性的、关键性的领域。有些资产并不大,但它属于公共品,就需要公共财政来提供,就需要国家来抓。即是说,抓大这个大,主要是看它是否关系到国家经济命脉,在这个前提下,我们再从企业规模来谈大小。30多万户国有企业,大型和特大型占5%,共16 000家左右,它提供的税收相当于国有企业上缴利税的85%左右,它所占用的国有资产大约相当于国有企业总资产的63%以上。因此我们要真正抓大,把这占5%的16 000户抓好了的话,85%的税收就有了保证,63%的资产就摆脱了困境,国有企业就基本摆脱困境了,这就是战略性的变化。

解决国有企业三年之内基本走出困境的问题,涉及两方面的问题:一个是钱从哪里来,一个是人到哪里去。

钱从哪来?我们算过一笔账,抓两头,扭亏3 000家,抓好500—1 000家,每年需要资金2 000个亿。因为要解除企业的债务包袱,要安排企业的改革成本,要注入技改等各个方面的资金,每年需要2 000个亿。根据国家安排,财政现在动员各种财政手段,每年大概筹集600—700个亿;通过银行贷款每年有600—700个亿,这就接近1 500个亿;另外从股市上往回圈几百个亿,国家是按照2 000个亿的盘子筹备资金,三年累计6 000个亿。过去我们每年从财政、股市和金融动员1 000—2 000个亿的资金,支持30多万户国有企业,对每一个企业来说杯水车薪,对财政来说力不胜任。现在"抓大",就抓几千家,钱的问题便解决了。

问题的关键是人到哪去。人到哪里去光靠"抓大"解决不了,靠国有企业本身解决不了,需要结合"放小"来解决,通过"放小"来调度社会各个方面的力量,摊平中国就业的压力,解决中国的就业问题。中国现在就业压力非常之大,目前城镇失业率,把隐蔽性失业都算上,不会低于15%;中国农村的实际失业率不会低于22%,中国又是一个劳动力人口大国,一年净增劳动力1 300万人,相当于欧洲一般国家的总人口。如此之大的压力,单靠国有企业本身是无法解决的,要靠"放小",靠整个非国有经济的发展,来调动各方面的积极性才可能解决。

"放小"这个问题在实践上比认识上走得快。广东在1993年前后"放小"就基本完成,县级以下的国有企业改制问题基本解决;山东是在1994、1995年基本完成。十五大以后,像辽宁、湖北、黑龙江这些地方,县级以下90%以上的国有企业都放掉了,实践的速度特别快。但是现在有许多理论和实践上的问题。

问题之一是"放小"的实质究竟是什么？归结一句话，"放小"的本质是不是卖。这个问题在认识和实践上值得讨论。《人民日报》前不久曾经发表过一篇文章《放小不等于卖》，朱镕基同志以及其他党和国家领导人也多次说过，放小不是简单的卖，国有小企业不是一放了之。我个人认为，放小的实质就是卖。它绝不是过去那种管理权限的下放，如果仅仅是行政管理权限中央管的、部委管的交给省里，省里管的交给市里，所有制不变，只是行政管理权限下放，这样下放毫无意义。但是我特别同意朱总理讲的这些话，不是简单的放，不是一放了之，不是把它私有化、非国有化后就一定有效，要加强管理，加强技术改造，有一系列的工作要做，但是前提是什么？先得卖，从国有制变成非国有制，是产权的让渡。但是要说明两条。第一，"放小"绝不是简单的私有化，中国的非国有化改革和西方不同，西方是庞大的私人经济包围着国有经济，一旦非国有化，就是私有化；中国在私有和国有之间还有各种新形式的、有待创造的公有制的实现形式。所以，"放小"，一部分可以私有，可以由外商甚至国内的个人买，但是相当一部分可能是公有制的新形式。另一点，"放小"之后，产权变更以后，更重要的问题、更持久的问题是管理，不是一放了之，不是简单的一放就万事大吉，就像朱总理以及其他党和国家领导人强调的那样。

问题之二就是卖哪个？这个问题前几年刚开始和外商搞合资企业时就争论过，到十五大以后，小企业转制，这个争论就更深入、更普遍。问题集中到一点就是"靓女先嫁"，还是"丑女先嫁"的问题。卖哪个，拿哪块与人合资，争论很大。如果说前些年还有"靓女"、"丑女"的争论，到90年代末问题就不那么简单了，无论怎样，"丑女"和"靓女"还同属一代妇女，都是二十多岁，只不过一个长得漂亮点，一个长得丑点。而现在这些国有小企业，则是老中青三代人了。我们在卖企业时，总舍不得嫁"靓女"，而是陪上许多嫁妆——免税、挂息等，嫁老太太。这样做的结果是把时间耽误了。老太太好不容易打发出去了，中年妇女又变老太太了，这个老太太嫁出去，那个大姑娘又成老太太了。最后是嫁了一串老太太，贴了一串陪嫁，得不偿失。我国的国有小企业大概分三类：好、中、差。好的不多，真正特别差的也不是很多，中间是很大的一块。这些企业要么有产品没有钱打广告，要么有技术没有钱做中试，要么有中试没有钱上规模，稍微给它一点儿钱，它可能就起来了，就救活了。问题是现在不"放"它，不给它特别的融资方式，宝贵的时间就耽误了。因此，既然下决心要卖，就要最有效率，哪个卖得快，就卖哪个。当然不是简单的卖,不是简单的私有化,要依法、按程序进行。

问题之三,也是在"放小"问题上争论、分歧比较大的,特别是在实践中分歧比较深的问题,即以什么标准衡量"放小"。既然"放小"本身是财产权利的变化,是所有制改革,那么,社会基本制度就要受到触动。以什么样的方式改才是可以接受的,用什么标准来判断其优劣,争论非常大。我认为最根本的衡量标准便是小平同志提出的"三个有利于"标准,所有其他的抽象教条的标准,都是既不能证实也不能证伪的。社会主义是一种实践,是一种创造,我们不能用传统的教条来裁剪我们活生生的生活。而在我们的国有企业改革与发展实践中,必须坚持生产力标准,坚持"三个有利于"标准。坚持这个标准,是错不了的,因为,邓小平同志明确讲过社会主义的实质是解放生产力、发展生产力。

产权缺陷与伦理冲突[*]

在诸方面社会制度中,产权制度无疑是最基本的,产权制度缺陷必然会引致道德秩序上的混乱。实际上,经济生活现实与精神伦理间的冲突,许多就是源于产权制度。

一、产权依附于特权条件下的精神堕落

人们对资产权利的占有依赖于或者说取决于人们在社会中是否成为特权分子,而不取决于人对资产的驾驭和支配能力,这是前资本市场社会的普遍现象。正如马克思在揭示为何在资本主义社会之前不存在市场关系的原因时所指出的,在前资本主义社会里,人们对财产的所有权是人们对社会政治的、行政的、军事的、立法的、司法的、宗法的等种种非经济权利的附属品。

那么,这种产权制度对社会制度文明及精神演进产生怎样的作用呢?

首先,在这种制度下,不可能产生真正的市场经济,因而不可能承认市场经济所要求的一切道德精神、理念和价值观。因为,市场经济对资产制度最基本的要求之一,在于资产在所有权上必须可以买卖、可以交易,而且这种交易还必须首先甚至主要接受等价交换、平等竞争的市场价值规则的支配。而当资产权在性质上首先不是作为经济性质的权利,而是作为超经济的封建特权的附属存在的时候,一切资产特权的运动自然就只能首先接受超经济的规则约束,如首先服从政治的、行政的、军事的、司法的、宗法的等种种超经济权利的规则约束。总之,要服从封建皇权的支配,而不是服从市场公平交易的法权规则支配。而市场经济作为交易的经济,其本质所在,恰是资产所有权转移意义上的交换的经济。因此,在产权制度上使所有权不可交易,或不可能首先服从等价交换规则进行资产转移,市场经济机制也就不可能服从等价交换规则进行资产转移,那么,市场经济机制也就不可能存

---

[*] 本文原载于《经济理论与经济管理》2000 年第 3 期。

在制度基础。这也正是马克思所指出的,为什么在前资本主义的封建社会,早已存在社会分工,因而人们有相互交换劳动产品的必要;也早已存在私有制,因而人们相互之间也存在所有权在不同主体之间转移的可能,但却没有市场文明的制度现实的根本原因。在这种制度条件下,社会在精神领域自然不会承认等价交换的公平性,自然不会承认在市场上展开竞争的必要性,平等的理念、竞争的理念、效率的理念、创新的理念等价值取向自然不会成为社会的共识。资本文明的根本性进步之一,便是在制度上使人们对资产的所有权摆脱了对特权的依附,成为具有独立意义的权利,在使资产权利成为不依赖、不隶属于超经济权利的纯粹经济性质权利的同时,使其他一切政治、行政、法律等超经济权利成为依赖于经济权利而存在的权利,使社会的主旨、要义集中在"资本"上,因而形成"资本主义"而不再是以封建特权为主旨的"封建主义",从而为资产按照经济的、市场竞争的规则运动,使所有权的等价交换成为可能,使社会精神围绕公平竞争、围绕市场文明展开深刻的变革。

其次,资产权依赖超经济特权而存在,人们要获得财富首先必须为"官",自然导致社会对"特权"的渴望,整个社会生活围绕追逐特权、依附特权而展开,那么,社会精神上推崇特权必然成为普遍的意识并成为道德规范。由此,至少产生两方面的精神引导:一是泯灭社会的平等意识。在以特权为中心的社会不可能有平等,不仅不可能存在事实上的平等,即使是形式上的平等,即法权式的平等也不可能存在。资本战胜封建,说到底就是法权——在竞争机会、在市场价格、在商品规律面前人人平等——战胜了封建特权,在历史上开创了形式上平等的时代。二是造就"身份"意识。也就是说,在封建特权社会,人们的社会再生产不仅再生产物质产品,而且同时再生产特权关系,这是社会生产关系的再生产,因为特权是世袭的,是不可通过事先机会均等地展开竞争而转移的,因此,皇帝再生产皇帝,勋爵再生产勋爵,领主再生产领主,农民再生产农民。这就要求人们在精神上只能接受先天确认的"身份",社会道德也要求人们做自己"身份"允许的事情。这种恪守、这种"礼"的弘扬,被认为是最为道德的,也是最为正常和正义的。

再次,特权世袭进而资产世袭的社会,在窒息创新的同时鼓励挥霍。既然权利和"身份"是世袭的,并且是不可能通过平等竞争而有所更改的,那么,一切拥有私人资产的贵族、领主便不存在市场竞争的压力,土地的占有是永恒的。封建主的主要目标不可能也不必追求资产的积累,必须也自然把追求消费作为首要的经济目标,由此便造就了以挥霍性消费为特征的地主贵族者。资本文明的一大历史进步,便是把资产在形式上统统变为价值、变为货币、变为资本的形态,把资产流动机制演变为市场竞争机制,从而使得人们不仅可能通过竞争获得资产,而且更可能在市场竞争中失去资产。因而积累(对剩余价值的无止境的追求)、竞争(对资产扩张的冲击)等精神理念便成为资本家的人格特征,从而与封建主的精神状态,同封建的挥霍消费形成鲜明对照。

二、垄断制度下的堕落与腐败

私人资本垄断在效率上损失资源利用水平,在道义上是需予以批判的"不好"的事物,那么,以国家替代私人资本的垄断会怎样呢?国家通过采取国有制方式实现垄断是否必然克服垄断自身的效率损失?是否在道义上能够克服垄断的缺陷,进而更加"高尚"?这是需要深入探讨的问题。

可以区分为两种情况来讨论。一种情况是国有制垄断只存在于社会生活中天然的进而必须是垄断的领域,而除此之外的社会经济领域大多是非垄断的竞争性的市场作用领域;另一种情况则是整个社会经济生活在资产制度上,以国有制统治为基础,进而以国家垄断控制为基础。

在前一种情况下,即存在国家垄断的经济领域所占比例很低,至少在财产制度上不可能形成对社会的控制。这种情况在当代各种社会制度下都是存在的,因为当代市场经济机制无论怎样发达,市场竞争作用无论怎样强化,在现阶段的制度和技术背景下,总是存在市场失灵的领域。对于市场失灵的领域,政府可以通过采取种种宏观政策和社会公众政策等手段予以调控,而采取国有制甚至采取国家垄断的方式无疑是重要的调控手段。

应当说,在一定条件下这种国家垄断有可能比私人或个别企业垄断更"高尚"。因为,一方面,在现代市场经济社会,国家作为社会整体公共利益的代表,其行为目标不能也不应是直接进入市场竞争去实现盈利极大化,而是首先考虑社会整体的利益要求。因此,在国家的直接监控下,国有制企业尽管可能形成垄断地位,但在制度上却可能首先服从于国家目标的约束而不是首先服从于市场规则的约束,因而不应也不能通过垄断手段来掠夺公众。当然,这只是一种制度可能,这种制度可能能否成为现实,重要的是取决于国家本身经济职能的社会确认,在于明确政府做什么,更在于社会政治、经济、文化制度上能否对国家职能的行使实施公开而有效的监督。否则,国家垄断就并不必然比私人垄断"高尚",甚至可能更"坏"。另一方面,国家作为社会整体的代表直接控制某些具有天然垄断性质的领域,尽管同样会由于垄断的生成而失去竞争的活力,从而在微观上损失竞争的效率,但微观效率上的损失却可能置换为公共整体收益的扩张。也就是说,某些国有企业,甚至是垄断性的国有企业,尽管本身的竞争效率不高,甚至形成巨额亏损,但亏损的重要原因可能是为整个社会支付了代价、作出了牺牲,使公共福利和社会整体的、长远的目标实现得以促进。这在私人垄断条件下是不可能的,在国家垄断中却有这种可能。当然,这种可能的实现,基本的条件也在于社会制度的保障,在于从制度上规定政府确实是真正代表大多数公众的利益和意愿。

在另一种情况下,即国有制在全社会占绝对统治地位,而不仅仅是在市场失灵的领域中存在,因此也就在财产制度上根本取消市场机制,以垂直的国家集权方式控制社会生活。这种状态在社会仍处于需要市场经济的时代,应当说无论是在物质文明上,还是在精神道义上,或是在制度文明上,都是与历史进步相冲突的。

首先,国有制在全社会占垄断的统治地位,社会不可能存在市场经济机制和市场文明,因为国有制就其本质属性而言,具有两大特征:一是国有制是以国家为主体占有生产资料的制度形式,而国家本身不可能是单纯经济性质的主体。因此,国家作为主体占有资产,这种对资产的权利不可能是纯粹经济性质的权利,必然首先是作为超经济的权利存在,因而国有制企业的行为就其产权性质而言只能先服从于国家的意志,在制度上不可能首先接受市场规则的约束,而是要接受国家超经济规则的约束。正因为如此,政企不分便成为各种社会条件下国有制的普遍特征。这样,政治的、行政的等超经济规则便在制度上替代市场规则支配国有资产运动。社会绝大部分资产权利的运动不可能受市场规则支配,市场经济便不可能成为调节这一社会资源配置的基础性力量,国家权利则成为调节资源配置的基本力量,市场经济文明也就不可能存在社会产权制度保障。二是如果一个社会的全部或绝大部分资产均属于国有,那么事实上该社会便只存在一个或主要存在一个产权主体,而不存在其他产权主体,即只存在国家这一所有权主体。因此,社会不可能普遍存在所有权在不同主体之间的转移,存在的只能是资产在同一所有权主体(国家)内部的不同使用单位之间的调拨。而市场经济作为交易的经济,其根本特征之一便在于交易在本质上是所有权在不同所有者之间的交换。如果一个社会大部分或全部资产不存在在不同所有者之间转移的可能,而只能在同一所有权主体内部流动,那么,市场经济也就不可能存在。正因为上述两方面的制度特征,国有制占统治地位的社会在历史上从未确立起市场经济机制,国有制占统治地位的社会,在企业微观制度基础上,只能形成国家,尤其是中央集权的垂直的行政调控体制和经济行政一体化的运行方式。因而,这种制度在社会精神的引导下,只能引导人们围绕行政权力这一中心展开生活追求和生活遵循,难以形成对市场竞争的承认和推崇,难以确立一切有关竞争、机会均等、法权、效率、权利与责任的对称、风险与收益的对称等一系列市场文明的理念和价值准则。

其次,国有制占绝对统治地位,社会经济决策和选择过程便不可能是分散的、民主的、程序的,只能是集中的、非程序的,进而具有相当大的随意性,甚至具有严重的专权性,尤其是在社会监督机制不健全的条件下,极可能形成具有专制色彩的经济统治,历史上德国法西斯和日本军国主义等的形成,在经济上就是以国家垄断式的军事统治为基础的。这种集中的、非程序的决策方式,对于社会文明进步至少带来两方面的坏处:一是造成决策及生活选择权利分配上的不公平,实际上是以国家集权的选择来取代经济生活中个体的选择权,是在经济基础上剥夺公众的选择权,包括对个体自身生活方式的选择权,因而是以少数掌握政府权利的人的偏好和意愿替代广大社会成员的偏好和意愿。因此,社会生活本身也就在失去公平的同时失去个性的色彩和个性的创造及想像,从而缺乏活力,甚至为造成人类文明史上最残酷的专制——思想专制创造可能。二是导致效率的损失。一方面以集中决策完全替代分散决策,要保证集中决策科学化是很困难的,这种困难既来自信息条件的约束,又来自决策本身非民主、非程序的约束。在当代复杂多变的经济生活中,如果决策权集中,那么要使决策科学就要使决策者掌握尽可能充分的信息。对集权者来说,信息的完全是不可能的,同时,即使技术上可能,在经济上也是不可能的,因为获得信息是要支付成本的,高昂的成本在经济上使集权决策者掌握全部信息变为不现实。此外,决策的非民主、非程序化本身就使科学化失去可能。正因为如此,集权决策也就难以科学决策,因此,效率上的损失是必然的。另一方面,集中决策在配置资源过程中的风险是极大的,因为决策者作为集权者,在其权利集中的同时,责任必然也要求集中,而集中起来的巨大的经济责任又是集权者本身不可能承担的,从而形成握有极大权利的同时可以不必也不可能承担相应的经济责任的状态,这样责任对权利也就失去了约束,结果将会形成普遍的不负责任的盲目决策。许多重大的决策失误又找不到具体的责任承担者,即使找到应负责任者,他们也不可能有能力履行责任,最终只能是转移责任,尤其是转嫁给那些本来没有权利的公众。这种权利与责任的脱节,在体制上必然导致国民经济面临极大风险,甚至会使国民经济面临崩溃,这种风险及风险损失事实上要远远大于市场经济中分散的风险以及由此带来的损失。这种拿社会的资产、以国家的名义行使权力,而又可以推卸应负的责任的决策体制,自然造就责任感差,甚至根本就没有责任心的"疯子",这不仅是经济效率的严重损失,也是对社会道德自律秩序的严重侵蚀。

三、权能分离下的道德投机

在产权制度上,由古典企业向现代企业制度转换,产权束中各项权能发生制度性分解的过程中,至少有三种诱发败德现象发生的可能,或者说至少存在三种败德表现形式。

1. 在权能分解过程中,极可能在制度上形成权利与责任不对称的情形,从而产生道德上的投机

这种权利与责任的不对称,可以表现为代理者获得了对他人资产的支配权,但又有对委托者(所有者)不负资产责任或根本就不可能负资产责任的可能,也可以表现为委托者享有所有者权益但却对代理者不尽所有者责任的可能。无论哪种形式的权利与责任间的失衡,共同的特点均在于使权利脱离相应责任的约束。这种制度漏洞一旦形成,便会诱发人们不负责任的对权利的贪婪和滥用,会激发损害对方利益的败德的冲动,会在道德上蔑视自律。一切股份公司制度都可能存在这一漏洞,即或者董事会(公司法人)拿股东的资产去冒险而又逃避责任,进而董事会作为公众(股东)资产的支配者欺诈股东;或者股东恶意地欺诈公司的人。这种权利与责任间的失衡在向现代企业过渡过程中更易于产生,因为在这一过程中,制度漏洞存在的可能性更大。

2. 产权束诸项权能分散中,特别是在"团队生产"中,可能生成监督障碍,进而使"偷懒"成为普遍现象

制度,包括企业管理和监督约束制度当然是人类创造的文明的一部分,但反过来,某种制度一经形成,对人本身就具有塑造甚至改造的功能,制度漏洞自然也会深刻地造就人的精神缺陷。企业活动是一种"团队"活动,各类要素、各类主体集合为一个整体进行某种共同的活动。在这一"团队"共同活动中,各类主体和要素间要实现有效的相互结合,至少面临三方面有待处理的问题:一是必须在制度上确定由谁来监督谁,谁作为监督主体行使对其他要素和主体的监督更有效、更合理、更公正;二是必须在制度上确定监

督者与被监督者之间如何才能不互相欺诈,也就是说,怎样才能保证信息的对称和沟通,怎样才能杜绝"说假话";三是必须在制度上保证必要的、合理的刺激,使各类真正处于市场竞争之中,并且处在浓厚的市场文明气氛之内,从而使构成企业集合的各类要素尽可能地充分流动,并在流动中体现市场公平原则,在弘扬竞争精神的同时,使不同主体逐渐强化现代市场经济文明所要求的"职业道德"。然而,更重要的制度条件则在于企业本身治理结构上的制度安排。

就企业内部的监督约束结构而言,首先遇到的问题是谁监督谁。这既是一个效率问题也是一个伦理问题,并且其中存在着某种冲突。就效率准则而言,在各种要素相互集合当中,相互监督的重要原则应是哪一方风险责任大,哪一方就应具有更大的监督权,也就是说应由风险责任最多者监督不承担或少承担风险责任者。只有这样,监督者的责任心才可能更强,监督也才能更有效,被监督者逃避监督进而"偷懒"的可能性越低。因此,在各种要素集合而成的企业当中,应当由承担资产风险责任最大的成为监督者,这不仅是有效的,而且是符合市场经济的伦理原则的,因为这里体现了监督权利分配与风险责任分配的对等原则;相应地,要保证监督者的积极性,在剩余分配上,就应使监督者同时又是资产风险责任承担者获得更大的相对应的剩余索取权,这不仅是有效的,也是符合市场经济的伦理原则的,因为这里体现了风险与收益成比例的原则。然而,道德伦理上的冲突也正发生于此。按照效率准则,进而按照市场经济的伦理要求,应当是承担资产风险责任的主体,进而也是剩余索取主体掌握对其他要素的监督权最有效也最合理,但却同时可能形成少数人对多数人的监督,因为能够具有资产风险责任能力的人难以普遍,由此便可能导致少数人的冲突、监督权对多数人权利的替代和否定。这种替代和否定的背后还可能存在进一步的利益冲突,特别是剩余索取权分配上的矛盾和冲突,从纯粹的道义上讲,这是新的不公平、不合理。若要由大多数本身不具有资产风险能力的主体成为主要监督者和剩余索取者,那么其责任压力小,责任心自然差,进而无效率,同时会由于监督不力而产生较普遍的"偷懒"。按照市场文明的历史要求看,不承担责任的主体持有权利,既无效率也无公平。因此,重要的是要处理好市场经济要求的公平与人类发展趋向上人们渴望的公平之间的关系。就我国现阶段历史条件和历史要求而言,更主要的是要遵循市场经济的效率伦理原则,否则,"偷懒"便成为普遍的可能,而普遍的"偷懒"不仅是效率的损失,更是一种道德精神领域的悲哀,若"偷懒"的同时再要求剩余,则更是不公平、不合理。

3. 权能分离中的约束机制缺陷可能诱发说假话并由此获利的失德

在权利束各项权能社会分解过程中,无论是所有者与企业法人资产支配者之间,还是企业法人资产支配者与企业管理者之间,或是管理者与生产劳动者之间,只要存在权利的委托—代理关系,进而存在监督约束关系,就有一个监督有效性问题。解决这一问题的基本条件在于信息的真实和充分。这样,监督问题从可行性前提上便可被归结为这样两方面的命题:一方面,监督者有无动力和制度根据去积极搜集信息,充分掌握实施有效监督所需要的信息而不失应有的责任心;另一方面,被监督者是否愿意并且在制度上必须显示真实的信息而不说假话。也就是说,监督者与被监督者都必须保证获得真实意愿而不欺骗。要实现或接近实现这一点,在制度上必须保证获得真实信息的成本不能高昂。获得真实信息的成本高昂必然导致获得信息的困难,甚至根本就不可能获取必要的信息。这里包括时间成本、识别成本以及克服为获得"真话"而不得不解决的种种摩擦性的费用等等。恰恰在监督、信息成本上,制度有着特殊的作用,或者说首先是制度建设问题,而后才是道德良知的呼唤问题。因为从制度上来说,要使真实信息获得更及时、充分,付出代价更少,就至少要保证两方面条件:一是在产权制度上必须包括权利分配、风险责任分配、剩余分配等在内的机制,迫使或者说保证监督者有动力、有权利去努力搜集所需信息,有主动性和积极性去发现真实的情况;二是在制度上必须使"说假话"者在利益上占不到便宜,或者说,必须能够使"说假话"者付出足够的代价,迫使其不敢说假话。只有当说假话损失的利益大于说假话带来的收益时,才能在制度上杜绝假话的普遍,"说假话"者本身也有一个关于假话的成本与收益的对比。显然,这两方面条件的满足根本上在于企业产权制度的完善。如果监督者没有动力和热情去发现真实信息,如果被监督者说假话能够得利而不受惩治,进而激发起欺骗的热情,那么,无异于在制度上鼓励欺诈。一旦制度存在这样的缺陷,信息不对称必然严重起来,监督者和被监督者占有信息不相等,欺诈便成为必然。当然,监督过程中的信息不对称可能由于多种原因,但制度漏洞无疑是最重要也是最可怕的原因。一种默许说假话,同时承认"说假话"者的利益的制度,在道德上自然会引导人们不真诚,诱发失德。而这种不真诚、欺诈的失德一旦普遍充斥于企业团队精神领域,便会反作用于效率目标,使获得真实信息更加困难。在一个充满假话的世界中发现真实,或者不可能,或者为此要付出极其高昂的成本,不仅直接增大监督的费用,而且使监督效率严重受损。

激励所有者与激励经营者[*]

关于如何激励企业领导者的问题,是我国企业改革过程中遇到的一个重要的命题。尤其是对于以各种方式展开制度改造的国有企业来说,这一命题无论是从理论上还是在现实中,均显得十分突出;同时,日益成长起来的中国私营企业,也开始或多或少地面临这一命题。

通常在企业所有权与经营权不再合一,而是以不同形式发生程度不同的分离时,人们讨论对于企业领导者的激励及相应的监督及约束问题时,更多的是探讨所有者如何对经营者进行激励,并对经营者予以相应的监督。这在所有权明确并是由自然人直接掌握而不受任何超经济权力控制的条件下,在所有权在自然人之间的排他性明确,因而相应的权利与责任可以清晰界定的情况下,是成立的。也就是说,在企业的所有权表现为市场交易中的自然人权利并且界区严格,那么,对所有者本身不存在外在的激励问题,所有者的动力来自于自身权利的推动。否则,讨论对企业领导者的激励问题,就不能不涉及对企业所有者的激励和对企业经营者的激励两个基本方面,并且,首先是如何激励所有者的问题,因为对所有者的激励及约束机制,直接影响对经营者的激励效果。事实上,在我国企业改革中,对企业所有者激励上存在的问题并不少于对企业经营者激励上存在的问题。

一、对所有者激励

1. 激励所有者的目的

为什么要激励企业所有者?这是在展开全部讨论之前必须明确的。我们必须假定,企业的行为目标是盈利极大化,相信这一假定是符合市场经济的一般现实的。如果我们按着这个假定,那么,激励企业所有者的目的自然也就在于企业盈利极大化目标的有效实现。也就是说,对于企业所有者来

---

[*] 本文原载于《理论前沿》2000 年第 9 期。

说,最根本也是最有效的激励在于利润。其他一切激励,包括社会地位、名誉、行政、道德和级别等,在真正的市场经济竞争中应当是次要的。

2. 怎样才能保证企业利润是对所有者的根本激励

两个基本条件是十分重要的:

一是所有者所持的对企业的权利必须是真正的经济意义上的权利,而不能具有超经济性质,所有者所追求的运用权利的效率目标,从根本上来说,首先取决于权利的性质。如果所有者或者作为所有者直接代表实际行使所有权的人,所掌握的对企业的所有权就是单纯的经济性质的权利,而不具有其他的超经济性质,那么,这种权利使用的效率,只能是盈利极大化,只能是资产的升值目标;但若他们作为所有者所掌握的权利,同时具有超经济性质,比如政企合一的行政性,企业的所有权服从行政权力的支配,那么,运用权力的目的就难以首先在于实现盈利极大化的经济目标。由此,利润就难以成为对企业所有者的根本激励。

二是企业所有者,包括在企业中直接代表所有者的主体,同时包括作为所有者或者所有者的代表监督管理企业领导者的主体,应该是利润的获得者,或者说,企业利润必须与企业所有者有着密切的联系。如果说在企业制度中,特别是在层层委托代理中,找不到明确的真正获得利润的主体,特别是这种主体既难以人格化,可能抽象为一个非自然人的主体,也难以最终明确化,层层都代表所有者,但层层又都不是终极所有者,所有者成为一种社会的抽象,利润便难以成为激励所有者的根本。

3. 如何保证利润对所有者激励效率极大化

至少有三方面的条件:

一是所有者必须能够分解为自然人,利润最终能够落实于作为自然人的所有者身上,自然人持股很少或在根本无法追索为自然人持股的公司,无论是以什么形式的法人股为主,或者以国家独资的方式,都将缺少真正为实现公司利润极大化目标而努力的自然人股东,利润也就难以成为高效的激励手段。可以有一系列的理由去解释脱离自然人基础的法人并不必然以利润极大化为目的。

二是所有者即使在委托—代理制下,也不能距离企业过远,在所有者与经营者完全统一的条件下,只要所有权是界定的,利润对于所有者的激励效率是不容怀疑的。在权利分离的条件下,所有者若通过多层代理,则越是多一层代理,代理成本越高,信息不对称越严重,代理人的行为偏离所有者目标的可能性越大,利润的激励作用越弱。严格地讲,利润对于只是作为所有者的代理人而不是作为所有者的企业领导来说,是不起激励作用的。

三是在股权分散的条件下,必须形成对公司风险能够承担最大责任的所有者主体,只有承担风险责任最大(无论是绝对意义上还是相对意义上)的所有者,才最关心企业的利润。风险责任过于分散化、平均化,极可能造成对企业关心程度的普遍降低,造成普遍的"搭便车"的投机,利润对所有者的激励效率必然降低。

4. 我们的问题

包括国有企业和非国有企业,在我国目前就所有者激励而言至少存在以下问题:

一是严格的国有企业,既包括已经进行公司制改造但采取国家独资形式的,也包括仍未进行公司制改造而采取承包制方式的,这些企业的领导者作为所有者的代表,其授权是行政性的,因而承担的责任是行政责任,不可能是资产责任,因此对他们的激励最好的是行政激励而并非利润。利润与代理人并无关系,从国有资产管理部门到企业主管部门,从干部任命部门到企业领导本身,都不是终极所有者,企业利润与他们均无直接经济联系,他们根本不可能也不必承担企业资产责任,利润最大化不可能真正成为他们的行为目标。

二是经过股份制改造的国有企业,无论是上市公司还是非上市公司,尽管股权实现了多元化,但由于无法分解为自然人的法人股和国有股比重过高,自然人股东对于公司的行为不可能产生真正的影响,而代表国家股或法人股的大股东董事及经理通常又是行政性任命,这些董事本身与企业利润并无多大的联系,公司资产也并非主要归这些董事所有,他们同样没有资产责任,利润对他们同样并无有效激励作用。

三是通过改造而成的股份合作制企业,既包括私营企业吸收新股,也包括国有中小企业及集体企业吸收职工股改造而成的股份合作企业,除其中很少部分由私营企业改造而成的外,其余股份合作制企业的股权大都存在过分平均并且相对过于分散的问题。一方面普遍产生"搭便车"心理,对企业的责任心并未强化;另一方面由于企业内采取工资和分红两种形式,在股权平均化、分散化下,红利对职工激励并不大,当工资成为职工主要收入来源时,职工可能产生增加工资(成本)而减少利润的非利润极大化动机。

因此,如何在社会主义公有制为主体的条件下,真正解决对企业所有者的激励问题,仍是有待深入研究的难题。

二、对经营者的激励

在所有权与经营权不发生分离的条件下,通常不存在所有者对经营者的激励问题。对经营者的激励是指对作为非所有者的代理人的激励。如果说,在西方企业,代理人主要指公司经理而不包括董事会(董事会是作为主要所有者并代表全体所有者进入公司),那么,在我国现实中,特别是在国有企业改革中,代理人则包括更为广泛的内容,不仅包括承包者、经理,而且包括董事会成员,甚至有些政府主管部门的领导在一定意义上也是代理人。

1. 在分权条件下,尤其是当经营者只是纯粹的经营者,而非物质资本的所有者的条件下,对经营者的内在激励及约束

在这种条件下,就企业内在激励和约束而言,最主要的在于两方面基本机制的构造。一方面,这种内部激励的关键在于企业所有者与经营者之间要形成合理的企业利润分享机制,也就是说,企业的剩余索取权,在委托—代理制下并不完全由所有者持有,而要部分地分配给经营者,这是在委托—代理制下提高企业效率而必须付出的成本之一。对于所有者来说,只要这个成本增量少于由于委托—代理而提高的利润增量即可行。这就要求,对经营者在分配机制上,除工资、津贴等构成企业成本的内容外,还必须包含部分红利和企业资产增值的内容,使企业经营者在更大程度上关心企业利润,关心企业的长期发展。正因如此,西方的一些现代企业,付给经营者的报酬结构中,工资性收入通常不到50%,而以红利奖励的年度奖金方式和企业期权的长期奖励形式获得的收入,却占经营者总收入一半以上。例如,美国《财富》杂志登载的1991年美国282家工业企业经理的收入结构为:工资加津贴合计为47%,年度奖励和股票期权奖励合计为53%。另一方面,应当使经营者在一定程度上成为企业的所有者之一,使经营者本身或多或少地直接受到自身所有权的激励和约束,无论是奖励还是股票期权,对经营者尤其是对主要经理人员的激励和约束来说是必要的,这也是当代西方股份公司较为普遍的做法。许多西方股份企业,均让其主要经理人员持有相当于他的年薪一倍甚至几倍以上的本公司股票(市值)。上述两方面机制,一是尽可能使经营者行为与企业利润及企业资产增值目标联系起来,二是尽可能使经营者的行为与所有者的利益统一起来,从而产生对经营者激励的同时,形成对经营者的内在约束和自我约束的可能。

2．在委托—代理制下对经营者的外在激励及约束

就经济制度而言,这种外在约束主要依靠两方面的制度安排。一方面,需要相应发达的股票市场,所有者可以作为委托人,在市场上随时作出选择,即所谓"用脚投票",重新选择代理者(公司);另一方面,需要存在相对完善的"经理市场",经理市场即是对经营者的一种"定价机制",也就是说经营者究竟"值"多少?虽然不像物质资本那样易于定价,但若存在较完备的"经理市场",还是可以近似地定价的,从而使对于经理人员的激励做到合理、科学;同时,"经理市场"也是对经营者的一种约束机制,也就是说,经理市场上的竞争可以使经营者拥有的"人力资本"升值或贬值,出于对自身人力资本的珍惜,经营者也必须自我约束。

当然,除经济制度外,对于经营者的激励和约束还包括法制方面和道德方面等等。但最基本的外在激励和约束应当是经济制度上的。

3．我们目前存在的主要问题

首先,在对经营者的内在激励和约束上。一方面,我国国有企业在分权式的改革中,无论是承包制还是股份制改造,经营者的名义收入偏低,利润与经营者收入之间,有相关性但并不直接,联系程度也不高,同时,绝大部分企业不能或没有对经理人员实行期权制等方式的长期奖励。因此,企业短期利润以及长期资产升值目标与经营者的目标难以真正统一,经营者的根本目标在相当大的程度上仍是满足任命他的行政部门的行政偏好,因为他的权利主要还是来自行政上级的授予,而不是与资产升值直接相联系的个人收入。满足上级偏好虽然未必可以获得应有的与企业利润真正相联系的名义收入,但却可能获得很高的以损害企业利益为基础的实际收入及权利享受,在所有者监督不严、信息不对称及法制不完备的条件下,这种冲动完全可能普遍化。另一方面,我国国有企业领导绝大部分都未持有企业股权,因而他们的行为与所有者的目标很难完全统一,无论是承包制还是国家占大股的股份制,经理人员,包括作为国有资产代表的董事会成员,本人并无产权。因此,在我国国有企业中,使经营者行为与企业利润、与企业资产积累和升值、与企业所有权直接相联系的内在激励及约束机制应当说还未真正形成。

其次,在对经营者的外在激励及约束上。一方面,我国目前基本上不存在"经理市场",代理人的选择主要还是一个行政过程,因而既难以准确地给经理们定价,又难以合理地确定其收入标准,也难以通过"经理市场"竞争约束经营者行为。另一方面,我国股票市场发育不久,尚不完善,特别是在国

有企业上市公司中,股权结构高度集中于国家,因此委托人对代理人的选择,与其说是市场持股者的投票过程,还不如说是国家作为大股东的行政性选择过程,市场本身对经理并无多大制约。这就使得我们对经营者的激励和约束不得不更多地借助非经济的方式。就激励而言,更多地以非经济的行政的、名誉的、政治的、社会的等方面的利益激励经营者;就约束而言,更多地以追究政治的、行政的、法律的、道义的等方面的责任制约经营者。代理人获得的是经济的权利,却不可能在制度上予以经济的制约;代理人创造出经济上的成果,却不能给以相应的经济上的奖励。

所有制变化与经济增长和要素效率提升[*]

这里所讨论的所有制变化是指所有制结构的变化,主要是指经济结构中的国有制比重与非国有制比重相互间地位的转变。这里一方面要考察伴随所有制结构的变化,宏观经济增长的效应以及增长的均衡性;另一方面要考察所有制结构变化对于微观意义上的生产要素效率提升的作用以及这种作用的特点。本文以我国改革开放新时期以来的经济发展为历史根据和分析对象。

一、我国经济的所有制结构变化

改革开放以来,我国经济体制发生了深刻的变化,这种变化主要表现在以下三方面:(1) 资源配置的方式发生了深刻的转变,价格信号已逐渐成为引导资源配置的主要信号,在商品生产和流通上,至少有 90% 以上的价格已由市场决定;在要素流动上,城乡劳动力 90% 以上已由市场支配而不再受行政直接约束,在国有部门就业并在一定程度上受行政约束的从业人员占全部劳动力的比重仅为 12% 左右。资本市场虽然仍有诸多管制和限制,但自 1998 年起取消了对专业银行信贷规模的直接数量控制,银行信贷自主权极大提高;同时,直接融资市场从无到有,发展迅速,股票市场自 1990 年开创以来,到 2000 年 11 月,股票市值总额已超过 4 万亿元人民币,相当于国民生产总值的 50% 左右。市场体系已基本形成并且其秩序逐渐完善。(2) 与资源配置方式上的这种市场化进程相适应,我国宏观经济体制也发生着深刻的变化,伴随企业独立性的加强和市场作用的扩展,根本上改变了传统体制下宏、微观经济不分的集中控制的局面,真正开始形成了有别于微观经济活动的政府宏观调控机制。就财税机制而言,经历了改革开放以来的放权让利、利改税及拨改贷、包税制,直到 1994 年以后的分税制等不同阶

---

* 本文由刘伟和李绍荣合作撰写,原载于《经济研究》2001 年第 1 期。

段的改革;财政政策目标导向经历了由针对短缺经济需求膨胀的适度紧缩,到针对相对过剩经济需求不足的积极扩张的变化;财政功能经历了由全面主导经济到逐渐让位于由银行作为资源分配的主要力量的转换;财政政策作用方式经历了由主要影响需求向同时影响总供给的方向演进。就金融体制而言,中央银行的真正建立、商业性银行体系的构建、政策性银行的分立、各专业银行相对独立性和经营活动自主性的加强、相关金融立法的加速、金融监管和风险防范制度的日益健全等等体制性变化,均取得了相当迅速的进展,货币政策的作用以及对国民经济增长和发展的影响程度显著上升。

(3) 资源配置方式以及宏观调控机制之所以发生了深刻的变化,最为根本的制度原因在于所有制的变化,包括所有制结构和所有制实现形式两方面的变化。从经济学最一般的道理看,所有制无疑构成经济运行机制的基础,所有制的变化无疑构成经济运行机制变化的最为深刻的根源;就我国经济改革现实来讲,我国经济体制的一切重要变化,均可以在所有制变化上找到制度性的解释。

我国所有制结构变化最为突出的特点是国有制经济比重持续下降,非国有制经济比重持续上升。据统计,在我国工业企业资产结构中,国有工业企业固定资产净值年余额占全社会固定资产净值的比重自改革初期的 90% 以上,降至 1985 年的 85.4%,再降至 1999 年的 71.8%;非国有工业企业固定资产净值比重由不足 10%,升至 14.6%,再升至 28.2%。国有工业企业流动资产年均余额所占比重,由改革初期的 80% 以上,降至 1985 年的 76%,再降至 1999 年的 62.7%;非国有工业企业流动资产年均余额由改革初期的不足 20%,升至 1985 年的 24%,再升至 1999 年的 37.3%。

在我国全社会固定资产投资结构中,国有企业固定资产投资额占全社会固定资产投资额的比重由 1980 年的 81.9%,降至 1999 年的 53.4%;非国有企业固定资产投资额所占比重由 18.1% 上升至 46.6%。

在我国工业总产值中,国有企业工业总产值所占比重自 1978 年的 77.6% 下降至 1999 年的 28.2%;非国有企业工业总产值所占比重由 22.4% 上升至 71.8%。国有单位从业人员占从业人员总数的比重自 1985 年的 18% 降至 1999 年的 12%;非国有单位从业人员(包括农民在内的城乡总体从业人员)比重由 82% 升至 88%。

在社会消费品零售总额中,国有经济实现的零售总额所占比重由 1978 年的 54.6%,降至 1995 年的 29.3%,再降至 1999 年的 23.3%;非国有经济实现的零售总额比重由 45.4%，升至 70.7%，再升至 76.7%。①

在上述国有与非国有经济的结构变化中，有两个突出的特点。

第一，非国有经济比重之所以持续上升，直接的原因在于，虽然国有经济与非国有经济发展速度都在提高，但非国有经济增长速度更高。改革开放以来国有经济同样获得了前所未有的增长，据原国家国有资产管理局根据第三次工业普查资料数据所作的测算，国有资产总量自 1950 年至 1995 年平均每年递增速度为 12.4%，1980 年至 1995 年为 14.5%，1990 年至 1995 年则为 17.9%。可见在改革中国有资产的增长速度同样在不断提高，并且伴随着改革的深化，提高速度同样在加快，改革同样促进了国有资产的增长。但相比而言，非国有经济的增长速度更快，以全社会固定资产投资增长率为例（见表 1），除个别特殊年份外，非国有经济固定资产投资增长速度明显高于国有经济。正是由于这种差异，逐渐形成了在资产结构上国有与非国有经济所占比重的变化。

第二，在非国有经济高速成长中，一个突出的现象是在多种形式的非国有经济中，中国自身的私营企业（不含"三资"企业）获得了空前的发展。根据有关统计分析，在同一时期各类经济成分中，私营企业发展速度最快。1989—1998 年，我国私营企业户数增长 11 倍，从业人数增长 9.4 倍，平均每户注册资本额提高 45 倍，平均每户实现产值规模上升 36 倍。在私营企业组织形式上，有限责任公司所占比重最大，到 1998 年底，有限责任公司户数占各类私营企业总数比重达 51.8%，注册资本额占全部私营企业注册资本比重达 58.2%，雇用员工数占全部私营企业雇工人数的 47%，投资者人数占全部私营企业投资者总数的 65.24%。1998 年底，私营企业集团已达 1 563 户，上市公司 20 多家。在私营企业的分布结构上，越是接近市场的领域和市场化程度较高的领域，私营企业发展越快。1998 年底，在三大产业结构上，私营企业主要分布在第三产业，在第三产业中的私营企业户数占全部私营企业数的 55.5%，从业人员占全部私营企业从业人员的 44.4%，注册资本占全部私营企业注册资本的 62.5%。在地区分布上，东部地区私营企业户数为 77.5 万户，占首位；其次是中部地区，为 26.7 万户；西部最少，为 15.9 万户。在城乡间的分布上，1989 年农村私营企业户占总数的 61.6%，到 1998 年城镇私营企业户占总数的比重已达 62.9%，注册资本额

---

① 资料来源：《中国统计年鉴》(1995、1997、2000)，中国统计出版社。

已占城乡私营企业注册资本总额的 74.1%，从业人数占总数的 56.9%。①

表1　全社会固定资产投资增长速度(上年为100)

年份	总计	国有	集体	全体	其他
1981	5.5	-10.5	150.4	49.8	—
1982	28.0	26.6	51.3	18.2	—
1983	16.2	12.6	-10.3	52.7	—
1984	28.2	24.5	52.7	27.1	—
1985	38.8	41.8	37.2	30.9	—
1986	22.7	23.7	19.6	21.3	—
1987	21.5	17.8	39.6	22.6	—
1988	25.4	23.3	30.1	28.4	—
1989	-7.2	-7.0	-19.9	1.0	—
1990	2.4	6.3	-7.1	-3.0	—
1991	23.9	24.4	31.7	18.1	—
1992	44.4	48.1	94.8	3.3	—
1993	61.8	44.1	70.5	20.8	—
1994	30.4	21.3	19.1	33.5	99.4
1995	17.5	13.3	19.2	29.9	21.3
1996	14.8	10.6	11.3	25.4	23.7
1997	8.8	9.0	5.5	6.8	13.0
1998	13.9	17.4	8.9	9.2	11.6
1999	5.1	3.8	3.5	7.9	5.3

资料来源:《中国统计年鉴》(2000)。

　　我国所有制结构的上述变化,不仅是改革开放以来的历史事实,并且还将成为进一步发展的趋势。根据中共十五大以及十五届四中全会的有关决议,今后国有经济将进行进一步的战略转移和结构调整,真正集中于国民经济命脉性领域,更有效地提高国有经济对整个国民经济的控制力。中共十五届四中全会将这些命脉性领域进一步明确为四个方面,即涉及国家安全的行业、自然垄断行业、提供重要公共产品和服务的行业、支柱产业和高新技术产业中的重要骨干企业。这项方针不仅为国有经济的战略调整提供了指导,而且为拓展非国有经济生长领域提供了依据。

---

① 资料来源:《经济导报》(周刊)2000年第37期,第25页。

二、非国有经济的发展对实现我国经济增长的作用

一定的制度变化是否代表历史的进步,孤立地观察制度变迁本身是难以回答的,从经济上来讲最根本的在于考察伴随制度变化,社会生产力发展是否取得了较以往更为显著的成就。

根据统计资料分析,改革开放以来我国经济增长速度是十分快的,1980—1997 年我国 GDP 年均增长率为 9.8%,1998、1999 年虽有所下降,但也分别达到 7.8% 和 7.2%,预计 2000 年将回升到 8% 左右。这一增长速度无论是与同期发达国家比较,还是与发展中国家比较,都是领先的,并且保持持续高速增长时间之久,在各国发展史上也是少见的。

正是这种持续高速增长,使我国经济发展取得了实质性的进展。就 GDP 人均水平而言,从改革之前 1978 年的人均 379 元人民币,上升至 1999 年的人均 6 534 元人民币,相当于 1978 年的 17.2 倍,折算成美元(即使按黑市汇率 1∶8.5 折算)大体相当于 768.7 美元,按世界银行的分类,达到了当代下中等收入发展中国家的平均水平(740 美元)以上,实现了由低收入穷国(人均水平 300 美元以下)向下中等收入发展中国家水平的阶段性转变。就产业结构转变而言,以就业结构为例,1978 年我国就业结构中第一次产业就业比重为 70.5%,到 1999 年已降至 50% 左右;第二次产业就业比重由 1978 年的 17.3% 上升至 1999 年的 23%;第三次产业就业比重由 1978 年的 12.2% 上升至 1999 年的 26.9%。与当代世界发展水平不同的各类国家比较,我国目前的就业结构与当代世界各国平均就业结构相类似,当代世界平均第一次产业就业比重为 49%,第二次产业就业比重为 20%,第三次产业就业比重为 31%。而 1978 年我国的就业结构则与低收入穷国最为接近。当代低收入穷国平均第一次产业就业比重为 69%,第二次产业为 15%,第三次产业为 16%。[①] 这种结构演进表明我国经济质态的阶段性成长。就国民生活而言,以恩格尔系数(食品支出占总消费支出的比重)为例,我国改革初期 1980 年农村居民家庭恩格尔系数平均值为 61.8% 左右,城镇居民则在 59% 左右。根据联合国的有关划分标准,恩格尔系数在 60% 以上为贫困状态,温饱尚未解决,当时我国有 2.4 亿贫困人口,直到 1984 年我国才基本解决温饱问题。到 1999 年,我国城镇居民平均消费支出中的恩格尔系数为

---

① 资料来源:《中国统计年鉴》(2000);世界银行,《世界发展报告》(1997)。

41.9%,农村居民平均为 52.6%,已达到或接近联合国划分的小康标准(小康水平恩格尔系数为 40%—49%)。①

这种经济发展上的深刻变化,当然与经济体制改革有着深刻的内在联系,而经济体制变化最为根本的在于所有制结构的变化,在所有制结构变化中最为突出的则是非国有经济比重的上升。这种所有制结构的变化反映到 GDP 总量方面,呈现出如下状态:到 20 世纪 90 年代末(以 1997 年为例),在我国第一次产业的增加值中,国有经济的贡献为 2.75%,非国有经济的贡献为 97.25%;在第二次产业的增加值中,国有经济的贡献为 27.84%,非国有经济的贡献为 72.16%;在第三次产业的增加值中,非国有经济的贡献为 28.5%,国有经济的贡献为 71.5%。加权平均计算,1997 年 GDP 总量为 74 772.4 亿元(其中第一、二、三产业分别为 13 968.8 亿元、36 770.3 亿元和 24 033.3 亿元),其中非国有经济的贡献为 62.44%,达到 46 687.9 亿元;国有经济的贡献为 37.56%,达到 28 084.5 亿元。也就是说,改革以来,在 GDP 总量中,由于国有经济占主体的状态发生了根本改变,62% 以上的 GDP 是由非国有经济所贡献。这种所有制结构变化反映到经济增长速度(增长率)的结构分解上,呈现如下状态:仍以 1997 年为例,1997 年我国经济增长率为 8.8%,按当年国有经济创造的 GDP 净增量占全部 GDP 净增量的比重计算,在总的 GDP 比上年增长 8.8 个百分点中,国有经济拉动的百分点仅为 2.02 个,而非国有经济拉动则为 6.78 个百分点。这表明,不仅在 GDP 总量的结构中,到 90 年代末已经是非国有经济为主体,而且在 GDP 增量中,同样是以非国有经济的贡献为主。

进一步观察还会发现,非国有经济不仅在经济增长中起着主要作用,而且对缓解增长中的失衡也有重要作用。

从控制通货膨胀来讲,非国有经济发展至少从五个方面缓解了通货膨胀的压力:(1)非国有经济占绝对主体的农业稳定增长对于平抑物价起着关键作用。(2)非国有经济总体上占用的信贷资金较少而资金流转较快,因而在促使资金总供求与商品总供求各自平衡和相互平衡中发挥着积极作用,缓解着总供求矛盾对价格上升的压力。(3)非国有经济上缴税金不断增加,所占比重不断提高,而同时非国有经济对财政的直接依赖度低,因而非国有经济的发展不是增加财政赤字的原因,反而缓解财政收支矛盾,进而缓解着由于财政赤字增大所造成的通货膨胀压力。(4)非国有经济的预算

---

① 根据《中国统计年鉴》有关数据计算。

约束相对国有经济更严格,投资的市场效益总体上也高于国有经济,因而其投资增长较快形成较高需求的同时,其增加供给的效率也较高,从而缓解着通货膨胀的压力。(5) 非国有经济工资水平上升以及福利水平上升一般控制得更严格,与企业经营状况联系更直接,因而缓解了由于工资上升过快形成的成本推进的通货膨胀压力。

从缓解失业来看,一方面,从改革开放以来固定资产投资增长来看(见表1),不仅非国有经济固定资产投资增长速度快于国有经济,从而新增加的就业机会更多,而且由于非国有经济投资主体受市场约束更严格,受行政约束较少,所以在投资过热时,非国有经济的投资增长速度并不特别高涨,在行政性紧缩时,非国有经济的投资增长速度也不特别跌落,这在一定意义上淡化了经济的周期性,在经济增长速度降低时,起到了一定的缓解作用,从而缓解着经济衰退时期的失业压力;另一方面,非国有经济规模和比重迅速扩张,本身就提高了整个国民经济吸纳就业的能力,同时由于种种制度性原因,非国有经济平均吸纳一个就业者所需要的各项成本远低于国有经济(据测算,在20世纪90年代中期,非国有经济每吸收一个就业者所需成本,包括固定资产投入和工资成本,比国有经济低一倍左右),这就进一步提高了国民经济吸纳就业的能力。

非国有经济在高速发展的同时,对经济失衡所起的积极的缓解作用,最根本的原因在于其效率水平较高。因此,我们有必要考察并实证性地证明其利用要素的效率。

三、非国有经济发展对生产效率影响的计算

1. 模型设定

一个国家的资本存量和劳动力是决定其生产能力的主要要素。在经济学中,一般由 Cobb-Douglas 生产函数来表示这种关系,具体形式为:

$$Y = AK^{\alpha}L^{\beta}e^{\varepsilon} \tag{1}$$

其中,Y 表示国民收入;K 表示一个国家的资本存量;L 表示一个国家的劳动量;α 和 β 分别表示该国资本和劳动的产出弹性;ε 是随机扰动项,表示除资本和劳动之外其他生产因素对生产的影响。该模型的特点是假定一个国家的资本和劳动的产出弹性不变,这种弹性度量了要素的生产率。我们用该模型来研究中国经济结构的变化对中国生产力的影响,具体做法是:以每一个省作为样本单位,以所有制结构和产业结构作为每个省的经济结

构特征。这样,经济结构对生产的影响可归结为以下三种情况:

(1) 描述经济结构只对经济规模产生影响的模型:

$$Y = AK^{\alpha}L^{\beta}e^{\gamma_1 x_1 + \gamma_2 x_2 + \varepsilon} \tag{2}$$

其中,x_1 和 x_2 分别表示一个省的所有制结构和产业结构特征,x_1 表示非国有经济就业人数在总就业人数中的比例(扣除农业部门的就业人数),x_2 表示第一产业就业人数在总就业人数中的比例;γ_1 和 γ_2 表示经济结构对规模的边际影响参数。

(2) 描述经济结构只对生产要素的生产力产生影响的模型:

$$Y = AK^{\alpha_0 + \alpha_1 x_1 + \alpha_2 x_2}L^{\beta_0 + \beta_1 x_1 + \beta_2 x_2 + \varepsilon} \tag{3}$$

其中,α_1 和 α_2 表示经济结构的变化对资本产出弹性的影响;β_1 和 β_2 表示经济结构的变化对劳动产出弹性的影响。

(3) 描述经济结构对经济规模和要素的生产力都产生影响的模型:

$$Y = AK^{\alpha_0 + \alpha_1 x_1 + \alpha_2 x_2}L^{\beta_0 + \beta_1 x_1 + \beta_2 x_2}e^{\gamma_1 x_1 + \gamma_2 x_2 + \varepsilon} \tag{4}$$

该模型是一个一般性模型,它包含了第一和第二两种情况。以下我们将对该模型进行回归分析。

2. 数据来源与模型估计

从 1993—2000 年《中国统计年鉴》的各地区分行业国内生产总值表、各地区资本形成总额及构成表、各地区按三次产业分的从业人员表及国有经济单位分行业职工人数表中,可以推算出各省 1992—1999 年国内生产总值、固定资本形成总额、劳动(就业)量、非国有经济部门就业人员(扣除农业部门的就业量)比例、第一产业就业人员比例,即 Y、K、L、x_1 和 x_2 的观测值。用这些变量的观测值对模型(4)进行最小二乘法的回归估计。估计的模型如下:

$$\ln Y = 0.66\ln K + 0.061 x_1 \ln K + 1.16\times 10^{-5} x_2 \ln K + 0.33\ln L$$
$$\quad\;\;(0.46)\quad\quad\;(0.089)\quad\quad\quad(2.59\times10^{-5})\quad\quad\quad(0.43)$$
$$+ 5.99\times 10^{-5} x_1 \ln L - 1.98\times 10^{-5} x_2 \ln L - 0.057 x_1$$
$$\quad(1.75\times10^{-5})\quad\quad\quad(1.91\times10^{-5})\quad\quad\;\;(0.53)$$
$$- 0.31 x_2 + 0.64 \tag{5}$$
$$\quad\;\;0.17\quad\;\;(0.28)$$

判决系数 $R^2 = 0.965$,其中括号内的数表示对应参数估计值的标准差。显然,估计出的模型存在严重的共线性,α_1、α_2、β_2 和 γ_1 的估计值显著为零,也就是这些参数所对应的变量观测值之间存在共线性。视参数 α_2 和 γ_1 为零,再用回归方法估计模型得:

$$\ln Y = 0.67\ln K + 0.056 x_1 \ln K + 0.32\ln L + 6.23 \times 10^{-5} x_1 \ln L$$
$${\scriptstyle(0.03)}{\scriptstyle 0.02}{\scriptstyle 0.04}{\scriptstyle 1.7\times 10^{-5}}$$
$$- 1.14 \times 10^{-5} x_2 \ln L - 0.28 x_2 + 0.6 \tag{6}$$
$${\scriptstyle 4.15\times 10^{-6}}{\scriptstyle(0.147)}{\scriptstyle(0.22)}$$

判决系数 $R^2 = 0.965$。显然，参数 γ_2 的估计值在 5% 的置信水平下无法通过显著性检验，这意味着参数 β_2 和 γ_2 对应的变量观测值存在共线性。视参数 β_2 为零，再对模型进行回归估计得：

$$\ln Y = 0.68\ln K + 0.038 x_1 \ln K + 0.30\ln L + 4.07 \times 10^{-5} x_1 \ln L$$
$${\scriptstyle(0.03)}{\scriptstyle(0.018)}{\scriptstyle(0.038)}{\scriptstyle(1.52\times 10^{-5})}$$
$$- 0.52 x_2 + 0.91 \tag{7}$$
$${\scriptstyle(0.12)}{\scriptstyle(0.19)}$$

判决系数 $R^2 = 0.964$。此时模型中的所有参数估计值在 3% 的置信水平下显著不为零，并且不存在异方差和序列相关的问题。因此，体现经济结构特征的生产函数的估计模型为：

$$\hat{Y} = K^{0.68 + 0.038 x_1} L^{0.30 + 4.07 \times 10^{-5} x_1} e^{0.91 - 0.52 x_2} \tag{8}$$

这说明产业结构和所有制结构对生产的影响是不一样的：产业结构影响经济的生产规模，即经济的生产可能性曲线，如果第一产业缩小，则整个经济的生产可能性曲线将向外移，也就是整个经济的生产规模将扩大；而所有制结构影响的是要素的生产效率，当非国有制经济部门扩大时，要素的产出弹性，特别是资本的产出弹性将增大。

3. 估计结果分析

从(8)式可知，在经济结构中，产业结构和所有制结构对经济产生的影响是不同的。产业结构只影响经济生产的规模，并且影响的程度为 $e^{-0.52 x_2}$，即在第一产业就业的人员比例减少 1% 时，经济的生产规模将扩大 0.52%。如果经济的生产规模扩大 10%，那么第一产业的就业人员比例得减少近 20%。而所有制结构却只影响生产要素的生产率，由(8)式可知资本和劳动的产出弹性分别为 $0.68 + 0.038 x_1$ 和 $0.30 + 4.07 \times 10^{-5} x_1$，也就是当非国有企业的就业人员比例增加 1% 时，资本的产出弹性将增加 0.038 个百分点，而劳动的产出弹性将增加 4.07×10^{-5} 个百分点。此时生产的规模经济弹性：

$$S = 0.68 + 0.038 x_1 + 0.30 + 4.07 \times 10^{-5} x_1 \approx 0.98 + 0.038 x_1 \tag{9}$$

因此，当 $x_1 < 0.53$ 时，生产将表现为规模不经济，也就是资本和劳动同时增加 1% 时，产出的增加会小于 1%；当 $x_1 = 0.53$ 时，生产表现为规模不

变,即资本和劳动同时增加1%时,产出也增加1%;当 $x_1 > 0.53$ 时,生产表现为规模经济,也就是资本和劳动同时增加1%时,产出的增加将超过1%。这意味着当产业结构不变时,只要在非国有经济部门就业的人员超过53%,生产将表现为规模经济的生产,并且这种规模经济生产的出现主要归结为资本生产效率的提高;劳动生产效率虽有提高,但贡献不大。由此可知,所有制结构的改变,即非国有经济部门的扩大会由于资本生产效率的提高而使经济得以增长,但是如果经济中主体人的收入分配主要是通过市场进行的直接分配,那么广大的劳动者不会从这种所有制结构的改变所导致的经济增长中获得更多的好处,也就是说这种经济增长不会通过市场有效地在主体人之间进行分配,它会扩大资本所有者和劳动者之间的收入差距。然而它的优点是明显的,即只需通过制度的改变,而不需要资本的大量投入就可获得经济的增长。因此,对于一个资本稀缺的国家或地区,通过所有制结构的改变来提高人们绝对的生活水平应是一种有效的方法,但要作为一种持久的方法必须辅之以适当的收入分配方法。

四、结　论

改革以来我国制度变迁的一个显著特征,就是国有制比重下降而非国有制比重上升。这一特征体现在我国经济增长上,就是非国有经济已成为经济增长的主力;而体现在增长的均衡性上,就是非国有经济受市场约束更强,因而对行政性干预所导致的高涨和紧缩具有相当大的淡化作用;而对要素效率的反映,却是非国有制比重的提高提升了全社会劳动和资本的效率,尤其是资本的效率。通过经济计量分析,我们可以得出以下结论:

(1) 所有制结构的改变和产业结构的变化对中国经济的影响是不同的。产业结构的变化主要是影响经济的生产规模,而所有制结构的改变主要是影响生产要素的生产效率。

(2) 所有制结构对生产要素的影响是不相同的。它对资本要素的影响是对劳动要素的影响的 $900(\approx 0.038/0.0000407)$ 多倍。因此,在市场条件下,通过所有制结构的改变所导致的经济增长会扩大资本所有者和劳动者之间的贫富差距。

(3) 从已估计的生产模型可以看出:在中国经济中,当非国有经济部门的就业人员超过53%时,经济会进入规模经济增长的良性增长状态。

总之,所有制的变化,尤其是非国有化率的变动,对于中国经济增长具有特别的解释能力,这种解释能力不仅一般化地体现在增长的数量方面,而且更特殊地体现在增长的质量及效率方面。

参 考 文 献

1. 高莉:《非国有经济投资减缓实证分析——通货紧缩微观形成机制》,《改革》2000年第6期。
2. 华易诚:《中国经济的软着陆》,中国财政经济出版社1997年版。
3. 刘伟:《经济改革与发展的产权制度解释》,首都经济贸易大学出版社1999年版。
4. 刘伟、李风圣:《产权通论》,北京出版社1998年版。
5. 托马斯·J.萨金特:《动态宏观经济理论》,中译本,中国社会科学出版社1997年版。
6. 世界银行:《迈进21世纪:1999/2000年世界发展报告》,中国财政经济出版社2000年版。
7. 夏小林:《非国有经济增幅连年回落实证分析》,《改革》1999年第4期、第5期。
8. 中国改革与发展报告专家组:《透过历史的表象——中国改革20年回顾、反思与展望》,上海远东出版社2000年版。
9. Boskin, M., and L. J. Lau, 1991, "Capital and Productivity: A New View", Paper Presented at the IUI Seminar "Capital: Its Value, Its Rate of Return, and Its Productivity", Stockholm, March.
10. Cable, John and Wilson Nichoias, 1998, "Profit Sharing and Productivity: An Analysis of UK Engineering Firms", Working Paper Series 300, Department of Economics, University of Warwick, Aug.
11. Intriligator, M. D., 1965, "Embodied Technical Change and Productivity in the United States, 1929—1958", *Review of Economics and Statistics*, 47: 65—70.

关于我国转轨期所有制变化的历史"合理性"考察*

一、所有制变化历史"合理性"在社会生产力发展上的体现

我国所有制结构变化最为突出的特点是国有制经济比重持续下降,非国有制经济比重持续上升。据统计,在我国工业企业资产结构中,国有工业企业固定资产净值年余额占全社会固定资产净值的比重,自改革初期的90%以上,降至1985年的85%,再降至1999年的71.8%;非国有工业企业固定资产净值比重由不足10%,升至14.6%,再升至28.2%。国有工业企业流动资产年均余额所占比重,由改革初期的80%以上,降至1985年的76%,再降至1999年的62.7%;非国有工业企业流动资产年均余额由不足20%,升至24%,再升至37.3%。

在我国全社会固定资产投资结构中,国有企业固定资产投资额占全社会固定资产投资额的比重由1980年的81.9%,降至1999年的53.4%;非国有企业固定资产投资额所占比重由18.1%上升至46.6%。

在我国工业总产值中,国有企业工业总产值所占比重自1978年的77.6%下降至1999年的28.2%;非国有企业工业总产值所占比重由22.4%上升至71.8%。国有单位就业人员占从业人员总数的比重自1985年的18%降至1999年的12%;非国有单位从业人员比重由82%升至88%(包括农民在内的城乡总体从业人员)。

在社会消费品零售总额中,国有经济实现的零售总额所占比重由1978年的54.6%,降至1995年的29.3%,再降至1999年的23.3%;非国有经济实现的零售总额比重由45.4%,升至70.7%,再升至76.7%。[①]

---

* 本文由刘伟与黄桂田、李绍荣合作撰写,原载于《北京大学学报》2002年第1期。
① 资料来源:《中国统计年鉴》(1995、1997、2000),中国统计出版社。

在非国有经济高速成长中,一个突出的现象是在多种形式的非国有经济中,中国自身的私营企业(不含"三资"企业)获得了空前的发展。根据有关统计分析,在同一时期各类经济成分中,私营企业发展速度最快。1989—1998年,我国私营企业户数增长11倍,从业人数增长9.4倍,平均每户注册资本额提高45倍,平均每户实现产值规模上升36倍。在私营企业组织形式上,有限责任公司所占比重最大,到1998年底,有限责任公司户数占各类私营企业总数比重达51.8%,注册资本额占全部私营企业注册资本比重达58.2%,雇用员工数占全部私营企业雇工人数的47%,投资者人数占全部私营企业投资者总数的65.24%。1998年底,私营企业集团已达1 563户,上市公司20多家。在私营企业的分布结构上,越是接近市场的领域和市场化程度较高的领域,私营企业发展越快。1998年底,在三大产业结构上,私营企业主要分布在第三产业,在第三产业中的私营企业户数占全部私营企业数的55.5%,从业人员占全部私营企业从业人员的44.4%,注册资本占全部私营企业注册资本的62.5%。在地区分布上,东部地区私营企业户数为77.5万户,占首位;其次是中部地区,为26.7万户;西部地区最少,为15.9万户。在城乡间的分布上,1989年农村私营企业户占总数的61.6%,到1998年城镇私营企业户占总数的比重已达62.9%,注册资本额已占城乡私营企业注册资本总额的74.1%,从业人数占总数的56.9%。[①]

(一)所有制变化中的经济增长

一定的制度变化是否代表历史的进步,孤立地观察制度变迁本身是难以回答的,从经济上来讲最根本的在于考察伴随制度变化,社会生产力发展是否取得了较以往更为显著的成就。

根据统计资料分析,改革开放以来我国经济增长速度是十分快的,1980—1997年我国GDP年均增长率为9.8%,1998、1999年虽有所下降,但也分别达到7.8%和7.2%,预计2000年将回升到8%左右。这一增长速度无论是与同期发达国家比较,还是与发展中国家比较,都是领先的,并且保持持续高速增长时间之久,在各国发展史上也是少见的。

正是这种持续高速增长,使我国经济发展取得了实质性的进展。就GDP人均水平而言,从改革之前1978年的人均379元人民币,上升至1999年的人均6 534元人民币,相当于1978年的17.2倍,折算成美元(即使按黑市汇率1∶8.5折算)大体相当于768.7美元,按世界银行的分类,达到了当

[①] 资料来源:《经济导报》(周刊)2000年第37期,第25页。

代下中等收入发展中国家的平均水平(740美元)以上,实现了由低收入穷国(人均水平300美元以下)向下中等收入发展中国家水平的阶段性转变。就产业结构转变而言,以就业结构为例,1978年我国就业结构中第一次产业就业比重为70.5%,到1999年已降至50%左右;第二次产业就业比重由1978年的17.3%上升至1999年的23%;第三次产业就业比重由1978年的12.2%上升至1999年的26.9%。与当代世界发展水平不同的各类国家比较,我国目前的就业结构与当代世界各国平均就业结构相类似,当代世界平均第一次产业就业比重为49%,第二次产业就业比重为20%,第三次产业就业比重为31%。而1978年我国的就业结构则与低收入穷国最为接近。当代低收入穷国平均第一次产业就业比重为69%,第二次产业为15%,第三次产业为16%。[①] 这种结构演进表明我国经济质态的阶段性成长。就国民生活而言,以恩格尔系数为例(食品支出占总消费支出的比重),我国改革初期1980年农村居民家庭恩格尔系数平均值为61.8%左右,城镇居民则在59%左右。根据联合国的有关划分标准,恩格尔系数在60%以上为贫困状态,温饱尚未解决,当时我国有2.4亿贫困人口,直到1984年我国才基本解决温饱问题。到1999年,我国城镇居民平均消费支出中的恩格尔系数为41.9%,农村居民平均为52.6%,已达到或接近联合国划分的小康标准(小康水平恩格尔系数为40%—49%)。[②]

  这种经济发展上的深刻变化,当然与经济体制改革有着深刻的内在联系,而经济体制变化最为根本的在于所有制结构的变化,在所有制结构变化中最为突出的则是非国有经济比重的上升。这种所有制结构的变化反映到GDP总量方面,呈现出如下状态:以1997年为例,在我国第一次产业的增加值中,国有经济的贡献为2.75%,非国有经济的贡献为97.25%;在第二次产业的增加值中,国有经济的贡献为27.84%,非国有经济的贡献为72.16%;在第三次产业的增加值中,非国有经济的贡献为28.5%,国有经济的贡献为71.5%。加权平均计算,1997年GDP总量为74772.4亿元(其中第一、二、三产业分别为13968.8亿元、36770.3亿元和24033.3亿元),其中非国有经济的贡献为62.44%,达到46687.9亿元;国有经济的贡献为37.56%,达到28084.5亿元。也就是说改革以来,在GDP总量中,由于国有经济占主体的状态发生了根本改变,62%以上的GDP是由非国有经济所

---

 ① 资源来源:《中国统计年鉴》(2000);世界银行,《世界发展报告》(1997)。
 ② 根据《中国统计年鉴》有关数据计算。

贡献。这种所有制结构变化反映到经济增长速度(增长率)的结构分解上,呈现如下状态:仍以 1997 年为例,1997 年我国经济增长率为 8.8%,按当年国有经济创造的 GDP 净增量占全部 GDP 净增量的比重计算,在总的 GDP 比上年增长 8.8 个百分点中,国有经济拉动的百分点仅为 2.02 个,而非国有经济拉动则为 6.78 个百分点。这表明,在 GDP 总量的结构中,到 90 年代末已经是非国有经济为主体,而且在 GDP 增量中,同样是以非国有经济的贡献为主。

(二) 所有制变化与要素效率

非国有经济在高速发展的同时,对经济失衡所起的积极的缓解作用,最根本的原因在于其效率水平较高。因此,我们有必要考察并实证性地证明其利用要素的效率。

1. 模型设定

一个国家的资本存量和劳动力是决定其生产能力的主要要素。在经济学中,一般由 Cobb-Douglas 生产函数来表示这种关系,具体形式为:

$$Y = AK^{\alpha}L^{\beta}e^{\epsilon} \tag{1}$$

其中,Y 表示国民收入;K 表示一个国家的资本存量;L 表示一个国家的劳动量;α 和 β 分别表示该国资本和劳动的产出弹性;ϵ 是随机扰动项,表示除资本和劳动之外其他生产因素对生产的影响。该模型的特点是假定一个国家的资本和劳动的产出弹性不变,这种弹性度量了要素的生产率。我们用该模型来研究中国经济结构的变化对中国生产力的影响,具体做法是:以每一个省作为样本单位,以所有制结构和产业结构作为每个省的经济结构特征。这样,经济结构对生产的影响可归结为以下三个情况:

(1) 描述经济结构只对经济规模产生影响的模型:

$$Y = AK^{\alpha}L^{\beta}e^{\gamma_1\chi_1+\gamma_2\chi_2+\epsilon} \tag{2}$$

其中,χ_1 和 χ_2 分别表示一个省的所有制结构和产业结构特征,χ_1 表示非国有经济就业人数在总就业人数中的比例(扣除农业部门的就业人数),χ_2 表示第一产业就业人数在总就业人数中的比例;γ_1 和 γ_2 表示经济结构对规模的边际影响参数。

(2) 描述经济结构只对生产要素的生产力产生影响的模型:

$$Y = AK^{\alpha_0+\alpha_1\chi_1+\alpha_2\chi_2}L^{\beta_0+\beta_1\chi_1+\beta_2\chi_2+\epsilon} \tag{3}$$

其中,α_1 和 α_2 表示经济结构的变化对资本产出弹性的影响;β_1 和 β_2 表示经济结构的变化对劳动产出弹性的影响。

(3) 描述经济结构对经济规模和要素的生产力都产生影响的模型：
$$Y = AK^{\alpha_0+\alpha_1\chi_1+\alpha_2\chi_2}L^{\beta_0+\beta_1\chi_1+\beta_2\chi_2}e^{\gamma_1\chi_1+\gamma_2\chi_2+\varepsilon} \tag{4}$$

该模型是一个一般性模型，它包含了第一和第二两种情况。以下我们将对该模型进行回归分析。

2. 数据来源与模型估计

从1993—2000年《中国统计年鉴》的各地区分行业国内生产总值表、各地区资本形成总额及构成表、各地区按三次产业分的从业人员表及国有经济单位分行业职工人数表中，可以推算出各省1992—1993年国内生产总值、固定资本形成总额、劳动(就业)量、非国有经济部门就业人员(扣除农业部门的就业量)比例、第一产业就业人员比例，即人Y、K、L、χ_1和χ_2的观测值。用这些变量的观测值对模型(4)进行最小二乘法的回归估计。估计的模型如下：

$$\ln Y = \underset{(0.46)}{0.66\ln K} + \underset{(0.089)}{0.061\chi_1\ln K} + \underset{(2.59\times 10^{-5})}{1.16\times 10^{-5}\chi_2\ln K} + \underset{(0.43)}{0.33\ln L}$$
$$+ \underset{(1.75\times 10^{-5})}{5.99\times 10^{-5}\chi_1\ln L} - \underset{(1.91\times 10^{-5})}{1.98\times 10^{-5}\chi_2\ln L} - \underset{(0.53)}{0.057\chi_1}$$
$$- \underset{0.17}{0.31\chi_2} + \underset{(0.28)}{0.64} \tag{5}$$

判决系数$R^2 = 0.965$，其中括号内的数表示对应参数估计值的标准差。显然，估计出的模型存在严重的共线性，α_1、α_2、β_2和γ_1的估计值显著为零，也就是这些参数所对应的变量观测值之间存在共线性。视参数α_2和γ_1为零，再用回归方法估计模型得：

$$\ln Y = \underset{(0.03)}{0.67\ln K} + \underset{0.02}{0.056\chi_1\ln K} + \underset{0.04}{0.32\ln L} + \underset{1.7\times 10^{-5}}{6.23\times 10^{-5}\chi_1\ln L}$$
$$- \underset{4.15\times 10^{-6}}{1.14\times 10^{-5}\chi_2\ln L} - \underset{(0.147)}{0.28\chi_2} + \underset{(0.22)}{0.6} \tag{6}$$

判决系数$R^2 = 0.965$。显然，参数γ_2的估计值在5%的置信水平下无法通过显著性检验，这意味着参数β_2和γ_2对应的变量观测值存在共线性。视参数β_2为零，再对模型进行回归估计得：

$$\ln Y = \underset{(0.03)}{0.68\ln K} + \underset{(0.018)}{0.038\chi_1\ln K} + \underset{(0.038)}{0.30\ln L} + \underset{(1.52\times 10^{-5})}{4.07\times 10^{-5}\chi_1\ln L}$$
$$- \underset{(0.12)}{0.52\chi_2} + \underset{(0.19)}{0.91} \tag{7}$$

判决系数$R^2 = 0.964$。此时模型中的所有参数估计值在3%的置信水

平下显著不为零,并且不存在异方差和序列相关的问题。因此,体现经济结构特征的生产函数的估计模型为:

$$\hat{Y} = K^{0.68+0.038\chi_1} L^{0.30+4.07\times 10^{-5}\chi_1} e^{0.91-0.52\chi_2} \tag{8}$$

这说明产业结构和所有制结构对生产的影响是不一样的:产业结构影响经济的生产规模,即经济的生产可能性曲线,如果第一产业缩小,则整个经济的生产可能性曲线将向外移,也就是整个经济的生产规模将扩大;而所有制结构影响的是要素的生产效率,当非国有制经济部门扩大时,要素的产出弹性,特别是资本的产出弹性将增大。

3. 估计结果分析

从(8)式可知,在经济结构中,产业结构和所有制结构对经济产生的影响是不同的。产业结构只影响经济生产的规模,并且影响的程度为 $e^{-0.52\chi_2}$,即在第一产业就业的人员比例减少 1% 时,经济的生产规模将扩大 0.52%。如果经济的生产规模扩大 10%,那么第一产业的就业人员比例得减少近 20%。而所有制结构却只影响生产要素的生产率,由(8)式可知资本和劳动的产出弹性分别为 $0.68+0.038\chi_1$ 和 $0.30+4.07\times 10^{-5}\chi_1$,也就是当非国有企业的就业人员比例增加 1% 时,资本的产出弹性将增加 0.038 个百分点,而劳动的产出弹性将增加 4.07×10^{-5} 个百分点。此时生产的规模经济弹性:

$$S = 0.68 + 0.038\chi_1 + 0.30 + 4.07\times 10^{-5}\chi_1 \approx 0.98 + 0.038\chi_1 \tag{9}$$

因此,当 $\chi_1<0.53$ 时,生产将表现为规模不经济,也就是资本和劳动同时增加 1% 时,产出的增加会小于 1%;当 $\chi_1=0.53$ 时,生产表现为规模不变,即资本和劳动同时增加 1% 时,产出也增加 1%;当 $\chi_1>0.53$ 时,生产表现为规模经济,也就是资本和劳动同时增加 1% 时,产出的增加将超过 1%。这意味着当产业结构不变时,只要在非国有经济部门就业的人员超过 53%,生产将表现为规模经济的生产,并且这种规模经济生产的出现主要归结为资本生产效率的提高;劳动生产效率虽有提高,但贡献不大。由此可知,所有制结构的改变,即非国有经济部门的扩大会由于资本生产效率的提高而使经济得以增长,但是如果经济中主体人的收入分配主要是通过市场进行的直接分配,那么广大的劳动者不会从这种所有制结构的改变所导致的经济增长中获得更多的好处,这种经济增长不会通过市场有效地在主体人之间进行分配,它会扩大资本所有制和劳动者之间的收入差距。然而它的优点是明显的,即只需通过制度的改变,而不需要资本的大量投入就可获得经济的增长。因此,对于一个资本稀缺的国家或地区,通过所有制结构的改变来提高人们绝对的生活水平应是一种有效的方法,但要作为一种持久的方法必须辅之以适当的收入分配方法。

4. 结论

通过经济计量分析,我们可以得出以下结论:

(1) 所有制结构的改变和产业结构的变化对中国经济的影响是不同的。产业结构的变化主要是影响经济的生产规模;而所有制结构的改变主要是影响生产要素的生产效率。

(2) 所有制结构对生产要素的影响是不相同的。它对资本要素的影响是对劳动要素的影响的 $900(\approx 0.038/0.0000407)$ 多倍。因此,在市场条件下,通过所有制结构的改变所导致的经济增长会扩大资本所有者和劳动者之间的贫富差距。

(3) 从已估计的生产模型可以看出:在中国经济中,当非国有经济部门的就业人员超过 53% 时,经济会进入规模经济增长的良性增长状态。

二、关于财产制度演进"合理性"理论解释的评述[①]

以上的实证分析显示出,所有制结构的变动与市场化的进程、要素使用效率尤其是资本使用效率的提高、年均经济的高速增长之间,具有明显的正相关关系。如果仅从这几个方面的效应进行价值层面的判断,那么,关于所有制结构的变动,即国有经济比重的下降、非国有尤其是非公有经济比重的快速上升是否具有"合理性"的问题,是不难辨别的。然而,问题并不如此简单。

二十余年的改革历程显示出,改革内容只要涉及产权制度的改革、所有制结构的变动,就会产生严重的认识上的分歧,即使是在经济市场化及其他方面的认识分歧,在很大程度上最终也是归结于对财产制度及其所有制结构变动的认识分歧,因为经济市场化进程及其他方面的改革会程度不等地触及财产制度及其所有制结构的变动问题。人们的视线之所以集中于此,是因为财产制度及其所有制问题直接涉及分配问题,涉及人们之间的地

---

① 所谓"合理性",我们将其定义为在一定经济条件下某种经济因素或某种经济现象存在和发展的"必然性"(即"客观必然性"),不具有"必然性"和"客观必要性"的就意味着具有"非合理性"。

位及其权益的重新界定。说到底,非国有尤其是非公有经济的快速发展及其相对比重的快速上升所导致的大范围凭借财产所有权获取收入的现象,是否具有"合理性"和"公正性"?对此问题的回答因为直接涉及对经济体制改革总体得失的基本层面上的价值判断,因而,成为人们关注的焦点。

我们认为,在财产制度及其所有制结构变动的认识上的差异,在一定程度上是与现有的理论缺乏应有的解释力直接相关的。在基本理论层次上对经验现实及其相关经济现象缺乏足够的解释力,必然会在现象层面产生认识分歧。

凭借财产权或货币资本所有权获取收入是否具有"合理性"和"公正性"?为此,在理论上至少要能对以下两个问题作出充分的解释:第一,在经济发展的一定时期,经济活动主体之间的地位及其相关权益到底是由什么决定的?第二,如何解释财产收入?

下面对几种关于制度演进合理性理论解释进行评述:

1. 关于生产力水平决定论

这是在改革启动之后借以支持财产制度及其所有制结构改革的理论基础。它认为一国在一定的经济发展阶段,所有制形式及其所有制结构应该与这一阶段的生产力水平及其生产力结构相对称,否则,就会阻碍和制约生产力的发展。由于中国生产力总体水平还很低,且发展不均衡,过高的和单一的所有制结构很难与之相适应,因而,计划经济体制中形成的单一所有制结构之所以与预期的效率水平存在极大的差距,主要在于"一大二公"的所有制形式及其所有制结构超越了中国现有的生产力水平和状况。据此,改革的主要内容之一就是要依据现有的中国生产力水平和状况,调整所有制结构,具有较高生产力水平的采用国有制形式,具有较低生产力水平的采取其他的多种所有制形式。形成公有制为主体,国有经济为主导,其他经济成分作补充的多元所有制结构。在分配上,由生产力水平的决定和为适应这种多元的所有制结构,实现按劳分配为主,其他分配方式并存的原则。

客观地说,运用马克思关于生产力与生产关系的相关关系的原理作为财产制度及其分配制度改革的基本理论依据,对于推动中国所有制结构、所有制的实现形式及其收入分配制度的改革起了巨大的作用。然而,如果生产力决定论具有充分的说服力,就不会产生对于所有制结构的急剧变化、凭财产所有权获取收入等方面的认识差异。这一理论相对于业已发生变化的经济现象有待进一步深化的方面在于:

第一,如果按生产力水平决定所有制形式及其所有制结构的理论解释,那么，经过改革开放过程发展起来的非国有经济和非公有制经济成分，生产力水平已经远远超过了当初起步阶段的水平，相当多的非公有制企业的现代化程度、技术装备水平、人力资源素质、管理水平，尤其是综合竞争力甚至超过了绝大多数国有企业和部分公有制企业的水平，一些企业在起步阶段就接近或达到或超过了国际前沿水平。如果说生产力结构决定所有制结构，较高的生产力水平与国有或公有制相配，较低的生产力水平与其他的所有制形式相配，显然难以解释已经变化了的现实。

第二，更为关键的是，除按劳分配以外的按要素分配，尤其是凭借财产（资本）的所有权参与收入分配，是按照由生产力的多元性决定的多种所有制存在的必要性推论出来的，它涉及的只是多元所有制结构存在和发展是否具有必要性的问题，并没有对凭借财产（资本）所有权获取收入的"合理性"问题提供足够的在基本理论层次的深入说明。

2. 产权论

在经济理论上，从产权尤其是私有产权角度对产权制度与市场经济相匹配的合理性问题的解释由来已久。早在经济学的古典时期就产生了这样的著名论断："受着一只看不见的手的指引"，"各个个人都不断地努力为他自己所能支配的资本找到最有利的用途。固然，他所考虑的不是社会的利益，而是他自身的利益，但他对自身利益的研究自然会或毋宁说必然会引导他选定最有利于社会的用途"。可以说，这是市场经济制度在初创时期与封建皇权斗争、在资本主义市场制度建立起来之后支撑私有自由市场经济制度的基本理论信念，也是与社会主义思潮论争的主要理论基础。经过一系列的论证之后，主流新古典理论干脆将其作为不用再进行讨论的既定前提而不予讨论，然而，到20世纪30年代科斯发起的对新古典企业"暗箱"的置疑和60年代对"外部性问题"的"庇古传统"的挑战所引致的新制度经济学的兴起，将产权制度与资源配置效率的相关性问题引入更深层次的探讨。他们不仅在微观层次上比较分析不同类型企业的产权安排与资源配置效率的相关关系，而且从历史变迁的角度考察产权制度的演进对资源配置效率、经济增长的经济效应。

新制度经济学的发展的确深化了人们对产权制度及其产权配置重要性的认识，但是它没有直接回答分配问题，虽然从其推论中可以得出，尊重财产权，就是在收入分配上要很好地体现产权，但是，由于产权理论并不直接研究要素分配问题，因而它不能直接回答要素分配涉及的一些更深入的问题。

3. 价值论

自经济学成为一门相对独立的学科开始,即从经济学的古典时期开始,价值理论便成为经济学者研究的核心主题之一。因为每一个有影响力的经济理论体系,都需在基本理论层次上打造一块用以支撑其整个框架的理论基石,作为解释社会经济现象的"最后理论根据"。因此,经济理论发展过程展示出,不同的理论体系有着不同的价值理论作支持,于是就有不同的甚至相互之间根本对立的价值论。如亚当·斯密的劳动价值论和要素收入决定论("斯密教条");马克思的劳动价值一元论;萨伊的效用价值论;边际主义学派的边际效用论;马歇尔的供求均衡论;克拉克的边际生产力论等。价值理论的最基本功能就是要对市场交换的基础即价格形成的基础作出解释,说明是什么因素在决定着商品的等价交换原则。除此之外,有的理论体系甚至要用它的价值论作为它的分配论的理论基础,或者说,它的价值论就是分配论。

收入分配问题是一个十分复杂的理论和现实问题,现实经济中人们企图寻找到能够产生效率的分配机制,在理论上希望对纷繁复杂且不断变化的分配现象作出科学的解释。经济理论发展史显示出,人们试图在经济学的基本理论即价值论中找到答案,然而,这种努力与预期的目标总是有距离。例如,边际生产力论,一直是新古典分配论的理论基础,但由于在经济活动中各种要素通常无法单独发挥作用,一种要素只有依赖于其他要素的共同作用,与其他要素相配合才能成为现实的生产要素。正因如此,现有的分析技术很难将各种要素的贡献或边际生产力精确地计算出来。即使是经济计量技术及其电子计算手段在经验实证研究中大行其道的今天,估算要素的边际生产力也只能在假定其他要素不变的条件下,来测算某一要素的边际产量,而不可能在所有要素按不同速率变动的条件下准确地测算出它们各自的边际生产力,在这种情况下,边际生产力论的解释力就会大打折扣。在经济思想史上,近代以来几乎所有的经济学流派都对马克思基于古典经济学基础之上建立起来的劳动价值论一元论及其剩余价值理论逻辑体系提出过质疑,问题也是在于在财富的生产中劳动与其他要素的不可分离性,决定着难以通过经验实证是否劳动就是价值的真正源泉,而非劳动要素就是没有创造新价值。

总之,各种价值理论都只能算作难以证伪的理论假说,如果某一研究主体以某种价值取向择其一种作为衡量某种分配方式是否具有"合理性"的尺度,而另一研究主体则以另一种价值论为据判断同一种分配方式的"合理性"问题,那么,结论肯定不相同。这也是经济学发展史中在相关问题上产生无休止的争论并不时引发高潮、形成理论热点的根源。

综上所述,现有的各种相关理论都从各自的角度对财产制度及其要素收入等问题进行了直接或间接的解释,从各自的角度程度不等地推进了人们对相关问题的认识,但不管哪种理论解释,都存在进一步提升其解释力的必要。

三、一个基于契约论与供求论相结合的动态解析框架

我们构建了一个基于契约论与供求分析相结合的分析框架,对财产制度及其分配制度的演进逻辑进行解释,进而考察转轨期中国所有制结构及其分配制度演进的"合理性"问题。

旧制度经济学家康芒斯将"交易"视作制度分析的最基本单位,实际上将所有的人际关系抽象成了交易关系,包括市场买卖双方之间的关系(买卖的交易)、具有科层结构的各种组织内部的上下级之间的关系(管理的交易)和国家与纳税人之间的关系(限额的交易)等。以科斯为代表的新制度经济学家继承了这一传统,也是将"交易"看作是基本的人际关系,与此有别的是,新制度经济学将交易关系置入到契约论分析框架中考察制度的演进及其绩效。因为交易关系是一种对等的自由选择和自由组合关系,而契约关系也是签约人经过自由选择和自由组合所结成的具有交易性质的权责对等关系,因而,交易关系等价于契约关系。

1. "谈判势力"与产品市场中的交易者的地位

首先我们提出"谈判势力"这一支撑我们整个分析框架的核心概念。如果将经济活动过程中的一切经济主体之间的关系抽象成契约关系,那么,契约中当事人之间的权益及其责任的分配是如何界定的?契约中所规定的权益和责任分配条款是在签约之前经过当事人之间的双边或多边谈判、讨价还价过程而达成的,因而"谈判势力"(优势和劣势)的大小在契约中权责的分配和各当事人的地位的界定过程中起着决定性作用。讨价还价的过程就是当事人之间的"谈判势力"的比较过程,"谈判势力"相对强的一方占有主动,而"谈判势力"相对弱的一方则处于被动,主动或被动的程度取决于各方所拥有的"谈判势力"的相对差异程度。例如,在市场交易谈判的价格博弈

过程中,若买方因相关因素的决定使之具有相对高的"谈判势力",那么交易价格的确定就有利于买方;反之则相反。

进一步的问题是,当事人拥有的并在权益博弈、权责界定过程起关键作用的"谈判势力"是由什么因素决定的?

在产品市场上交易双方各自的"谈判势力"的决定因素实际就是决定新古典"市场势力"的系列因素。在完全竞争性市场上,由于不存在提供具有替代性产品的卖方之间的竞争,也不存在购买相同产品的买方之间的竞争,即不存在决定和影响市场结构变化及其"市场势力"的因素(企业规模差异、产品差别性、进入或退出壁垒、买方垄断等),因而,每一宗交易的买卖双方不存在"谈判势力"的相对差异,都是属于由"势均力敌"机制决定的市场均衡价格的接受者。完全垄断市场则不同,卖方通过控制销售量,或者说通过使市场供给量变得"相对稀缺"的系列手段,提升其与卖方相对的"谈判势力",从而取得与买方谈判过程中的主动权。控制市场"相对稀缺"程度的能力越强,卖方的"谈判势力"也越强,相应地,买方的"谈判势力"越弱,讨价还价的余地越少。由于买卖双方间"谈判势力"的显著差别,因而,买方只是价格的接受者,而卖方则是价格的制定者(包括使用歧视性定价策略)。依此类推,垄断竞争型市场的卖方由于存在同行业的竞争,需要借助于产品的差别化策略提升卖方的"谈判势力";在寡头市场,通过寡头勾结达成垄断联盟共同增强各寡头对买方的"谈判势力"。

买卖双方"谈判势力"的相对差异,直接影响相关权益在当事人之间的分配。如果买方"谈判势力"强,则可获得较多的"消费者剩余";如果相反,则"消费者剩余"转化成了"生产者剩余"。政府的反垄断政策的实施,实际上是借助于行政力量来改变或限制交易当事人间的"谈判势力"差别。

总之,产品市场上交易契约对于交易双方的地位及其权益分配的界定取决于签约前缔约各方"谈判势力"的比较,而买卖各方的"谈判势力"是由影响市场供求的系列因素决定的。从一定意义上说,在需求既定的条件下,产品的相对稀缺程度决定交易双方在价格博弈上的"谈判势力"相对差异程度。

2. 基本生产要素的相对稀缺程度与要素所有者的"谈判势力"

在新古典体系中,要素需求是一种"派生需求",它是由产品市场需求决定的,产品市场需求量和需求结构的变化,必将引致要素需求量和要素需求结构的变化。为了分析的方便,我们假定基本生产要素由土地、劳动、资本、技术、特有人力资源(例如,企业家的管理才能)等四要素组成,并且分属不同的所有者所有。下面我们在以上的契约论分析框架中分析要素所有者之间的地位及其权益分配方式的决定问题。

如果按契约论对企业进行定义,那么,企业就是要素所有者为实现要素收益而结成的契约集合体,作为企业所需的各种生产要素,不管是土地、劳动、资本,还是技术、特有人力资源,事先不存在哪一要素更重要或哪一要素相对不重要的问题,因为都是必需的生产要素,只要不是属于可有可无的状态,就不存在重要和非重要之别,在这一意义上,各要素所有者是平等的。然而,现实中的企业在要素所有者之间的权益分配并不是均等的,有的享有较高的相对固定收益(例如高年薪),有的享有较低的相对固定收益,有的是取得扣除所有支出后的剩余收益。在前文指出,按现代企业理论,企业内部相关利益者所争夺的是权益的分配,其中最核心的是"剩余索取权"和"剩余控制权",那么,哪类要素所有者能够分享到企业的核心权益?按契约分析框架,合约中当事人之间的权益和责任的分配是事先在缔约前的谈判过程中讨价还价形成的。与产品市场中交易当事人之间的价格博弈一样,组成企业的各要素所有者作为签约人,其"谈判势力"的大小决定权益的分配结果,"谈判势力"大的一方获得"剩余索取权"和"剩余控制权",或者分享到相对多的"剩余索取权"和"剩余控制权"(例如利润),而"谈判势力"相对弱的要素所有者则领取相对固定的收益权(例如工资),即使是固定收益与剩余收益的相对份额或比例(例如,工资与利润在企业总收益的比重)的确定,也是资方与劳方"谈判势力"较量的结果,如果资方"谈判势力"强,则利润在总收益中所占的比重就大,反之则相反。与产品市场一样,如果因为"谈判势力"在资方与劳方之间存在巨大差异而导致权益分配的巨大悬殊,政府就要出面通过行政力量甚至借助于立法(例如,劳动立法、最低工资保证方面的法律规定等)干预"谈判势力"。

问题的关键在于,是什么因素在决定着要素所有者各自的"谈判势力"?我们认为,"谈判势力"不取决于那种凭"武力"界定产权的需"人多力量大"的极端情形,而是正好相反,在资源配置过程中,面对经济发展的客观需要,拥有相对稀缺资源的经济主体,资源的相对稀缺程度越高,其具有的"谈判势力"越强;而那些拥有相对丰裕资源的经济主体,资源的相对丰裕程度越高,其具有的"谈判势力"越弱。不仅如此,由于生产要素之间具有一定的替代性,那么,拥有不可替代或可替代性较弱资源的要素所有者,具有的"谈判势力"就强,而拥有可替代资源的要素所有者,可替代性越强,"谈判势力"越弱。

总之,在资源配置过程中,要素的相对稀缺程度决定要素所有者在结成契约关系的谈判过程中所拥有的"谈判势力",进而决定要素所有者在契约关系中的地位、权益分配和要素收入的相对份额。

3. 现实经济中资源之间的相对稀缺程度变化与权益配置变迁的历史实证分析

资源配置与经济主体之间的权益配置取决于经济主体所拥有的资源的相对稀缺程度。可以通过简略的历史分析得到实证。

在农耕时代,人类赖以生存的基础是土地产出品——农产品,从事农业经营的生产要素是土地、人力、畜力、手工工具等,其中最基本的生产要素就是土地和劳动二要素,也就是重农学派的代表人物威廉·配第精确概括的"土地为财富之母,而劳动则为财富之父和能动的要素"。土地尤其是可耕地具有有限性,因而是稀缺资源,它的稀缺程度与人口增长正相关。因而,相对人口的不断增长,土地是相对稀缺的资源,而劳动力是相对丰裕的资源。土地与劳动的相对稀缺程度决定了人们之间的社会地位的悬殊,也决定了人们之间的收入差距。拥有具有稀缺性的土地面积越大,社会地位越高,凭土地资源所获得的收益越高;而拥有具有稀缺性的土地越少甚至根本没有土地,但拥有具有丰裕性的资源多(例如,家庭人口多),则社会地位越低,凭丰裕性资源所获得的收入低。原因在于,要素的稀缺程度决定要素所有者的收益状况。根据以上我们建立的分析框架,无地农民与有地的地主之间的租佃合约,在合作收益的分配上,地主因投入的要素具有相对稀缺性,因而具有相对强的"谈判势力",而农民因投入的要素具有相对丰裕性,具有相对弱的"谈判势力",由此决定了租佃合约中农民对地主的强依赖性和权益分配的不对等,人口压力越大,地租在总收益中占的比重就越大。因而,解决问题的途径是:第一,借助于一定的方式重新界定土地的产权,每一个社会成员拥有的稀缺资源——土地均等(所谓的"平均地权");第二,降低人口总量,使人力资源与土地资源的稀缺程度相等。

人类进入到工业社会,由产品的变化(农业社会的农产品为主导转为工业品为主导)派生出的对生产要素需求的变化,使得工业社会与农业社会的生产要素的相对稀缺程度发生了变化。如果说农业社会的基本生产要素是土地和劳动,那么,工业社会的基本生产要素就转变成资本、土地、劳动、企业家才能、技术等;如果说农业社会相对稀缺的是土地,是"土地主权",那么,在工业社会的一定历史时期资本则是属于最稀缺的资源,虽然土地在工业社会也是属于稀缺生产要素(事实表明,在任何国家或地区的工业化起步阶段,制约工业化进程的主要因素是资金严重短缺,甚至不得以用压低租金或土地价格的办法吸引外来资金)。在这种情况下,如果由资本的所有者、土地的所有者和劳动力的所有者组成合作性的契约关系——企业,那么,投入最具稀缺性资源的资本所有者则具有相对强的"谈判势力",因而,在经典式的资本主义企业中,"剩余索取权"和"剩余控制权"界定在资本所有者手中(利润、资本主权),而劳动力的所有者和土地的所有者则只是获得相对固定的收入(工资、地租)。

随着市场化的程度不断提高,市场范围的不断拓展,市场竞争的激烈程度的不断加剧及其企业规模的扩展,这一系列变化使得企业对管理才能的需求不断上升,是否拥有具备企业家才能的经营管理者成为企业在激烈的市场竞争中能否生存和发展的关键条件。对具有企业家才能的人力资源要素的争夺使得企业家资源的相对稀缺程度上升,由此大幅度地提高了具有企业家才能的经营管理者的"谈判势力",决定了他们在企业中的地位不断上升,在收入分配上不仅薪金收入大幅度提高,而且通过股票奖励计划、股票期权等方式分享企业剩余。资本的相对稀缺程度的降低和企业家才能的相对稀缺程度的上升,使得在工业化时期一定阶段的"资本主权"转向"特有人力资本主权"或"企业家主权"。

在高科技时代,经济发展对高科技的需求上升,科技、专有技术、专用性人力资源等要素的相对稀缺程度大幅度上升,从而相应地提高了这些要素所有者的"谈判势力",不仅他们在合作收益中分享到的相对固定的收益份额快速上升,而且在组成企业的签约过程中直接将其拥有资源折合成一定比例的股份,分享"剩余索取权"和"剩余控制权"。相对于经济发展的需要和其他资源的相对稀缺程度的下降,如果这些要素的稀缺程度进一步上升,成为最稀缺的要素,那么,"技术主权"就成为必然。

四、基本结论及推论

根据上文的分析,我们所得出的基本结论是,在经济发展的不同阶段,各种生产要素的相对稀缺程度是不同的,但又是可变的,它们随着经济发展对要素的需求结构的变化而变化,由此决定着拥有不同要素的所有者在经济合作中的地位及其分配方式的变化。说到底,以一言概括:人们之间在经济活动中的地位及其收益决定于各自拥有的资源的相对稀缺程度。

中国现在仍然处在工业化的推进阶段,从工业化对资源配置的一般要求和中国的国情来看,迄今为止的工业化过程充分显示出,中国最不稀缺的是普通劳动力,而最稀缺的是资本,面对经济全球一体化进程,特有的人力资本和高科技成果的稀缺程度在快速上升，因而，决定了拥有相对稀缺资源的所有者凭借财产权、货币资本所有权、特有人力资源所有权、专有技术所有权等获取高收益，在经济活动中取得支配地位，而拥有最不稀缺资源的普通劳动者在合作性的经济活动中处于被支配的地位（请读者注意：在此我们主要指要素所有者在经济活动中的相对地位，而不是其他）和收益份额相对下降的格局将不可避免。如果人为地改变这种权益分配格局，使得拥有相对稀缺要素的经济主体获取相对低的权益，而拥有最不稀缺资源的所有者享有最优惠的权益，这种逆向的权益配置必将导致低效率。计划经济体制中的资源配置效应已经充分地表明了这一点。

当然，在经济活动中的一定阶段"资本主权"并不是不可改变的，按照经济发展的内在逻辑，发达国家的经验表明，相对于经济发展的需要，人力资源的所有者随其相对稀缺程度的变化其经济地位事实上也在改变，如果某一天普通劳动力变得最为稀缺，经济活动过程中的"劳动主权"替代"资本主权"将会成为现实。

参 考 文 献

1. Alchian, A. & Demsetz, H. "Production, Information Costs, and Economic Organization", *American Economic Review*, 1972, 62.
2. 道格拉斯·C.诺斯，刘守英译：《制度、制度变迁与经济绩效》，上海三联书店1994年版。
3. F.A.哈耶克，贾湛等译：《个人主义与经济秩序》，北京经济学院出版社1989年版。
4. 路德维希·冯·米塞斯，韩光明等译：《自由与繁荣的国度》，中国社会科学出版社1994年版。
5. 罗纳德·哈里·科斯，盛洪等译：《企业、市场与法律》，上海三联书店1990年版。
6. 亚当·斯密，郭大力、王亚南译：《国民财富的性质和原因的研究》（下卷），商务印书馆1974年版。
7. 晏智杰：《劳动价值学说新探》，北京大学出版社2001年版。
8. 约翰·R.康芒斯，于树生译：《制度经济学》，商务印书馆1962年版。

经济增长
与
经济发展

经济发展目标的结构解释*

作为一个长期过程,一国经济从不发达到发达的发展,本质上是经济结构转换过程。无论是把结构变化视为经济增长水平(以人均 GDP 为标志)的函数,还是把经济增长水平视为结构变化的函数,经济史的经验都证明了结构转变对于发展的关键性意义。这种关键性意义对于工业化进程中的发展中国家尤为显著。20 世纪末 21 世纪初的中国经济,正处于工业化加速期,经济发展水平(以人均 GDP 为标志)属于实现当代下中等收入(据世界银行制定的标准,以人均 750 美元为标志值)并进而逼近中等收入水平。为此,中共中央十四届五中全会提出的"九五"计划和 2010 年远景目标的建议,明确地把在 2000 年实现人均 GNP 翻两番,在 2010 年实现 GNP 比 2000 年再翻一番作为中国现代化建设的第二步战略目标。

对于这一战略目标,从总量增长方面去认识固然必要,但作为社会经济发展意义上的战略目标,更重要的当是从结构转换意义上理解并由此去认识实现这一目标的任务及所面临的命题。因为,一方面,只有结构转换进展度才真正标明以工业化为核心的经济发展的质的进展程度;另一方面,只有在结构高度逐渐提高,并且是在结构效益扩张基础上的结构高度化进展,总量目标的实现才真正可能且有效。

据此,我们来认识为实现这一战略目标所面临的结构高度化进程上的差距及任务,以从结构转换上解释第二步战略目标。

据世界银行统计,以人均 GNP 为标志的经济发展水平与产业结构演进有以下对应性的经验关系(见表 1)。

在表 1 中,反映出这样一种现象:无论在哪一历史阶段,自 20 世纪 60 年代,经 80 年代,至 90 年代,经济发展水平的差异均可以用结构差异来解释,或者说,经济发展水平差异与其说是总量差异,不如说是结构质态的差异。

---

* 本文原载于《经济研究》1995 年第 11 期。

表1　1960—1990年各类国家经济发展水平与
三大产业结构对应关系

年份	不同经济发展水平国家（地区）分组	各产业占总产值比重			各产业占总就业比重		
		1	2	3	1	2	3
1961	低收入国家及地区	48	25	27	77	9	14
	下中等收入国家及地区	36	29	39	71	11	18
	中等收入国家及地区	24	30	46	62	15	23
	上中等收入国家及地区	18	33	49	49	20	31
	发达国家及地区	6	40	54	18	38	44
1981	低收入国家及地区	37	34	29	73	13	15
	下中等收入国家及地区	22	35	43	54	17	29
	中等收入国家及地区	14	38	48	44	22	34
	上中等收入国家及地区	10	39	51	30	28	42
	发达国家及地区	3	36	61	6	38	56
1990	低收入国家及地区	31	36	35	—	—	—
	下中等收入国家及地区	17	31	50	—	—	—
	中等收入国家及地区	12	37	50	—	—	—
	上中等收入国家及地区	9	40	51	—	—	—
	发达国家及地区	—	—	—	—	—	—

资料来源：世界银行，《世界发展报告》(1983、1984、1992)，中国财经出版社1983年、1984年、1992年版。

这种结构差异具有以下特点：

首先，在低收入与中等收入国之间，呈现出两方面结构数量差别：(1) 在产值结构上，60年代，低收入国比中等收入国第一次产业产值比重高24个百分点(48—24)，比第二次产业产值比重低5个百分点(30—25)，比第三次产业产值比重低19个百分点(46—27)；80年代，低收入国比中等收入国第一次产业产值比重高23个百分点(37—14)，比第二次产业产值比重低4个百分点(38—34)，比第三次产业产值比重低19个百分点(48—29)；90年代，低收入国比中等收入国第一次产业产值比重高近20个百分点(31—12)，与第二次产业比重大体相同(36∶37)，比第三次产业产值比重低15个百分点(50—35)。(2) 在就业结构上，60年代，低收入国比中等收入国第一次产业就业比重高15个百分点(77—62)，比第二次产业就业比重低6个百分点(15—9)，比第三次产业就业比重低9个百分点(23—14)；80年代，低收入国比中等收入国第一次产业就业比重高29个百分点(73—44)，比第二次产业就业比重低 9 个百分点(22—13),比第三次产业就业比重低 19 个百分点(34—15)。发展水平上的不同,在结构差异上显著体现出来。

其次,在中等收入国与发达国家之间,上述两方面差异更为突出:(1)在产值结构上,60 年代,中等收入国比发达国家第一次产业产值比重高 18 个百分点(24—6),比第二、第三次产业产值比重则低 10 个百分点(40—30)或近 10 个百分点(54—46);80 年代,中等收入国比发达国家第一次产业产值比重高 11 个百分点(14—3),比第二次产业产值比重高 2 个百分点(38—36),比第三产业产值比重则低 13 个百分点(61—48)。(2) 在就业结构上,60 年代,中等收入国比发达国家第一次产业就业比重高 44 个百分点(62—18),比第二次产业就业比重低 23 个百分点(38—15),比第三次产业就业比重低 21 个百分点(44—23);80 年代,中等收入国比发达国家第一次产业就业比重高 38 个百分点(44—6),比第二次产业就业比重低 16 个百分点(38—22),比第三次产业就业比重低 22 个百分点(56—34)。发展上的质的差异清晰地表现为结构差异。

从以上结构差异特征可以经验性地概括出如下规律性的认识:(1) 经济从不发达到发达的发展过程实际上是结构演变过程,即第一次产业产值、就业比重显著下降,第二次产业比重稳定上升,第三次产业比重显著上升的过程。(2) 从不发达到中等收入发展阶段,再到发达阶段,各阶段依次结构差异的经验标志值大约为:第一次产业产值比重分别相差(不发达国比中等收入国,中等收入国比发达国)20 个百分点左右,第一次产业就业比重分别相差近 30 个百分点左右;第三次产业产值比重各阶段间大约相差 9—20 个百分点左右,第三次产业就业比重大约也相差 9—20 个百分点左右;第二次产业产值比重在各阶段之间依次相差大约 5—10 个百分点左右。(3) 若仅就第二次产业而言,比重上升最明显、最稳定的时期是从下中等收入到中等收入阶段,产值比重上升 6 个百分点(以 90 年代各类国家为例),就业比重从低收入到中等收入阶段上升 9 个百分点(以 80 年代各类国家为例);从上中等收入阶段进入发达水平则第二次产业产值比重开始下降,尽管就业比重仍在上升。

这就是说,在当代实现低收入到中等收入阶段的发展,从结构演进上便是实现第一次产业产值比重下降 20 个百分点,就业比重下降 30 个百分点,同时,第三次产业产值、就业比重上升 9—20 个百分点,第二次产业产值比重稳定上升、就业比重上升 9 个百分点的历史过程。

如果我们把中国自 1980 年起至 2010 年的 30 年视为从低收入发展至

中等收入水平的阶段,那么1995年恰是这一进程的一半。预计1995年可以实现国民生产总值比1980年翻两番的目标,从总量上也就大体达到下中等收入发展水平;到2010年,则要实现从下中等收入水平到中等收入水平的发展。若从结构进展上分析这一发展目标,则前15年(1980—1995年)不仅总量目标基本实现,而且结构转换进程也大体一致;后15年(1995—2010年)不仅需注重总量目标的实现,而且更需强调结构转换,真正的困难也在于此。

就结构转换而言,重要的进展是第一次与第三次产业间关系的变化。从80年代初到90年代前期,在就业结构上,第一次产业就业比重由近70%降为56%左右,下降近14个百分点,以从低收入到中等收入发展过程第一次产业就业比重下降30个百分点为国际一般历史标准,中国用近15年时间完成了这一进程的一半;第三次产业15年间就业比重上升近9个百分点,这一结构进程与世界一般进程相符。当代世界大多数国家从低收入到中等收入阶段,第三次产业就业比重上升9—20个百分点,中国在15年里已上升9个百分点,再用15年,按照世界一般趋势实现这一结构转换指标应是完全可能,而且必须超越的。①

在产值结构的转换上,从80年代初至今,中国第一次产业产值比重由30%左右下降为20%略强,按世界一般进程,从低收入到中等收入阶段,这一比重应下降20个百分点,中国目前基本实现一半,已下降了10个百分点,再用15年再下降10个百分点应是可能的;第三次产业比重由80年代初的20%左右上升为30%左右,上升10个百分点,这与世界一般趋势基本一致,在低收入到中等收入阶段,各国一般第三次产业产值比重上升15—20个百分点。②

如果说自1995年至2010年是中国由下中等收入水平发展到中等收入水平的阶段,那么除了在总量上2010年实现GNP比2000年再翻一番的目标外,在结构上突出的任务是:首先,如何在1995年基础上,使第一次产业就业比重再下降15个百分点以上,达到45%以下(80年代中等收入国为44%);第一次产业产值比重下降10个百分点,达到10%左右(90年代中等收入国为12%)。显然,这需要以农业生产率的提高为基础,以非农产业发展并有效吸纳农业劳动力为条件。若按届时15亿人口计,按现在劳动力与

---

① 数据来源:《中国统计年鉴》(1992、1993)。
② 数据来源:同上。

人口数的比例,总劳动力将有 7.5 亿;农业劳动力比重若按 45% 计,总量上只能有 3 亿左右,而我国目前农业劳动力便超过 3 亿,这就是说,在今后 15 年劳动力增量在数量比例上应全部由非农产业吸纳,这是工业化的关键,也是极为艰巨的任务。① 其次,如何在 1995 年基础上,使第三次产业的就业比重再增加 10 个百分点,从而使 1980 年至 2010 年发展过程中,第三次产业就业比重上升 20 个百分点左右,使第三次产业就业比重达到或超过 30%(80 年代中等收入国这一比重为 34%);同时,在产值结构上,在 1995 年基础上再增长 10 个百分点,使之达到或超过 40%(80 年代中等收入国第三次产业产值比重为 48%)。

实现上述结构转换,从发展意义上说,关键在于第二次产业的发展,重点在于第二次产业本身的结构改变和效益提高。尽管这期间第二次产业比重在量上上升幅度不大,但在工业化时期,真正为改造农业,提高农业效率,吸纳农业剩余劳动力提供物质条件的,主要还依赖于第二次产业的发展;同时,第三次产业的历史性增长,也只能建立在第二次产业效率提高和有效发展的基础上。

当然,这一切包含着对体制改革的深刻要求。

---

① 数据来源:《中国城市经济社会年鉴》(1991)。

加速发展重在经济质态转变*

加速经济发展，尽可能迅速摆脱经济落后被动的局面，这是我们面临的主要历史任务，是进行改革的基本动因和目的，也是当代中国最大的政治。因此，邓小平同志深刻地指出，发展才是硬道理，并多次强调必须加快发展速度。但人们对此的认识并不完全一致，在经济发展的不同阶段和时期，对这个历史命题的把握也常常出现这样那样的偏差。这就表明，我们必须更加深入地学习和领会邓小平同志的思想，更加准确地理解加快经济发展这一历史性命题。

一、加速经济发展是我国社会经济发展阶段的历史要求

发展包括多方面的含义，但是经济的发展无疑是发展命题的核心。这首先是由我国经济发展水平低下，以及由此而造成的我们与发达国家的差距所决定的。可以说，在我们的经济生活中之所以存在种种矛盾，最深刻的根源就在于发展水平不高。世界银行统计显示，在人均 GNP 水平上，进入 90 年代，世界低收入国家平均人均 GNP 为 350 美元，中等收入国家平均人均 GNP 为 2 220 美元(其中，下中等收入国家平均人均 GNP 为 1 530 美元)，上中等收入国家平均人均 GNP 为 3 410 美元，高收入国家平均人均 GNP 为 19 590 美元(其中，发达国家、OECD 国家为 20 170 美元)。同期，我国人均 GNP 为 360 美元，略高于低收入国家的平均水平(350 美元)，距发达国家的平均水平(20 170 美元)相距甚远。

中国作为低收入的发展中国家，若以人均 GNP 水平作为发展水平的重要标志，与发达国家距离不能以落后十几年、几十年而论，而是要以世纪论。面对如此巨大的经济差距，中国经济不加速发展行吗？

---

* 本文原载于《中国特色社会主义研究》1997 年第 1 期。

邓小平同志提出的中国经济实现现代化的"三步走"战略,自 1980 年到 21 世纪中期赶上当代中等发达国家水平,实际上是以承认我国发展水平较最为发达国家落后百年为前提的,并在此前提下提出加速赶超的目标。

如果从产业结构上看面临的赶超任务则更为艰巨。在工业化未完成的经济发展中,经济发展所达到的阶段,关键取决于农业在效率和产出提高的前提下,其相对比重下降的程度,或者说,非农产业在农业效率提高基础上,在整个国民经济中相对比重的扩张程度。这是工业化发展水平的质的标志。以此为标志,现阶段,在三大产业就业结构上,中国农业劳动力比重为 57% 左右,而发达国家则在 6% 以下,我国比发达国家高出 50 个百分点;在三大产业产值结构上,我国现阶段农产值比重为 20% 略强,而发达国家则在 3% 左右,我们与之相差有 17 个百分点。我国目前的这种产业结构状况,大致相当于发达国家 19 世纪末 20 世纪初的水平,差距也近百年。这就又从经济质态上提出了加速发展的历史要求,而且应该看到,缩短经济质态差距是相当艰巨的。如果说数量上的差距在短期内还可能见到改善的成效,那么,结构上的差距则在短期里难以见到显著缩小的成效,因为结构差距缩小反映的是整个经济质态的变化,需要长期增长的积累。

我国社会发展的历史逻辑要求必须加速经济发展,这一点在改革开放 18 年后的今天依然没有改变,而且在新的国际经济环境下变得愈加强烈和迫切。

二、加速经济发展的本质在于结构的转变,并不在于简单的数量扩张

如果把完成现代工业化作为我国现阶段经济发展的目标,那么,我国经济发展的关键在于以现代工业、制造业替代和改造传统农业,在实现农业现代化的同时,切实使我国经济实现现代工业化。这一进程,与其说是数量增长的过程,不如说在本质上是经济结构发生根本转换的过程。

以结构转换为本质内容的经济发展,其进展过程当然离不开经济增长,发展是在经济数量不断扩张过程中实现的。但增长不等于发展。因为可能会出现这样的情况,一方面数量指标,如国民生产总值、人均 GNP 指标、工农业产值指标增长了,但国民经济结构却没有随数量指标的增长而有所改变。比如我国自 1952 年至 1978 年,国民经济总量逐年扩张,增长率也在

10%以上,但结构变化不大(农业就业比重仅由82%降为70%,不到13个百分点;第三产业的就业比重和产值比重不仅未上升反而有所下降)。因而整个经济发展水平并未显著提高,人民生活水平也无明显改善。这种情况在改革开放的某些时期也曾出现过。实现数量扩张的经济增长并不很困难,因为经济在原有结构基础上的数量放大,不要求技术进步,只要求增大投入,在短期内即可见效,年度之间便可显示出效果。但要实现结构转换意义上的发展就不容易了,因为它要求各部门的增长、扩张以不同比例、不同速度进行,因而要求增大投入,尤其要求技术进步,要求不同产业间技术进步率不同的技术创新。

历史的经验教训告诉我们,加速经济发展,最根本的不在于加速数量扩张,尤其不在于强调扩张数量指标的高速度。加速数量增长若不是在结构升级的前提之下,就不符合发展的本质规定,不仅推动不了经济有效发展,反而会从根本上损害发展的协调性和有效性。真正推动经济发展的数量增长,必须是在产业结构效益、技术进步率不断提高过程中的增长。所以,作为与发达国家结构质态相比落后近百年的发展中国家,我们所面临的加速经济发展命题,关键在于加速技术进步条件下的结构转换,即经济质态水平的提高,切实缩小在发展质态、发展阶段上与发达国家的差距。而且,数量指标上的,如国民生产总值等方面的差距,说到底是结构质态差距的数量体现。

应该看到,作为发展中国家,我国不仅具有加速经济发展的历史要求,而且这种要求也具有实现的历史可能。

一方面,从我国现在的经济发展阶段来看,我国现阶段正处于工业化加速时期,纵向地与发达国家经济相比,我国现阶段经济结构规定的发展阶段大体与主要发达国家19世纪末20世纪初相似。尽管与不同国家相比较,与其最为接近的历史年代并不相同,这是由于各国工业化的历程在时间上有先有后,但在经济历史内容上,我国与主要发达国家的工业化历史进程相比,都是一致的,即均与其工业化加速时期的结构最为接近。横向地与当代世界经济相比,就三大产业产值结构而言,我国现阶段三大产业产值比重分别是18%、49%、33%,这一结构与当代世界下中等收入国家较接近,当代世界下中等收入国家三大产业产值结构为17%、36%、50%。其中由于体制的、历史的原因,第三产业产值比重与我国差别较大(50%:33%),但在反映工业化进展水平的第一产业比重极为接近(17%:18%)。就三大产业就业结构而言,我国现阶段大约为57%、22%、21%左右,当代下中等收入国家大致为54%、17%、29%左右。下中等收入到中等收入再到上中等收入发展阶段,恰恰也是工业化进展最为迅速的发展时期。因此,无论是与发达国家经济相比,还是与当代世界经济各类发展水平国家相比,我国经济现阶段均为工业化加速期。从经济史和世界经济发展规律来看,这一阶段的重要特点是结构变化迅速,无论是日本、德国,还是英国、法国,在其经济发展的不同时期,结构变化率最高,即产业结构变化速度(结构变化值)最快的时期,均是工业化加速期。也就是说,处于工业化加速期的我国,实现高速发展,即高速的结构转化是有经济史在内的根据的,发达国家历史上在这一时期的高速增长均是以高速结构变化为基础的。从我国的发展实践来看,也印证了这一点。改革前我国经济数量增长速度也十分快,但发展意义并不突出,以最体现发展难度的就业结构为例,自1952年至1978年的26年里,第一产业比重下降不到13个百分点,结构变化值仅为25.6;而1978年至1994年仅仅16年,我国就业结构中农业劳动力比重便从70.7%降为57%左右,下降13个百分点以上,结构变化值达到25以上。对我国来说,最具有发展价值的,并不在于改革开放以来数量的扩张,而在于结构的迅速演变。

另一方面,对于发展中国家来说,在工业化加速时期能够加速结构转换以加速发展的重要可能还在于,能够享受"后发展利益",即通过对外开放,更迅速、更有效地吸收发达国家的先进适用技术,从而降低发展成本,缩小发展差距。战后的日本以及70年代以来的东亚新兴工业化国家和地区经济发展奇迹的发生,重要的一点便是充分在技术上享受"后发展利益",技术的引进能够极大地缩短结构转换的历史时间,从而支持加速发展。这一点不仅反复为各国发展实践所证明,而且也为我国发展实践所证实。改革开放以来,我国一些产业如电子、汽车等充分享受"后发展利益",在不太长的时间里达到了国际80年代先进技术水平,有些产品甚至达到了90年代的先进水平。

三、加速经济结构转换要符合经济增长的历史逻辑

工业化加速时期的发展体现为结构的急剧变化,但这种变化不是无序的,而是有内在规律的。体现经济质态进展的结构转换,只能在一定社会经济、文化、政治等条件的规定之内,尤其是在经济成长的历史逻辑规定之内

才能实现,任何超越经济发展阶段的结构升级,比如工业化时代追求后工业化时代的结构特征,脱离农业基础片面追求工业化率等,均是不现实的,因而也是无效的,最终必然被经济成长的客观规律强行纠正。历史上,我国为此付出的代价已十分高昂了。如我国重工业比重在1980年以前,有两个最高年份,一是1960年,一是1978年,但这不仅不表明我国工业化的深入,相反恰恰说明了我们的结构转换脱离了经济发展可能,是"虚高度",因为正是在这两个时期,我国经济最困难,也正是从这两个年份开始,进行了两次重大结构调整,不得不将重工业比例降下来。

这就是说经济结构的转换,基本指导思想和要求之一便是不但要推动发展,还要切实符合国情,符合历史实际,只有这样才能取得最大的效益。因此,我们在加速结构转换的进程中,一方面不能忽略我国现阶段农业基础的薄弱,不顾农业的约束,不以提高甚至削弱农业基础产业效率为条件,片面提高工业化速度;另一方面,不能无视我们正处于工业化加速时期(工业化尚未完成但已进入冲刺阶段)的历史事实,在总体上不以工业、制造业扩张为实现增长和发展的主要动力,而寄希望于第三产业的发展成为经济增长和发展的主要动力。我们必须认识到,工业化加速期的经济,无论技术的先进性、适用性,无论对国民经济的贡献、产业的产值水平,还是对劳动力的吸纳、对技术创新的推动、对其他产业的带动,以及要素效率,工业、制造业均居首位。这不仅是我国经济发展的事实,也是世界经济发展史反复证明并仍在证明的规律。第三产业成为经济增长的主动力,严格地说是工业化成熟之后的经济特征。对于发展中国家,尤其是我国,第三产业落后,需要大力发展,但发展第三产业的主要目的和作用是以此来完善市场发育,因为市场机制的构造实际上在部门构成上是第三产业的培育,如金融、商业、通信、交通等部门,它们既作为第三产业,同时又是支持市场机制存在的产业基础。工业化加速期的发展中国家指望依靠第三产业发展来直接实现经济增长,指望超越工业化阶段来实现经济发展,是不符合历史规律的。

四、必须从结构转换意义上理解 我国的经济发展战略、目标

如上所述,作为一个长期过程,一国经济发展从不发达到发达的进展,本质上是经济结构转换过程。无论是把结构变化视为经济增长水平(以人

均GNP为标志)的函数,还是把经济增长水平视为结构变化的函数,经济史的经验都证明结构转变对于发展的关键性意义。这种关键性意义对于工业化进程中的发展中国家尤为显著。为此,中共中央十四届五中全会提出的"九五"计划和20年远景目标的建议,明确地把在2000年实现人均GNP翻两番,在2010年实现GNP比2000年再翻一番作为中国现代化建设的第二步战略目标。这也正是邓小平"三步走"经济发展战略中的关键一步。

据世界银行统计,在当代实现低收入到中等收入阶段的发展,从结构演进上便是实现第一次产业产值比重下降20个百分点,就业比重下降30个百分点,同时,第三次产业产值、就业比重上升9—20个百分点,第二次产业产值比重稳定上升、就业比重上升9个百分点的历史过程。

如果我们把中国自1980年起至2010年的30年视为从低收入发展至中等收入水平的阶段,那么1995年恰是这一进程的一半。预计1995年实现国民生产总值比1980年翻两番的目标,从总量上也就大体达到下中等收入发展水平;到2010年,则要实现从下中等收入水平到中等收入水平的发展。若从结构进展上分析这一发展目标,则前15年(1980—1995年)不仅总量目标基本实现,而且结构转换进程也大体一致;后15年(1995—2010年)不仅需注重总量目标的实现,而且更需强调结构转换,真正的困难也在于此。

就结构转换而言,重要的进展是第一次与第三次产业间关系的变化。从80年代初到90年代前期,在就业结构上,第一次产业就业比重由近70%降为56%左右,下降近14个百分点,以从低收入到中等收入发展过程第一次产业就业比重下降30个百分点为国际一般历史标准,中国用近15年时间完成了这一进程的一半;第三次产业15年间就业比重上升近9个百分点,这一结构进程与世界一般进程相符。当代世界大多数国家低收入到中等收入阶段,第三次产业就业比重上升9—20个百分点,中国在15年里已上升9个百分点,再用15年,按照世界一般趋势实现这一结构转换指标应是完全可能,而且必须超越的。[①]

在产值结构的转换上,从80年代初至今,中国第一次产业产值比重由30%左右下降为20%略强,按世界一般进程,从低收入到中等收入阶段,这一比重应下降20个百分点,中国目前基本实现一半,已下降了10个百分点,再用15年再下降10个百分点应是可能的;第三次产业产值比重由80年代初的20%左右上升为30%左右,上升10个百分点,这与世界一般趋势

---

① 数据来源:《中国统计年鉴》(1992、1993)。

基本一致,在低收入到中等收入阶段,各国一般第三次产业产值比重上升15—20个百分点。①

如果说自1995年至2010年是中国由下中等收入水平发展到中等收入水平的阶段,那么除了在总量上2010年实现GNP比2000年再翻一番的目标外,在结构上突出的任务是:首先,如何在1995年基础上,使第一次产业就业比重再下降15个百分点以上,达到45%以下(80年代中等收入国为44%);使第一次产业产值比重下降10个百分点,达到10%左右(90年代中等收入国为12%)。显然,这需要以农业生产率的提高为基础,以非农产业发展并有效吸纳农业劳动力为条件。若按届时15亿人口计,按现在劳动力与人口数量的比例,总劳动力将有7.5亿;农业劳动力比重若按45%计,总量上只能有3亿左右,而我国目前农业劳动力便超过3亿。这就是说,在今后15年劳动力增量在数量比例上应全部由非农产业吸纳,这是工业化的关键,也是极为艰巨的任务。② 其次,如何在1995年基础上,使第三次产业的就业比重再增加10个百分点,从而使1980年至2010年发展过程中,第三次产业就业比重上升20个百分点左右,使第三次产业就业比重达到或超过30%(80年代中等收入国家这一比重为34%);同时,在产值结构上,在1995年基础上再增长10个百分点,使之达到或超过40%(80年代中等收入国家第三次产业产值比重为48%)。

实现上述结构转换,从发展意义上说,关键在于第二次产业的发展,重点在于第二次产业本身的结构改变和效益提高。尽管这期间第二次产业比重在量上上升幅度不大,但在工业化时期,真正为改造农业,提高农业效率,吸纳农业剩余劳动力提供物质条件的,主要还依赖于第二次产业的发展;同时,第三次产业的历史性增长,也只能建立在第二次产业效率提高和有效发展的基础上。

当然,保证发展的质量和有效性,需要增长方式的根本转变,而增长方式的根本转变又包含一系列深刻的体制要求。在微观上,必须使企业在制度上接受市场硬约束,以保证企业的竞争性,使企业的行为确立在市场竞争的效益提高基础上,这是经济加速发展,发展质量提高,结构转换加快,同时总量均衡的基本制度前提。在宏观上,适应市场经济要求的宏观经济体制和政府调节机制更是不可或缺。

---

① 数据来源:《中国统计年鉴》(1992、1993)。
② 数据来源:《中国城市经济社会年鉴》(1991)。

关于水灾之后"移民建镇"的几点思考*

一、人不能再与水争地

1998年的长江流域以及松嫩流域的水灾,给我国国民经济造成巨大损失,特别是长江流域此次水灾,水量虽不及50年代水灾大,但成灾面积却远远超过以往,从而引发了人们许多思考。提高周边湖泊蓄洪能力,疏通水路,退田还湖,退圩还水,总之,人给水让路,成为人们灾后重建中重点讨论的问题之一。由此,"移民建镇"便成为极其现实的命题而被提出。据统计,仅此次直接受长江水灾影响的湖北、湖南、江西、安徽四省,为疏通水路便需移民110多万人。

我国的围湖造田、围湖造圩可追溯到清代,主要经济原因在于人口的迅速增长,从而使土地资源相对不足,迫使人们或者围湖,或者上山垦荒。我国历史上自汉代起总人口约5000多万人,直到明洪武年间也还是5000多万人,在漫长的时期里并无多大变化,但到清乾隆年间,总人口便超过1亿,尔后直逼3亿多,也就在这一时期,人与水争地的围湖现象开始发生了。而我国现阶段的人占湖面、人争水路的情况,可以说比历史上任何阶段都严重,按人均1.5亩耕地计,需移民的110多万人,直接挤占湖水、江水的面积已近200万亩。12亿人口,人均不足2亩耕地,尤其是长江流域的一些重点产粮区,人均耕地尚不足1亩的残酷现实,显然是形成这种局面的重要原因。

因而,为提高长江流域蓄洪、泄洪能力,人给水让路、让地,"移民建镇"成为必然。否则,水路不通,长江水位不断提高,极有可能形成我国黄河之外的第二条悬河。事实上,现在湖北沙市一带的某些地段,长江已成悬河。长江若因悬河而改道,后果将不堪设想,远非黄河改道可比,因为长江下游省市多为我国经济重镇而非一般农田。因而,早在50年代初前苏联专家就曾特别指出这一点。可以说,"移民建镇"是灾区灾后重建兼顾眼前与长远,

---

* 本文原载于《东方》1998年第11期。

兼顾经济发展与生态环境保护,兼顾救灾与重建的重要战略举措。

二、移民的成本比较

就移民而言,始终是个十分艰难的问题。建国以来,我国较大规模的移民主要有五次:第一次是1949年建国初期,华北地区遭受严重水灾,上千万人无家可归,400多万人失业,当时中央决定,向东北地区迁移灾民,取得了较大成功。之所以成功的主要经济原因在于,东北地区土地资源丰富,人稀地广,具有接纳移民的资源条件。同时,当时东北地区在全国已率先进行了土改,人民政权已经建立,当地政府在政策上给移民一系列的特殊安排。因此,迁移后基本上没有回迁,根本在于,移民后的生活水平和生存条件总体上比移民前有所提高和改善。第二次是50年代末至60年代初的经济困难时期,主要是内地人口向西北迁移,也有部分向东北迁移,但并未成功。主要经济原因在于,迁移后的生活条件更加恶劣,因而大批回迁。第三次是60年代末至70年代初的知青上山下乡,从经济上来看,当然是一次失败的移民,因为它本身并不主要是一次经济行为,上山下乡的生活条件显然要比城市差,所以最终大都返城。第四次是70年代末到80年代初,主要发生在我国南方人多地少的地区,由于平地少迫使一些农民逐渐迁往山地,垦山、垦荒、垦树,严重破坏了植被,不得不动员其从山地迁往平地,但未取得成功,山民并不愿下山,根本原因也在于下山后在平地上并无必要的生存资源,特别是缺少土地资源。第五次是现阶段仍在进行中的长江三峡工程百万以上大移民,成功与否尚待证明。

可见,移民不再回迁进而取得成功,在经济上的关键是,迁移之后的生活条件要强于移民之前,而这往往又构成移民的最大困难。这次百万人口以上的大迁移,如何保证其生活、生存条件至少不比以往差?也就是说,迁移人口本身会有一个成本比较,这个成本不仅包括因迁移而蒙受的家园、土地、收成及其他产业的损失,更重要的包含移民人口自身对移民之后的预期。如果预期未来就业机会更艰难,生活条件更恶劣,那么至少在经济上便缺乏迁移的动力。而且,移民对未来的预期值在相当大的程度上受现期生活环境的影响,现期生活条件越好的灾民,其迁移成本越高,对未来的预期值要求也越高。

三、移民过程中的博弈

就我国目前人与土地资源的状况而言,不可能寄希望辟出整块耕地安置移民,至少难以保证其迁移后拥有的耕地较以往更丰裕。因而要使移民成功,要满足必要的经济条件,就不可能再运用以往单纯农业生产、农村生活方式的迁移模式,而应结合我国农村城镇化进程,结合我国工业化过程中农村产业结构的转换,多种模式、多种渠道地吸纳移民,并保证其生活和就业机会优于以往。但在这一过程中不能不涉及诸多方面的利益,需要予以特别的协调。

首先,移民建镇并不是简单地"克隆"移民前的村落生活,而是城镇化、工业化进程中的有机组成部分。因而除发生迁移、建设房屋等费用外,还会有大量的发展成本存在,包括城镇化基础设施的投资,城镇化发展,特别是经济、文化、教育、医疗卫生、社会政治和组织等多方面发展的成本等等。那么,这些发展成本由谁来支付?是中央政府支付还是地方政府支付?是主要由政府支付还是主要由移民本身负担?显然存在艰苦的谈判和必要的协调。

其次,就移民过程中的政府与迁移人口来说,利益动机也并非完全一致。就政府而言,尤其是中央政府需要更多地考虑长远发展和整体利益目标的要求,因而在移民建镇过程中需要更多地考虑资源配置的总效率和社会经济可持续发展能力的提高;但就被迁移人口来说,首要的则是安身立命,需要创造基本的生存和劳动条件。因此,两者之间很可能发生冲突。并且在这一冲突中,各级政府的目标也可能发生矛盾,即越是基层政府对于解决移民的生存需要的压力感受越具体、越直接,因而越倾向于着重眼前,越是高层政府则越可以考虑长远。总之,移民,包括村、乡甚至县等基层政权可能更多地考虑移民安置的迫切性和移民生活、生产需要的直接费用;而政府,尤其是中央政府自然会更多地考虑总体的规划和总体成本,包括一系列间接的发展性成本。

其三,移民建镇中存在"外在性"如何补偿的问题。也就是说,移民建镇,疏通水路,给水让地,移民自然付出很大的牺牲,政府也支付着高昂的代价,从而使总体国民经济受益,特别是长江下游诸多省市直接受益,但直接受益的下游省市并不为这种受益而直接支付成本,这就是所谓"外在性"在移民建镇中的突出表现。受损者并不直接获利,受益者又不直接付出代价。这种"外在性"难以通过市场机制加以克服,需依靠政府协调,通过中央形成地区之间的转移支付和相互补偿机制。

四、移民建镇的"帕累托准则"

经济学所说的"帕累托准则"是指在资源配置中，一定的决策，在使各方均不受损的同时至少会使一方受益，或者在使人们普遍受益时，没有任何一方会受损，进而在总体福利增进的同时，不使任何一方状况更差。移民建镇若想取得成功，必须贯彻这一准则，否则难以支撑持久。

移民建镇要取得成功，首先必须使移民本身在成本与收益比较中获得动力，尤其是对未来收益的预期要大于移民前的实际水平，也就是说，移民之后的生活、生产条件要优于以往，否则必然返迁。因而，移民的地点选择、移民地的产业开发便极为重要。其次，移民而发生的负担不能主要推给直接受灾的灾区政府和企业，既然移民本身使总体经济和整个生态环境改造受益，那么，中央政府和长江下游直接受益的省市便需要支付代价，在一些经济发展快、实力较雄厚的长江下游省、市，除通过各种形式的转移支付支援灾区外，甚至可以直接吸纳部分移民，也就是说移民建镇的负担应共同承担。其三，移民建镇不能以严重侵占和损害迁往地的利益为前提。以我国目前的条件，长江流域人口密集，耕地稀缺，很难想像腾出整片土地以满足全部移民的生活、生产需要，因此，必须采取多种方式。有条件整体移民建镇固然好，但由此必然挤占迁往地的利益，因而对迁往地必须予以补偿，特别是投资性、发展性的补偿。更为现实的或许是把移民分散到条件较好的村镇，同时，各级政府应视移民的规模和转移速度对接受移民的村、镇、企业予以补偿，加强移民迁往地的城镇化和工业化，在提高接收移民地区经济发展水平的同时，增大其接受移民的能力。这种"集约化"和"城镇化"或许比开辟"新镇"更经济。其四，移民建镇的诸种费用在各方面须合理分配，尤其是中央财政与各级地方财政之间需明确相应责任，既不能建立在长期依赖中央财政的前提下，也不能以损害地方发展能力为前提。其五，最为根本的在于，移民建镇必须使长远发展及总体效益与眼前生产的恢复和局部利益统一起来，长远发展和总体效益的保证不可能以严重损害移民地区眼前利益及局部利益为条件，移民建镇本身更不能以牺牲长远和总体利益为出发点，今天的移民建镇不能同时增大未来的发展成本，否则，不仅失去可能，而且也失去意义。

就业目标:结构转换与企业重组的重要约束*

中国作为一个经济发展中的人口大国,在工业化加速时期,无论是在总量均衡目标还是在结构转换目标的实现过程中,就业目标均成为重要的约束条件。对于一个发展中的劳动力大国,在其实现工业化和市场化过程中,产业结构急速转变及相应的企业大规模重组成为突出的发展现象和增长现象,而由此所加剧的就业目标实现的不确定性,不能不成为这一过程始终面临的难题。

对中国现阶段失业状况的基本把握

这里所说的失业既包括公开性失业,也包括隐蔽性失业。公开性失业主要是指登记失业率所反映的失业人口和我国特有的企业下岗人员;隐蔽性失业则主要是指各种形式的冗员,特别是国有企业大量存在的各类冗员。

1. 中国现阶段城镇实际失业率的考察

到1997年末,我国总人口数约为12.4亿,其中城镇总人口约为3.7亿左右,乡村总人口约为8.7亿左右,分别占29.8%和70.2%。劳动力从业人员总数为6.96亿,其中乡村从业人员约为4.94亿,占从业人员总数的71%;城镇从业人员约为2.02亿,占从业人员总数的29%。[①] 我国城镇劳动力总数未见统计数(统计数为从业人员),但可以根据有关指标加以推算。据国家统计局统计,我国1997年末登记失业人数为570万,占劳动力总数(劳动年龄内有劳动能力的城镇从业人员+城镇失业人员)的3.1%。据此推算,城镇劳动力总数为18 387(570万÷3.1%)万。[②]

第一,我国现阶段城镇登记失业率。

---

* 本文原载于《中国经济跨世纪主题和难题》,经济科学出版社1999年版。
① 资料来源:国家统计局,《中国统计摘要》(1998),第32页。
② 资料来源:同上,第162页。

我国城镇登记失业率自1991年以来,一直保持上升趋势,到1997年已达到3.1%,登记失业人员总量已达570万人(见表1)。

表1 我国城镇登记失业人员及失业率

年 份	登记失业人员 (万人)	其中失业青年 (万人)	失业青年占 失业比重(%)	登记失业率 (%)
1980	541.5	382.5	70.6	4.9
1985	238.5	196.9	82.6	1.8
1990	383.5	312.7	81.6	2.5
1995	519.6	310.2	59.7	2.9
1996	552.8	—	—	3.0
1997	570	—	—	3.1

资料来源:国家统计局,《中国统计摘要》(1998),中国统计出版社1998年版。

从表1中可以看出两个突出的特点,一是在90年代以前我国城镇登记失业人员中,失业青年占据绝大比重,这可以从70年代末80年代初的知识青年大规模返城以及每年城镇新增劳动力两方面得到解释。但90年代以后,特别是近年来,登记失业率之所以升高,主要原因不在于返城知青和新增青年劳动力,而具有更广泛的社会性。二是总体上看自90年代以来,我国城镇登记失业率不断上升,登记失业人员规模逐年扩大。1998年预定的政策控制目标失业率为3.5%,按城镇从业和失业劳动力总数计,登记失业人员将达到700万人。

第二,我国企业职工下降。

下岗实质上也是失业,其与登记失业人员所不同的是,登记失业人员的失业保障等费用由失业保险基金支付,而下岗职工的生活费用原则上仍由原企业支付,并且支付水平也因企业不同而有所不同。

我国目前究竟有多少城镇企业下岗职工难以精确统计,不过可以根据有关数据加以推算。根据国家统计局统计,1997年我国城镇下岗职工再就业人数为480万人。[1] 又据国家统计局、全国总工会等联合组织的中国城市职工生活调查报告,我国城镇下岗职工再就业率为26%。[2] 据此,1997年我国城镇下岗职工总数约为1846(480万÷26%)万人,除去其中480万人已再就业,转到1998年待业的下岗职工仍有1366万人,占1997年末城镇劳

---

[1] 资料来源:国家统计局,《中国统计摘要》(1998),第36页。
[2] 资源来源:《中华工商时报》1997年9月9日。

动力总数(18 387万)的7.4%。1998年预定的下岗职工分流再就业比例为50%,即使不考虑1998年新增加的下岗职工数,仅以1997年下岗并且未再就业人数(1 366万)为基础,分流再就业的人数至少在683(1 366万×50%)万人左右,相当于城镇劳动力总数(18 387万)的3.7%左右。

第三,我国城镇职工的隐蔽失业率。

这里所说的隐蔽性失业者主要包括两部分人,一是企业特别是国有企业的冗员,二是未到法定退休年限而被迫提前退休者。这些职工既未公开失业,也未明确下岗,而是以隐蔽失业状态存在。简单地说,所谓隐蔽性失业就是指名义就业超出了实际需要而又未公开显现的部分。这里的关键是以什么样的标准去衡量实际需要与名义就业间的差额,通常采用的测算标准主要有两种:一是时间标准,即计算就业者在一定时间里的有效工作时间与规定的充分就业的时间之间的差额;二是市场效率标准,即以市场竞争性效率来比较就业者实际生产率水平,视其低于市场竞争下正常的生产率水平的程度,若让部分从业者退出,并无影响企业正常产出和市场效率,也就是说这部分职工退出企业户对企业产出来说边际成本为零,那么维持其就业就是隐蔽性失业。从我国现阶段城镇隐蔽性失业的现状看,主要是国有企业的冗员。

我国的城镇国有企业隐蔽性失业率究竟有多大,进而国有企业冗员规模有多大,不同部门和不同学者的估算方法不同,因而结果也不尽相同。

以时间标准计,中国国家科委自1985年起对1 000多家国有工商企业抽样调查的数据表明,国有企业职工平均每周投入的实际工时为40.64小时,占当时制度工时(48小时)的84.7%,有效工时为19.2—28.8小时,占原有工时的40%—60%;按新制度工时计算(40小时),有效工时占新制度工时的48%—72%。由此估计,无效工时约在30%—50%左右。另据中国社会科学院经济研究所的抽样调查,在国有企业职工中,53%的人认为有效工时在70%以下,47%的人认为有效工时不低于70%。据此估算,无效工时约在30%—40%之间。因而,将我国国有企业职工无效工时占制度工时的比重确定在40%左右是有根据的。也就是说,以工作时间标准计,我国国有企业职工冗员率约为40%左右。[①]

按效率标准估算,根据1995年第三次全国工业普查资料,国有企业职

---

① 易宪容:《国有企业的"隐性失业":现状、成因及治理》,中国经济改革研究基金会北京国民经济研究所工作论文系列98-013。

工全员劳动生产率比市场约束型的私营、股份制和三资企业的全员劳动生产率平均值低39%,资金利税率比私营、股份制、三资企业的平均数低33.03%,总资产报酬率低31%,成本费用利润低45.35%,净资产收益率低70.91%。据此推算,国有企业若达到私营、股份制、三资企业的劳动生产率平均标准,则现有职工冗员约在40%左右。①

政府有关部门的统计调查结果显示,一般认为我国目前国有企业冗员率在20%—30%之间。据国际劳工组织和中国劳动部1995年联合调查资料,企业富余劳动力(隐性失业率)为18.8%;国家体制改革委员会组织的有关调查结果为25%;国务院发展研究中心的分析结论为20%—25%;国家统计局的调查结果为20%。②

综合上述有关分析和国家有关部门调查结果,目前以25%计国有企业冗员率已经是较保守的指标。即使按25%计,国有企业现有从业人员总数为10 766万人③,其25%即为2 691.5万人;若按30%冗员率计,则国有企业富余人员为3 229.8万人。如果说,目前我国隐性失业率在25%—30%之间是较为客观的估计,那么,国有企业冗员人数应在2 691.5—3 229.8万人之间。即使按政府有关部门提供的隐性失业率指标的下限20%左右计,国有企业冗员至少应在2 153.2万人。

至于我国城镇劳动力被迫提前退休的人数,一般估计其人数相当于离退休人员总数的15%左右。据劳动部统计,目前我国国有企业在业职工对离退休人员的负担系数为0.29(一个在业职工平均负担0.29个离退休职工),截至1997年底,国有经济单位从业职工总数为10 766万人,其29%的规模即为3 122万人左右,也就是说真正按照负担系数计算,我国国有企业离退休人员事实上已高达3 122万人。其中,大约10%—20%左右为提前被迫退休者。④ 以此估算,我国目前提前退休者已达312—624万人,取其中间值,按15%计,国有企业提前离退休人员也已达到468万人以上。

因此,即使按目前国有企业冗员率20%计(各方面估计、调查的上限),企业冗员为2 153万人以上;按10%计(各方面估计、调查的下限),提前退休人员也在312万人以上。两项合计为2 465万人以上,名义隐性失业总数

---

① 易宪容:《国有企业的"隐性失业":现状、成因及治理》,中国经济改革研究基金会北京国民经济研究所工作论文系列98-013。
② 同上。
③ 资料来源:国家统计局,《中国统计摘要》(1998),第34页。
④ 曾凡华:《隐性失业新论》,《当代经济研究》1996年第5期。

至少为 2 465 万人，占 1997 年底我国城镇劳动力总数 18 387 万人的 13.4%，占国有经济单位职工总数（10 766 万人）的 22.9%。

第四，我国现阶段的城镇隐性失业人口中的隐性就业率。

隐性就业人员主要包括两类：一是下岗职工的隐性就业，即虽未在名义上再就业但已有其他工作收入；二是提前退休人员中的再就业人员。这里不是一般地讨论我国的隐性就业，而仅仅指隐性失业人口中的隐性就业；如果一般地考察社会隐性就业，则应把全部在职职工的第二职业和有稳定收入的兼职考虑在内。但这里的主要目的在于说明真实的隐性失业率，所以只需考察名义隐性失业人口中的隐性就业。

我国离退休人员的再就业率，据多次抽样调查结果显示，大约为 20%。[①] 按全国目前在职职工对离退休人员负担系数推算的实际离退休人员 3 122 万人计，离退休人员中再就业人数达到 624 万人以上；在提前退休的 468 万人（按占全部退休 15% 计）中，按 20% 计再次就业人数，则提前离退休人员中再次就业人数为 93.6 万。

下岗职工未再就业但却隐性就业的人数难以统计和估算，但有一些地方性调查数据，由此可作出对全国数据的初步估计。据北京市劳动局就业处的估算，北京市国有企业下岗人员中隐性就业的人数不低于 60%。可以判断出，北京市国有企业下岗人员中隐性就业比例在全国而言，当属较高的，这可以由北京作为首都就业机会较多而得到解释。即使按北京目前的估计比例 60% 计，1997 年全国下岗职工中未获正式再就业者有 1 366 万人，若其中 60% 隐性就业，那么下岗职工中隐性就业者为 819.6 万。

综合考虑我国目前隐性失业人口中，提前退休的 468 万人中有 93.6 万人隐性就业；下岗职工未再就业的 1 366 万人中，至多有 819.6 万人为隐性就业。两者合计为 913.2 万人，占 1997 年我国城镇劳动力总数 18 387 万人的 5%，占国有经济单位职工总数 10 766 万人的 8.5%。计算实际隐蔽失业率时必须从名义隐蔽失业率中减去这一部分。

第五，按城镇劳动力总数计算的我国目前城镇职工实际失业率的估算。

实际失业率 = 登记失业率 + 下岗率 + 实际隐蔽失业率。

根据上述分析，我国目前登记失业率为 3.1%—3.5%（1997 年末为 3.1%，1998 年政策控制目标为 3.5%）。登记失业率的计算方法是"城镇失

[①] 杨宜勇：《失业冲击波——中国就业发展报告》，今日中国出版社 1997 年 9 月版；劳动部：《劳动信息与分析》1997 年第 26 期。

业人数同城镇从业人数+城镇失业人数"之比,即与城镇劳动力总数之比。①

我国目前下岗人员占城镇劳动力(城镇劳动年龄之内有劳动能力的在业人员加登记失业人员总和)的比例大约为 7.4%。目前,城镇下岗并且未获再就业人数为 1 366 万人(1997 年末总的下岗人数为 1 846 万人,其中 26% 已获再就业),1997 年末城镇劳动力总数为 18 387 万人,二者之比为 7.4%。即使按 1998 年政府提出的下岗再就业率 50% 的政策目标计算,未获再就业的下岗职工占城镇劳动力的比例也在 3.7% 左右。

我国实际隐蔽失业率可由名义隐蔽失业率减去隐蔽失业人数中的隐蔽就业数而得出。目前我国名义隐蔽失业数(企业冗员+提前退休数)至少为 2 465 万人,占 1997 年末城镇劳动力总数的 13.4%,在这些人当中大约有 913.2 万人隐性就业,隐性就业者(913.2 万)占城镇劳动力总数的 5%。两者之差为 8.4%。

将上述三项合计,即将按城镇劳动力总数计算的登记失业率、职工下岗未获再就业率、实际隐蔽性失业率三项合计,截至 1997 年末,我国城镇实际失业率为 18.9%(3.1%+7.4%+8.4%)。如果按照 1998 年政府政策控制目标,登记失业率为 3.5%、下岗分流再就业率为 50% 计算,假定新增劳动力全部就业,那么到 1998 年末,预计我国城镇实际失业率至少为 15.6%(3.5%+3.7%+8.4%)。

2. 中国现阶段农村实际失业率考察

我国截止到 1997 年末,在农村从业人员总数为 49 393 万人。其中,从事农业(包括农林牧渔业)生产的劳动力为 32 435 万人,占农村总劳动力比重的 65.7%;从事非农产业的劳动力为 16 958 万人,占农村总劳动力比重的 34.3%,② 主要由乡镇企业吸纳或进城从事非农性经济活动。

首先考察滞留在农业中的隐蔽性失业人数,即仍滞留在农业中但相对于农业有效生产而言已是不需要的劳动力。目前在农村从业人员中有 32 435 万人从事农业生产,据国家劳动部有关课题组的抽样调查显示,在 1994 年,按农村总劳动力 4.47 亿计算,其中农业有效利用的劳动力为 1.99 亿,③ 占农村总劳动力比例的 44.5%。照此比例推算,到 1997 年末,农村从业人员总数为 49 393 万人,仍以 44.5% 为农业本身需要的有效劳动力

---

① 资料来源:国家统计局,《中国统计摘要》(1998),第 162 页。
② 根据国家统计局《中国统计摘要》(1998)第 32 页数据计算。
③ 周其仁:《机会与能力》,《管理世界》1997 年第 5 期。

计，我国农村农业生产实际仅需要 21 980 万人左右。这一数字与目前实际滞留在农村生产中的劳动力 32 435 万人相比，相差 10 455 万人。也就是说，目前中国农村农业生产中，相对于实际需要而富余的劳动力有 10 455 万人，占农村总的从业人员比例的 21.2%。这应当视为农业中的隐蔽性失业，这部分人随时要求农村非农产业吸纳或随时可能进城加入城镇劳动力供给。

其次考察从农业中已游离出来的农村劳动力的失业状况。农村中总的从业人员为 49 393 万人，其中 34.3%，即 16 958 万人从事非农生产。一方面，这部分人不可能再返回农业，因为农业本身的劳动力已经过剩，相对于实际需要来说，农业隐蔽性失业人数已高达 10 455 万人，有待转移；另一方面，这部分人无论是在乡镇企业，或是进城，所从事的均是非农产业活动，其就业的充分程度直接受城镇非农产业从业人员实际的失业率影响，考察到政府就业政策和劳动力流动体制上对农村劳动力的体制性歧视，即对农村剩余劳动力政府并不承担直接安排其就业或尽可能减少其失业的责任，因而，这部分从农业游离出来的从事同城镇劳动力相同产业活动的劳动力，其实际失业率至少不会低于城镇劳动力失业率。再考虑到农村劳动力无论在乡镇企业还是进城务工，其就业成本和择业观念上的障碍均低于城镇劳动力，因此其实际失业率也不会显著高于城镇劳动力失业率。按目前我国城镇劳动力实际失业率 18.9%（1997 年末）计算，在这 16 958 万已从农业中游离出来的劳动力中，实际失业人数应为 3 205 万人左右。

把农业中隐蔽性失业人数（10 455 万人）与农村从农业中游离出来的但尚未就业的劳动力（3 205 万人）相加，总计为 13 660 万人，这一数字占目前我国农村总的从业人数（49 393 万人）的 27.7%。这一比例可视为中国目前农村劳动力的实际失业率。

3. 中国现阶段城镇和农村总计平均实际失业率

截至 1997 年底，我国城镇实际失业率（失业人数与城镇劳动力总数之比）为 18.9%，农村实际失业率（失业人数与农村从业人员总数之比）为 27.7%。把城镇从业和登记失业人数之和视为城镇劳动力总数，把农村从业人员数视为农村劳动力总数，① 则 1997 年末城镇劳动力总数为 18 387 万人，农村劳动力总数为 49 393 万人，合计全国劳动力总数为 67 780 万人。

分别引入城镇实际失业率和农村实际失业率，加权平均计算，则全国

---

① 按国家统计局统计，农村从业人员总数为 49 393 万，而农村劳动力总数为 45 962 万，两数有差别。在此以农村从业人员数为准。参见《中国统计摘要》(1998)，第 32 页、第 87 页。

城乡平均实际失业率＝(城镇失业人口＋农村失业人口)/全国总劳动力数，即：

$$[(18\,387\,万 \times 18.9\%) + (49\,393\,万 \times 27.7\%)]/67\,780\,万$$
$$= (3\,475.1\,万 + 13\,681.8\,万)/67\,780\,万$$
$$= 25.3\%$$

至此，我们得到三个失业率指标，即：

中国目前城镇实际失业率为 18.9%，失业人员总数为 3 475.1 万人。

中国目前农村实际失业率为 27.7%，失业人员总数为 13 681.8 万人。

中国目前城乡综合平均实际失业率为 25.3%，城乡共计失业人员总数为 17 156.9 万人。

对中国现阶段失业的主要原因的考察

总的说来，导致我国现阶段实际失业率较高的原因可以归结为三方面：一是总量方面的原因，二是经济发展过程中经济结构变化的原因，三是体制转型方面的原因。

1. 劳动力供给总量所导致的就业压力是形成我国现阶段较高失业率的重要原因

我国是一个人口大国，截至 1997 年末，我国总人口已达 123 626 万人，其中，城镇人口 36 989 万人，占 29.9%；农村人口 86 637 万人，占 70.1%。自 1978 年至 1997 年的 19 年间，我国人口自然增长率平均达到 12.9‰。[①] 尽管低于当代世界平均人口自然增长率(1980—1990 年全世界平均每年人口增长率为 17‰，1990—1995 年全世界平均每年人口增长率为 15‰)，[②] 但由于人口基数大，由此所导致的劳动力总量就业压力是十分突出的。

据 1990 年全国人口普查资料，我国近十几年来，平均每年净增劳动力高达 1 680 万人，1997—2000 年期间虽略有下降，但这四年累计净增劳动年龄人口也将高达 4 099 万人。按目前 85% 的就业参与率计算，这四年中累计参与劳动力供给净增加 3 484 万人以上，平均每年将达到 871 万人。以 1997 年末我国城乡从业人员总数 69 600 万人作为劳动力总数基数，要使每年这 871 万人充分就业，平均每年就业增长率需达到 1.23%，虽低于 90 年

---

① 资料来源：国家统计局，《中国统计摘要》(1998)，第 30 页。
② 世界银行：《世界发展报告》(1997)，中译本，中国财政经济出版社 1997 年版，第 221 页。

代以来世界平均劳动力增长率(1.6%),但增长的绝对量居世界首位。①

假定其他条件不变,尤其是假定全社会固定资产投资增长率和国内生产总值增长率与相应的就业增长弹性不变,要保证每年新增劳动力 871 万人的充分就业,使就业增长率稳定在 1.23% 左右,平均每年国内生产总值增长率至少应保持在 10% 以上,全社会固定资产投资增长率也不应低于 30%。因为,从 1991 年至 1997 年我国平均国内生产总值年增长率为 11.2%,全社会固定资产投资年增长率为 32.1%,相应的从业人员增长率为 1.2%。②

并且,伴随科技进步和投资本身资本密集程度的提高,假定固定资产投资增长和国内生产总值增长与就业增长弹性不变的前提是难以成立的。据统计,1986 年至 1990 年,平均每年我国国内生产总值增长率为 7.9%,全社会固定资产投资增长率为 16.5%,相应的就业增长率为 5.1%;而 1991 年至 1997 年,平均每年国内生产总值增长率为 11.2%,全社会固定资产投资增长率为 32.1%,但相应的就业增长率仅为 1.2%。在全社会固定资产投资增长率高出 1990 年以前年平均数 15.6 个百分点,经济增长率高出 3.3 个百分点的条件下,1991 年以来年平均就业增长率却下降了 3.9 个百分点,下降幅度高达 76.5%。

这表明,我国新增劳动力的充分就业单纯依靠投资和国民生产总值增长速度带动会面临许多困难。一方面,国内生产总值增长率在改革开放近 20 年以来,始终保持平均 10% 以上的增长速度的状况还能持续多久?而且,即使能够继续保持 10% 以上的增长速度,但由于投资项目本身资本密集度的提高,相应地就业弹性降低,也未必能够充分吸纳新增劳动力。另一方面,如果继续提高固定资产投资增长率和国内生产总值增长速度,以此来支持充分就业,那么整个国民经济能否承受得住?其他方面可能发生的失衡暂且不论,仅就由此可能导致的通货膨胀而言,就难以承受。

2. 经济结构及其演变是导致我国现阶段失业率较高的重要发展原因

我国现阶段正处于工业化加速时期,这一阶段突出特点之一在于结构发生着急剧的变化,进而对经济的均衡增长和协调发展构成严重威胁,在就业目标的实现上,这种急剧的结构转变至少从三个方面发生着深刻的影响。

第一,三大产业结构关系急剧变化,在不长的时期里迅速形成大量农村

---

① 世界银行:《世界发展报告》(1997),中译本,中国财政经济出版社 1997 年版,第 221 页。
② 资料来源:国家统计局,《中国统计摘要》(1998),第 7 页。

剩余劳动力。

截至 1997 年末,我国三大产业就业结构呈现如下状态:第一次产业劳动力占全部劳动力比重为 49.9%,第二次产业从业人员占全部从业人员比重为 23.7%,第三次产业从业人员占全部从业人员比重为 26.4%。[①] 这一结构状态与当代世界各国比较,属于下中等收入发展中国家向中上等收入发展中国家迈进的结构高度(见表 2)。

表 2　我国三大产业就业结构与世界各国的比较

分组	分组数	人均国民生产总值(美元)	三大产业各自就业比重(%)		
			第一次产业	第二次产业	第三次产业
低收入国	28	280	72	13	15
下中等收入国	29	750	54	17	29
上中等收入国	16	2 050	30	28	42
发达国家	14	11 060	6	38	56
中国	—	—	46.9	23.7	26.4

注:根据世界银行《世界发展报告》1983 年和 1985 年有关数据计算制表。

如果与发达国家相比,我国目前三大产业的就业结构高度与发达国家历史上的工业化加速期的就业结构高度极为相似。以日本为例,我国目前就业结构大体上相当于日本 20 世纪 30 年代的就业结构,结构相似系数(S_{ij})在 0.9 以上。[②]

在经济发展的这一阶段,突出的特点在于结构转换速度显著提高。日本自 1872 年至 1912 年的 40 年时间里,三大产业就业结构变化值累计为 40%;而从 1912 年至 1936 年的 24 年时间里,三大产业就业结构变化值便达到 52%。可见,随着工业化的加速,就业结构转变速度加快。[③] 我国三大产业就业结构变化值自 1952 年至 1978 年的 26 年时间里,累计为 19.7%;而自 1978 年至 1989 年仅 11 年的时间里,三大产业就业结构变化值便达到 25%。[④]

导致这种工业化加速时期三大产业就业结构急剧变化的直接原因,在

---

① 资料来源:国家统计局,《中国统计摘要》(1998),第 33 页、第 17 页。
② 刘伟主笔:《工业化进程中的产业结构研究》,中国人民大学出版社 1995 年版。
③ 刘伟、杨云龙:《中国产业经济分析》,中国国际广播出版社 1987 年版,第 43 页。
④ 刘伟:《经济发展与结构转换》,北京大学出版社 1992 年版,第 31 页。

于工业化加速时期农业比重的持续下降,这可以由农业相对劳动生产率的提高和农产品需求弹性较弱两方面得到解释。仅就恩格尔系数而言,我国在改革开放初期,城镇居民家庭恩格尔系数接近60%,到1997年末已降至46.4%;农村居民家庭恩格尔系数则由62%降为1997年末的55.1%。[①]

农业比重的急速变化,使大量剩余农村劳动力自农业中游离出来,我国农业劳动力就业比重由1978年的70.5%降至1997年的49.9%,减少了20.6个百分点。到1997年末,在全部从业人员中(69 600万人),乡村从业人员为49 393万人,占总从业人员比重的71%左右,但其中真正从事农业(包括农林牧渔)生产的只有32 435万人,只占从业人员总数的46.6%(再加上国有经济单位和城镇集体及其他经济单位从事农业生产的人数,共为33 004.9万人,总计农业劳动力比重在49.9%左右)。也就是说,在我国农村从业人员总数49 393万人中,自农业生产中游离出来而被非农产业所吸纳的劳动力已达16 958万人,占农村劳动力从业总数的34.3%。同时,根据国家劳动部有关课题组抽样调查显示,1994年农业有效利用劳动力占农村总从业人数的比重约为44.5%,照此比例推算,1997年末农村从业劳动力总数为49 393万人,其中真正农业生产能够有效利用的只需21 980万人左右,而目前滞留在农业中的劳动力为32 435万人,较农业生产实际需要仍富余10 455万人。把农业中已游离出来的16 958万人与潜在过剩的10 455万人两项合计,目前我们面临的由于结构转变而需吸纳的农业过剩劳动力高达27 143万人。

即使这27 143万人能够被非农产业充分吸纳,那么,从现在起到2010年的十几年中,我国人口总数按10‰的自然增长率计,届时总人口将达到14亿人以上;按目前我国劳动者从业人数与人口总数间的比例56.3%计算,届时总的劳动力从业人数将达到78 820万人以上。假定届时我国能够接近实现上中等收入发展中国家目标(当代上中等收入发展中国家第一次产业就业比重平均为30%),即是说,我国农业劳动力就业比重应由1997年末的49.9%再下降19.9个百分点左右。从我国1978年至1997年19年间的结构变化速度来说,农业劳动力从业比重由70.5%降至49.9%,平均每年下降1.1个百分点左右,伴随工业化的进一步加速,在今后十几年时间里农业劳动力从业比重再下降20个百分点左右是完全可能的。也就是说,2010年之后,我国在产业结构上大体上可达到当代上中等收入发展中国家

[①] 资料来源:国家统计局,《中国统计摘要》(1998),第82页、第86页。

水准,即农业劳动力就业比重为30％左右。由此,届时我国劳动力从业人员总数按78 820万人计,农业劳动力只需要23 646万人,比现在从事农业生产的从业人员总数(33 004.9万人)还少9 358.9万人,其余55 174万人(占从业人员的70％)全部由非农产业吸纳。目前我国各类非农产业从业总人员为36 595.1万人,在今后十几年里将净增加至18 578.9万人。①

总之,由于工业化加速期的产业结构急剧变化,从1978年至1997年,累计已从农业中游离或潜在性游离出来的剩余农业劳动力已达27 143万人;从1998年至2010年,预计还将从农业中游离出18 578.9万人。这种结构变化对就业形成的压力在各国经济发展史上都是罕见的。

第二,工业制造业产品结构调整导致的结构性失业加强。

一方面,工业制造业本身的竞争使得其有机构成不断提高,这也是为何随着资本和技术密集程度的提高,同样的经济增长率和固定资产投资增长率所形成的就业增长率下降的重要原因。以我国国有工业企业1992年以来的有机构成为例(见表3)。

表3 以固定资产净值表现的国有工业企业有机构成

年份	职工总数		人均固定资产净值		完成工业总产值	
	总量(万人)	增长(％)	人均量(万元)	增长(％)	人均完成量(万元)	增长(％)
1992年	4 521	—	1.97	—	3.94	—
1995年	4 397	-2.74	3.94	100％	7.1	80.2％

注:根据国家统计局《中国统计年鉴》(1997)第39页、第411页、第412页数据计算。

另一方面,某些企业产品缺乏市场竞争力、大量积压,其生产设备利用率很低,大量工业生产能力闲置,使部分企业职工下岗。以我国家用电器产品为例,据1995年末我国第三次工业普查资料显示,包括彩电、冰箱、洗衣机、照相机、空调、录像机等在内的十多种家用机电产品工业,其现有生产能力利用率大都在36％—55％之间,距离国际上的一般利用率标准(80％—90％)相差甚远,也就是说45％—64％的家用机电产品工业生产能力闲置。有人估计我国国有工业企业生产能力大约闲置1/3。②

由于上述两方面的工业、制造业内部结构矛盾运动,势必加剧工业、制

---

① 根据国家统计局《中国统计摘要》(1998)第33页数据计算。
② 中国经济改革研究基金会国民经济研究所主办:《中国宏观经济分析》1998年第5期。

造业本身的结构性失业。据估算,由此带来的国有企业职工下岗人数约占全部国有企业下岗职工总数的50%,也就是说,在1997年末1846万人的城镇国有企业下岗职工中,有923万人是由于这种结构性摩擦所导致。并且,随着竞争的深入,这种结构性矛盾必将进一步加剧,进而由于工业、制造业本身结构调整所形成的结构性失业压力也会越来越大。

第三,第三次产业结构性滞后,严重阻碍了我国经济市场化进程,进而阻碍了我国应有的城市化进程,使国民经济有效吸纳就业的能力下降。

在工业化加速时期,第三次产业发展的历史地位究竟应怎样认识?这是这一时期产业结构转换过程中的又一基本问题。

首先,在工业化加速时期,经济增长以及实现工业化发展的主要动力在于第二次产业的生长,而不可能主要依靠第三次产业。在整个结构演变中,最为突出的是第二次产业比重的迅速扩张,第三次产业在这一时期比重扩张速度并不显著。

一方面,西蒙·库兹涅茨曾选59种类型的国家数据,考察人均国民生产总值500—1 000美元(1958年美元)发展阶段的三大产业结构演变特征,发现在这一阶段,伴随第一次产业比重的下降,第二次产业就业比重上升率为375%,而第三次产业就业比重上升率仅为277.8%,相差近100个百分点;在产值比重上,第二次产业产值比重在此期间上升171.35%,而第三次产业产值比重同期只上升45.52%,相差3倍多。[①] 钱纳里等人在库兹涅茨研究基础上,把不发达经济到发达经济划分为6个阶段,根据世界银行的统计资料,把世界各国分别划入6个阶段,每一个阶段相应地建立一个多国平均值的投入产出模型,用多元回归方法解里昂惕夫投入产出模型,系统地表达了工业化过程中三次产业结构演变的规律,发现在人均国民收入140—2 100美元(1970年美元)发展阶段(钱纳里6个发展阶段的前4个阶段),第二次产业提供的人均国民收入的比重由期初的15%上升到期末的36%,增加21个百分点;而同期第三次产业提供的人均国民收入在整个人均国民收入中所占比重仅由期初的36%上升至期末的39%,只上升了3个百分点,按不变价格计比重几乎未变。[②] 从发达国家的经济史上看,第三次产业在增长速度上稳定地超过第二次产业,是后工业化社会开始的特征,而不是工业化时代的特征。世界银行统计资料表明,以人均国民生产总值为标志,在

[①] 库兹涅茨:《各国经济增长》,中译本,商务印书馆1985年版,第111页、第120页。
[②] 钱纳里:《工业化和经济增长的比较研究》,中译本,上海三联书店1989年版,第56—78页。

50年代以1 000美元为标志界限值,70年代以3 000美元为标志界限值,80年代以7 000美元为标志界限值,第二次产业比重才呈现由上升到下降的状态,相应地第三次产业在增长速度上开始超越第二产业。①

另一方面,在工业化加速时期,第三次产业不仅比重变化不大,而且其比重变化对于经济增长的作用相对第二次产业的比重变化而言也较低。库兹涅茨曾以部门反应弹性值来计量产业结构变动对于经济增长的不同作用程度。根据部门反应弹性值公式,输入57个国家的数据,当一国经济发展在人均国民生产总值300—1 000美元阶段(1958年美元),三大产业的部门反应弹性值依次为0.30、1.36和0.98;在整个70—1 000美元发展过程中,三大产业的部门反应弹性值依次为0.44、1.36和1.11。显然,在这一过程中第二次产业的部门反应弹性值始终最高,这表明在工业化加速时期,第二次产业所占比重的提高对经济增长率提高的作用最显著。② 钱纳里等人运用新古典增长方程,考察在不同的经济发展阶段,各部门对经济增长的作用程度是如何演变的。在他们的分析中,当经济发展在人均国民生产总值400美元以下的阶段,经济增长主要由初级产业和传统第三次产业所带动,这两个产业比重的提高对于经济增长具有突出意义;在400—2 100美元发展阶段(工业化加速期),经济增长主要由比重急速上升的第二次产业所支撑,工业部门比重扩张对于经济增长所起的作用最为突出;在人均国民生产总值进入2 100美元以后,第二次产业比重变化对于经济增长的贡献开始下降,第三次产业比重的扩展对经济增长的贡献开始进入上升状态。③

上述两方面的分析表明,在工业化加速时期,从经济发展的阶段性来看,产业结构演进主要表现为第二次产业比重的上升,第三次产业无论是在比重扩张上,还是在结构效益上,即比重扩张对整个经济增长的贡献,相对于第二次产业而言,均处于次要地位。因此,在工业化加速时期,无论是就结构效益提高,还是就提高增长率及就业率而言,在结构重组过程中必须始终充分注重第二次产业的特殊作用。

其次,在工业化加速时期第三次产业发展的主要使命是什么? 在这一阶段第三次产业发展的主要目的不在于直接推动工业化和经济增长,而在于推动市场化进程。迄今的经济发展,没有哪一产业的发展与市场机制的

---

① 世界银行:《世界发展报告》(1987),中译本,中国财政经济出版社1987年版,第46—51页。
② 库兹涅茨:《各国经济增长》,中译本,商务印书馆1985年版,第118—119页。
③ 钱纳里:《工业化和经济增长的比较研究》,中译本,上海三联书店1989年版,第52页、第93—98页。

发育联系得如同第三次产业发展与市场化进程那样直接和紧密。第三次产业中的许多部门,在相当大的程度上直接为发育市场机制服务,如金融业、法律事务服务业、商业、保险业、信息业、邮电通讯业、交通运输业等许多现代经济意义上的第三次产业部门,无不构成市场机制的直接组成部分和市场发展的物质条件。

在发达国家历史上一般是先进行"商业革命",实现了经济机制的市场化,进而以市场化为制度依托实现工业化。尽管在工业化加速过程中第三次产业比重按不变价格计几乎未变,结构变化主要表现为农业比重下降和第二次产业显著上升,但在其进入工业化加速期之前,由于首先进行了商业革命,因而作为商业革命的成果——市场机制已经基本确立,围绕市场化所需要的第三次产业部门已经在工业革命开始之前获得了较大发展,正是由于这一发展才为市场化创造了条件,从而为工业化准备了制度环境。根据钱纳里等人的分析,在经济发展由人均国民收入 140 美元向 2 100 美元发展阶段,第二次产业提供的国民收入在整个人均国民收入中的比重由 15% 上升到 36%,上升幅度最大,为 21 个百分点;而第三次产业提供的国民收入所占比重只是从期初(140 美元阶段)的 36% 上升到期末(2 100 美元阶段)的 39%,在长达数十年的发展中只上升 3 个百分点。显然工业化过程是第二次产业急速扩张的过程。但在期初(140 美元)工业化加速起动之际,第三次产业提供的国民收入所占比重就已经达到 36%,与期末(2100 美元)第二次产业在人均国民收入中的比重持平。这表明工业革命开始之前第三次产业就已经获得了显著的发展,其中的原因,除了少部分传统生活服务业在工业革命之前就已有发展外,主要是由于商业革命,进而市场化进程早于工业化,适应市场机制发育的要求,构成市场机制基础和直接组成的第三次产业部门已获得了先于工业的发展。并且随着工业化的展开,尽管第三次产业不构成经济增长的重要源泉,但为适应工业化和市场化的要求,总体上第三次产业也取得了进一步的发展,即使在期末(2 100 美元阶段),第三次产业在人均国民收入中所占比重(39%)仍高于同期第二次产业(36%)3 个百分点。

我国是一个处于经济双重转轨的国家,即在经济发展模式转换以实现工业化目标的同时,推进经济体制的转换以实现经济市场化目标,因而,在我国工业化加速之前并未实现体制上的市场化,与这一历史相适应,我国的第三次产业,尤其是围绕市场机制发育所需要的第三次产业发展十分滞后。这种滞后首先严重束缚着我国经济市场化的深入,并由此阻碍着我国经济发展中应有的城镇化进程，从而从结构上严重束缚着我国经济增长，降低了我国经济发展过程中对就业的吸纳能力。

其三，尽管作为处于工业化加速时期的我国经济，现阶段的增长和发展在结构演进上主要依靠第二次产业的发展，但相对于我国经济发展的水平和市场化需求，我国第三次产业是落后的。就我国的经济成长水平而言，目前大体上处于下中等收入发展中国家向上中等收入发展中国家转型期，1997年末，国内生产总值已达 74 772 亿元人民币，按 123 626 万人口平均计，人均国内生产总值为 6 048 元人民币。① 按照我国国家统计局测算的人民币购买力评价指标，人民币对美元的真实综合购买力大约在 5.3∶1 左右，相当于1990年的官方汇率，按此折算，现在我国人均国内生产总值应为 1 141 美元左右。应当说处于下中等收入与上中等收入发展过程之中（当代下中等收入发展中国家人均国内生产总值平均为 750 美元，上中等收入国家为 2 050 美元）。但与当代下中等收入发展中国家相比，我国目前第三次产业的产值比重为 32.1%，而当代下中等收入国各国平均第三次产业产值比重为 43%，我国低于其 10.9 个百分点；目前我国第三次产业就业比重为 26.4%，当代下中等收入国各国平均第三次产业就业比重为 29%，我国低于其 2.6 个百分点。与当代下中等收入与上中等收入发展中国家的中间水平相比（在下中等收入与上中等收入国数据之间插入平均值），我国第三次产值比重低 14.9 个百分点，第三次产业就业比重则低 9.1 个百分点。② 与当代发达国家相比，距离则更大。也就是说，我国市场化水平低，市场化进程起动晚，相应地第三次产业发展远未达到与我国经济发展水平相适应的水平，一方面使我们失去了应有的第三次产业吸纳就业的广阔产业空间，另一方面由于第三次产业中许多部门具有更强的吸纳劳动力的优势，因而，第三次产业滞后也从总体上使我国产业吸纳就业能力下降。从而，在产业结构上使工业化加速期大量农村剩余劳动力和城镇实际失业人员再就业空间缩小。

其四，第三次产业发展及与之密切相关的市场化进程的滞后与国民经济的城市化迟缓是同一命题的两个方面。第三次产业落后导致的市场化滞后使城市经济通过市场机制对农村和周边地区的带动效应降低，尤其使城

---

① 根据国家统计局《中国统计摘要》(1998)第 5 页数据计算。
② 根据国家统计局《中国统计摘要》(1998)，第 33 页、第 17 页；世界银行《世界发展报告》(1983、1985)数据计算。

市,特别是中心城市的经济、社会功能减弱,使整个经济城市化程度降低;而城市化的滞后本身又使第三次产业发展受到极大限制,毕竟第三次产业的发展在空间上主要以城市为依托,在时间序列上以市场化历史进程为根据。

以人口的城市分布作为城镇化的标志,1997年末,全国123 626万人的总人口中,城镇总人口为36 989万人,占29.9%;乡村总人口为86 637万人,占70.1%。在城镇总人口中,真正非农业人口只有1.9亿,占城镇总人口的51%,占全国总人口的15%。即使按城镇人口占总人口29.9%计,与当代世界城镇化趋势相比也是偏低的。① 据世界银行统计,截至1995年,世界低收入发展中国家平均城市人口占总人口的比重为29%,下中等收入发展中国家平均城市人口占总人口的比重为56%,上中等收入发展中国家平均城市人口占总人口的比重为73%,高收入国家平均城市人口占总人口的比重为75%,全世界平均城市人口占全球总人口的比重为45%。② 我国目前城市化率至多为29.9%,与当代低收入国的水平持平,落后于下中等收入国26.1个百分点,落后于上中等收入国43.1个百分点,落后于当代全世界平均水平15.1个百分点。就发展水平而言,我国还是一个下中等收入向上中等收入过渡的国家,按照一般规律,至少城市化程度应达到当代下中等收入国平均水平,即56%(而现实是只有29.9%),由此可见,我国城市化水平滞后之严重。

城市化水平低至少从两个方面直接或间接地严重束缚经济吸纳就业能力的提高。一方面,由于城市化水平未达到与经济发展水平相一致的程度,从而使第三次产业伸展的应有空间未能实现,使得第三次产业发展严重滞后于经济发展已达到的阶段,使得我国在工业化加速时期农业剩余劳动的转移和新增劳动人口过度集中涌向第二次产业,或者大量涌入乡镇工业企业,或者大量涌入城市建筑业及其他制造业部门,造成我国第二次产业就业比重畸高,进而效益降低的同时,缺乏必要的第三次产业发展以在产业结构上更有效、更充分地吸纳劳动力。我国现阶段在农业就业比重持续下降、每年新增劳动力高达1 680万人的条件下,第三次产业就业比重低于发展阶段与我国基本一致的当代中等收入发展中国家平均水平9.1个百分点的同时,第二次产业就业比重却高出当代中等收入发展中国家平均水平1.2个

---

① 资料来源:国家统计局,《中国统计摘要》(1998),第29页、第30页。
② 世界银行:《世界发展报告》(1997),中译本,中国财政经济出版社1997年版,第230—231页。

百分点。

另一方面,城市化水平滞后于经济发展,突出表现在第一次产业产值比重下降的幅度远远大于农业劳动力比重下降的幅度。与当代中等收入发展中国家的平均水平(下中等收入与上中等收入发展中国家两组数据的平均数)相比,1997年我国第一次产业的产值比重为18.7%,相应的劳动力就业比重为49.9%,劳动力所占比重高出产值比重31.8个百分点;而与我国处于同一发展阶段的当代中等收入发展中国家平均第一次产业产值比重为16%,相应的劳动力就业比重为42%,劳动力比重只高出产值比重26个百分点。与当代中等收入发展中国家比较,我国第一次产业就业与产值比重的偏差比中等收入发展中国家的同一偏差高出5.8个百分点(31.8%—26%),由此构成我国总人口的城市化比例严重滞后于已达到的经济发展阶段应有的水准的重要原因。这种第一次产业就业与产值比重偏差上的失衡以及由此拉动的城市化水平低下,至少从如下两种意义上限制经济增长的能力。一是由于农业人口过多而农业产值比重相对低,使大量的农业劳动力及相应的乡村人口所获得的人均国民收入分配额度较少,来自这部分人的购买力相对不足,缺少相对称的与城市工业和服务业相交换的购买力,使城市工业和第三次产业增长缺乏必要的市场需求;二是城市化水平低,大量人口未能伴随经济发展阶段的进展而实现城市化,而城市工业、第三次产业以及乡镇工业企业的生产,主要又是以城市人口为市场,庞大的生产面对城市化远远不足的城市市场,其需求不足及相应的生产能力过剩便成为必然,由此不能不限制经济增长,而对于经济增长能力的约束和限制,毫无疑问便限制国民经济吸纳就业的能力,经济增长能力的下降无疑同时就是失业率的上升。

如果按照我国现阶段经济发展实际已达到的水准,即大体上相当于当代下中等收入向上中等收入过渡的中等收入发展中国家水平,第三次产业和人口城市化水平应当达到如下的结构状态:第三次产业就业比重为40%左右,城市化应达到60%左右。① 1997年末,我国第三次产业就业比重仅为26.4%,距离与我国经济发展已达到的阶段相适应的比例(40%)相差13.6个百分点;按1997年末我国就业总量69 600万人计,第三次产业少吸纳就业9 465.6万人。由于城市化不足而形成的收入分配扭曲及相应的市场需求不足所导致的增长乏力,以及由于增长乏力而形成的失业,究竟有多少难

---

① 世界银行:《世界发展报告》(1983、1985、1997)。

以计量,需要更为系统和深入的考察,但城市化水平与经济发展阶段不相符从而减少就业机会乃是不争的事实。有人估算,仅以我国城市公用事业(包括城市供电、煤气、自来水、通讯、贮藏、运输等)而论,由于我国城市化水平未达到与经济发展阶段相适应的程度,城市公用事业发展落后于我国经济发展实际达到的阶段,由此少吸收就业人员便达 1 631 万人。① 也就是说,如果我国人口城市化和第三次产业就业比重达到与我国现阶段经济发展阶段一致的水平,即第三次产业就业比重达到 40%,城市化达到 60% 左右,那么,第三次产业和城市公用事业等领域所吸纳的就业人数将会比目前增加 1 亿人左右;如果假定第二次产业就业比重不变,以 1997 年末 69 600 万人的总就业规模计,第一次产业就业量将转移至第三次产业约 1 亿人,由 34 730 万人降至 24 730 万人左右,从而第一次产业就业比重将由 49.9% 降至 35.5%,与当代世界中等收入发展中国家大体持平,在产业结构上直接使吸纳就业能力增加 1 亿人。

3. 体制演变及宏观经济政策调整对现阶段我国的失业产生了一定的影响

从体制演变来讲,并不是说我国当前严重的失业是由于体制改革所造成的,而是说,由于以市场化为目标导向的体制改革的深化,特别是国有企业改革的深入,使以往传统体制下以低效率为代价的大量隐蔽性失业显性化,使大量以往包容在国有企业中的冗员变为社会性的下岗和失业。从提高效率、适应市场竞争来说,这种变化是积极的,也是改革的必然要求;从缓解由此而来的公开失业和下岗的压力来讲,这是改革必须付出的重要成本之一。

改革开放以来,我国的国有企业经历了放权让利、利改税、企业承包制、现代企业制度改造等几个阶段的改革,所面临的体制环境和企业自身的机制已发生了深刻的变化。这种变化至少从两个方面影响着国有企业吸纳就业能力的变化。

一方面,国有企业在整个国民经济中的地位及所占比重的变化使国有企业吸纳就业的能力相对下降。据第三次工业普查资料反映,到 1995 年末,我国国有工商业企业共有 30.5 万户(不包括金融类企业 2.4 万户和军队办的企业以及国家在境外投资企业),按 1995 年末会计账面价格计,国有

---

① 邓英淘、姚钢:《产业就业重组与城镇化进程》,《未来与选择:参阅文稿》1998 年第 6 期,第 22 页。

企业总资产为 74 721 亿元(其中,国家作为所有者的权益为 22 959 亿元,负债为 51 762 亿元),国有企业资产占全社会企业资产比重约为 66%。自 1985 年至 1995 年 10 年间,国有企业资产占全社会企业资产比重由 87% 降至 66%,下降 21 个百分点,平均每年大约下降 2 个百分点以上。另据统计,自 1981 年至 1997 年,在全社会固定资产投资中,国有经济所占比重从 70% 左右降至 53%;在工业总产值构成中,国有经济所占比重由 1985 年的 65% 左右降至 1997 年的 26.5%;在城镇就业结构中,国有企业吸纳的职工由 1978 年的 78% 以上降至 1997 年的 54%;在全社会就业结构中国有经济单位吸纳的就业量占城乡总就业量的比重由 1980 年的 19% 降至 1997 年的 16%。国有经济单位吸纳就业不仅伴随所有制结构的变化而在比重上有所下降,而且自 1995 年起,国有经济单位吸纳就业的绝对量也开始逐渐减少,1996 年比 1995 年国有经济就业人员减少 17 万,1997 年比 1996 年又进一步减少 200 万。①

另一方面,更重要的在于伴随市场约束的强化,国有企业为适应市场竞争的要求而采取的一系列改革措施,客观上使得以往大量的企业内部隐蔽性失业转为公开失业,其中最为突出的表现便是大量国有企业下岗人员的形成,从而使我国城镇实际失业率显著上升。由于以往长期累积下来的国有企业产业结构上的矛盾,尤其是重复建设所导致的低效率,以及大量的企业冗员等原因,使得国有企业难以适应日益强化的市场竞争,在以市场经济为目标导向的改革深化过程中,优化结构、减员增效的前提条件之一,便在于按照市场竞争的要求合理配置劳动力,因而相对于市场竞争而言,不能不形成大量的职工下岗;加之市场约束力度增强,破产、兼并等已成为经济生活中极其现实的问题,在财政不再对国有企业予以预算平衡的条件下破产,国有企业职工的失业便成为现实。无论是在"抓大"的过程中,还是在"放小"的条件下,国有企业改革伴随下岗和失业是必然的现象,实际上,这种现象不过是以往长期积累的就业矛盾的新的表现形式。如前所述,1997 年我国城镇国有企业下岗职工约为 1 846 万人。据有关方面统计,下岗职工中约 13.5% 是中央直属大企业的下岗职工;在国有工业企业中,特大型、大型和中型国有工业企业下岗职工约占国有工业企业职工下岗总数的 59.6%,其余 40.4% 为小型国有工业企业下岗职工。② 就宏观经济政策而言,我国自

---

① 资料来源:国家统计局,《中国统计摘要》(1998),第 10 页、第 32 页、第 42 页。
② 中国经济改革研究基金会国民经济研究所:《中国宏观经济分析》1995 年第 5 期。

1993年7月开始针对此前的过热增长采取紧缩性宏观调控,以控制通货膨胀。紧缩财政、紧缩货币的"双紧"措施持续进行了50多个月,时间之长,力度之大,效果之显著,不仅在我国的经济发展过程中少有,而且在当代世界各国的经济发展中也不多见。这种紧缩性的宏观调控有效地抑制了通货膨胀,在经历了1994年建国以来通货膨胀最高年份之后(当年商品零售价格指数为21.7%),1995年商品零售价格指数迅速回落到14.8%,1996年又再回落到6.1%,1997年进一步下降为0.8%;[①] 与此同时,经济保持着平均10%以上的高速增长,成功地实现了经济"软着陆"。但是,首先,伴随宏观紧缩、抑制通货膨胀的同时,经济增长速度有所放慢,到1997年,经济增长速度降到90年代以来的最低点,为8.8%。尽管这一速度与当代世界各国相比,仍是高速增长,但相对于我国90年代以来的历史则居较低的水平,特别是在总供给的结构性转变滞后、企业改革滞后的条件下,面对我国这样的一个人口大国的国情,短期内对这种经济增长速度的明显放慢,存在许多不适应性,重要的表现便是在总供给与总需求的矛盾运动中,形成了总需求相对欠活跃,甚至出现市场疲软的状态。不论原因究竟如何,相对而言,在供求矛盾运动中,总需求不足是不争的事实。工商业企业库存大量增加,甚至高达4万多亿元;企业资金周转速度明显放慢,平均每年周转次数仅为1.3次左右,银行资金周转次数甚至低于1.2次;企业间应收未收款总额剧增,甚至突破1.2万亿元;一些以往长期成为国民经济"瓶颈"的部门生产能力开始过剩,如铁路运力、电力等,这些不能不影响就业。其次,从经济成分上看,我国之所以能够实现经济"软着陆",十分重要的因素在于非国有经济,特别是其中的非公有经济比重的扩大;低通胀过程中的高增长,主要是由非国有经济高速增长所带动,国有企业本身经济增长并不活跃。据估算,在年均增长的10个百分点中,真正由国有经济拉动的至多是3个百分点左右,其余则为非国有经济带动。在竞争中,国有企业的困难日益严重,因而,国有企业吸纳就业的能力并未提高反而不断下降,而非国有经济发展中吸纳就业主要是根据企业市场竞争需求,并不直接更多地体现政府就业政策目标的要求,同时,人们对于适应非国有经济发展要求,对于适应劳动力市场运动也还需要一个过程,由此便使得就业矛盾更加尖锐。

---

① 资料来源:国家统计局,《中国统计年鉴》(1997),第267页;《中国统计摘要》(1998),第70页。

对我国目前承受失业压力的经济能力的考察

这里所说的承受失业压力的经济能力主要是就财力安排而言,不包含社会心理以及在非经济因素方面的承受能力。

1. 我国目前的失业保险救济能力和再就业安置能力的分析

就我国目前的失业保险承载力而言,相对于目前的失业水平,已经远远超过失业保险可承受能力,仅以登记失业人口而论,我国现有失业保险便已远不适应。我国的失业保险基金建立的时间并不长,并且主要是针对城镇职工,尤其是国有企业职工而建立的。我国失业保险金的提取比例标准,是按城镇职工失业率2%、失业救济平均给付率50%的标准制定的。也就是说,我国目前的失业保险,最多能够按50%的给付率对城镇职工参加失业保险的人数中的2%支付失业保险救济,而我国1997年城镇登记失业率就已达到3.1%,1998年政策控制目标为3.5%,已经明显高于失业保险支付能力。事实上,在许多国有企业密集、传统制造业集中的地区,失业保险金提取困难较大,失业人口较多,实际失业保险金能够支持的失业职工的比例还不足2%,个别地区甚至能够救济的失业职工占参加投保的职工比例尚不到1%。[①] 据原国家劳动部就业司1995年预测,自1995年至2000年,我国失业保险金可收缴460亿元,同期将要有2130万登记失业职工需救济,按现行规定的给付率(50%)计,所需资金为715亿元,收支缺口约为255亿元。[②] 如果按3%以上的登记失业人口计,缺口将更大。

以上还仅就登记失业人口而言,若就国有企业职工下岗而言,问题更严重。下岗职工并未计算在登记失业职工之内,不可能享受失业保险救济,是由原企业支付必要的生活费,而往往下岗职工较多的企业根本无力支付生活费,据调查,下岗职工靠原单位补助维持生活的只有30%,由此又不能不对政府财政形成压力。因此,下岗职工作为并未纳入登记失业队伍的人员,其实际失业及由此带来的生活问题,短期里可以依靠原国有企业,或政府财政,或银行对企业的"安定团结"贷款,稍长的时期,便需要安排再就业。而我国目前安排下岗职工再就业的能力十分有限。且不讨论经济增长中能否创造必要的就业机会,仅就再就业安置下岗职工所需的安置及有关费用而

---

① 全国总工会企业制度试点办公室:《现代企业制度研究资料》1996年第24期,第57页。
② 杨宜勇等:《失业冲击波——中国就业发展报告》,今日中国出版社1997年版,第226页。

言,目前就已严重不足。我国目前安置下岗职工再就业所需资金主要来自两部分:一是国家财政安排的就业经费,我国目前就业经费每年约 2 亿元,占财政支出的比重不到 1‰;二是从失业保险基金中按 20% 左右的比例提取,而失业保险基金目前即使完全用来支付登记失业职工也已严重短缺,下岗职工安置困难,未得到再就业安置的下岗职工的生活缺乏稳定经济保障。据国家统计局、全国总工会等联合组织的中国城市职工生活调查报告反映,截至 1997 年 1 月,下岗职工获得再就业的只占下岗总数的 26%;未获再就业的职工目前生活来源,靠家庭其他人员收入支持的为 59%,靠原单位补助的为 30%,靠亲友帮助的为 12%,靠打零工的为 16%,靠社会保险救济的仅为 3.94%。① 再就业经费上的严重不足,必然极大地限制对下岗职工再就业的安置能力,从而降低我国经济对实际失业的消化和承受能力。

2. 非公有制经济吸纳失业,特别是吸纳国有企业失业和下岗职工能力有限并且遇到较强的体制成本

在城镇就业中,国有经济单位目前所吸纳的就业占 54%,下岗职工主要是国有企业职工,非国有经济特别是其中的非公有制经济,越来越成为推动经济增长、吸纳就业的不可或缺的力量。但就目前条件而言,我国非公有制经济(主要指三资企业和私营企业)吸纳就业,特别是吸纳失业和下岗职工的能力受到很大体制性限制,而且在市场经济运动当中,非公有制经济本身也存在解聘、破产等一系列问题,也是形成社会失业的一个重要的经济组成部分。

首先,非公有制经济发展的政策和制度环境难以保证,使得非公有制经济难以取得应有的成长,因而其就业容量的扩大受到限制。特别是在信贷以及有关金融、货币政策上,对非公有制经济的制度和政策歧视,导致非公有制经济难以获得市场经济条件下平等竞争的条件,无论是在直接融资上,还是在间接融资上,目前的体制和实际政策均难以有效地支持非公有制经济取得应有的发展。在直接融资市场上,非公有制企业上市问题仍是极有争议的问题,还根本谈不上政策上的支持和体制上的保障;在间接融资市场上,在信贷总额中,非公有制经济所占比重很低,包括集体经济在内,全部非国有经济在信贷总额中所占比例也才 13% 左右。在国有经济深化改革,减员增效的过程中,非公有制经济难以获得应有发展,突出的问题便表现在就业矛盾尖锐。事实上,哪些地区非国有经济,包括非公有制经济发展得快,

---

① 《工人日报》1997 年 8 月 21 日。

哪些地方国有企业改革过程中的就业、下岗职工问题就可能获得更广泛的解决途径，进而哪些地方的国有企业改革进展也才顺利。

其次，非公有制经济相比较国有企业，其职工就业的稳定性弱、流动性强，而且职工的有关社会保障目前尚难以真正确立，因此，一方面，非公有制经济吸纳就业更具市场摩擦性，伴随市场风险和周期，非公有制经济本身也会形成相应的失业；另一方面，对于国有企业下岗职工来讲，到非公有制经济单位从业，也存在有关社会保障方面的障碍。据统计，目前三资、私营企业的职工参保人数只占应参保人数的28%，[①] 缺乏必要的社会保障，无疑使非公有制经济极大地降低了缓解下岗压力的能力；如果要求非公有制经济吸纳职工的同时，解决其有关社会保障的费用，那么，国有企业职工流向非国有企业的流动成本便会显著上升，从而非国有企业或者无力承受，或者不愿承受，进而难以有效吸纳国有企业职工。据统计，在以往作为国有企业承担的"社会成本"中，养老保险金约占职工工资比例的22%，医疗费用相当于工资总额的12%，失业保险相当于职工工资的1%，住房基金占5%，工会费用占2%，五项合计相当于工资总额的42%。[②] 国有企业职工进入非公有制经济从业，这些体制性成本或者取消，则职工不愿进入非公有制经济而是等待政府再安置；或者由非公有制经济承担下来，则非公有制经济本身难以随而不愿吸纳职工。无论哪种情况，都会降低非公有制经济在吸纳社会就业方面的能力。国有企业职工原有的社会保障事实上构成职工流动时的重要比较成本。

3. 乡镇企业日益由"就业型"向"效益型"转变，在激烈的市场竞争中，乡镇企业的行为目标越来越以市场效益为首要，其吸纳农村剩余劳动力的能力越来越受到市场竞争的硬约束

乡镇企业是我国吸纳农村剩余劳动力的主要力量，乡镇企业很长一个时期是作为"亚产业"发展的，其特点在于进入的资金壁垒、市场壁垒、技术壁垒等均较低，因而相应地其吸纳就业，特别是吸纳简单劳动力的能力比较强。但伴随发展和改革的深入，乡镇企业的"亚产业"特征逐渐淡化，在市场竞争中越来越成为"正规"部门，其行为也越来越企业化、市场化，其吸纳就业的目标越来越首先服从于企业盈利目标。

[①] 冯同庆：《解决中国大陆现阶段城镇失业问题的思路选择》，《未来与选择：参阅文稿》1998年第5期，第4页。

[②] 《经济社会体制比较》1996年第4期，第31页。

目前，一方面我国乡镇企业陆续进行改制，改制之后的原乡镇企业的财产关系，以及劳动合约关系均在根本上发生着变化，使之更适应市场竞争的要求，越来越不可能以解决农村剩余劳动力就业为首要目标。据统计，到1997年末，全国实行改制的乡镇企业为52万个，占农村乡镇企业总数的33.5%，其中出售占4.07%，兼并占0.89%，破产占0.22%，组建企业集团占0.39%，组建股份合作制企业占21.23%，组建有限责任公司占1.56%，组建股份有限公司占0.53%，另有4.66%采取了其他改革形式。①

另一方面，目前乡镇企业虽然总体运行平稳，但市场及出口形势日益严峻，致使乡镇企业困难加剧。据统计，乡镇企业产销率一直偏低，低于全国平均水平2.5个百分点，1998年1月至6月我国乡村集体工业产销率为93.49%，比上年同期下降0.4个百分点，市场销售不旺已成为乡镇企业面临的严重问题。再加之受东南亚金融危机的影响，乡镇企业出口受到极大冲击，1998年1月至6月，我国乡镇企业完成出口交货值2 725亿元，比上年同期增长5.5%，但增幅下降了10.9个百分点。②

严峻的国内和国际市场竞争势态，使乡镇企业对现阶段形成的买方市场极难适应，乡镇企业资金短缺，结构性、素质性矛盾日益突出；同时，乡镇企业过重的税赋也使之竞争力下降。据统计，1998年1月至4月，集体工业上缴国家税金增长11.46%，远远超过工业生产的增长幅度。乡镇企业经济效益持续下滑，据不完全统计，1998年1月至5月，乡镇集体工业企业亏损面达到7.2%，比上年同期增长1.2个百分点；成本利润率为6.7%，比上年同期下降0.4个百分点；营业收入利润率为6.2%，比上年同期下降0.3个百分点；利润总额仅比上年同期增长0.4%。③ 这些变化，不能不使乡镇企业本身的增长受到限制，其吸纳就业的能力不能不有所降低，从而使我国结构转换过程中的失业问题更加尖锐。

4. 现阶段我国经济增长的潜力与可能创造的就业机会

毫无疑问，解决就业，或者说社会对于失业的经济承受力，最为重要的在于国民经济能否保持必要的经济增长率。客观地说，我国经济发展正处于下中等收入向上中等收入发展阶段转换时期，即工业化加速时期，这一时期不仅结构在急剧的变化，而且经济增长速度也是可以保持持续高速的；再

---

① 《人民日报》1998年7月25日，第6版。
② 同上。
③ 同上。

加上我国作为一个发展中的人口大国,整个经济应属基本内向型,即要素投入基本(80%以上)依靠国内市场,产出也基本(80%以上)依靠在国内市场上销售。整个经济增长主要依靠国内需求拉动,尽管对外开放越来越成为我国经济增长和发展的不可或缺的重要条件,但这并不排除我国经济在总体上的基本内向型性质。事实上,无论发展中国家还是当代发达国家,大国经济的普遍特点均在于基本内向型。

就城乡就业而言,假定我国的产业结构,包括技术结构和就业结构以及产出结构在短期内不会有较大变化,那么,根据近十几年来我国经济增长与就业率之间的相关关系,自1981年至1996年,我国国内生产总值平均每年增长10.1%,同期我国城乡从业人员增长率平均为3.1%,其中城镇职工就业增长率平均为2.2%。① 假定1997年至2000年,我国国内生产总值年均增长率在8%—9%,那么按照1981年至1996年间经济增长率与就业增长率的相应对比关系,1997年至2000年我国城乡就业年均增长率将在2.46%—2.76%,其中城镇职工就业年均增长率将在1.74%—1.96%。以1996年以来我国城乡总就业量68 850万人计算,则能提供就业增长量累计为6 851.5万至7 921.5万人,其中城镇职工就业机会增长量累计为(按1996年底为14 845万人计)1 060.5万至1 198.5万人。②

如前所述,我国目前城乡实际失业率为25.3%,共计失业总数为17 156.9万人,再加上1997年至2000年累计增加的参与劳动力3 484万人,两项合计为20 640.9万人。以1981年至1996年平均的经济增长率与劳动就业增长率的相应比例关系计算,国民经济若保持年增长8%—9%,能够使就业总量增长6 851.5万至7 921.5万,不仅完全能够吸纳新增劳动力(3 484万),而且还可吸纳3 367.5万至4 437.5万现有实际失业人口,但根本不可能完全吸纳全部失业人口(17 156.9万)。因此,我国现阶段的失业问题不是依靠提高经济增长速度,或者说保持8%—9%的增长速度便可保证解决的。如果按照1991年至1997年平均的经济增长率与就业率间的相应比例,国内生产总值平均增长11.2%,全社会固定资产投资年均增长32.1%,相应的就业增长率为1.2%,那么,要保证通过经济总量增长实现新增参与劳动力充分就业,国内生产总值至少应保持在10%以上的增长率,并且现有失业人数不可能由国内生产总值增长得到缓解。

---

① 资料来源:《中国统计年鉴》(1997),第24—25页。
② 根据《中国统计年鉴》(1997)第24—25页数据计算。

可见,我国的失业问题产生的原因并非单纯的经济总量增长不足,因此解决的途径也不可能单纯依靠总量增长的速度加快,而是要通过总量、结构、体制等多方面的变革措施才可能有效解决。

也就是说,如果在经济增长速度上保持8%—9%,那么到2000年,我们新增的劳动力能被吸纳,并且所提供的就业机会还能够吸纳部分现有失业人口,虽不能完全吸纳失业人口,但由此,失业状况不会进一步恶化,而会逐步得到改善。需要进一步讨论的问题是,在未来的若干年内我国经济能否稳定保持8%以上的增长速度?这是关系到失业率、通货膨胀等一系列宏观经济指标的综合性问题,需要从消费、投资、进出口等多方面展开考察。对此,将在后面有关政策分析中加以讨论。

5. 我国农村剩余劳动力在多大程度上能够冲击城镇劳动力市场

我国作为一个处于工业化加速期的发展中国家,就业问题上的突出矛盾之一在于产业结构急剧转换过程中的农村剩余劳动力转移问题。如前所述,改革开放以来,我国从农业中游离出来的劳动力已达27 143万人,预计从1998年至2010年,还将有18 578.9万人从农业中游离出来。对于一个发展中的劳动力大国而言,劳动力的市场均衡问题非常重要的在于农业劳动力向非农产业转移的规模、方式、速度等方面,而矛盾的焦点又在于农业转移出来的劳动力对城市劳动力市场的冲击程度有多大,城市就业市场能否适应。可以说,这也是发展经济学家们关注的重要问题。

从我国目前的现实来看,农业中转移出来的劳动力一部分为乡镇企业所吸纳,一部分进城务工,总体比例约为各50%左右。大力发展乡镇企业,加速乡镇企业本身的转制和各项改革,提高乡镇企业的效率,为其发展和增长创造更为有利的政策条件与制度环境,是我国解决结构转换中农业劳动力转移的极为重要的途径,而且是极富中国特色,进而极具希望的途径。就城市经济吸纳农村剩余劳动力而言,目前虽然农村剩余劳动力向城市转移已经对城市就业市场产生了很大压力,但总的来说,这种压力还是可以承受的。主要原因在于三方面:首先,乡镇企业虽然在发展中遇到种种困难,进而影响其吸纳就业能力的提高,但总体上乡镇企业发展是稳定的,其在国民经济中的地位和作用不断加强,因而在吸纳农村剩余劳动力方面的作用也会相应扩大,从而减轻对城市的压力。其次,农村剩余劳动力进城,其行为目标基本上是相对收入目标所推动,也就是说是基于农户经济收入目标的比较选择,因而主要是一种经济行为。同时,与中国历史上的"流民"不同,中国历史上的"流民"在经济上多为失去土地而流动,而目前农民进城则是由于农民获得了对土地的权利(承包制)而发生的流动。因此,就基本生活而言,进城是为了获得更高的相对收入,若城市就业机会减少,就业成本加大,相对收入相应减少,退回到农村,生活基本可以保障,所承包的土地便是其社会保障及生活保障赖以成立的基础,因而,城市就业市场对进城农民的调节,不会产生更多的社会摩擦,至少不会像城镇职工失业那样产生巨大的社会压力。其三,进城农民在劳动力市场上是面对"制度歧视"的,由于户口制度、就业制度、住房等社会福利制度以及受教育程度等方面的差别,转移进城的农民事实上对城市劳动力并不直接构成竞争压力。也就是有些学者所指出的,在城市劳动力市场上,事实上存在二元市场,农民进城的就业市场与城市本身劳动力的就业市场是相互分割并相对独立的,在市场结构上,进城农民所从事的多为城市劳动力不去竞争的岗位,而城市中的资本密集的制造业和技术、知识密集的产业领域,进城农民通常无法进入,这种在制度上的市场结构差异,极大地缓解了农业转移劳动力对城市就业的冲击力。

因此,就目前而言,我国的失业压力主要集中在城镇失业人口上,就长期而言,则需特别注意经济发展中的农村劳动力转移问题。

关于我国现阶段的就业政策

就业政策问题涉及宏观经济政策、微观经济政策,涉及我国企业改革,特别是国有企业改革的进程和所有制结构改革的进展,涉及经济发展过程中的结构转换以及人力资本投入等多方面问题。这里就其主要内容扼要展开讨论,特别是结合我国现阶段的所有制改革以及相应的企业重组现实展开有关就业政策的讨论,目的在于将就业政策目标纳入整个宏观调控和经济发展政策体系之中。

1. 宏观经济政策中的通货膨胀控制政策目标与充分就业政策目标间的均衡问题

控制通货膨胀与实现充分就业是两个基本的宏观经济政策目标。在非均衡的经济发展中,这两大宏观经济政策目标间的协调尤为重要,也尤为复杂。

应当承认,我国现阶段作为下中等收入向上中等收入发展阶段过渡时期的工业化加速的发展中国家,承受的通货膨胀的压力是极大的,因而,在相当长的时期里把抑制通货膨胀作为重要的甚至有时是首要的宏观经济政策目标是必需的。据世界银行统计,当代发展中国家通货膨胀演变趋势是:

低收入国由于经济增长速度迟缓,经济中市场化、货币化程度低等方面的原因,其通货膨胀率也比较低,平均年通货膨胀率在9%左右;但进入工业化加速期之后,通货膨胀率明显上升,当代下中等收入发展中国家年通货膨胀率平均为62%左右,当代上中等收入发展中国家年通货膨胀率平均高达87%;只有进入高收入发展阶段,通货膨胀率才开始回落至一位数之内。之所以如此,除去政策性因素作用之外,主要的发展性原因在于处于下中等向上中等收入发展阶段的国家,由于工业化加速,因此其投资需求增长速度高,相应地拉动消费需求快速增长;加之,工业化加速必然伴随着对外开放程度的提高,因而,出口不断增加而导致总需求扩张。据统计,在当代贸易史上,通常一国经济增长率若超过10%,往往其出口增长率便接近20%,如1960年至1972年间,日本国民生产总值年均增长10.1%,相应的其贸易出口年增长率达到19.1%。我国改革开放以来,除个别年份外,只要国内生产总值增长率超过10%,出口增长率便超过20%。[①] 同时,对外开放本身也易于刺激本国的消费需求活跃。我国目前正处于下中等收入向上中等收入发展阶段过渡时期,来自这种发展性的通货膨胀压力是极其巨大的。

不仅如此,我国同时还是一个体制转轨过程中的国家,因而又面临巨大的来自体制转变的通货膨胀压力。以往传统体制下许多不表现为物价上升的现象,现在则可能直接表现为物价上升;以往存在的冻结物价条件下的经济短缺等总量失衡,现在则表现为显性的通货膨胀。这种体制性因素是大多数体制转轨国家通货膨胀居高不下的重要原因。我国现阶段正处于体制转轨过程之中,据国家计委的一份研究报告估计,我国到90年代中期,经济市场化程度已达65%;据世界银行1996年《世界银行发展报告》估计,当代全部体制转轨国家经济市场化指数平均为4.4,最高值为6,而我国为5.5。在这一历史时期,来自体制转变的通货膨胀压力之巨大是不难理解的。

正因为这种发展阶段和体制转换历史阶段的特殊性,使得我们在宏观政策目标上将控制通货膨胀作为长期中的首要目标是有根据的。如果再考虑到我国企业,特别是国有企业制度改革的滞后性,考虑到在企业产权制度上国有企业可能存在的市场软预算约束,进而滋生的投资冲动和消费饥渴,在宏观上抑制通货膨胀便更加艰巨,不能有丝毫懈怠。

但是,抑制通货膨胀在经济上总是需支付代价的,代价之一便是从紧的宏观经济政策在抑制总需求的同时影响就业目标的实现。一般来讲,在经

---

① 资料来源:《中国海关统计》(1994、1995、1996)。

济发展史上,通常每下降3个百分点的通货膨胀,经济增长相应减少1个百分点,进而失业率会上升。我国1997年成功地实现了"软着陆",在把通货膨胀率降至0.8%的同时,仍保持着8.8%的经济增长率,但失业,尤其是实际失业率升高也是不争的事实(其中的复杂性尚需深入研究)。因此,抑制通货膨胀并不是绝对的,也是有成本约束的,需要在抑制通货膨胀与缓和失业之间寻求均衡。

在当代西方市场经济国家,通常以失业率7%作为警戒线,即失业率若超过7%,则宏观调控须以缓和失业为首要目标,抑制通货膨胀的政策目标便要服从缓和失业的需要。我国目前实际城镇失业率已接近19%,并且我国是一人口和劳动力大国,同样的失业率折算下来的绝对失业劳动力及相应的受失业影响其生活的人口规模远非西方国家可比;加之,我国的失业保险体系刚刚开始建立,覆盖面和承受力均有限,目前至多只能承受2%的失业率。因此,需要将解决失业问题作为目前我国宏观调控的第一位的政策目标,抑制通货膨胀的政策目标在一定程度上应服从缓和失业的要求。

1998年我国控制通货膨胀的政策目标为3%,从1998年1—6月份的宏观经济运行看,通货膨胀率为负数,尽管接近19%的实际失业率不能归结为抑制通货膨胀的政策效应,但抑制通货膨胀毕竟会紧缩就业。根据上述关于目前我国经济对失业承受力的分析,如此高的失业率不可能长期支撑下去,在宏观政策上必须根据经济失衡状态的新变化而相应进行调整。在短期内,这种以解决就业为第一位目标的政策调整可以有两个界限:一是在承诺人民币不贬值,进而出口需求增长受阻,经济增长更多地依靠国内需求的条件下,加大投资需求,刺激消费需求,相应地采取放松财政和放松货币的政策,只要通货膨胀率全年不超过3%,便是可能的。1998年1—6月份的负的通货膨胀率,显然为下半年采取进一步的放松政策创造了更为广阔的空间。二是如果在3%的通货膨胀率下,仍不能使失业得到明显缓和,失业矛盾仍然突出地存在,那么,在一位数以内的任何通货膨胀率都是可以选择的,即只要不超过10%的通货膨胀率,在宏观政策上均可以考虑,毕竟我国作为工业化加速期的国家,在世界同类国家年通货膨胀率平均在62%—87%的条件下,我们能够控制在一位数之内,就已经是十分不容易并且也应当是可以接受的,因为对我国来说,高失业率长期存在是极其危险的。当然,这并不排除长期里把抑制通货膨胀作为首要的宏观政策目标。

2. 刺激经济增长、增加就业中的总量政策与结构政策相互衔接问题

正如前面分析我国现阶段对于失业的承受能力时所指出的,如果我国国民经济增长率与相应的就业增长率保持1981年至1996年的平均比例,即国内生产总值年均增长10.1%,从业人员年均增长3.1%,那么,只要国民经济增长率保持在8%—9%,到2000年,新增加的就业机会大于新增加的劳动力,而且还可以吸纳部分现在已有的失业者。也就是说,只要保持8%以上的国内生产总值增长率,虽然不可能完全吸纳全部失业和新增劳动力,但至少失业状况不会恶化,而会得到缓解。问题在于8%以上的经济增长率能否保持住?

据国家统计局有关部门测算,在我国现阶段的技术、效益和结构等条件下,进入90年代以来,平均每年国内生产总值增长11.2%,其中约有4—5个百分点是由消费需求增长所带动;全社会固定资产投资平均增长32.1%左右,相应拉动国内生产总值增长约3—4个百分点;出口年均增长约为17%左右,平均拉动经济增长约2.4个百分点。照此推算,1998年消费需求,特别是新增人口的消费需求仍会拉动经济增长至少4—5个百分点(考虑到人们对未来改革各项措施的预期不稳定,储蓄偏好会加强,因而不更多地考虑原有人口的消费需求增量);全社会固定资产投资增长率政策设定为15%,按32.1%的固定资产投资增长率拉动国内生产总值3.5个百分点计,15%的固定资产投资增长率可拉动国内生产总值增长1.6个百分点;按出口平均增长17%可相应平均拉动国内生产总值增长2.4个百分点计,按政策目标,1998年出口增长8%—10%,可拉动国内生产总值增长1.1—1.4个百分点。三项合计:消费需求增长拉动国内生产总值增长4—5个百分点,固定资产投资增长15%拉动国内生产总值增长1.6个百分点,出口增长8%—10%拉动国内生产总值增长1.1—1.4个百分点,总增长率在6.7%—8%之间。1998年1—6月份的实际情况是,出口由于受东南亚金融危机的影响,实际增长只能在5%左右,由此带动国内生产总值增长仅有0.71个百分点;全社会固定资产投资增长仅为12%左右,由此带动国内生产总值增长只有1.3个百分点。因此,即使消费需求增长拉动国内生产总值增长5个百分点,整个经济增长率也才7.02%。要实现全年8%以上的经济增长,显然还需进一步刺激经济。

如果人民币不贬值,进而出口在东南亚金融危机的冲击下不可能在短期内有根本性的好转,那么,经济增长便主要依靠国内需求的扩张;在国内需求中,消费需求扩张具有显著的不确定性,尤其是在人们预期紊乱的条件

下,消费需求的变化与政府宏观经济政策目标要求之间的一致性很难保证,因而,作为政府宏观经济政策可直接引导的主要是投资需求,也就是说通过财政、货币政策刺激投资需求以活跃经济,促使经济增长达到预定的目标。问题在于两方面:一方面,扩大投资需求要受控制通货膨胀目标的约束,政策目标确定1998年通货膨胀率不超过3%,至少在原则上应控制在一位数之内(这一点前面已进行过讨论);另一方面,投资需求的扩张不仅包含总量扩张的意义,更重要的是要有结构政策导向,否则势必导致新一轮重复建设。

扩张投资需求在结构政策目标选择上至少有两方面的问题必须予以充分注意:一方面,在需求管理上,必须充分尊重市场选择,须选择确实具有市场需求的产业进行开发,坚决压缩和调整"长线"产出,通过企业重组,逐渐实现产出结构与市场需求结构间的均衡;另一方面,在供给管理上,必须结合我国国情,协调好资本密集、技术密集与劳动力密集型三者之间的关系,使经济增长与缓和失业统一起来。

首先,社会基础设施产业应当成为投资重点。一方面,我国作为发展中的工业化加速国家,社会基础设施产业急需发展,在许多方面,社会基础设施建设的滞后已成为国民经济增长的"瓶颈",极大地提高着经济增长和经济发展的社会成本;另一方面,从产业特征上看,社会基础设施产业包含部门广泛,不仅对国民经济带动效应广,而且本身也具有资本密集、技术密集、劳动密集相统一的产业特征。就我国现实而言,社会基础设施产业中最具代表性的各种运输线路长度(包括铁路营业里程、公路里程、内河航道里程、民用航空航线里程、输油气管道里程等),1985年为139.25万公里,到1997年末为283.97万公里,增长指数为203.9%,而同期国内生产总值增长指数为834.1%。[1] 运输线路长度增长指数低于国内生产总值增长指数630多个百分点。另一具有代表性的社会基础产业,邮电通讯业也明显滞后,除长途电话电路1997年比1985年的增长明显高于同期国内生产总值增长外,其他均落后于国内生产总值增长。1985年邮路及农村投递线路长度为498.21万公里,1997年增长到576.61万公里,增长指数为115.7%,而同期国内生产总值增长指数为834.1%,落后经济增长指数718.4个百分点。[2] 本来基础设施,特别是交通运输和邮电通讯业在发展中国家的工业化加速过程中,按照通常的国际经验,应属于超前发展的社会先行资本产业,其增长相

---

[1] 根据《中国统计摘要》(1998)第5页、第119页数据计算。
[2] 根据《中国统计摘要》(1998)第125页数据计算。

对于国内生产总值增长的超前系数通常在 0.1—0.8 之间,需高于国内生产总值增长指数,而我国基础设施中的主要产业增长均显著落后于国内生产总值增长。

因此,刺激投资需求,在结构上突出基础设施产业是成立的,也是我国国民经济发展的迫切要求,而且基础设施产业建设本身具有很强的吸纳劳动力的能力。要使之切实成为新的投资热点和有效增长点,关键是在体制和政策上协调四方面的关系:一是慎重处理投资增长力度与抑制通货膨胀的关系;二是在体制上根据社会主义市场经济机制要求形成有效地投融资体制;三是切实将基础设施作为产业,而不是一般地作为"事业",形成市场竞争性的投资主体,协调政府干预与市场竞争间的关系;四是积极稳妥地处理基础设施建设中的对外开放问题,在体制和政策上使基础设施产业成为对外资具有吸引力的领域。

其次,建筑与房地产业在我国现阶段具有成为新的经济增长点的客观基础。建筑与房地产开发业具有巨大的市场需求潜力,尤其是对我国这样一个人口大国,目前城镇人均住房面积仅为 8.9 平方米左右,城市人均每年用于住房的支出仅为 148.66 元,仅占总消费性支出的 3.6%;农村人均住房面积虽为 22.46 平方米,但质量和各种配套设施尚极不完备,其发展的市场前景是十分广阔的。[①] 同时,建筑与房地产开发业也是集资本密集、知识(技术)密集和劳动密集于一体的产业,其产业带动的部门关联效应也是十分突出的。因而几乎所有的发达国家历史上和发展中国家的现实中,建筑及房地产业均是主导产业群中的重要部门。

要使建筑及房地产开发业成为新的投资增长点,有效地支持国民经济增长,带动就业率的上升,在我国现阶段,从产业的市场需求来看,重要的在于培育真正的市场需求机制并培养有效的需求购买能力。就市场需求机制的培育而言,在城镇关键是加速住房制度改革,使以福利性分配住房为主的制度让位于市场分配制度,使住房建设真正面对以家庭预算约束为主而非财政预算约束为主的需求机制,在机制上保证建筑及房地产开发真正可以通过市场实现生产和再生产;在农村则需适应经济发展的进程以及相应的城镇化进程,提高农村住房建设的商品化、市场化程度,逐渐降低其自给自建的程度,为建筑及房地产开发业创造更为广阔的市场。就有效的需求购买力培养来看,除以国民经济发展、居民收入水平不断提高为基础外,开展

---

① 资料来源:《中国统计摘要》(1998),第 29 页、第 80 页、第 83 页。

住房消费信贷是必不可少的举措,这也是住房这种特殊商品销售的必要条件。

从建筑及房地产开发业的供给上看,特别是对城镇市场而言,要使之真正成为市场中具有竞争力,进而能够快速成长的产业,至少有三方面的问题亟待处理:一是如何降低建筑及房地产业的要素成本。产业的要素成本过高,必然导致其产出价格过高,一切价格过高的产业均难以成为有效的经济增长点。我国现阶段城镇建筑及房地产业发展中的土地要素费用、拆迁费用、政府各项摊派和征收费用之高,已构成房地产价格中的主要部分。据建设部统计,仅地价便约占房价的 1/3,有的地方甚至高达 1/2,政府各种摊派和收费也已相当于房价的 1/3 左右。二是在体制上缺乏适应市场经济下发展建筑与房地产业的有效投融资体制,银行、房地产商、消费者之间缺乏完善的资金运动体制。三是建筑及房地产商本身存在普遍的规模不经济。一方面,开发商数目过多,单个规模普遍过小,从而导致市场过度竞争,交易费用极高;另一方面,无法通过规模经济降低成本,其竞争力弱,融资能力和信誉也普遍偏低。

其三,机电以及制造业能否成为现阶段的投资热点和吸纳就业的新的经济增长点? 从我国所处的发展阶段上看,作为工业化加速期的国民经济,无论其增长还是就业,应当说主要需依靠制造业发展,这是经济史演进的一般规律,也是我们在政策制定上需要特别遵循的。我国现阶段制造业增长之所以乏力,吸纳就业的能力相对下降(从 1992 年至 1996 年,我国国有经济中制造业从业人数总体呈下降趋势,1996 年比 1992 年减少 308 万人,下降率为 8.7%;城镇集体制造业从业人员自 1991 年起便持续下降,1996 年较 1991 年减少 436 万人,下降率为 24.5%[①]),除少数传统产业外,大部分制造业部门缺乏增长活力,主要原因并不是制造业需求不足或需求弹性弱所致,而是有其更为深刻的供给方面的原因。除由于以往历史上长期片面推动工业发展,以及在制造业领域大量体制性冗员等因素外,从制造业产业本身的结构和组织上看,至少有两方面的原因导致我国制造业缺乏活力。一方面,在产业组织上由于重复建设、行政性地分割有限的市场,使得产业集中度普遍偏低,形成我国制造业中的普遍规模不经济,生产经营成本和交易成本均高于市场竞争所能够接受的程度。以机电产业中最具代表性的汽车工业而论,到 1995 年底,据不完全统计,我国有汽车厂商 123 家、改装车

---

① 根据《中国统计年鉴》(1997)第 109 页、第 110 页数据计算。

厂712家,产量最高的年份1995年为143.28万辆,大体相当于当年美国通用汽车公司产量的1/5,日本丰田汽车公司年产量的1/3。当代国际市场上小汽车的市场进入规模通常在年产至少20万辆的厂商产出水平,而我国目前尚未有一家企业年产超过10万辆。另一方面,在制造业的市场需求结构上严重扭曲,以家用电器等为例,大量产出拥挤在相对狭小的城镇居民消费市场上,广大农村市场得不到开发。由于我国城镇化水平滞后于工业化,因而使得工业发展在空间上缺乏相应的市场需求支持,从而导致家电工业设备能力严重闲置的同时,产品的市场饱和度及普及率极低。因此,不是制造业在我国现阶段不能或不应成为经济增长点,而是因为我国体制和产业政策方面的原因,使之难以成为新的有效增长点,必须通过微观上的企业深入改革和相应的市场机制培育,辅之以相应的宏观调控和产业政策引导,才可能根本振兴我国制造业,使之成为吸引投资的重要领域,同时成为吸纳就业的重要部门。此外,制造业的市场竞争力如何,极其重要的在于技术改造速度。我国进入90年代以来,从1991年至1997年,工业、制造业更新改造投资年平均增长率为21%左右,落后于同期固定资产增长速度(32.1%)10个百分点以上。① 在此之前,忽视技术更新改造,注重上新项目、铺新摊子的外延倾向更严重。因此,向制造业投资亟待转变投资方向和投资方式,否则难以形成有市场竞争力的有效供给,对增长和就业均难以起到工业化加速期应有的主导产业带动作用。

所以,现阶段支持就业和寻求新的经济增长点,尚不到离开第二产业(包括建筑业和制造业)以及与之联系最为紧密的社会基础设施产业领域,去寻求新的领域,或放弃第二产业及社会基础产业作为投资重点的阶段。工业化加速时期的投资需求扩张,若不以第二产业及社会基础产业为重点,势必产生投资方向上的迷茫,这一点是在政策引导上必须予以强调的。

3. 资产重组、深化企业改革过程中的就业成本支付问题

如前所述,以提高市场竞争效率为首要目标的资产重组及相应的企业改革,客观上必然形成结构性和效益提高所要求的失业,包括大量下岗职工,目前我国下岗职工中约有一半是资产重组、产业结构调整所形成的结构性失业,企业冗员中的大部分将随企业改革的深入从隐蔽状态的失业转为显性失业。因此,考虑到社会对失业的可承受能力,考虑到社会就业目标的基本要求、国民经济的结构调整、企业的资产重组和深化改革的速度,不能

---

① 根据《中国统计年鉴》(1997)第176页、《中国统计摘要》(1998)第49页数据计算。

不受承受失业压力以及社会支付就业成本筹集能力的约束,两者之间也需建立相应的均衡。

其实,国有企业改革的重要成本之一,便是下岗、失业职工的安置问题,其中既包括显性费用,如失业、下岗职工的生活费如何支付,再就业费用如何筹集等,也包括隐性成本,如国有企业职工原有的医疗、住房、离退休保障等诸多方面的费用。正如前面考察我国现阶段国民经济对于失业承受力问题时所分析的,我国目前这方面的成本是高昂的,并且伴随企业改革的深入、实际失业规模的扩大,这方面的成本还会急剧上升。

严峻的现实是,谁来支付这一高昂的成本?一定社会的经济活动主体无外乎三方面:一是政府财政,二是公司企业,三是居民家庭。由政府财政承担在经济上根本不可能,一方面财政收入占国内生产总值的比重持续下降,从1978年的31.3%,降至1990年的15.8%,到1997年仅为11.68%,财政可支撑的能力相对下降,甚至已明显低于当代西方市场经济国家财政收入所占比重;另一方面,财政赤字缺口较大,进入90年代以来,直到1994年(将债务列入财政收入之中),每年财政收支的缺口也始终在237亿元以上,1994年财政收支中不含债务之后,每年财政赤字更高达500亿元以上,1997年为555.1亿元。① 根本无力再支付更多的改革成本。继续由企业承担并消化,企业不仅已无力承担,而且若可以承担也就不必迫切提出企业改革的历史任务,我国国有企业之所以缺乏竞争力、缺乏活力,重要的原因便在于体制、政策等因素所导致的企业冗员和沉重的社会福利、社会保障负担。由居民家庭来消化并支付企业改革中的人员安置及福利、保障、失业等方面的成本,在经济上不仅不现实而且也不公正。因为,长期以来,在劳动者的工资构成中,特别是在国有经济单位的职工工资中,根本就不包括失业保障、离退休费用、医疗费用、住房成本,甚至不包括劳动者受教育及子女受教育的成本。

摆在我们面前的矛盾是:一方面,企业迫切需要深化改革,我国资产配置迫切需要重视重组,但由此需要支付高昂的职工失业成本;另一方面,目前我国国民经济又难以及时有效地筹集到必要费用。要缓和这一矛盾,使深化改革具有经济上的可行性的同时,保证社会的稳定和就业目标的实现,必须从体制上和政策上采取综合协调的措施。首先,在企业消化和社会消化失业成本之间要有稳妥积极的选择,所谓积极是指不能因此而阻碍甚至

---

① 资料来源:《中国统计摘要》(1998),第12页、第54页。

停止企业改革,总的趋势必须坚持不断深化、加速企业改革进程;所谓稳妥是指企业改革所形成并转移出去的改革成本需与社会消化能力基本相适应,这里特别需要注意控制企业内部隐蔽性失业人口转为公开失业的速度和规模,这一速度与规模的控制,实际上是企业内部消化与推向社会消化的比例控制。从我国目前的状况看,社会消化能力较弱,社会保障体系刚刚发育,社会安排再就业和承受失业的经济能力较低,实际上社会消化在相当大的程度上是推给政府和居民家庭,因而目前相当一部分改革成本客观上还只能由企业承担。基于这一客观现实,在税费收缴等方面就要相应考虑企业事实上已承担的改革成本。其次,政府对这种改革成本必须承担相应的责任,因为这些成本是体制性变迁费用,这里不存在企业承担成本更大还是政府承担成本更大,进而应主要由谁承担更经济的问题,成本本身是客观的,并不由于哪一主体来承担而会发生变化。在传统体制下,国有企业职工的收入中不包括社会保障和社会福利等费用;在低工资体制下,这些费用已被政府财政和国有经济吸纳,因此,在体制转型过程中,当国有企业力图在体制上摆脱以往的"社会负担"时,政府必须承担相应的责任。如果政府财政无力支付或根本就没有这方面的储备积累,社会保障体系不健全,那么,可行的办法只有通过所有制改革,在企业资产重组过程中,从国有资产的存量中转制或出售一部分,以筹集企业改革的成本,支持职工个人社会保障账户和有关福利基金,支持社会保障体系的尽快发育。也就是说,企业重组、深化改革过程中形成的就业矛盾,重要的解决方法还是依靠改革本身,通过产权制度变革来处理。事实上,我国国有企业"抓大放小"中,资产关系变化及非国有制改造,在一定意义上也是出于筹集改革成本的需要。

论中国经济持续增长*

进入20世纪90年代以来,中国经济呈持续增长的态势。从1992—1997年,其GDP增长超过10%;从1998—2000年,GDP增长速度从未低于7%;就在采访刘伟的当天,中国人民银行公布了2001年第三季度货币政策执行报告,预计2001年GDP将增长7.5%。

若横向比较全球经济,发达国家从90年代开始,其GDP的平均增长在3%左右,近两年更困难一些,在2%—3%之间。其中发展最快最有代表性的美国,在进入90年代后曾持续了100多个月的经济繁荣,也曾一度成全了克林顿的政绩。但细算这100多个月的增长率,也就平均在4%—5%之间,当然,与其他发达国家相比还是高出了一倍。

美国经济从2000年下半年开始呈现衰退迹象,到2001年势态越来越明朗。美联储及政府有关部门虽然采取了刺激经济扩张的一系列政策,但并未明显见效。"9·11事件"更是让美国经济雪上加霜。保守地说,美国经济在三年之内都未必能消除这一负面影响。

发展中国家在90年代的同期增长大约在4%—5%左右。在亚洲金融危机之前,发展最快的是东亚新兴工业国,其中韩国和新加坡是最具典型的代表。但就其经济增长率来说,在进入90年代后,韩国没有超过7%,新加坡没有超过8%。金融危机之后,东亚国家(包括日本)的经济普遍受挫,至今也未看到复苏的明显势头。

所以,90年代以来中国经济增长的历史事实表明:其增长速度在世界经济的排序中名列前茅确定无疑。

改革以一种特殊的力量把中国推出贫穷的陷阱

财富可以积累,贫穷同样也可以积累。当分析一个国家或地区为什么

---

* 本文原载于《中外管理导报》2001年第12期。

贫穷落后时,可以找出很多因素,但最直接的原因就是因为它贫穷。因为穷,所以穷,贫穷可以再造贫穷。

一个发展中国家怎样从这个恶性循环的陷阱中跳出来?仅靠自身的力量是非常困难的,往往需要借助殖民、国际特别援助等外在力量的帮助。

中国的跳跃是依靠改革这个特殊的力量。

中国社会 20 年的改革开放,保证了中国经济有一个积极的、可行的和令人满意的增长速度,使中国由于经济的持续增长而实现了从低收入到下中等收入(人均 800 多美元)的阶段性跨越。如果其他因素没有特别变化——普遍而重大的自然灾害、重大的国际军事冲突的波及和卷入、严重的政治混乱等,如果继续保持 7% 的增长速度,再有 10 年,中国可达到中等收入(人均 1 600 美元)的发展水平;再有 30 年,在前提仍然不变的情况下,中国那时的国民生产总值将是 2000 年的 10 倍(约 90 万亿元人民币)。若按不变美元价格计算,人均将超过 8 000 美元,那时的中国社会,将进入高收入的发展水平。

从下中等收入到高收入标志着一个国家已经进入了工业化加速的时期,达到人均 8 000 美元高收入的社会将意味着其工业化内容的完成并进入后工业化即现代化时代,人均 13 500 美元以上的国家就已跻身于发达国家的行列。

很显然,我国现在已经进入了工业化加速的时期。如果从中国的投资需求、消费需求、产业结构以及区域结构等经济的技术层面分析,我们在未来的时间里仍然有可能保持一个相对较高的、令人满意的、切实可行的经济增长速度。

以制度的变革与创新将中国经济持续增长进行到底

西方的经济学家们通过对东亚快速增长模式的研究得出一个结论:这种快速增长现象在一个国家不会超过 20 年。

而韩国、新加坡等东亚国家经济的快速膨胀确实不到 20 年就出现了持续的衰退。

但是中国经济的增长却背离了这一理论,其中很重要的一个原因是制度因素。应该说,中国经济的持续增长,是制度变革与创新的结果。

发达国家经济发展的社会形态进程一般是以市场化为背景完成的工业化,即先确立市场经济体制的方向,在私有制进行了资本革命后再进行商业革命。在由此而形成的市场框架中,在资本私有制和市场化的体制条件和制度安排下进行其产业革命,完成工业化。其特点是先市场化后工业化。这也是整个资本主义工业的历史轨迹——先商业革命后产业革命。

前苏联及欧洲国家完成其工业化是另一个轨迹,即在完成工业化的基础之上,才开始资本化和市场化的进程,是先工业化后市场化。

惟独中国不一样。我们在开始市场化时工业化并没有完成,可以说工业化和市场化于同一时间、空间聚焦在中国社会,这就构成了中国社会经济增长和发展的一个极大特殊性。

在中国经济的增长函数中,除了一般的要素外,还有制度因素在起作用。我们的制度是在变化的,当制度本身成为一个变量,它肯定要影响经济增长的目标函数。中国改革的总体目标是市场化,是使资源从行政体制、计划体制之内最大限度地纳入市场约束范畴。

世界银行曾在1996年对全球转轨国家的整个市场化进程作了一个测算:所有转轨国家市场化程度提高的平均速度为4.4%。在对国别的测算中,中国是5.5%,高于所有转轨国家平均速度1.1个百分点。

这组数字意味着我国在所有转轨国家中的转轨速度是相当快的。中国是大国,能够高于其他中小国家的平均转轨速度就更标明了我们的社会转型进程。据我个人保守估计:中国市场化总体的程度不会低于75%。也就是说,我们的经济在75%的水平上直接受市场约束,而不受行政驾驭和约束。

中国的商品市场化程度很高。消费品大概在95%左右。劳动力90%以上实现市场化,包括农村和城镇。除了国家机关和事业单位,严格地讲,产业工人已没有多少受计划经济的约束了。到是中国的资本要素市场化程度相对滞后,资本市场的利息、存款、利率、汇率还受国家行政管制,对银行贷款还有规模控制。但就整体来说,中国的资源配置方式市场化程度不会低于75%,这也就意味着过去80%—90%的资源是计划配置,而现在有75%甚至更多的资源是市场配置。

当社会的财产基础已经绝大部分市场化,那么其所有制也就发生了根本性的变化。

东亚模式是赶超型的发展战略，其经济增长被系统干预

东亚模式的生命周期为什么被西方经济学家不幸言中？同属亚洲文化的中国经济的增长与东亚模式的经济增长在制度因素中有哪些不同？孰优孰劣只有经过分析对比才能得出结论。

东亚诸国的社会基本因素是私有化性质，它在已有的市场化体系基础上从70年代开始了其工业化的加速。应该说东亚的经济属性很单纯，没有体制上的根本性变化，不存在财产制度的变异，也不涉及推动市场化的转型，它只有发展和增长这个单一的任务。

分析东亚国家的增长模式，发现它只是要素投入量的扩大。这也是东亚的比较优势，不管是土地还是劳动力，东亚的资源都很廉价。东亚从发达国家将一些资源成本高的产业转移过来，把已有的相对便宜的要素增大投入，在很短的时间内，以工业化的逻辑完成其产业结构高度的提升，而产业结构的升级会提高结构效益。

东亚国家原来的人力、物力主要集中在传统产业和农产品加工业以及相关联的加工制造业。在传统产业的领域，这些资源的增长潜力非常有限，要素投入过密，因而效率极低，而且形成了整个产业结构性的单一和落后，所以其市场竞争力不言而喻。但通过改变和调整产业结构，通过产业结构的升级，就意味着开辟了新的投资领域，产生了新的产业，如果再把低廉的要素投入新的产业领域中，其结果会比继续在传统领域投入有更高的效率和产出。同时，传统产业的市场毕竟有限，新的产业领域必然产生新的市场。面对新的市场，新产业的优势不在于它的要素效益（产业结构升级只产生结构效益，并不改变要素效益），不在于它的技术进步率，只在于它的资源廉价。正是这部分被削减的成本提高了其市场竞争力和加大了其市场的利润空间。

发达国家并不具备东亚国家这一优势。

在发达国家需要转移的产业尽管在本国已相对落后，但在发展中国家仍属于高新技术产业。发达国家因其要素成本高而导致这些产业不经济，这样的市场竞争力必然逊色于发展中国家。东亚的发展中国家正是利用了这一天时地利，用低廉的要素，在产业结构升级中的新领域获得了市场竞争力，以此支持了经济的高速增长。

东亚国家的土地、劳动力等资源在经过廉价使用一二十年之后,原来的成本将上升。因为经过发展的劳动力薪酬要上涨,土地及各种资源的费用肯定要提升。这样,东亚模式中要素成本低廉的优势日渐殆尽,以此为支撑的经济持续高速增长明显难以为继。

对于发展中国家更重要的一点是资本要素的稀缺。由于制度因素,资本要素在东亚国家的长期发展中并没有明显上升,东亚国家企业的产权制度隶属于一个封闭性较强的产权体系,其产权的社会化程度并不高。由于是家族企业,对紧缺的资本又是以间接融资为主,主要依赖银行贷款。为保住个人或家族的产权,大多以债权形式形成企业的资本积累。而不是靠直接融资的方式,在资金紧缺时以出卖股权,增加投资者,使产权社会化来构成资本积累从而把企业做大。

西方的企业在很大程度上是以直接融资为主,至少是直接融资与间接融资并重。东方企业以其深厚的文化传统拒绝对自己财产所有权任何形式的开放,这就无法避免地构成了东方企业在发展中对金融机构的悲剧性依赖。

从宏观上讲,东方国家的金融体制具有金融机构听命于政府的特点,尽管银行是商业的和私有的。其原因是在发展中国家,政府为了实现其发展战略目标,尽量避开难度较大的立体赶超方式,而是在一定时期内选择某些产业给予扶持,把银行有限的资本投给被扶持产业中某些企业集团,使其迅速做大,成为国际性的有竞争力的基本力量。

每一个国家都有与本国发展战略相配套的产业政策。是政策就是政府行为。国家的金融、财税、宏观调控体系在很大程度上都要服从政府的产业政策。在金融领域称之为"政策金融",其核心内容就是资本往哪里用,不是由商业银行决定,而是服从政府的产业政策。商业银行是在政府的产业政策规范和指导下行使自己的业务功能。政策金融具体的做法是"窗口指导",其约束方式是"劝说制"——政府劝说商业银行把资本贷给某个企业。

于是我们看到了东亚模式中的致命问题。

发展中国家最稀缺的资源不是土地和劳动力,而是资本。但商业银行把资本贷给谁又受政府的产业政策和政策金融的影响,而且这种影响不乏深刻。

企业、银行、政府三角关系的怪圈因此形成。

企业能不能获得急需的资本,不取决于企业的运行效率,不取决于其市场份额的大小,不取决于该企业是否赢得银行的信任,而是取决于是否被政府的产业政策所接纳。

因此，企业要想获得资本，先要千方百计地劝说政府以得到扶持。企业劝说政府最有效的办法原始而简单——向政府官员行贿。政府官员再以堂而皇之的理由去说服银行，令资本从金融渠道流向指定企业。

这样形成的资本流动，肯定不是以加速社会效率的提高为终极目标。不是凭效率指数，而是凭行贿强度发生的资本流动，其运行空间与政府官员由此形成的腐败完全是正比关系。

由于有了资本不是按效率分配的前提条件，一些以不正当方式注入资本的企业尽管做得很大，但资本效率并不高。正常情况下还能维持以贷还贷，因为它具有可以源源不断获得贷款的途径。可一旦国家发生金融动荡，政府要抽紧银根，这类企业便立即有大量的到期债务无法偿还。当依企业破产法令其进入破产程序，势必又连带一批金融机构，因为破产企业已造成与之相关的金融机构的不良资产。随着企业的破产，相关的金融机构因债权受到伤害也只能倒闭关门。金融机构被连带破产必然揭开政府官员腐败的盖子。谁的劝说？谁的金融指导和规范？政府需要解释的是为什么指令银行长期支持如此效率不堪的企业，当然无法解释清楚的原因是某些官员拿了企业的巨额贿赂。

破产一批企业，连带倒闭一批银行，而倒闭一家银行，就会抓出一批贪官。东亚模式因其制度因素的客观缺陷，在经济发展中形成了一道多米诺骨牌式的独特风景。

我们也有腐败。改革就是效率和腐败的赛跑。

但我们的制度在变化。一是所有制在变，二是市场化的程度在日益加深。这两者的结果就导致我们的资源在过去的基础上越来越从行政控制被纳入市场控制，包括资本、劳动、土地等。这种变化带来的市场竞争性越来越强，这就意味着我们的要素效率（针对我们自身来说）是不断提高的，这和东亚国家有着完全的不同。

同时，我们也有产业结构的转轨和升级。中国经济的增长既有来自产业结构发展中的因素，又有要素效率的提升，特别是稀缺要素——资本的提升。而劳动与土地的价格低廉同样也是我们的优势。

由此可以得出一个结论：中国的经济增长会比东亚国家维持更长。其中重要一点，是制度创新所致。而这种制度创新，绝非一般意义上解放生产力的概念，它是以资源市场化和基本要素提高效率这两个硬性指标为根据的。

我曾把1978—1998年各省的非国有化数据和产业结构比重变化放在中国生产函数中测算，得出的结果是：产业结构的升级只影响总产出，不影响要素效率。这点中国与东亚国家相同。但是,中国因所有制的变化,既影响总产出,也影响要素效率,尤其是影响提高资本的效率。这点中国与东亚国家不同。

这就是支持中国经济持续高速增长的力量。

作为制度因素不变的国家,它的经济发展不可能获得来自制度变化方面的诱导。它是在要素效率普遍不提升的情况下,通过扩大总产出、扩大新的投资领域实现其经济增长,这样持续增长的时间当然是有限的。

经济增长主要靠新增需求的拉动,经济的增量来自于需求的增量

我国的总需求包括投资需求、消费需求和出口需求。

作为一个发展中国家,我们需要投资的领域太多了。而发达国家,各项建设早已就绪和规范,寻找再发展的空间只能把原有的推倒重来。发展中国家到处都有预留空间,北京到处都是塔吊和工地。这就是发展中国家的特点——充满了投资的领域、需要和机会。但发展中国家包括我国存在的问题是能不能形成有效的机制吸引投资,投资者能否按照市场规则进入我们的需求。

中国的消费需求在拉动经济增长中的作用功不可没。

我国在计划生育的基本国策下,每年新增人口1 600多万,加上计划之外的"黑人",最高年份应该有1 700万,相当于澳大利亚全国的人口。在没有战争、没有严重的大面积的自然灾害,同时人均收入每年都在提高的前提下,我们每年1 700万的新增人口就是每年新增的市场需求。

消费需求的特点是在短时间内,原有人口的消费不会有明显的增加。人们有个消费习惯问题,尤其是成年人,今年的衣食住行不会比去年有显著的改变,有增加也是极微弱的。但新增人口的消费不同,是纯粹增加量。经济增长主要靠新增需求推动,经济的增量来自于需求的增量。中国是发展中的人口大国,至少其人口增量大。以90年代末的数据作估算:仅新增人口的需求就拉动了经济增长4个百分点。

在出口需求方面,中国对外开放程度越来越高,再加上入世,市场前景总体上肯定比过去好,出口壁垒的降低对出口需求总是有利的。从宏观经济层面分析:加入WTO后,我国的出口将比原来增加2.9个百分点。

在中国经济持续增长的发展性原因中,除了包括投资、消费和出口这一总量因素外,另一个不可忽略的是结构性因素。

中国正处于一个工业化加速的社会,在工业化未完成就进入加速这一历史时段内,突出表现的特点是产业结构的变化异常迅速。前面提到的总量其变化是短期的,一个月与一个月之间就有增加量。比如人口增量,应该是天天有增加。但结构变化却是中长期的,靠长期积累,这是指常规状态。比如就业结构,劳动力一年能下降多少个百分点?可能一个百分点也没下降。然而,在工业化加速时期,本来居于中长期的结构在短期内反应十分活跃,迅速升级、迅速提高,为经济增长起到了供给作用。所以说,工业化加速期因产业结构变化的活跃性而产生的结构效益是中国经济增长除总量因素之外的另一因素。

开放——中国经济持续增长的有利契机

加入 WTO,对中国经济的持续增长应该是如虎添翼。

第一,使进出口壁垒降低,包括关税和非关税。也就是说,中国经济的国际化程度在提升。这会享受到许多好处,当然也包含着挑战。

第二,中国的国际化加深,特别是以入世为标志的国际化。全球化进程在中国空前提升,会在更大程度上加速我们的体制改革,包括所有制改革。这种体制改革,是提高中国经济要素效率化的根本。

改革可以有真有假,但开放无法造假。由于封闭,改革在强政府的条件下可以是行政性的、不稳定的、非程序化的,而且带有不确定性和随意性,有可能还退回去。比如许多试点,不行就收,市场经济的规律在这里不起作用。

开放就意味着要按国际惯例办事。国际惯例是世界各国多方博弈的结果,任何一个单方力量是无法轻易改变其规则的。你只能了解、适应和运用它,很难主观地按自己的意愿去改变它。加入 WTO 的实质意义,是每个法律条款的背后都隐含着让你的制度非国有化和市场化,是把市场化从一个国家的区域扩展到全球。这对中国改革的大趋势是一个强有力的支持。

第三,人才流动的国际化。随着中国经济结构国际化程度越来越高,人才竞争将越来越激烈。物质资本和人力资本在现代经济的增长中,后者的地位越来越不可或缺。

世界性竞争的关键是人才竞争,这种激烈竞争的压力,使人才的国际性流动得到提升,并且在体制上、指导思想上以及利益分配上将提升我们尊重人才、尊重知识的力度。一个社会对知识资本、人力资本的重视程度,知识资本、人力资本在经济社会中的融入程度,知识资本、人力资本受到尊重和承认的程度,显然都对这个社会的经济增长起推动的作用。

中国经济持续发展中的隐性危机

伴随社会发展而产生的两极分化,将可能打断我国经济整个工业化、市场化的进程。

中国的非国有化进程是要素效率提高的过程。其中包括资本效率和劳动效率,而前者与后者的被提高比例是 900 倍之差。900 倍意味着什么? 意味着按照市场经济效率优先、兼顾公平的原则,谁贡献大,就多付给谁钱,只有这样才能保持效率的提升。那么,资本持有者的收入就应该是纯粹劳动者收入的 900 倍。

而以 900 倍的扩张速度推动经济发展,两极分化的局面将快速形成。既不能以牺牲效率去追求公平,重新搞"大锅饭",也不能通过高额税收转移支付,甚至以剥夺资本持有者的财产去搞新的生产资料所有制改造,这种"杀富济贫"的做法肯定伤害效率,但社会公平又是客观存在的目标。怎样平衡这个经济高速发展中必然出现的两难问题?

加快社会保障体系的建立和完善,意在对社会的弱势群体给予必要的保障性援助。从经济上完善我们的财政转移支付制度,这都是市场化进程中势在必行的重大补充。除此之外,迅速推进泛资本化,即广泛的资本化。让社会上大多数劳动者在身为劳动者的同时,迅速成为资本所有者。让人们的收入来源多元化,使劳动者本身的社会功能多样化。特别是体力劳动收入者,尽量帮助他们使其收入来源从劳动、经营、风险等方面多样化。这应该是保证效率、缩小差别的一个根本出路。

当然,妥善解决这个难题还需要长期有效的研究,从体制及政策等一系列问题去考虑。

1. 企业效率决定经济增长的质量

任何国际竞争,微观上都有一整套行之有效的企业制度。国企的困难有所缓和,但就企业制度如何与市场对接,还是一个远远没有解决的问题。现在讲的效率提高,也是相对于过去而言。

中国的非国有企业,从企业的产权制度到管理制度,在相当大的程度上还带有洪荒时代的原始痕迹。这里有历史的原因,但这类企业至今走不出历史的羁绊。其家族化管理、产权的封闭性、宗法性等等,这些与现代企业制度、与社会化大生产还有着相当远的距离。如果说它现在还有一些活力,那也是与我国社会发展的阶段性相关联。但是,从长远发展的角度看,这类企业的局限性和不适应性在很多方面已经表现出来了。

所以,无论是国有的还是非国有的企业,都要解决其企业制度,包括产权制度和管理制度,怎样真正去适应市场经济,其技术含量和国际竞争力都需要有一个稳定提升的问题。如果企业效率的问题解决得不成功,仅靠宏观调整刺激需求,产业结构升级扩大投资,以及靠体制的变化来宽松环境激发活力,这些都可以拉动经济增长,但这种增长的质量是有限的。

2. 过剩经济的非均衡表现就是失业队伍的空前扩大

中国是人口大国,现在的失业率已经超过国际标准(7%)的警戒线。在经济增长的波动中,由过剩经济的周期性带来的非均衡会越来越明显。从1998年开始,我们国家首次出现了过剩经济,过剩经济的非均衡表现就是失业队伍的空前扩大。

我国城镇的真实失业率大概在14%左右(包括公开失业和隐性失业),农民的真实失业率不低于20%,再加上每年新增人口1700万,这些因素严重制约着企业的效率,制约着产业结构的调整。而且,失业问题也不仅仅是经济问题,它包括了更多的社会内容。

3. 大规模的金融危机的风险仍然存在

国有商业银行金融资产的质量总体上说不容乐观。中国国有几大银行的不良资产不低于15 000亿元人民币。目前,居民对国有银行的信任无可置疑,但享受这种得天独厚的优越已去日不多。随着商业化和国际化的加深,居民的选择在增多。国有银行的不良资产和欠债将怎样处置?再加上诱发国际金融风险的不确定性,大规模的金融危机的风险不是不存在。而这种灾难性的后果将不堪设想。

4. 财政的困难

从中央财政到地方财政都有相当大的赤字。和西方不同的是,我们的国债还不列入赤字。

财政支出的刚性能有多少改变?财政收入,特别是地方财政收入在整个GDP中占的比重很低。地方财政的困难已经直接威胁到了地方的基层政权,全国目前有1/2的县、2/3的乡都是缺口财政,入不敷出。财政是政府的经济基础,由此诱发的问题会相当严重。

经济增长中的效率与公平[*]

对于当代经济发展中国家来说，实现经济的持续高速增长，主要是依靠两方面相互联系的途径。一是不断增大要素数量的投入，其基本方式是寻求传统产业(如农业)之外的新的投资领域(如工业、制造业及第三产业)，实现产业结构的升级，从产业结构的升级中寻找扩大低成本要素投入的经济可能性。二是推进制度变迁，其基本方式是加速并不断完善资源配置机制的市场化进程，使资源配置在更大程度上纳入市场作用范围，以提升要素的效率，支持经济增长的有效性。正是基于这两方面的基本途径，当代发展经济学家往往把发展中国家的经济发展过程解释为工业化和市场化的过程。前一条途径，即工业化所产生的产业结构急速变化，对于经济增长的数量扩张，即总产出的扩大，通常具有显著效应；而后一条途径，即市场化所产生的经济机制的深刻改变，对于经济增长的效率提升，即要素效率的提高，通常有着巨大的效果。因此，发展中国家以工业化为基本内容的现代化建设，初期往往表现为产业结构的升级演进，并由此获得巨大的投资空间，再加之要素价格(如劳动力、土地等)低廉，从而形成高速增长。然而这种主要依靠产业结构变化以及相应的要素投入扩大所形成的增长，若缺乏市场化的深入以及由此带来的要素效率的上升，是难以持久的。

当代经济增长最为活跃的经济发展中国家当属东亚新兴工业国，如韩国等。这些国家经济增长之所以经过一段时期的繁荣之后进入长期迟缓，尤其是1997年亚洲金融危机之后，一直难以振作，一个重要的原因就在于其经济高速增长在经过较长时期依靠产业结构升级扩大要素投入规模之后，市场化并未取得实质性进展，却反而由于权力过多地直接进入市场，造成权钱交易盛行的腐败的同时，极大地伤害了要素效率，特别是损害了最为稀缺的要素——资本的效率。韩国等东亚国家，甚至包括日本在内，在企业产权制度上的一个深厚传统是偏向间接融资而不愿直接融资。也就是说，

---

[*] 本文原载于《党政干部学刊》2001年第9期。

企业扩张最需要的资金,通常不是依靠企业产权的社会化、公众化、股份化来实现,不是将企业产权分割给更多的所有者,不是以增加新的所有者的方式来直接获得,而主要是依靠向银行等金融机构贷款的间接融资方式获得。这就使得企业负债率偏高,同时导致企业对银行等金融部门依赖度极大。而银行虽然是独立的商业银行,但作为后起的发展中国家,包括日本的发展过程在内,政府为在短期内实现资源的重点倾斜,迅速扶持一批大企业形成国际竞争力,从而尽快实现经济赶超目标,充分享受所谓的"后发利益",往往制定一系列的产业政策。银行等金融机构的信贷资源如何分配,在相当大程度上要服从政府产业政策的要求,即所谓产业政策约束下的"政策金融"。否则,银行等金融机构将会面临政府一系列成文或不成文的制裁。因此,最为紧缺的资源——货币资本的分配,在相当大的程度上首先服从政府政策目标。企业要获得资金,最主要的途径首先在于说服政府,或者说进入政府产业政策倾斜范围。而企业由于是以间接融资为主,其发展的首要条件是银行的支持,直接融资作用并不显著,银行的信贷资源首先又是听命于产业政策,所以,一个简单的事实便成为普遍,即企业向政府政策制定者和执行者行贿。这样,最为稀缺的要素——资本的流动,便难以取决于运用资本的市场效率,银行信贷资源的分配并不是首先取决于企业的市场竞争能力,而是首先取决于企业与政府权力部门的权钱交易程度,取决于"行贿指数"的高低。大量的资金通过权钱交易的方式流入低效率企业。在金融危机发生之前,低效率企业可以通过不断地行贿从而不断地获得信贷,以贷还贷,来掩饰其低效率,但一旦发生金融危机,各方均抽紧银根,就难以不断获得贷款,到期债务便无以偿还,从而不得不进入破产程序。往往是破产一个大企业,连带一批相应的银行,倒闭一家银行,便会暴露出一批贪官,形成企、银、官三方相互勾结、相互牵扯、相互联带的怪圈。这其中的腐败自不待言,从经济分析的角度来讲,更为重要的是由于权力对市场公平竞争的破坏,由于权钱交易的腐败,使最为稀缺的资本的效率受到严重伤害,尤其是在以间接融资为主的条件下,这种企、银、官相互勾结所造成的资本低效率就更为普遍。因此,虽然依靠大量成本较低的要素投入的扩大,依靠产业结构演变中形成的新的投资领域,可以使其经济获得一段时期的高速增长,但这种增长缺乏要素效率上升的基础,很难持久。同时,伴随着经济增长,要素成本本身也会上升,其经济的竞争力便会普遍降低。

改革开放以来,我国经济增长速度之快是名列世界前茅的。自1980年至1997年我国经济增长率平均达到9.8%左右,1997年以来,虽然有所放慢,但也在 7%—8% 之间,远远高于同期发达国家和发展中国家的平均增长水平,并且就可预见的未来发展而言,我国在未来 10 年左右的时间里,保持平均 7% 甚至更高一点的年增长率是有根据的。我国这种持续高速增长在当代经济发展史上的确是罕见的。究其原因,重要的在于,一方面,改革开放以来,我国的产业结构发生了急速而又深刻的变化,工业化速度空前加快。以农业就业结构这一变化最为凝重的指标为例,改革开放之前我国农业劳动力比重为 72% 左右,与当代低收入穷国平均农业劳动力比重(70%)极为相似。现在我国农业劳动力比重已降至 49% 以下,与当代下中等收入发展中国家的平均比重基本一致。与之相应,非农产业在整个国民经济中所占比重显著上升。这种产业结构的变化无疑拓展着我国经济增长的空间,拓展着要素投入增长的新领域,从而推动着我国的经济增长。这一点,我国与其他发展中国家是相同的。但另一方面,我国在推进工业化的结构升级的同时,体制也在发生着深刻的变化,即发展模式和体制模式的"双重转轨"。在体制转轨过程中,我国的经济生活和资源配置,在越来越大的程度上被纳入市场化,而且市场化速度是相当迅速的,据世界银行在 20 世纪 90 年代中后期(1996 年)所作的分析,世界各经济转轨国家平均市场化指数为 4.4,最高值为 6,而我国则为 5.5,明显高出转轨国家的平均值。另据我国国家计委的一项分析报告(1996 年),我国在 20 世纪 90 年代中期,市场化程度已达 65%,即经济资源的配置特别是商品的价格决定已基本上由市场支配。如果按世界银行估算的我国市场化指数为 5.5% 计算,到目前,我国经济的市场化程度应当已接近 80% 左右。之所以有如此迅速的市场化进展,重要的原因在于所有制结构的变化,尤其是国有制比重持续下降,相应地非国有制比重持续上升。据统计,改革初期,我国国有工业企业固定资产净值余额占全社会工业固定资产净值比重的 90% 以上,目前已下降至 70% 左右;国有企业国有资产投资占全社会固定资产投资的比重,从 81% 以上降至 50% 左右;国有经济实现的零售总额从 55% 左右降至 23% 左右;国有经济贡献的国内生产总值由 70% 以上降至 35%。[①] 在国有制比重持续下降的同时,非公有制经济极其活跃。从 1988 年至 1998 年,我国私有企业(包括个体经济、私有独资经济、私有为基础的有限责任公司)户数增加 11 倍,从业人数增加 9.4 倍,平均每户注册资本额提高 45 倍,平均每户产值规模上升 36 倍。据估算,目前中国私有企业总户数已接近 4 万户,总资产已过

---

① 根据《中国统计年鉴》有关数据计算。

万亿,大体占全社会企业资产 10% 左右。①

正是由于这种产业结构的升级和经济体制的市场化,使我国经济高速增长的动力不仅来自资源投入数量的扩大,而且来自要素效率的提升。根据 1992 年至 1999 年的有关数据,建立相应的估计模型。我国这一期间产业结构的变化只影响生产规模,即经济的生产可能性曲线。如第一产业就业人员比例减少 1%,经济的生产规模将扩大 0.521。而所有制结构的变化影响的是要素效率,当非国有经济比例扩大时,要素的产业弹性,特别是资本的产业弹性将增大。因而,我国的经济增长不同于一般的工业化加速发展中国家。一般的发展中国家(如韩国等)的增长主要依靠要素投入的扩大,依靠产业结构升级带来新的投资领域,依靠要素价格低廉,而要素特别是资本要素的效率并未显著上升。我国则是产业结构变化带动要素投入扩大,从而拉动总量扩张的同时,由于市场化体制改革,使要素效率特别是资本效率显著上升。只要以市场化为目标导向的改革继续深入,来自制度变迁而产生的要素效率上升就会继续保持。因此,中国的高速增长将持续更长的时期。然而,这种以体制变化带动资本效率上升支撑经济高速增长的模式,同样存在值得重视的问题。其中重要的一点在于,所有制变化虽然影响要素的效率,但对于资本和劳动的效率影响程度是不同的:对资本效率的提升是对劳动效率的提升的 900 多倍。根据估计模型测算,1992 年至 1999 年,由于所有制结构的变化,如非国有企业的就业人员比例每扩大 1%,资本的产出弹性将增加 0.038 个百分点,而劳动的产出弹性只上升 0.0000407 个百分点,因此所有制变化对资本效率的提升是对劳动效率的提升的 900($\approx 0.038/0.0000407$)多倍。这里的问题是,如果收入分配主要是通过市场直接进行,如果根据市场竞争的效率原则,即按市场竞争中对经济增长的贡献大小进行直接的市场分配,那么,由于资本效率提升是劳动效率提升的 900 多倍,这就意味着按市场效率原则,资本所有者及与资本权利直接联系者的收入增长将是普通劳动者收入增长的 900 多倍。这样,广大无资产的劳动者将不会从这种体制变化所带来的经济增长中获得更多的好处。这就是说,必然会发生资本所有者和劳动者之间的贫富差距,而且是以相差 900 多倍的速度在扩张差距。

缓解这一矛盾,至少有五方面的措施是极为重要的。一是必须加大反腐败的力度和制度建设,制止权钱交易。因为即使按市场竞争规则,资本所

---

① 《经济导报周刊》2000 年第 37 期。

有者获得的收入增长速度已经高于劳动者 900 多倍,如果在市场规则之外,再凭特权瓜分收入,不仅会使劳动者的收入增长更少,而且还会损害资本的效率。按资本的市场竞争效率进行直接的市场分配,尽管会拉大贫富差距,但前提是资本效率的提高。如果通过权钱交易瓜分收入,特权持有者并不是凭市场竞争效率,并不是凭对经济增长的贡献获得高收入,对经济增长的效率提升并未有贡献,不仅损害劳动者,同时也损害资本所有者的利益,从而损害要素效率。在市场化过程中,保证资本效率不断提升的硬件条件是制止权钱交易,这一点从东亚有关国家的教训中可以得到有力的印证。二是在长时期内必须辅之以适当的收入分配方法及政策。我国现阶段强调的是效率优先、兼顾公平,因此首先在原则上根据市场效率,根据在经济增长中的贡献大小进行收入分配。也只有这样,才有利于效率提升,否则人们就会减弱甚至失去竞争的动力。但在长时期里,必须通过相应的收入分配政策,真正做到对公平的"兼顾",对由此形成的差距加以控制,而不能不顾。这一点在当代西方国家也是极为重视的,在我国社会主义市场经济建设中就应当更为重视。三是加快广大劳动者真正成为有产者的速度。既然在市场化的经济增长中,资本所有者的收入增长是劳动者收入增长的 900 多倍,既然在现阶段又不能牺牲效率,不能否定按贡献大小进行分配的原则,那么,缩小这种差距的最为重要的制度方式,便在于使广大劳动者在更大程度上成为资本持有者。社会主义社会条件下,要使人们共同富裕,前提是使人们普遍成为有产者,使人们普遍获得劳动收入的同时,在制度上可能获得资本性收入。使劳动者成为有产者并实现共同富裕,这是符合中国社会主义建设的本质要求的,也是邓小平同志"三个有利于"标准和江泽民同志"三个代表"思想的重要体现。四是加强法治。加强法治不仅包括反腐败、反对权钱交易,而且包括制止偷税漏税、制造假冒伪劣等违法行为。市场经济是法治经济,按市场规则进行分配,尽管会拉大贫富差距,但好处在于要素效率的提高,在于鼓励竞争。如果依靠违法致富,不仅无助于效率的提高,而且必然进一步扩大收入分配的差距,既无公平,也无效率。因此,必须通过法治,制止不劳而获、制止不贡献而获取的行为,至少应通过法治保证按市场效率原则进行分配。否则,不仅会从根本上伤害市场竞争的动力,从而损害效率,而且会滋生腐败,根本破坏市场经济的公平。五是必须强调社会主义市场经济的道德秩序建设。这种道德秩序建设至少应包括两方面的内容:一方面,必须强调"信用"准则的弘扬,因为市场经济是信用经济,反对乏秩失信行为,使得在社会道德上人们普遍批判欺诈和"无票乘车人"的投机,从而在收入分配过程中减少人们追求"免费午餐"的投机冲动,使社会在精神上承认市场经济竞争准则,承认只有按贡献、按市场效率的大小实现个人收入分配才是道德的,通过欺诈、通过贪占实现的收入分配是与市场经济的道德根本冲突的;另一方面,在一些市场失灵的领域,即市场规则难以有效发挥作用的领域,往往要依靠社会公共道德的力量来解决矛盾。这种公共道德是超越市场道德的,比如对弱者的同情、对公共品的爱护等等。这种超越市场准则的道德力量,尽管在市场经济时代未必形成普遍的社会精神,却有着重要的价值,在缓解收入分配矛盾上有着突出的作用。

产业结构与经济增长*

一、引 言

在一定的技术条件下,一个经济通过专业化和社会分工会形成一定的产业结构,而产业结构在一定意义上又决定了经济的增长方式。经济增长主要是通过一国国民生产总值的增加来度量的,早在 1949 年库兹尼茨(Kuznets,1949)论述国民收入的度量问题时就提出,一个国家国民收入的度量必须从产业结构的角度去衡量,而一个经济的产业结构又是由其生产方式所决定的。为此,库兹尼茨(Kuznets,1957)用 50 个国家的经验数据进行比较后发现,制造业部门的增加将伴随着人均国民收入的增长。因此,有必要从产业结构的角度去研究和分析经济增长。

钱纳里(Chenery,1960)通过分析部门增长的决定要素出发,并利用 51 个国家的经验数据说明,当一个国家的经济规模发生变化时,服务行业和农业变化最小,而制造业增长最大,由此提出产业增长的模式,并认为这种工业化模式能使资源得到最优配置。为此,许多经济学家通过国别的经验数据从不同角度纷纷说明经济增长的工业化模式(Beason and Weinstein,1996;Iee,1981;Sacks,1972;Ueno,1972),但有经济学家(Gregory and Griffin,1974)发现存在着大量经济事实与钱纳里的经济增长模式相反,他们通过经验数据说明在人均收入水平很高时,服务行业的快速增长会降低制造业的规模弹性。而刘伟(1995)通过发达国家经济的初期发展与发展中国家的经济发展相比较,证明工业化未完成的发展中国家,经济增长的主要动力在于工业制造业,工业制造业的结构性扩张(在国内生产总值中的比重上升)无论对于国内生产总值的增长,还是科技进步,或对资本效率及劳动生产率的提升,都具有首要的意义,并由此说明这一时期的第三产业发展对于经济增长的作用低于工业制造业,第三产业结构扩张更主要的作用在于完

---

* 本文由刘伟与李绍荣合作撰写,原载于《中国工业经济》2002 年第 5 期。

善市场化。然而,面对从计划经济到市场经济过渡的中国经济,以上的产业发展和经济增长模式能解释中国的经济增长吗?为此需要从产业结构的角度对市场化之后的中国经济增长进行实证研究和分析。

本文从产业结构对中国经济增长的贡献以及产业结构对经济规模和要素效率的影响两个方面进行了实证研究,发现中国经济的增长主要是由第三产业拉动的,然而第三产业的结构扩张会降低第一产业和第二产业对经济规模的正效应,因此中国经济要维持长期稳定的增长就必须改造传统的农业结构和生产方式,并改革传统工业的生产组织形式和生产结构,利用资金和新的技术提升工业的生产方式,以此提高第一产业和第二产业对经济增长的贡献效率。单纯地依靠第三产业的结构扩张,最终将把经济带入衰退的境地。

二、模型设定

1. 产业结构对经济增长的贡献

通过对经济增长的计算,Romer(2000)认为:长期经济增长是由技术进步(含经济制度的变迁)贡献的,而短期经济增长是由资本和劳动等要素投入的增加所贡献的。然而,资本、劳动和技术是在一定产业结构中组织在一起进行生产的,对于给定的资本、劳动和技术,不同的产业结构会导致不同的生产。因此,怎样度量产业结构对经济增长的贡献成为人们关注的一个主要问题。

现考虑不同产业结构对生产影响的函数 $Y = F(X_1, X_2, \cdots, X_k, A)$。其中,$Y$ 表示总产出;$X_i(i=1,2,\cdots,k)$ 表示第 i 产业的产出量;A 表示经济的制度和技术水平。在此我们需进一步说明统计意义上的总产出量与产业产出量之间的恒等关系,从国民经济核算的统计角度讲,总产出量恒等于所有产业的产出量之和,然而在一定经济制度之下,有的产业之间会出现极高的共线性,或有的产业自身对总产出没有显著的贡献,但与其他产业合在一起却对总产出有极大的解释作用,对于这部分产业我们视其为经济制度的一部分,而非经济的一个产业部门。因此,在上述的函数中可能不存在总产出量等于所有产业产出量之和的恒等关系。对上述函数求全微分可得:

$$\mathrm{d}Y = \frac{\partial Y}{\partial X_1}\mathrm{d}X_1 + \frac{\partial Y}{\partial X_2}\mathrm{d}X_2 + \cdots + \frac{\partial Y}{\partial X_k}\mathrm{d}X_k + \frac{\partial Y}{\partial A}\mathrm{d}A \tag{1}$$

上式两端同除以 Y 得:

$$\frac{dY}{Y} = \frac{X_1}{Y}\frac{\partial Y}{\partial X_1}\frac{dX_1}{X_1} + \frac{X_2}{Y}\frac{\partial Y}{\partial X_2}\frac{dX_2}{X_2} + \cdots + \frac{X_k}{Y}\frac{\partial Y}{\partial X_k}\frac{dX_k}{X_k} + \frac{A}{Y}\frac{\partial Y}{\partial A}\frac{dA}{A} \quad (2)$$

其中 $\frac{X_i}{Y}\frac{\partial Y}{\partial X_i}$ 表示第 i 产业的总产出弹性,记为 β_i,则(2)式可以改写为:

$$\frac{dY}{Y} = \beta_1\frac{dX_1}{X_1} + \beta_2\frac{dX_2}{X_2} + \cdots + \beta_k\frac{dX_k}{X_k} + \beta_0 \quad (3)$$

其中 $\beta_0 = \frac{A}{Y}\frac{\partial Y}{\partial A}\frac{dA}{A}$ 表示经济制度变迁对总产出的贡献。因此可利用以下计量模型计量产业结构对经济增长的贡献:

$$\log Y = \beta_0 + \beta_1 \log X_1 + \beta_2 \log X_2 + \cdots + \beta_k \log X_k + \varepsilon \quad (4)$$

2. 产业结构与生产要素效率的关系

生产要素通过市场和政府的行政手段配置到一定的产业组织结构中才能发挥其生产的作用,因此,不同的产业结构会影响要素的生产效率。令 $x_i = X_i/Y (i = 1, 2, \cdots, k)$ 表示各产业的产出占总产出的比例,并用这个指标代表第 i 产业在整个产业结构中的大小。由 Cobb-Douglas 生产函数可得,把产业结构视为制度因素的要素生产函数为:

$$Y = K^{a_1x_1 + a_2x_2 + \cdots + a_kx_k} L^{\beta_1x_1 + \beta_2x_2 + \cdots + \beta_kx_k} e^{\gamma_1x_1 + \gamma_2x_2 + \cdots + \gamma_kx_k + \varepsilon} \quad (5)$$

其中 Y 表示总产出; K 表示资本使用量; L 表示劳动投入量。(5)式两端同时取对数,可得计量产业结构对生产规模和要素效率影响的经济计量模型:

$$\begin{aligned}\log(Y) = & (a_1x_1 + a_2x_2 + \cdots + a_kx_k)\log(K) \\ & + (\beta_1x_1 + \beta_2x_2 + \cdots + \beta_kx_k)\log(L) \\ & + \gamma_1x_1 + \gamma_2x_2 + \cdots + \gamma_3x_3 + \varepsilon\end{aligned} \quad (6)$$

三、数 据 说 明

1949 年至今,中国的经济体制发生了两次重大的变化,第一次发生在 20 世纪 50 年代的社会主义改造;第二次发生在 80 年代和 90 年代之间的市场化改革。本文主要研究市场体制下中国的产业结构对经济增长的影响,因此研究的主要对象是 20 世纪 80 年代和 90 年代之后的中国经济。产业划分和数据均取用国家统计局发表的《中国统计年鉴》上的产业划分和数据。根据《中国统计年鉴》的"各地区资本形成总额及构成表"、"各地区国内生产总值表"以及"各地区按三次产业划分的从业人员表"可得出各地区

1997—2000年的国内生产总值 Y、固定资本形成 K、从业人员 L、第一产业的产出量 X_1、第二产业的产出量 X_2、第三产业的产出量 X_3 以及第二产业和第三产业的二级行业的产出量,即工业 X_{21}、建筑业 X_{22}、农林牧渔的服务业 X_{301}、地质水利 X_{302}、交通邮电业 X_{303}、商业批发零售业 X_{304}、金融保险业 X_{305}、房地产业 X_{306}、社会服务业 X_{307}、体育卫生 X_{308}、文化教育 X_{309}、科学研究 X_{310}、国家机关 X_{311}。根据农林牧渔的服务业、地质水利、交通邮电业、商业批发零售业、金融保险业、房地产业、社会服务业、体育卫生、文化教育、科学研究和国家机关在第三产业中所占的比重,可由《中国统计年鉴》中的上述三张表推算出前面的所有解释变量在1996年至1992年的样本观测值。

利用各地区的样本观测值研究产业结构与经济增长之间的关系,主要原因是我国确立市场化改革目标和进行整体市场化改革的时间不长,如果利用国家总量样本观测值进行研究会出现样本容量和自由度过小的问题,并且会忽视地区间产业结构的差异对经济增长的影响。而利用各地区的样本观测值进行研究,不仅能够考虑到一种形态的产业结构随时间变化对经济增长的影响,同时还能够考虑到同一总体中其他形态的产业结构随时间变化对经济增长的影响。基于这些理由,我们采用各地区的样本观测数据来研究中国的产业结构变化对经济增长的影响。

四、对中国产业结构与经济增长的实证研究

根据各地区国内生产总值,第一、二、三产业在1992—2000年的样本观测值,并运用 Eviews 4.0 的经济计量软件可得以下的经济计量模型:①

$$\log(Y) = \underset{(32.16)}{1.019121} + \underset{(22.40)}{0.140366\log(X_1)} + \underset{(19.48)}{0.326895\log(X_2)}$$
$$+ \underset{(29.09)}{0.538285\log(X_3)} \qquad (7)$$

该回归方程的判决系数为 $R^2 = 0.998711$,而调整后的判决系数为 $\bar{R}^2 = 0.998667$,这说明第一、二、三产业对国内生产总值有整体的解释意义;D-W 统计量为 $R^2 = 1.716265$,说明回归方的残差项不存在序列相关,因此方程的参数估计在统计意义上是可置信的。根据第一产业、第二产业

---

① 回归模型中估计参数下面括号内的数是相应参数的 t 统计量。

和第三产业的划分方法以及方程(6)可知,第一产业的产出量增长1%会导致国内总产值增长0.140366%;第二产业的产出量增长1%会导致国内总产值增长0.326895%;第三产业的产出量增长1%会导致国内总产量增长0.538285%。而第一产业、第二产业和第三产业在国内总产出中的份额平均为19%、49%和32%(如图1所示)。由此可知,第一产业在国内总产出中的份额增加0.19%,国内总产出只会增加0.140366%;第二产业在国内总产出中的份额增加0.49%,则国内总产出只增加0.326895%;但是如果第三产业在国内总产出中的份额增加0.32%,则国内总产出将增加0.538285%。由此可见,扩大第三产业在国内生产总值中的比重会导致经济的良性增长。但由于第三产业对经济的影响与第一产业和第二产业对经济的影响有所不同,在市场经济条件下,第一产业和第二产业一般都是商业性的,但第三产业却不完全是商业性的,其中有一部分是商业性的,另一部分更重要的是制度性的,接下来我们将对细分的产业结构的经济贡献进行研究。

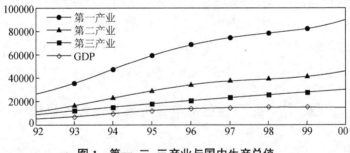

图1 第一、二、三产业与国内生产总值

用各地区国内生产总值、第一产业的产出量 X_1、第二产业中的工业 X_{21}、建筑业 X_{22},以及第三产业中的农林牧渔的服务业 X_{301}、地质水利 X_{302}、交通邮电业 X_{303}、商业批发零售业 X_{304}、金融保险业 X_{305}、房地产业 X_{306}、社会服务业 X_{307}、体育卫生 X_{308}、文化教育 X_{309}、科学研究 X_{310}、国家机关 X_{311} 的样本观测值对模型进行回归得方程:

$$\log Y = 2.535 + 0.083\log X_1 + 0.191\log X_{21} + 0.122\log X_{22}$$
$$(35.7)(7.5)(10.7)(3.5)$$
$$- 0.02\log X_{301} + 0.032\log X_{302} + 0.065\log X_{303}$$
$$(-1.8)(2.6)(3.1)$$
$$+ 0.237\log X_{304} + 0.042\log X_{305} + 0.031\log X_{306}$$
$$(9.3)(3.9)(3.4)$$

$$+ 0.061\log X_{307} + 0.124\log X_{308} + 0.012\log X_{309}$$
$$\quad\quad (3.8) \quad\quad\quad\quad (3.8) \quad\quad\quad\quad (0.3)$$
$$- 0.012\log X_{310} + 0.036\log X_{311}$$
$$\quad\quad (-1.1) \quad\quad\quad\quad (1.8)$$

该方程的判决系数为 $R^2 = 0.998721$，调整后判决系数为 $\bar{R}^2 = 0.998491$，D-W 统计量为 2.037809。从上述方程可以看出，农林牧渔的服务业 X_{301}、文化教育 X_{309}、科学研究 X_{310} 和国家机关 X_{311} 这四个行业与其他行业或经济制度（方程中截距项）出现了共线性，因而无法通过 t 检验。这说明这些部门还不是商业性的行业，它们对经济增长的影响是通过其他产业发生的，而自身对经济增长的影响并不显著。因此，可以将它们的影响归结为制度因素的影响。在上述方程中剔除农林牧渔的服务业 X_{301}、文化教育 X_{309}、科学研究 X_{310} 和国家机关 X_{311} 之后，对方程进行回归可得：

$$\log Y = 2.678 + 0.090\log X_{21} + 0.185\log X_{21}$$
$$\quad\quad (48.5) \quad\quad (9.5) \quad\quad\quad\quad (10.9)$$
$$+ 0.108\log X_{22} + 0.034\log X_{302} + 0.086\log X_{303}$$
$$\quad\quad (4.4) \quad\quad\quad\quad (2.7) \quad\quad\quad\quad (4.7)$$
$$+ 0.221\log X_{304} + 0.048\log X_{305} + 0.031\log X_{306}$$
$$\quad\quad (10.0) \quad\quad\quad\quad (4.6) \quad\quad\quad\quad (3.3)$$
$$+ 0.058\log X_{307} + 0.144\log X_{308} \quad\quad\quad\quad (8)$$
$$\quad\quad (3.9) \quad\quad\quad\quad (7.7)$$

该方程的判决系数为 $R^2 = 0.998598$，调整后的判决系数为 $\bar{R}^2 = 0.998427$，D-W 统计量为 2.0665，这说明方程中的 t 检验在统计上是有意义的，并且所有的估计参数都显著不为零。从方程可知第一产业 X_1 增长 1% 会导致国内生产总值增长 0.09%，工业 X_{21} 增长 1% 会导致国内生产总值增长 0.185%，建筑业 X_{22} 增长 1% 会导致国内总产值增长 0.108%，地质勘察、水利管理业 X_{302} 增长 1% 会导致国内生产总值增长 0.034%，交通运输仓储及邮电通信业 X_{303} 增长 1% 会导致国内生产总值增长 0.086%，商业批发零售贸易及餐饮业 X_{304} 增长 1% 会导致国内生产总值增长 0.221%，金融保险业 X_{305} 增长 1% 会导致国内生产总值增长 0.048%，房地产业 X_{306} 增长 1% 会导致国内生产总值增长 0.031%，社会服务业 X_{307} 增长 1% 会导致国内生产总值增长 0.058%，体育卫生和社会福利业 X_{308} 增长 1% 会导致国内生产总值增长 0.144%；而农林牧渔的服务业 X_{301}、文化教育 X_{309}、科学研究 X_{310} 和国家机关 X_{311} 等四个部门还不能算是商业化的产业部门，只能算制度性的部门，因此它们对经济的影响是通过其他行业和制度水平间接地发生的。以 2000 年为例,第一产业 X_1 占国内生产总值的比重为 15.3%,工业 X_{21} 占国内生产总值的比重为 40.6%,建筑业 X_{22} 占国内生产总值的比重为 6.5%,农林牧渔的服务业 X_{301} 占国内生产总值的比重为 0.2%,地质水利 X_{302} 占国内生产总值的比重为 0.3%,交通邮电业 X_{303} 占国内生产总值的比重为 7.6%,商业批发零售业 X_{304} 占国内生产总值的比重为 10.1%,金融保险业 X_{305} 占国内生产总值的比重为 4.7%,房地产业 X_{306} 占国内生产总值的比重为 3.2%,社会服务业 X_{307} 占国内生产总值的比重为 3.5%,体育卫生 X_{308} 占国内生产总值的比重为 1.3%,文化教育 X_{309} 占国内生产总值的比重为 2.7%,科学研究 X_{310} 占国内生产总值的比重为 0.6%,国家机关 X_{311} 占国内生产总值的比重为 2.8%,其他行业占国内生总值的比重为 0.6%。由此可推知,第一产业 X_1 在国内生产总值的份额增加 0.153%,国内生产总值将增加 0.09%;工业 X_{21} 在国内生产总值的份额增加 0.406%,国内生产总值将增加 0.185%;建筑业 X_{22} 在国内生产总值中的份额增加 0.065%,国内总产值将增加 0.108%;地质勘察、水利管理业 X_{302} 在国内生产总值的份额增加 0.003%,国内生产总值将增加 0.034%;交通运输仓储及邮电通信业 X_{303} 在国内生产总值的份额增加 0.076%,国内生产总值将增加 0.086%;商业批发零售贸易及餐饮业 X_{304} 在国内生产总值的份额增加 0.101%,国内生产总值将增加 0.221%;金融保险业 X_{305} 在国内生产总值的份额增加 0.047%,国内生产总值将增加 0.048%;房地产业 X_{306} 在国内生产总值的份额增加 0.032%,国内生产总值将增加 0.031%;社会服务业 X_{307} 在国内生产总值的份额增加 0.035%,国内生产总值将增加 0.058%;体育卫生和社会福利业 X_{308} 在国内生产总值的份额增加 0.013%,国内生产总值将增加 0.144%。因此各行业在国内生产总值中的份额增加 1% 时,所导致的国内生产总值的增加分别为地质勘察、水利管理业 X_{302} 11.333%,体育卫生和社会福利业 X_{308} 11.077%,商业批发零售贸易及餐饮业 X_{304} 2.188%,建筑业 X_{22} 1.662%,社会服务业 X_{307} 1.657%,交通运输仓储及邮电通信业 X_{303} 1.132%,金融保险业 X_{305} 1.021%,房地产业 X_{306} 0.968%,第一产业 X_1 0.588%,工业 X_{21} 0.406%。

由上述的经济计量和指标分析可知,在中国经济中能最有效地拉动经济增长的第一是地质勘察和水利管理业、体育卫生和社会福利业,然而这些都是经济的边缘行业,在经济中的份额很小,不可能成为经济增长的主要源泉;第二是商业批发零售贸易及餐饮业、建筑业和社会服务业,这些行业可成为中国经济短期增长的支柱行业,但很难成为经济长期增长的推动力;第三是交通运输仓储及邮电通信业和金融保险业;第四是房地产业、农业和工业。这说明中国经济的增长主要是通过制度改革由第三产业拉动的,但从长期角度来看,中国经济要维持长期稳定的经济高增长就必须改造传统的农业结构和生产方式,同时还必须改革传统工业的生产组织形式和生产结构,并利用资金和新技术提升工业的生产方式。此外,通过方程(7)和(8)的比较可得,在中国经济第三产业中,文化、教育和科学研究还没有商业化或产业化,只是社会制度的一部分,没有对经济产生直接的影响作用。未来中国可以通过办学主体的多元化和办学形式的多样化使教育产业化,并以高新技术产业为契机使科学研究和相关的技术性服务产业化,使教育和科学研究成为直接推动经济增长的因素,并以此扩大国内生产总值的总量。

五、产业结构与生产规模和要素效率的实证分析

前面分析了产业结构对经济增长的因素分析,但是这些产业是以哪一种方式影响经济增长的,是影响经济的生产规模,还是影响要素的生产效率? 在此将对这个问题作深入的实证分析。利用各地区国内生产总值、固定资产、从业人员,以及第一、二、三产业在总产值中的比重等样本观测值对方程(6)进行回归可得:

$$\log Y = -\underset{(-0.13)}{0.056494 x_1 \log K} + \underset{(4.36)}{1.83969 x_2 \log K} + \underset{(0.83)}{0.370581 x_3 \log K}$$
$$+ \underset{(0.33)}{0.132768 x_1 \log L} - \underset{(-1.96)}{0.921258 x_2 \log L} + \underset{(3.23)}{1.503670 x_3 \log L}$$
$$+ \underset{(2.54)}{7.258636 x_1} + \underset{(1.53)}{2.390468 x_2} - \underset{(-2.38)}{6.261157 x_3}$$

其中 x_1、x_2、x_3 分别表示第一产业、第二产业和第三产业在国内生产总值中的比重。该方程的判决系数 $R^2 = 0.966713$,调整后的判决系数 $\bar{R}^2 = 0.963543$,D-W 统计量为 1.054。从方程可以看出,$x_1 \log K$、$x_3 \log K$ 以及 $x_1 \log L$ 与其他变量之间出现了多重共线性,将这些变量从方程中剔除再回归可得:

$$\log Y = \underset{(14.5)}{2.13 x_2 \log K} - \underset{(-4.9)}{1.27 x_2 \log L} + \underset{(9.4)}{2.00 x_3 \log L}$$
$$+ \underset{(19.3)}{7.64 x_1} + \underset{(2.1)}{2.87 x_2} - \underset{(-4.9)}{7.13 x_3} \qquad (9)$$

该方程的判决系数 $R^2 = 0.966059$, 调整后的判决系数为 $\bar{R}^2 = 0.964109$, D-W 统计量为 1.133012。与前一个方程相比, 该方程调整后的判决系数和 D-W 统计量都有所提高, 这意味着剔除共线性变量之后, 提高了方程解释程度。由方程(9)可知, 第一产业不影响要素的生产效率, 而只影响经济的生产规模, 这种影响是一种正的影响; 第二产业不仅影响经济的规模, 同时还影响资本要素和劳动要素的生产效率, 但其对经济规模和资本效率的影响是正影响, 而对劳动效率的影响却是负影响; 第三产业只对劳动效率产生影响, 而对资本效率不产生影响, 同时还对经济的规模产生负影响。虽然从方程中可以得出这样一些结论, 但由于回归方程的 D-W 统计量未接近 2, 因此很难说回归的残差项不存在序列相关。为消除这种疑虑, 将各产业对经济规模的互动影响考虑到方程中, 并进行回归可得:

$$\log Y = \underset{(15.1)}{2.04 x_2 \log K} - \underset{(-7.4)}{1.72 x_2 \log L} + \underset{(11.9)}{2.54 x_3 \log L} + \underset{(5.2)}{9.95 x_1}$$
$$+ \underset{(62)}{11.64 x_2} - \underset{(-2.7)}{4.13 x_3} - \underset{(-1.9)}{5.87 x_1 x_2} - \underset{(-6.2)}{22.95 x_2 x_3}$$
$$- \underset{(-3.9)}{13.12 x_1 x_3} \qquad (10)$$

该方程的判决系数 $R^2 = 0.979309$, 调整后的判决系数 $\bar{R}^2 = 0.977338$, D-W 统计量为 1.60。比方程(9)的判决系数和 D-W 统计量都有所提高, 只是第一产业和第二产业的互动参数显著性不高, 剔除该影响因素再回归可得:

$$\log Y = \underset{(18.3)}{2.16 x_2 \log K} - \underset{(-7.5)}{1.76 x_2 \log L} + \underset{(11.6)}{2.44 x_3 \log L} + \underset{(6.0)}{7.19 x_1}$$
$$+ \underset{(5.8)}{10.81 x_2} - \underset{(-2.1)}{2.98 x_3} - \underset{(-6.5)}{24.04 x_2 x_3} - \underset{(-3.4)}{10.37 x_1 x_3} \qquad (11)$$

该方程的判决系数 $R^2 = 0.978460$, 调整后的判决系数 $\bar{R}^2 = 0.976686$, D-W 统计量为 1.65。与方程(9)相比, 方程(11)的判决系数和 D-W 统计量都有所提高, 并且所有的估计参数都通过了 t 检验, 这说明方程(11)很好地描述了中国的产业结构对经济的生产规模和要素效率的影响。由方程可知, 第一产业不影响要素的生产效率, 而只影响经济的生产规模, 这种影响是一种正作用, 但随着第三产业的增加会减少第一产业对经济规模的这种正作用, 这种影响作用为 $e^{7.19-10.37 x_3}$, 它表示第一产业在国内生产总值中的比例若增加 1%, 则经济规模将增至 $e^{(7.19-10.37 x_3)}$%, 以 2000 年为例, 经济规模将增至 $e^{(7.19-10.37 \times 0.376)}$% ≈ 1.033, 由此可以看出第三产业的增加会使第一产业的规模效应受损,并且如果第三产业在国内生产总值中的比例超过 69.33%(=7.19/10.37),将抵消第一产业对经济规模的这种正效应;第二产业不仅影响经济的规模,同时还影响资本要素和劳动要素的生产效率,它对资本的生产效率产生正影响,而对劳动的生产效率产生负影响,如果第二产业在国内生产总值中的比重增加 1%,则资本的产出弹性将增加 0.0216,而劳动的产出弹性将减少 0.0176,经济的规模将增至 $e^{(10.81-24.04x_3)}$%,以 2000 年为例,经济规模将增至 $e^{(10.81-24.04\times0.376)}$% ≈1.018,并且如果第三产业在国内生产总值中的比例超过 44.97%(=10.81/24.04),将抵消第二产业对经济规模的这种正效应;第三产业只对劳动效率产生影响,而对资本效率不产生影响,同时还对经济的规模产生负影响,如果第三产业在国内生产总值中的比重增加 1%,那么劳动要素的产出弹性将增加 0.0244,而经济规模将减至 $e^{-(2.98+10.37x_1+24.04x_2)}$%,以 2000 年为例,经济规模将减至 $e^{-(2.98+10.37\times0.153+24.04\times0.471)}$% ≈0.869。

从上述的经济计量分析中可以看出,在市场化的中国经济中,第一产业(主要是农业)在国内生产总值中的比重增加,有助于经济规模的扩大,但无助于劳动和资本收入的增加;第二产业在国内生产总值中的比重增加,不仅有助于经济规模的扩大,而且还有助于资本收益的增加,但会减少劳动收入,使资本所有者和劳动者之间的收入差距拉大;第三产业在国内生产总值中的比重增加,会降低经济规模,但有助于劳动生产效率的提高,也就有助于劳动收入的增加,由此可以看出第三产业能够缩小资本所有者和劳动者之间贫富差距的作用,但是这种作用是以降低经济增长规模作为代价的,它的作用非常有限。其原因就在于,在中国经济中第三产业在国内生产总值中的比重是有一个限度的,一旦超过这个限度,就会导致经济衰退。比如当第三产业的比重超过 44.97%就会抵消第二产业对经济增长的拉动,而当第三产业的比重超过 69.33%就会抵消第一产业对经济增长的拉动,如果第一产业和第二产业对经济增长的拉动都被抵消,经济必将步入衰退。由此可以推知,第三产业的发展必须以第一和第二产业的发展为前提,一味地扩大第三产业在国内生产总值中的比重,也就是单方面强调发展第三产业,会使经济步入衰退。

六、结 论

通过实证分析产业结构对中国经济增长的贡献可知,在中国经济中最有效地拉动经济增长的产业,除建筑业外几乎全是第三产业的部门。贡献的效率依次是地质勘察和水利管理业、体育卫生和社会福利业、商业批发零售贸易及餐饮业、建筑业、社会服务业、交通运输仓储及邮电通信业、金融保险业、房地产业、农业和工业。这说明过去中国经济的增长主要是通过制度改革由第三产业(包括建筑业)拉动的。然而通过产业结构对经济规模和要素效率的实证分析可知,对中国经济规模产生正效应的是第一产业和第二产业,而第三产业产生的却是负效应。因此,中国经济要维持长期稳定的经济高增长就必须改造传统的农业结构和生产方式,同时还必须改革传统工业的生产组织形式和生产结构,并利用新技术提升工业的生产方式,以提高第一产业和第二产业对经济增长贡献的效率。

此外,在中国经济的第三产业划分中,文化、教育和科学研究还没有商业化或产业化,它们只是社会制度的一部分,没有对经济产生直接的影响。如果通过办学主体的多元化和办学形式的多样化使教育产业化,并以高新技术产业为契机使科学研究和相关的技术性服务产业化,会使教育和科学研究成为直接推动经济增长的因素,从而推动中国经济的进一步增长。但是,这种产业化不是无条件的。通过产业结构对经济规模和要素效率的实证分析可知,这种产业化导致的经济增长主要是通过提高劳动的生产效率达到的,但它会抵消第一产业和第二产业对经济的规模效应,因此没有一定的第一产业和第二产业作为基础,文化、教育和科学研究的产业化不仅不会对经济增长有贡献,反而会阻碍经济增长。所以,文化、教育和科学研究的产业化必须与第一产业和第二产业的发展联系起来,并渐进地产业化。

通过产业结构对经济规模和要素效率的实证分析可以看出,在中国的市场经济中,扩大第一产业(主要是农业)在国内生产总值中的比重,会扩大经济的规模,但不会增加劳动和资本的收入;增加第二产业在国内生产总值中的比重,不仅会扩大经济的规模,而且还能增加资本生产的效率和减少劳动的生产效率,从而增加资本所有者的收入,减少劳动者收入,因此扩大了资本所有者和劳动者之间的收入差距;扩大第三产业在国内生产总值中的比重,会降低经济规模,但有助于劳动生产效率的提高,从而有助于劳动收入的增加,由此可见,第三产业起到缩小资本所有者和劳动者之间贫富差距的作用,但是这种作用是以降低经济增长规模为代价的,并且如果第三产业在国内生产总值中的比重超过一定限度,就会导致经济衰退。因此,第三产业的发展必须以第一和第二产业的发展为前提,单方面强调发展第三产业,只会使经济达到短期的增长,而后步入长期的衰退之中。

参 考 文 献

1. 刘伟:《工业化进程中的产业结构研究》,中国人民大学出版社 1995 年版。
2. Baxter, Marianne, Fiscal Policy, Specialization, and Trade in the Tow-sector Model: The Return of Ricardo?, *The Journal of Political Economy*, 1992, 100, 713—744.
3. Beason, Richard and David E. Weinstein, Growth, Economies of Scale, and Targeting in Japan (1955—1990), *The Review of Economics and Statistics*, 1996, 78, 285—295.
4. Bedrossian, Arakel and Demetrios Moschos, Industrial Structure, Concentration and the Speed of Price Adjustment, *Journal of Industrial Economics*, 1988, 36, 459—475.
5. Chenery, Hollis B., Patterns of Industrial Growth, *The American Economic Review*, 1960, 50, 624—654.
6. Dasgupta, Partha and Joseph Stiglitz, Industrial Structure and the Nature of Innovative Activity, *The Economic Journal*, 1980, 266—293.
7. Dasgupta, Partha and Joseph Stiglitz, Uncertainty, Industrial Structure, and the Speed of R&D, *The Bell Journal of Economics*, 1980, 11, 1—28.
8. Gabel, H. Landis, A Simultaneous Equation Analysis of the Structure and Performance of the United States Petroleum Refining Industry, *Journal of Industrial Economics*, 1979, 28, 89—104.
9. George, Kenneth D., Concentration and Specialization in Industry, *Journal of Industrial Economics*, 1972, 20, 107—121.
10. George, Kenneth D., The Changing Structure of Competitive Industry, *The Economic Journal*, 1972, 82, 353—368.
11. Gregory, Paul and James M. Griffin, Secular and Cross-Section Industrialization Patterns: Some Further Evidence on the Kuznets-Chenery Controversy, *The Review of Economics and Statistics*, 1974, 56, 360—368.
12. Kuznets, Simon, National Income and Industrial Structure, *Econometrica*, 1949, 17, 205—241.
13. Kuznets, Simon, Quantitative Aspects of the Economic Growth of Nations: II. Industrial Distribution of National Product and Labor Force, *Economic Development and Culture Change*, 1957, 5, suppl.
14. Romer, David, *Advanced Macroeconomics*, Boston: McGraw-Hill, 2000.
15. Sacks, Stephen R., Changing in Industrial Structure in Yugoslavia, 1959—1968, *The Journal of Political Economy*, 1972, 80, 561—574.
16. Ueno, Hiroya, A Long-Term Model of Economic Growth of Japan 1906—1968, *International Economic Review*, 1972, 13, 619—643.

私有经济
与
民营企业

经济"软着陆"与非国有经济[*]

中国经济"软着陆"是一个并不十分严格但却较形象地体现我国经济运行特征的概括,指的是自1993年实行宏观经济紧缩性调控以来,我国创造的高速经济增长与低通货膨胀并行的增长奇迹。对于这一增长奇迹人们可以从多方面加以解释,比如从我国改革所逐渐培育的市场机制作用逐渐强化的机制原因上分析,从依据转变的经济运行机制有效地推出相应宏观政策,特别是金融体制改革和货币政策的作用上展开考察,等等。本文则集中从制度结构的演变,即从所有制结构的变化上,特别是从多种所有制经济发展及公有制实现形式多样化的制度演进中,考察我国经济"软着陆"的根本成因。

一、国有经济的成长:"软着陆"中 经济高速增长的主要支撑

改革开放以来,特别是党的十四大以来,我国经济体制向着市场经济演进的最为根本的制度原因在于所有制结构的变化,即以公有制为主体,多种所有制经济共同发展的社会主义初级阶段的基本经济制度逐渐形成。在这一所有制结构变化中,最为突出的特点表现为两方面:一方面,国有资产比重迅速下降,非国有资产比重持续上升;另一方面,非公有制比重不断提高,但公有制的主体地位稳固。据统计,国有资产占全社会资产比重,已由1978年的88%降到1995年的67%。以独立核算的工业企业资产为例,1985—1995年,国有企业资产占独立核算的全部工业企业资产比重从85.4%降为65%左右,10年间平均每年下降2个百分点左右;国有企业流动资产年均余额占全部独立核算企业流动资产年均余额比重由71.7%降到57.6%,年均下降1.4个百分点。到1995年,在我国工业经济中,国有资

---

[*] 本文原载于《经济研究》1998年第4期。

产比重约为65%,集体公有资产比重约为16%,股份企业(其中国家股和企业法人股合计平均为63%)约为5%,各种非公有制经济资产(个体、私营资产等)所占比重约为13%。农业经济中基本上为非国有经济,其中又以集体公有制为主。第三产业中由于不同部门差异极大,难以准确统计其各种经济性质的资产比重,但并不能由此否定公有制为主体,多种所有制经济共同发展的总格局。在这一格局中,在国有资产比重下降的同时,公有制仍保持主体地位是显然的。

1. 非国有经济是1993—1996年我国经济增长因素形成的主要推动者

一般而言,推动一国经济增长的主要因素在于总需求的扩张,即总需求拉动总供给的增长。总需求又可分解为投资需求(在我国,投资需求约占总需求的34%—39%)、消费需求(据测算,我国消费需求约占总需求的40%—49%)以及出口需求(据测算,我国出口需求约占总需求的15%—25%)。我国经济之所以能在1993—1996年实行宏观紧缩的条件下,实现高速增长,主要原因在于非国有经济对总需求的拉动。

从投资需求来看,以全社会每年新增固定资产投资为例,非国有经济每年固定资产投资增长率明显高于国有经济。1993—1996年,国有经济固定资产投资平均每年增长23%,低于全社会平均固定资产投资增长率0.2个百分点;同期,非国有经济中,集体经济固定资产投资年均增长率为28.7%,个体经济为28.6%,其他经济为52.6%。由于固定资产投资年增长率上的不同,导致不同类型的经济占全社会固定资产投资的比重发生变化,其中国有经济比重从1993年的60.6%下降至52.2%,而各类非国有经济比重则由不足40%上升为47.8%。因而,从投资需求增长进而带动总需求增长的角度来看,非国有经济对总需求的刺激作用是不断加强的,其提升速度远大于国有经济。①

从消费需求来看,以社会消费品零售总额来反映消费需求变化。1994—1996年②,国有经济的社会消费品零售总额增长速度低于非国有经济。1994年较1993年,除国有商业经济实现的消费品零售总额增长速度为-13%,而非国有经济中除集体商业实现的消费品零售总额增长率为-3.58%外,其他非国有经济均为正增长,其中联营经济增长率为

---

① 资料来源:国家统计局,《中国统计年鉴》(1997)。
② 1993年与1992年不可比,1992年前是社会商品零售总额,其中包括农业生产资料;1993年后改为社会消费品零售总额。

51.85%,个体经济增长率为20.08%,其他经济增长率为17.90%;1995年较1994年,国有经济增长率仅为0.95%,非国有经济中的集体经济增长0.51%,联营经济增长-11.41%,个体经济增长15.17%,其他经济增长18.12%;1996年较1995年,国有经济增长率为3.55%,非国有经济中的集体经济增长率为10.52%,联营经济增长率为41.36%,个体经济增长率为12.09%,其他经济增长率为25.7%。这种消费品零售总额增长速度的差异,使国有经济与非国有经济在社会消费品零售总额中所占比重发生了根本变化,国有经济由1994年占39%以上降为1996年占28%,非国有经济则占到72%。这表明,在消费品零售,进而推动消费需求实现的过程中,国有经济的作用越来越低于非国有经济。①

从创造出口需求来看,仅以非国有经济中的外商和乡镇企业为例。1994—1996年,外商企业出口额每年增长速度均在31%以上,乡镇企业出口增长速度在"八五"期间平均每年为63.5%,1996年比1995年又增长11%,均远远高于同期全国平均出口增长率。到1996年,外商企业出口额占我国全部出口额比重已达41%,乡镇企业出口额已占全国外贸出口额的35.7%,仅此两项合计便高达76.7%。可见,出口需求主要是由非国有经济创造的。②

2. 非国有经济是1993—1996年我国GDP增长的主要贡献者

下面分别考察三大产业GDP中非国有经济的贡献。

在第一产业中,1996年国有经济(国营经济)创造的农业产值仅占农业总产值2.77%,也就是说,非国有经济在农业中的实际贡献高达97%以上,应当说,这一比例多年来是基本相近的。在第二产业中,以工业为例,国有工业产值占工业总产值比重自1993年的47%下降为1996年的28.8%,非国有工业产值比重则由53%上升为71.2%。把建筑业计算在内,到1996年,整个第二产业中,非国有经济产值已占70.12%,国有经济只占29.88%。在第三产业中,比重最高的是商业(约占第三产业产值的26%左右),而后依次是金融保险业(20%)、运输邮电业(16%)、服务业(11%)、科教文卫及社会福利(10%)、国家机关及社会团体(9%)、房地产业(6%)、公用事业(1.4%),其中许多部门是由国家垄断的行业。在非国有经济存在较

---

① 资料来源:国家统计局,《中国统计年鉴》(1997)。
② 陈锦华主编:《1996年中国国民经济和社会发展报告》,中国计划出版社1997年版;农业部乡镇企业局编:《全国乡镇企业基本情况及经济运行分析》(1996)。

多的领域,即商业和服务业中,社会消费品零售总额中国有经济约占28%,非国有经济约占72%以上。由于商业占第三产业产值的总比重为26%,这样非国有商业在整个第三产业产值中的贡献为20%;服务业则基本上是非国有经济,由于服务业占第三产业产值比重为11%,这部分可以基本上视为非国有经济贡献。两项合计,非国有经济在第三产业中所作贡献约为30%。

以三大产业的产值及所占比重作为权数,综合计算非国有经济对GDP的贡献。1996年,第一产业中非国有经济创造的增加值为13 467.67亿元(按占全部第一产业产值比重的97%计),第二产业中非国有经济创造的增加值为23 529亿元(按占全部第二产业产值比重的70%计),第三产业中非国有经济创造的增加值为6 329亿元(按占全部第三产业产值比重的30%计)。将上述三大产业产值合计,再比上1996年全国的国内生产总值,非国有经济的贡献约为63.2%,国有经济的贡献则为36.8%。

二、国有经济发展:"软着陆"中低通胀得以实现的重要力量

通货膨胀的根本原因在于经济失衡,尤其是总供给与总需求的失衡,需求严重超过供给,拉动价格上升并迫使货币供给增加。考察非国有经济在实现低通胀中的作用,也应当从非国有经济发展对于缓解供求矛盾所起的作用入手。

1. 从总供给来看,非国有经济发展对于抑制通货膨胀的作用大于国有经济

从总供给方面缓解通货膨胀,关键在于形成有效的总供给,即要保证较高的劳动生产率和经济效益。以工业企业资金利税率为例,1996年全国独立核算工业企业百元固定资产利税率为9.8%,而同期国有工业企业仅为7.87%;全国独立核算工业企业百元资金利税率为7.11%,而同期国有工业企业仅为6.54%;全国独立核算工业企业流动资产年周转次数为1.53次,而同期国有工业企业仅为1.38次。显然,国有企业资金利用效率低于国有与非国有经济的平均数,更低于非国有经济。[①] 由此,一方面在使投资

---

① 资料来源:国家统计局,《中国统计年鉴》(1997)。

迅速形成供给的效率上国有经济低于非国有经济,另一方面国有经济又因此形成更大的资金需求,使其在缓和总供给与总需求的矛盾中难以有效发挥作用。非国有经济虽然在投资需求方面增长速度高于国有经济,但由于其资金利用效率较高,形成供给能力速度较快,因而并未因此而形成更大的通货膨胀压力,并未因此而加剧总供给与总需求的矛盾。

在我国现阶段,从供给方面抑制通货膨胀,农产品供给状况有着重要作用。1994年我国出现的20%以上的通货膨胀,从供给方面探究,重要的原因在于农产品供给不足,或者说农产品价格逐步放开之后,农产品由原来的扭曲低价恢复到真正反映供求状况的真实价格之后,拉动整个物价上升。据测算,这种拉动作用对1994年的通货膨胀至少起到50%以上的作用。而1996年"软着陆"之所以取得成功,重要的原因也在于伴随着前几年粮食价格的调整,农民积极性提高,使粮食生产比大丰收的1995年增长5%,粮价在供给不断增长的条件下趋于稳定。而在农业产值中,97%左右属于非国有经济的贡献。[1]

2. 从总需求方面来看,非国有经济发展对于缓解通货膨胀压力起着至关重要的作用

从对货币资金的信贷需求来看,我国自1993年下半年开始实行从紧的货币政策,在成功地抑制总需求进而抑制通货膨胀的同时,并未对经济增长造成严重副作用,经济增长仍持续保持高速度,重要的原因在于非国有经济在紧缩的货币政策下,具有更强的生存和竞争能力;非国有企业贷款比重较低。据统计,到1996年末,全国银行贷款总额中,贷给国有经济的占87%左右,贷给非国有经济的不到13%。[2] 但同期非国有经济却创造GDP总量的63%以上,这既反映出非国有经济的资金效率高、回收快、流转快、还贷能力强,也表明信贷需求的主要压力不是来自非国有经济,信贷规模过量而导致通货膨胀的主要原因不仅不在于非国有经济,相反,正是由于非国有经济资金效率较高,在创造相应的GDP总值过程中,相对地减轻了货币过量供给。

从减轻财政赤字的作用来看,一方面,非国有经济对财政的直接依赖程度很低,财政并不给予非国有经济补贴,也没有对非国有企业给予资本金和各种政策信贷支持,同时,非国有经济人员的工资、福利也不由财政转移支

---

[1] 李晓西博士作为《1996中国改革发展报告》中非国有经济部分的负责人之一,在其提交的报告中对农业发展缓和通胀压力上的作用进行了深入分析,本文在此引用了他的判断。

[2] 参见中国市场经济决策信息咨询网络:《特供》信息,1998年第7期。

付,因此,非国有经济发展对于财政赤字生成的压力不大;另一方面,1993年以来,非国有经济对国家财政的贡献一直保持稳中略升的势头,1993年至1995年来自非国有经济的财政收入在国家财政总收入中所占比重分别为28.4%、28.6%、28.9%。这表明,在我国经济"软着陆"过程中,在减缓导致通货膨胀的重要原因之一的财政赤字方面,非国有经济是起了积极作用的,而且今后这种作用会越来越显著。①

从平滑总需求波动周期来看,以投资需求为例,我国非国有经济特别是其中的非公有经济的投资需求增长具有一定的反周期性特征。在1993年全国投资热潮高涨时,固定资产投资增长最快的是国有经济和集体经济,分别达到44.1%和70.5%。当实行紧缩后,国有经济投资需求增长速度大幅下降,猛降为21.3%,1995年又猛降为13.3%,只是到1996年才略有回升,达到13.4%。而非国有经济中个体经济在1993年固定资产投资增长率最低,仅为20.8%,不仅低于国有经济,而且远低于全国当年61.8%的平均值。1994年,宏观紧缩调控政策开始发生作用之后,非国有经济,尤其是其中的非公有经济固定资产投资需求增长率不仅未下降,反而显著上升,其中其他经济上升至99.4%,个体经济上升至33.5%。此后在1995、1996年,其投资需求增长率虽有下降,但也远高于同期全国平均增长水平。这说明,非国有经济发展对于市场需求的真实变化反映是较灵敏的。这种灵敏当然与其财产制度,进而与其受市场约束力度较强有关。可见,非国有经济发展在平滑经济周期上,在避免经济大起大落从而实现"软着陆"上,在紧缩需求抑制通胀的宏观调控中,从而在实现经济高速增长上起到了重要作用。②

总之,我国之所以能够创造高经济增长与低通货膨胀并行的经济奇迹,根本原因之一在于经济体制改革所带来的财产制度变化,在于改革过程中的非国有经济成长。党的十五大把社会主义初级阶段的基本经济制度明确概括为公有制为主体,国有制为主导,多种所有制经济共同发展。这就明确告诉我们,我们现阶段的社会主义社会的所有制基础不是单一的公有制,而是公有制为主体与非公有制经济共同构成统一的不可分割的社会主义基本经济制度。非公有制经济不是社会主义社会基本经济制度之外的有别于社会主义经济制度的补充,而是社会主义社会基本经济制度内在的有机组成部分;公有制经济为主体并不是国有制为主体,国有制应当掌握国民经济命

---

① 资料来源:国家统计局,《中国统计年鉴》(1997)。
② 同上。

脉进而主导经济发展,但更多的公有制经济则需通过改革创造有别于传统国有制的新型的公有制实现形式。这个制度建设过程必然是公有制主体地位不断壮大,而非国有经济不断成长的过程。实践表明,特别是我国经济成功实现"软着陆"的事实说明,建立这样的财产制度,不仅是社会主义市场经济体制发育的要求,而且是我国经济增长和发展的要求。

当代中国私营资本的产权特征*

可以说,中国目前的私营资本,具备了私有的基本性质,但还不是纯粹的私有;具备了资本的基本属性,但还不是完全的资本。中国私营资本企业发展中遇到的其他许多问题,在管理上和成长中遇到的许多局限,大都直接或间接地与这种产权制度特征相联系。

一、私营资本的产权主体具有超经济性质

如果说在改革开放之前的新中国,企业产权,包括国有企业和集体企业产权的超经济性质集中表现为对国家政治及行政权力的依附,并被不同程度地纳入行政管理网络,那么,在当代中国,相当一部分私营资本在产权主体上则带有强烈的血缘、亲缘、地缘性,这使私营资本在产权主体上不能不具有浓厚的宗法性。显然,具有宗法性质的企业产权,在运行中不能不在相当大的程度上受宗法规则支配,而不是严格地受市场规则约束。这是当代中国私营资本中的相当一部分之所以难以适应市场竞争的重要制度根源。

所谓"血缘",是指相当一部分当代中国私营资本在创业和原始积累过程中,以家庭血缘关系为基本纽带联结成为统一的创业积累主体,家庭成员共同成为企业资本的所有者,家庭成员在企业资本中的权利位置在相当大的程度上服从家庭宗法、伦理关系的制约,因而父子、夫妻、兄弟、姐妹等家庭关系深深地笼罩着企业产权。这种以血缘关系为纽带结成的私营资本从一开始便是家企不分,以家资合一为基础。这就使得企业的竞争活动和管理等不能不受"家长"意志的左右。这种以血缘为纽带的产权主体,在创业初期或企业发展的一定阶段,可以更多地享受家庭成员之间相互"忠诚"所带来的便利,享受家庭成员相互间的"信任"所带来的低廉的监督成本,但当企业成长到一定程度,这种家企合一的产权,无论是从其产权的家庭血缘关

---

* 本文原载于《经济科学》2000 年第 2 期。

系本身固有的对社会的封闭性上,还是从其产权运用中的家长制式的宗法性上,均可能与现代市场经济竞争产生深刻的矛盾。

所谓"亲缘",是指相当一部分私营资本的产权主体是以家庭亲缘关系为基础形成的,也就是说是以若干个具有亲属关系的家庭,或只有亲属关系的个人联合为一体,共同成为企业的所有者,但各自在企业权利网络中的位置,除取决于各自对企业的作用、贡献外,往往同时还受其在家族中的地位的影响,受其与企业核心人物的血缘、亲缘关系的远近的影响。这种以亲属、家族关系为背景形成的产权主体,不能不具有族企不分的特征,这种族企不分的制度同样具有宗法性,而且家族亲缘关系同样会深刻地影响企业产权的运用。在企业创业发展初期,这种家族亲缘关系可能会为企业发展提供有利的支持,因为家族的力量毕竟大于单个家庭的能力;在企业发展的初期阶段,借助于家族关系,相互间的了解和监督成本也可能较低,至少可以借助亲缘网络对企业进行更严密的控制和更可靠的监督。虽然家族成员之间不乏忠诚,但当企业成长到一定程度,家族亲缘关系的封闭性、有限性同样成为企业制度现代化的障碍,家族亲缘关系天然具有的宗法性、依赖性同样成为企业管理权威性的威胁。

所谓"地缘",是指相当一部分私营资本的创业,是在所谓"离土不离乡"或"离乡不离地"的条件下进行的,也就是说,是由原来的农业中游离出来的资本,虽然转入非农产业,但仍未离开自然村落,仍未脱离本乡、本镇;或者虽然是在城市发展起来的私人资本,但并未脱离诸如街道、本市县等地方性的社会网络。甚至正是借助于本乡、本土、本地的种种社会关系,寻找到了特别的发展机会。而地方性的复杂社会关系之所以为其提供便利,除多年形成的朋友亲情关系的呵护外,重要的是就地缘关系而言,相互间比较了解,信息较为充分也容易获得,信任关系易于建立,同时,在经济利益上也容易相互渗透。然而,朋友间的社会关系的支持,也要索取回报,任何一种支出都是一定的"投资",当企业成长到一定程度,这种社会关系对企业的索取压力便会日益增大,甚至要求直接占有或分割企业的产权,或者会越来越多的直接干预企业的管理,包括企业的投资行为、分配行为,尤其是干预企业的用人行为。企业产权的运用和经营不能不受到曾经给企业以支持、呵护的地缘人际关系的多方面的影响,这种影响与现代化企业制度、与现代市场制度的要求往往是矛盾的。

当代中国私营资本产权主体上的这种超经济性,这种以"三缘"关系为特征的宗法性、封闭性,对于许多私营资本企业发展的不适应性越来越明显,因而同样面临企业产权主体制度改造的问题。许多发展较快的私营资本企业前一时期纷纷展开所谓"第二次创业"的探讨,并且这种探讨大都集中在如何选择新的投资领域、如何选择新的企业管理方式、如何建立新的企业监督控制机制、如何重新确定利益分配机制以调动人们的积极性等方面。但之所以大多数私营资本的"第二次创业"并不成功,关于"第二次创业"的讨论并未取得实质性的成果,在我看来,重要的原因在于,"第二次创业"的根本应当首先是"第二次改制",应当首先以现代企业产权主体制度逐步替代以往的血缘、亲缘、地缘关系下的具有宗法性的产权制度。而实现这一点又是极艰苦的,甚至是要付出极高昂的代价的。

并不是说,一切私营资本在产权主体制度上都要摆脱"三缘"关系的背景,只是说,企业发展到不同的阶段,与市场竞争的要求之间有不同的距离,要根据企业发展的需要,根据市场竞争条件的变化,不断地调整企业制度,其中重要的是调整企业产权制度。调整的形式可以多种多样,但调整的总体目标,是使企业逐渐建立适应现代市场经济机制要求的现代企业制度。在调整的时期上,不同企业可以完全不同,但调整的基本动因应有利于企业成长。所以,在中国当代私营资本发展初期,在产权上具有这种"三缘"性是客观的,或许这也正是中国特色的私营资本原始积累的特点所在。之所以有这种客观性,说明这种具有宗法性的产权制度在一定时期里更有利于私营资本的成长,更有利于确定私营资本的产权的排他性,更有利于提高企业的效率。这种有效性的根源在于两方面:一方面,企业本身的发展处在初期创业和原始积累阶段,无论从资本筹集、管理效率上,还是从信息搜集、监督成本上,"三缘"产业均有其特殊的优势;另一方面,由于市场发育尚不完备,因而不可能或难以为私营资本提供必要的社会化的市场服务,私人资本只有借助于"三缘"背景才能得以生存。

但这种"三缘"产权毕竟有其局限性,这种局限性的根本在于,产权本身的宗法性与市场经济的法权性之间的矛盾冲突。这种冲突主要表现在三方面:

首先,"三缘"产权的界区排他性的明确,是以牺牲其产权的社会性为代价的,或者说,"三缘"的产权界定性,本身就具有天然封闭性,从而极大地降低了私营资本产权市场交易的社会广泛性,一定程度上增大着交易的困难。

其次,"三缘"产权的宗法性,也成为阻碍企业融资信誉和能力提升的重要障碍,这种障碍不仅表现在私营资本以股票等有价证券的方式进行直接融资较为困难,而且还在于其间接融资中的借贷信誉以及相应的担保能力容易受到怀疑。

其三,"三缘"产权是阻碍中国当代私营资本建立现代化的企业(公司)治理结构,确立科学、程序、有效的决策和管理机制的重要因素。在"三缘"产权主体不变的情况下,很难真正形成现代企业的法人治理结构,很难形成有效的委托—代理机制。事实上,大多中国私营资本普遍存在的一个困惑是,如何在忠诚与效率之间进行选择?"三缘"关系下获得的有关人员的忠诚更为可靠,监督成本也较低,但却可能降低管理水平,损失企业效率;委托他人管理,可能管理能力会提高,但忠诚又难以保障。这是一场忠诚与效率的竞赛,但又是一场不容回避的比赛。

当代中国私营资本产权主体的超经济性质,除集中表现为宗法性的"三缘"关系特色外,还有另外两方面的表现形式。

一方面,部分私营资本,对特权尤其是对政府行政权力有特别的依赖。有些私人资本的形成和发展,主要就是依靠政府权力部门或官员的特别恩惠,而不是通过平等的市场竞争。这种官商勾结不仅是产生腐败的重要根源,而且是对市场文明秩序的根本破坏,因此,这些私人资本并无多强的市场竞争力,但却具有极高的社会掠夺性。伴随市场化进程的深入,这种依仗特权而生长的私营资本必将逐渐失去其优势而趋于崩溃,并不构成也不可能构成现代市场经济的真实基础。同时,这类私营资本的产权运用,在一定程度上也不能不受特权的约束,不能不首先保证并满足特权者的利益要求,不能不受恩赐其机会的权贵的驱使。其行为规则也很难真正市场化,当能够依仗特权而获取暴利时,人们是不会推崇公平竞争的,人们只会更热衷于推崇特权;在特权支持和呵护中生成的私人资本不是不可能,但至少很难成为真正具有市场公平竞争的主体。

另一方面,部分当代中国私营资本,虽然事实上是私人的资本,但也有"政企合一"的倾向。这里的"政企合一"主要是指这种情况:明明作为私营资本,但却被列入乡镇政府管辖之下,成为基层政权监督、控制,或者与基层政权在利益上密切结合的资本,但迫于种种成文或不成文的社会压力及要求,企业行为难以根据企业自身的利益要求进行决策,而是首先要照顾或兼顾当地政府提出的某些利益要求,企业行为目标在一定程度上被纳入或不得不屈从政府的行政利益目标。

正如前面已指出的,不论以哪种形式,只要企业产权具有超经济性质,在本质上就都与市场经济的要求相冲突,就都使企业在贯彻市场竞争规则时不能不面对非经济的干扰和制约。当代中国私营资本企业行为中的许多变异,实际上是可以从其产权的超经济性的制度特征上找到解释的。这也是中国当代私营资本不够纯粹的重要体现。

二、中国私营资本的产权界区并不清晰

通常来说,既然是私人资本,其界区以及相应的排他性应当是清楚的。但中国当代私营资本的确存在许多方面的界区含混问题。中国私营资本的产权界区不清晰,主要表现在以下五方面:

首先,部分以家庭或家族为单位建立起来的私营企业,产权界区在家庭之间或家族之间界定,但在家庭成员或家族成员内部自然人之间并无严格的界定。

家庭成员或家族亲缘关系是可以被经济利益关系冲击而松动的,家庭或家族成员间的忠诚是可以被资产权利所侵蚀而出现叛逆的。只要企业资产不在自然人之间界定清晰,其产权的排他性总是不严格的。而且伴随企业的发展,迟早会提出在单个成员之间重新界定产权的要求,这是"经济人"的本能,即使父子之间、夫妻之间、兄弟姐妹之间也难以逾越这种本能。

中国当代许多曾经非常有名的家庭企业及家族企业,当发展到一定程度之后,都不能不面对重新界定产权的难题,处理这道难题是亲情与利益的较量,更是企业发展的历史要求。在这一难题面前,有的企业较成功或较顺利地跨越了,而更多的企业则难以跨越,结果,不仅父子反目、夫妻成仇、兄弟交恶,而且最终是导致重新分割企业产权,将好端端的企业法人资产肢解,分立出许多更小的企业。重新界定企业产权的代价,是毁掉创立起来的企业,重新分割企业,这个代价不能不说是极为巨大的。近年来,人们听说的私营企业合并,或者在明确私人产权的基础上进行股份合作、进行股份公司改造的并不多,特别是有一定名望的较强的私营企业间的联合并不多见,但人们却常常听到私营企业,特别是有相当声誉的较大的私营企业不断传出分家的消息,结果使企业元气大伤。这种状况的发生,并不能仅仅从中国人都想个人当老板的狭隘心态出发来加以解释,重要的是中国私营资本在原始积累时就没有真正在自然人之间界定清楚究竟谁是老板。

其次,相当一部分中国私营企业,就资本的所有制和出资的经济事实而言,的确是私人资本,但却在法律形式上戴了顶"红帽子",注册为集体公有制企业。这种情况在许多省份相当普遍,特别是在改革开放早期创办的私营企业中,许多都有这顶"红帽子"。虽然戴上这顶"红帽子"可能并非出自

创业者的本意，但往往都是自愿的；虽然戴上这顶"红帽子"或许可以获得某些政治、经济、文化等方面的社会认可，从而减轻私营资本创业的压力，但付出的代价则是企业的产权不清，由此后患无穷。

近年来，各地普遍开始重新界定产权，摘掉"红帽子"，进行产权制度改造。一方面，这是这类私人资本发展必须经过的程序，但另一方面，履行这一程序又要付出大量的费用，这是产生于中国私营资本产权不清的具有中国特色的交易成本。

其三，当代中国部分私营资本的产权从开始就天然不清，实际上是在没有真正严格的出资人的混沌状态下生成的企业。企业创办初期是以负债借钱的方式筹集到初始资本，再加上创业者的勤奋和特有的机遇，使企业日益成长起来。但认真审视企业的产权，却发现企业究竟归谁所有仍是个有待解释的谜。

其中最典型的也是常常被人们提及的便是北京四通公司的产权归属问题。创业初期几位志同道合的人下海创办公司，原来的行政隶属单位并未出资，创业者们自身也无资可出，只是通过向有关单位借入资金的方式启动了企业，但随着企业的发展，很快就以极高的回报率返还了债务。那么，这个企业属于谁呢？于是便发生了一场旷日持久的谈判。原来这些创业者们的行政隶属单位称企业应归行政部门。因为这些创业者们过去属于该行政单位，是行政单位"派出"创办企业的。但是原行政单位又确实未出钱，同时也不可能更从未对企业承担出资人应承担的风险，行政单位不能替所属的工作人员承担经济责任，因而也就无权享有属下的工作人员创办的法人资产。创业初期借钱给创业者的单位称企业归它。因为当初并不是借钱给这些创业者，而是对该企业的投资。但事实上的确不是事先投资，只是一种债务，因而也难以在事后作为出资人占有企业产权。创业者们称企业是我们的。因为没有人出资，是创业者努力的结果，但事实上从出资角度看，这些创业者个人确实也未出资，而且即使承认是创业者们的，那么在若干创业者之间也从未界定各自的股份。因而，有人称"四通"的产权是一个永远也搞不清楚的谜。破解这个谜，重新界定产权，对于企业来说极为必要，但所付的成本极高。

应当看到，类似"四通"的产权之谜还有许多，这些企业天然没有出资人，产权天然不清。这些企业就投资主体而言，首先肯定不是国有企业，也不是政府财政，因此是非国有的资本；同时，必须承认，这些企业的出资者也不是哪一个集体性质的公有单位，因此是非公有的资本。不清楚的是，这些企业的产权究竟归谁？特别是能否划到自然人名下？即使承认是或主要是有关创业者的产权，但每一创业者各应占多少？根据什么占有一定比例的产权？等等。

其四，部分资本无论就其支配权，还是就其剩余分配的实际控制权，甚至最初的出资权，都是由个人直接掌握的，严格地讲，应当属于私人资本的范畴，但不知是出于"高尚"，抑或出于其他什么非经济的和经济的动机，私人资本家将其资本称为"团体"的，或称为"社区"的。这种情况与前面所提到的法律名义上注册为集体公有制，而经济事实上实为私人资本的情况有所不同，这类企业往往并不明确注册为乡镇集体所有，也未注册为私人企业，而是称为合作企业，或者叫作其他名称。

这类企业的突出特征之一是具有"能人"经济的色彩。企业创办时的资金和物质条件很差，但有一个或几个"能人"，用很少的个人资本，很快发展起来。本来这种企业的产权界区应当是基本清楚的，出资人和创业者也是明确的，但随着发展，出资人或创业的"能人"在自己实际控制企业支配权、分配权以及企业的一切主要"生杀"大权的前提下，让出或吸纳部分产权，使所在地的乡民以不同的方式，按不同的数量，也多少成为企业的股东。这种私人控制绝大多数股权的合作或股份制，实际上就是一种现代的或近似现代的私营资本制度，但这些"能人"却不承认其私有性质，而将其称为"共同所有"或"社会所有"。

这种否认其资本的私人性质的态度，不仅仅停留在口头上，而且有实际的利益体现，社区或村落成员确实能够不同程度地"共同"享受到这种事实上的私人资本所带来的利益。因而，人们拥戴这些为其带来福音的"能人"，人们愿意让这些"能人"来执掌企业经济大权，同时人们也更希望淡化或含混企业资本的私人排他性，渴望享受创业"能人"资本的社会共同福利性。

事实上，这种拥戴和渴望本身是以含糊企业资本产权界区为条件的，"能人"的威望也是在一定程度上以放弃私人资本产权为代价的。也许这正是中国传统的和现实的社会文化力量作用的结果，也许这恰是"能人"们的又一过人之处，也许这正是当代中国私营资本的又一重要的中国特色。在一定社会条件下，或许私有的不完全纯粹反而更有利。

其五，本来应当私有的部分人力资本的产权不清晰，甚至根本就未被制度性承认。这种情况在当代中国的许多高科技企业中表现得十分突出。

客观地说，在当代中国界定私有物质资本产权界区尚且存在一系列的困难和代价，界定人力资本的私人排他性当然就更为困难。尽管在高科技企业,人力资本对企业的作用远大于物质资本的作用,包括一些需要复杂管理体系的,或者需要熟悉并运用当代市场经济复杂变化的市场工具的行业或企业,起关键作用的并不是资金等物质条件,而是真正有才干的人。因此,人力资本持有者对企业有着极其重要的作用。但人力资本往往又难以直接衡量其具体价值的大小,在缺乏完备的人才市场竞争机制的条件下,"人才"就更难定价了。这是合理确定人力资本私人产权的重要困难。

中国的高科技企业中,包括国有制的高科技企业和非国有制的高科技企业,尚缺乏对人力资本产权的系统明确的制度安排。特别是在一些主要依靠科技及管理人才的努力,而不是依靠物质资本投入发展起来的高技术企业,人才的人力资本的产权未被真正承认,这也构成中国私营资本产权界区含混的重要内容,即应当私有的人力资本的产权界区不清晰,甚至根本就没有被承认。

三、当代中国私营资本产权缺陷带来的主要危害

首先,私人资本的产权主体界区不清晰,不利于企业的资本积累,因而从根本上动摇企业的竞争力。

如果企业的产权主体不明、界区不清,那么,就意味着不明确谁应当承担企业的资产风险责任,不明确谁最可能从企业的赢利及资产增值和积累中获得好处,因而也就没有人关心企业的利润目标及相应的资产增值目标,而更多的人则只关注如何把企业的资产瓜分完毕,至少更快、更多地获得个人收入。无论哪种情况下的产权主体不明,都会衍生出削弱企业积累动力的倾向。

在我国现实中,尽管是私人资本,如果在家庭成员或家族成员内部并没有界定清晰产权主体,那么,即使是同一家庭、同一家族的人,关心如何瓜分企业资产,也会更胜过关心企业的积累,因为积累的受益者是不十分明确的,而瓜分之后的归宿是清楚的。个人收入极大化目标必然超过企业利润极大化目标,因为个人收入的实现界区是明确的,而企业扩张的利益则是含混的。如果企业产权在经济上的界区清晰,但并未获得法律制度上的明确认可,甚至法律形式否定资本的私人排他性,那么,企业积累所产生的利益的归宿也就具有不确定性,从而动摇所有者的积累冲动。总之,只要产权界区不清,首先受到伤害的是企业法人资产的积累,首先破坏的是企业赢利极大化目标。

其次,企业产权界区不清,包括私人资本的产权主体不明,必然导致企业易被侵权,企业法人资产的独立性和完整性易被伤害,而企业本身对这种伤害的免疫力天然低下。

私人资本产权界区不清、主体不明,不仅极易诱发人们对企业产权的垂涎,因为无"主"的资本是最容易引起人们的贪欲的。同时,产权主体不明的资本,本身捍卫自身利益的能力也最低,因为所有者不明也就意味着产权损失不会给哪一明确的主体带来损失,所以也就缺少对企业产权的最有力的捍卫者。

在现代企业制度中,由于生产本身的社会化程度的加深,导致企业在产权制度上也必须相应地进行调整,调整的主要形式便是以股份制为典型代表的各种企业资产的委托—代理制,调整的基本目的便是企业制度围绕产权展开职能性分工,以提高资产各方面权利的运用效率。

但在产权界区不清晰的条件下,企业法人资产的完整性难以保证。因为,一方面,企业产权不清本身就易被侵权,也缺乏制度的和自身的保护;另一方面,产权界区不清,从企业内部便容易产生分家的倾向,人们明确产权的代价,往往是分解原有企业法人资产。我国私营资本目前出现的分家浪潮便是这种产权不清的必然结果。

在我国现阶段,私营企业或法律上虽不明确但事实上是非公有的企业所形成的分割原企业法人产权的分家浪潮,集中表现为两种情况。一种情况是由于以往在家庭、家族、亲朋之间就没有界定产权界区,因而搞不清究竟谁是企业的老板,所以当意见不和而利益又有根本冲突时,分家便成为自然的选择。另一种情况是在一些产权界区天然不清的高科技企业,由于当初物质资本的产权就不清,人力资本的产权更难以界定,所以当企业发展到一定阶段,出于对企业发展和各自利益的不同考虑,最初的创业者们的利益和志向难以调和,于是便采取分家的方式,各奔前程。所以,近些年来,中国的私营高科技企业,或称为民营高科技企业,几乎成了一棵永远也长不大的"小老树",发展到一定规模便要分家。这种不断分家的制度隐患在于,企业开始时的产权就不清晰,缺少老板,大家都是老板,最后只有以分割企业法人产权的形式,各自去做各自的老板。结果,老板虽然当上了,但原有企业的产权已被破坏、被分解了。在当代世界发达国家正大规模地在高科技、高风险领域进行企业兼并,营造适应 21 世纪知识经济时代竞争要求的"航空母舰"时,我国经济中最富活力的私营资本高科技企业,却在法人产权上不断地被分割、不断地分家,其前景的确令人担忧。

无论哪种情况的分割企业法人资产的行为，都是与现代企业法人产权制度的本质相抵触的，也是与现代市场经济制度和社会化大生产的发展要求相矛盾的。也就是说，在现代企业制度中，企业的所有权可以是分散的、社会化的，同时是以自然人为单位严格界定界区的，并且是而且必须是可以通过市场进行自由交易的，但众多的自然人作为持股者投资而成的企业法人资产，即分散股权集合而成的企业法人产权，却是不能任意分割的，即使是分散股权的所有者也不能凭所有权分割法人产权。而我国现阶段的一些私营资本企业，或事实上具有私营资本性质的企业，正是由于在所有权上并不是完全的以自然人为单位明确的产权，因而产权在自然人之间的排他性并不清楚，从而导致企业的所有权主体不明，正是由于这种自然人所有权主体的不明，反过来导致企业法人整体产权处在不断被分割的危险之中。

其三，私营资本企业产权界区不清，从根本上影响企业的治理结构，进而影响企业的管理权威。

如果企业产权主体具有宗法性，具有血缘、亲缘、地缘性，家企不分，那么，企业在治理结构上必定难以真正形成公司的治理结构，不能不带有治家的权利结构特色。这势必冲淡建立在资产权利和责任基础上的利益约束关系，进而瓦解管理的权威性和严肃性。家庭的宗法管理、治家的准则毕竟与企业的经济管理有着极大的区别，两者交织，不仅降低企业的管理效率，而且损害家庭成员的亲情。这方面的苦恼是当前中国许多私营资本企业所共同面临的。

其四，即使在私人资本企业中，只要产权界区不清楚，由此界定的有关人员相互间的权、责、利不明确，也同样会产生"无票乘车"的道德投机。

企业作为一个团队，是各种要素的集合，企业的效率源于有效地协调各种要素的集合，使各种要素在集合的过程中尽可能减少偷懒，这就需要在产权制度以及相应的企业治理结构上，明确权、责、利。界区不清的必然结果是使人有空可钻，有空可钻的现实必然鼓励人的投机冲动。

即使是私人资本企业，只要存在产权不清的现象，在企业内部的相互摩擦必然增大，企业内部交易过程中各自的权利与责任也就难以界定，因而不负责任的偷懒、不付出辛苦的获取必然蔓延；不是以交换的原则，而是想享受"免费的午餐"的道德投机必然产生。这也正是为何我国一些私营资本企业中，真正关心企业的人少，而真正热衷于从企业瓜分一块利益的人多的根本原因。这种情况在当代西方国家的企业中，特别是在现代股份公司中也大量存在，只要产权制度有漏洞，这种"无票乘车"的企图便会产生。在我国相当一部分私营资本企业中,由于存在多种形式的产权界区含混,由于没有以自然人为单位界定物质资本及人力资本的产权排他性,家庭成员相互间、合作者相互间力图"无票乘车",力图享受"免费的午餐"的现象就更为普遍。这种状态若蔓延下去,将从根本上破坏中国私营资本的创业精神和开拓能力。

参 考 文 献

1. 马克思:《资本论》,第 1 卷,人民出版社 1985 年版。
2. 科斯等:《财产权利与制度变迁》,中译本,上海三联书店 1994 年版。
3. 康芒思:《制度经济学》,商务印书馆 1967 年版。
4. 厉以宁、董辅礽、韩志国等:《中国跨世纪的主题和难题》,经济科学出版社 1999 年版。
5. 吴敬琏、刘吉瑞:《论竞争性的市场体制》,广东经济出版社 1978 年版。

关于当代中国私营资本企业
"管理青春期"的考察*

改革开放以来,中国私营资本获得了前所未有的成长机遇。从总量上看,改革开放之前,中国私营资本企业资产占全社会企业资产的比重不到1%,可以说,基本绝迹。经过20多年的改革开放,私营资本开始以各种形式成长起来,据估算,目前中国私营资本(不包括外资及港澳台地区在内地的投资)企业的资产,占全社会企业资产的比重不会低于10%。预计到2010年之前,包括外资在内的各种非公有制企业资产所占比重将由目前的20%左右上升至35%左右,除其中的外资,纯粹中国的私营资本所占比重预计不会低于20%。从产业分布结构上看,除政府管制、不准进入的领域外,私营资本可以说已经遍布整个社会经济领域,其中尤以三个领域更为集中:一是一般加工业和工业制造业,从农副产品的加工业到较为高精尖的机电产业,均有私营资本存在;二是第三产业中允许进入的领域,从商业零售、饮食服务、旅游、房地产业到娱乐、教育服务、生产、生活服务等,都活跃着相当数量的私营资本;三是高科技产业中的某些行业,从电脑的代销到软件开发,从普通保健品生产到药业开发,从一般的技术模仿到尖端产业技术研究等,也都有私营资本涉足。可以说,私营资本已成为我国国民经济发展中不可或缺的力量。与私营资本的迅速发展相伴随,中国私营资本企业管理方面的不适应性日益突出,这种管理上的不适应性集中表现为"管理青春期"难以跨越。

中国相当一部分私营资本在企业管理上面临着如何从以往的"家长式"、"宗法式"的管理向现代企业管理的转变,如何从以往主要凭借个人魅力树立管理权威向主要依靠制度完善、保证管理权威的转变。私营资本创业初期,企业本身的特点和内在的发展需要,使得运用家庭宗法式的管理方

---

* 本文原载于《管理现代化》2000年第2期;《新华文摘》全文转载。

式,不仅相当有效率,而且管理成本低。依靠创业者的个人魅力,不仅决策效率高,而且具有凝聚力。但伴随着企业的发展,伴随着外在市场条件和社会生活其他方面的变化,伴随着变化了的世界对发展了的企业不断提出新的要求,这种管理制度和管理方式的不适应性会越来越强。怎样使私营企业管理顺利地由"幼年"过渡到"成年"是一个严重的问题,相当一批私营资本企业管理上出现重大漏洞并由此造成重大损失,甚至导致崩溃和破产,都与这种"管理青春期"有着密切的关系。

归纳起来,当代中国私营资本企业"管理青春期"主要表现在以下几方面。

一、管理家庭化与专业化的矛盾

中国当代私营资本的原始创业,在其产权制度特征上具有鲜明的血缘、亲缘、地缘的"三缘"特点,这就使其在管理上不能不具有家庭化、家族化倾向。这种宗法式的管理之所以可行,之所以有效,主要是因为:首先,迫于创业竞争的压力,创业初期并无多少资本,家庭成员和家族内部只有同心同德才有希望,只有共同艰苦创业才有前途。其次,家庭成员或家族内部相互有着多年的了解和信任,并且由于是创业初期,并无多少利益,至少这种利益还远远不足以腐蚀人们之间淳朴的信任,所以相互间的利益摩擦少,至少不会发生严重的冲突,即使产生了冲突,由家长出面协调也能够解决,利益冲突的力量远不如家长宗法的权威强大。其三,管理半径小,管理关系简单明了,了解有关信息的成本低,管理者的经验、能力足可以适应企业的发展需要。其四,创业初期虽多以家庭、家族为单位界定产权,但在家庭、家族中大都存在一个核心人物。这一核心人物或者是依宗法关系自然形成,或者是在创业冒险中依个人能力形成。核心人物享有崇高的威望,从而为有效管理奠定了深厚的"人治"基础和"人缘"氛围。其他人员对企业资产和经济利益的渴望尚不足以否定这种家长的威望,至少人们的利益冲动还不足以使人们敢于对家长发动挑战。其五,管理者与被管理者、管理者逐级之间的信息基本对称,并且上级所掌握的信息往往多于下级,不仅在企业内部,管理者所掌握的信息更加充分,而且对企业外部的信息,包括市场变化、产品开发,以及与当地政府和社会诸方面的联系等方面,管理者的信息渠道远宽于其他人,因而,其他人想通过欺骗的方式获取利益较为困难,管理者对被管理者的监督较为容易,也较为经济。

然而，随着企业发展壮大，随着企业走出原始创业的"洪荒时代"，这种以宗法关系维系的家长式管理的不适应性便会逐渐凸现出来。这种不适应性集中在以下几方面：首先，企业发展规模越来越大，管理半径越来越宽，依靠个人能力或家庭成员来监督，困难越来越大，所需处理的管理事务远远超出管理者的能力负荷。其次，企业发展的领域和天地发生着根本的变化，无论是从技术、产品，还是从市场、融资等等各方面，均超出了管理者本人或家庭成员们所拥有的经验积淀和知识准备，管理者再学习的速度远远落后于企业发展速度，管理者经验和知识的折旧速度又远远高于企业的变化速度。其三，外来人员，特别是专业人员自外部大量进入，在可能提高企业效率的同时，冲淡着以往的家庭或家族成员之间的宗法关系，冲淡着以往的"地缘"所造成的"人缘"关系，企业管理中的社会关系更加复杂，以往的"家长"的威望、以往烘托"家长"威望的"忠诚"均会受到严重的挑战。其四，信息不对称开始产生，而且日益严重。伴随企业扩张，信息量以几何级数在增长；伴随企业内部关系的复杂化，信息变化更为迅速也更为复杂；伴随企业生产、管理专业化的加强，信息本身专业化、深入化程度不断提高；伴随企业团队中忠诚程度的递减，信息的扭曲程度不断提高，欺骗更易发生，掌握必要的信息，或者不可能，或者可能但却要付出极大的代价。其五，核心人物的魅力递减，凝聚力下降。核心人物的知识、经验加速折旧，降低其管理能力，特别是对于相对迅速成长的企业，能力的下降更显得相对突出；核心人物的胆识、冒险精神逐渐淡漠，特别是在有了相当的积累同时又有了一系列社会荣誉及责任之后；核心人物的团结风范、民主理念逐渐受损，尤其是在取得了一系列成功之后，易变得更加刚愎、武断。其六，最重要的是企业有了相当积累和发展之后，家庭、家族之间，创业者之间的利益矛盾加深，利益诱惑增大，谋取属于自己所有的资产冲动会逐渐超过对企业法人资产的关心，特别是在事先企业产权在自然人之间未加严格界定的情况下，摩擦极大。因而企业管理上的矛盾，首先源于核心团体内部的利害冲突；欺诈企业的行为发生，首先产生于核心团体内部的利益要求；企业管理权威受损，首先出自于核心团体内部对管理的否定等等。

因而，私营资本的管理模式和管理方式必须逐步地转变。在这一转变过程中，最为突出的是两大问题。一大问题是必须为现代企业管理制度创造必要的企业产权制度及企业有效治理结构。另一大问题则是根据现代企业制度的框架和治理结构，使管理由家庭化转向专业化，使管理人员由亲属化转为专家化，使对企业的监督由宗法化转换为市场化。

这个转换不能不是一个痛苦而又困难的过程。所谓困难，主要在于这是一场对企业管理权利的重新配置，是一场艰难的权利转移，对于家庭、家族成员来说，对于初创时期的诸位功臣们来说，要让出自己的权利，交由专业化人士进入管理，显然是极不情愿的，他们会产生本能的抵触，从而增大权利转移的成本和风险。所谓痛苦，不仅是指一般家庭成员失去在企业管理权力网络中的位置而产生的痛苦，更主要的是指核心人物能否超越自我，能否自觉地从企业发展需要出发，冷静地确定自己的位置，甘愿把管理企业的权力交给更能胜任者去掌握，战胜家庭、家族的亲情远比战胜一般人际关系中的人情困难，而战胜自我又远比战胜亲情艰辛。

这个转换不能不是一个充满风险而又极不确定的过程。这种不确定性和风险突出表现在以下四个方面：首先，"家长"愿意转换，而家庭成员及其他创业者不愿转换，增大转换阻力的同时，可能产生对"家长"的背叛，甚至串谋联合而倒戈，赶"家长"下台。这不仅使企业管理方式的转换夭折，而且使企业的正常运行受到根本干扰。其次，"家长"强行转换，而其他人根本不愿放弃权利，又无力赶"家长"下台，只好提出企业产权要求。如果事先在自然人之间的产权并未界定，那么便要求重新界定出属于各自的一份；如果事先在自然人之间已有界定，那么便要求分走属于自己的那份，总之结果是分家，企业管理权的转换可能要冒企业法人产权被分割的巨大风险。其三，"家长"开始愿意转换，也说服了其他成员赞同转换，但中途改变初衷，因为触动了"家长"本身的权力；或者名义上转换，而事实上并未转换，在增大企业管理体制转变成本的同时，并未根本改善企业管理效率。其四，引入专业人士管理之后，可能专业人士并不能胜任，或者达不到预定的期望，也可能专业人士虽然有能力，但不"忠诚"，产生了严重的欺诈，欺诈所造成的损失远远大于他们给企业带来的效益，还可能使所有者对管理者的监督变得更为复杂、更为困难，监督成本急升，甚至失控，等等。

总之，转换管理机制和管理方式在客观上是有风险的，但这种转换对私营企业的发展来说，往往又是一定历史阶段的必然要求。能否有效而顺利地推动这一转换，已经成为相当一部分私营资本企业面临的严重问题，也是私营资本企业能否平安而健康地渡过"青春期"的重要问题。

二、寻找代理人的主观愿望与客观环境的矛盾

委托—代理制是现代企业的基本制度形式。中国私营资本，尤其是发

展较快且已有相当规模的私营企业，大多并不是不想转制，并不是不愿采取委托—代理制，而是因为客观上存在一系列的困难和障碍，从而使得企业管理体制的转型处于"欲罢不能、欲进不行"的两难境地。应当说，这种矛盾状况有其深刻的社会原因，主要源于以下几方面：

首先，在现阶段私营企业寻找管理代理人，面临极高的代理成本。这里的代理成本主要包括两方面：第一，必须支付给代理人相对较高的报酬。这个报酬不仅包含对代理人作为管理者的劳动薪水，更重要的是在制定报酬标准时，还必须考虑两方面的社会因素：一方面，在中国现阶段经理人才的流动机制事实上是"双轨"的，一轨是行政机制，一轨是市场机制，国有企业的经理可以由行政机制来配置，私营资本企业的经理代理人则只有通过市场机制来选择，而其中许多又是从传统国有制企业中吸引出来的，或者是从传统正规教育体制、社会管理体制中拉出来的。这些人才在正规体制中虽然货币工资报酬很低，但他们的社会保障很充分，他们的社会地位很显赫，因而当他们放弃正规体制的低工资而进入非正规的市场体制时，不仅要求其货币工资要远高于以往，而且在其预期收入中，以往体制中享受的社会保障以及享有的社会地位等等，也都同时被货币化为报酬要求。另一方面，伴随着经济开放程度的提高，特别是国际性开放水平及相应的经济市场化程度的提高，对于人才定价的国际市场标准会逐渐影响国内，在国有经济中尚可暂且以行政利益缓解压力，以行政利益来置换人才的经济利益，而在私营企业中却不可能，它只能逐渐接受国际市场价格，否则精英人才就可能首先选择外资企业，同样是放弃正规体制的庇护，当然是哪方给钱多就优先选择哪方。因而，在争夺人才和代理人精英上，中国的私营资本事实上从一开始就是站在国际性的竞争中，发展中国家的发展中的私营企业，以国际竞争的标准和国际市场的价格，吸纳人才要素，其成本必然是相对高昂的。第二，必然支付更高的监督成本。在委托—代理制下监督成本上升是自然的，因为老板对代理人既无血缘、亲缘关系的维系，又没有与代理人相匹配的专业能力；既没有忠诚可以依赖，又没有足够的信息防止欺诈；既没有共同的一致性的利益目标，又没有完整的偏好上的志同道合，监督费用肯定上升，即使在西方市场经济中也同样。不过在中国现阶段，这一点就更为突出，因为这些代理人本身也正处在原始积累时期，许多精英之所以作为他人资产的代理者，之所以愿意代别人管理企业，不过是将其作为学习的机会，作为人才资本提升和物质资本积累的一种方式，他们本身并没有物质资产，正急于原始积累，因而，短期中迅速发财的冲动远大于对委托人资产长期负责的动因;再加上他们本身事先并无任何资产责任能力,作为他人资产的代理人,即使达不到预定的目标,也不可能承担经济责任,至多辞职不做,这种只有权利而无相应经济责任能力的委托—代理,必然激发人的不负责任的贪欲,必然激发人的"无票乘车"的投机败德,这就不能不促使监督成本激增。如果说国有企业的委托—代理中,尚有党的机制和行政的机制在系统地进行监督,不论监督的效率如何,但监督的成本一般是不直接进入企业成本的,而是作为党政事业费开支,那么,私营企业对代理人监督的全部费用,则都是直接进入企业成本的。

其次,社会缺乏真正的"经理市场"。中国市场经济发育的历史阶段性,使得中国的人才市场,特别是经济市场极不完备,极具发展中的不统一、不规范、不成熟的特征,这就使得只能通过市场寻找代理人的私营资本缺乏有效的选择机制。经理市场的不成熟性目前主要表现在它的二元性上。经理市场目前是典型的"二元性"市场。也就是说,经理人才流动的体制是二元的,是行政计划组织机制和市场竞争机制并行的状态;经理人才的培养体制和人力资本投入体制也是二元的,是党的教育、公共财政投入和个人家庭投资并行的状态;经理人才的报酬标准也是二元的,既有市场标准又有行政标准,既有国内市场标准又有国际市场标准,既有货币的标准又有实物的标准,既有有形的标准又有无形的标准。因而,也就不可能有规范的竞争秩序,极大地增加着人们运用经理市场的风险和成本。这种经理市场的不完备和无序,给私营资本寻找代理人至少造成了两方面的困难:一方面,经理市场被各种因素分割,没有形成统一社会性的市场体系,因而,私营资本想通过市场寻找、比较、更换代理人,但缺少市场渠道,往往是在很狭小的范围内,通过很偶然的机会去发现并选择代理人,多数情况下又是经亲朋好友的特别推荐,缺乏选择比较的社会性、程序性,因此也就难以保证选择代理人的适用性,这是许多私营资本企业主的苦恼。另一方面,缺乏竞争性的统一经理市场,经理人才作为代理人也就缺乏公开市场的有效约束。本来作为代理人其资产责任能力就低,远比不上企业所有者,特别是远比不上企业大股东们对企业的资产责任能力,相应地责任心就易于弱化;本来对经理代理人的监督,除企业内部所有者或董事会的监督外,重要的监督机制在于外在的经理市场的竞争,因为经理们主要是凭其特有的人力资本进入企业的,竞争性强的经理市场迫使经理们必须敬业,否则业绩不佳,企业老板在蒙受物质利益损失的同时,经理市场上的竞争也会使经理们的人力资本迅速贬值。出于珍惜自身人力资本的价值,出于希望自身人力资本不断升值的追求,也会对经理作为代理人产生极大的约束。经理市场甚至可以不准部分经理再进入,当然,这需要经理市场本身有严格的规范的秩序。而我国目前尚缺乏这样具有竞争性的有序的经理市场,因此,代理人可以逃避市场监督和市场处置,这无疑给私营资本选择代理人的有效性和可监督性带来极大的困难。

其三,现阶段中国私营资本寻找代理人还存在着深刻的社会文化方面的障碍。这种文化上的障碍主要表现在以下几方面:第一,中国文化传统中似乎长期缺乏契约精神,人们不理解在契约条款签署上的平等和事实上的不平等之间的差别,所以,人们普遍不愿意受雇于人,而更多是愿意自己作老板,不愿低人一等,至少不愿低于同是中国人的一等。社会上普遍缺乏甘为职业经理的精神,特别是对一些事业有成者来说,当老板的欲望更加强烈,"自己能干何必给别人打工"的情绪成为潮流。第二,由于各种历史和现实、制度和道德上的原因,道德投机现象较为普遍,不仅缺乏敬业精神,而且缺乏权利与责任对等的观念,对"免费午餐"情有独钟,因而在经理中间,道德投机容易成为时尚。尤其是在整个社会转型过程中,由于传统的以"忠诚"作为核心的道德秩序已经动摇,因为传统经济社会的生活基础已经发生了根本变化,而新时代与市场经济相适应的以"信任"为核心的道德秩序远未形成,因为市场经济生活方式本身正在发育中,因此,人们之间可能发生既不讲"忠诚"也不言"信任"的道德无政府状态。这种状态反映到企业委托—代理制度上,自然是激发人的贪婪和不负责任的"放纵",为有序有效的代理制度埋下深刻的道德危机。第三,受儒家文化影响的东方世界,对企业的家族所有、家族管理具有深厚的传统倾向,宁肯高负债,也不出让股权;宁肯管理效率低,也不聘请外入进入;宁肯放弃市场选择人才的诸多机会,也要努力培养自己的子女接班等等。这些文化上的因素都成为制约中国私营资本采取委托—代理,实现专业化管理的条件。文化上要想摆脱传统实在不是一件容易的事情,不论在价值观上对这种传统持怎样的态度。我们有相当一批私营资本既有现代知识,又有传统文化,或至少受传统文化的千丝万缕般的缠绕;我们也有相当一批私营资本没有多少现代科学知识,但却有深刻的传统文化,或至少是以传统文化的目光去观察社会;我们还有相当部分的私营资本,力争挣脱传统文化而引入新文化,力争抛弃传统的经营理念而运用新理念,但却摔得更惨。

深厚的传统、残酷的现实、高昂的成本、巨大的风险,如此等等,都成为阻碍中国私营资本管理方式转换的障碍。克服这一系列障碍,显然要有一个长期的历史过程。这一过程本身也正是中国私营资本企业"管理青春期"

的跨越过程。

三、企业持久发展与企业家精神递减的矛盾

中国当代私营资本企业成长到一定程度,无不考虑如何能保持企业持续发展,长盛不衰,这几乎成为所有中国近现代史上,也包括当代的中国私营资本企业的传统,在这一问题上用心血之多也是罕见的。但是,在中国历史上,几乎所有的私营资本企业大都"富贵不过三代",这也几乎成为一个传统,在这一问题上的典型事例不胜枚举。除了历史的、制度的诸原因之外,形成这种传统的一个重要的内在原因,在于中国私营资本企业家精神递减速度太快,或者说西方人所讲的"布敦布洛克动力"问题太突出。现今的中国私营资本同样也遇到了这一在历史上重复了多遍的难题。处理不了这一难题,中国私营资本就没有持久的生命力,中国私营资本就会失去其资本的遗传基因。

所谓"布敦布洛克动力"问题,是援引自国外的一部小说,讲的是布敦布洛克家族在西方创业的故事。最初第一代人极富开拓精神,敢于冒险而又有智慧,克勤克俭而又敢于投机,在无数的"淘金者"中脱颖而出获得了成功,开创了一份产业。到了第二代人则有所变化,他们虽然耳濡目染上一代的风范,尊重上一代的创业精神,但却未必有上一代人的天赋和魅力;他们虽然也想使企业在自己手中进一步发展,但已有的成就、家业使他们不再也不必像上一代那样去冒险,他们不敢也不愿再去历练上一代人所经受的苦难。因此,创新动力开始下降,虽然可以守住家业不致落败,但若想取得上代人的辉煌就难了。到了第三代人问题便更为突出,他们在富贵优越的环境中成长,既不懂得社会的复杂,也不懂得创业、守业的艰辛;既不懂得竞争的残酷,也不懂得机遇的重要;既不愿意艰苦的付出,也不具有经营的才能,结果是家业的败落。中国的"富贵不过三代",说的是同一个道理。

一般来讲,无论在哪种条件下,资本创业要想取得成功,除历史机遇等方面的社会条件外,最重要的还在于必须存在企业家。中国成功发展起来的私营资本企业,不论是历史上的还是现实中的,一个共同的特点即在于它们拥有真正具有企业家精神的"能人"。企业的可持续成长,除物质上的积累外,重要的在于企业家精神的积累、传接和继承,企业家精神的泯灭是企业持续成长动力递减的根本原因之一。

企业家精神至少包括这样三方面的要求:一是作为企业家必须具有创

新精神,包括技术创新和制度创新的能力,敢于冒险,特别是在机遇来临之际,一定要有敏锐的感觉和足够的勇气;二是作为企业家必须具有责任感,包括承担风险的责任心和责任能力,对企业、对社会都要具有充分的责任、使命感,没有责任能力和失去责任感条件下的冒险、创新,不成其为企业家创新,只能称其为赌徒的赌博;三是作为企业家必须具有凝聚力,包括对企业各方面的凝聚力和对社会的感召力,要能够真正赢得企业和社会的信任,真正具有市场经济的道德,能够取信于社会,同时又能深入地理解社会。

在古典企业制度中,企业家的精神可能会统一于自然人身上,可能会产生创新、负责、守信三方面统一的自然人;而在现代企业制度中,企业家的精神和功能则更是一种集合,是多方面共同努力的结果。

我国相当一部分的私营资本企业目前已经开始遇到如何在两代人之间交接的问题,一部分企业虽还未遇到但也不能不认真考虑这一问题,因为将来迟早要面对这一事实。但下一代未必有其父辈的才干,也未必经历过父辈创业的艰苦磨难,总之未必具有成为企业家的禀赋。其父辈之所以成功,重要的原因在于他们具有真正的企业家精神。按照中国的传统,父业子承,父辈们创造的家业,无论是所有权还是管理权,最自然的继承者是子女,这些后代们可以继承上一代的产业,但却未必能同时继承上一代的企业家精神。因而企业持续成长动力逐渐递减。如果产业不交给自己的后代,对于大多数中国的私营企业家来说,是根本无法设想的,即使个别人有勇气和决心,出于对企业持续发展需要的考虑,把企业法人产权而不是所有权交给他人,那么,也需要构建一系列有效的制度结构,保证所有权与企业法人产权的真正分离,保证自己的后代作为所有权的继承者能够对企业进行必要的监督,同时保证掌握企业法人产权的管理者能够独立地行使管理权。

这个交接过程和新体制的构造过程,是中国当代私营资本企业"管理青春期"的又一重要表现。企业如果处理不了企业家精神的继承、光大问题,企业也就不可能获得可持续发展的动力。不具有可持续发展动力的企业,永远不可能成为成熟的企业。

清晰界定民营企业的产权的重要性*

中国的民营企业,包括其中的私有制企业在现阶段其产权界区也并非是清晰的,因而以界定产权为特征的民营企业产权制度改造,成为我国民营企业实现再发展必需的制度创新。目前,我国的私有民营企业的制度形式主要有三种:一是个体私有经济,二是私有私营经济,三是私人产权基础上的有限责任公司。在这三种组织形式中又以有限责任公司所占比重最大,占全部私有企业户数近52%,其资本额占全部私有企业注册资本近60%,投资者人数占全部私有企业投资者总数65%以上,所雇工人占全部私有企业雇工总数近50%。

然而,中国私营企业的产权界区仍存在许多方面的含混,这种含混主要表现在以下五个方面:(1) 部分以家庭或家族为单位建立起来的私营企业,产权界区在家庭或家族之间有界定,但在家庭或家族内部的自然人之间并无严格界定。(2) 相当部分的私营企业,就资本所有制和出资的经济事实而言,的确是私人资本,但在法律上却注册为集体公有制企业,即戴上了一顶"红帽子",法律形式上认定的产权界区与经济事实上存在的产权界区并非一致。(3) 部分私营企业的产权从企业创始时就天然不清,实际上是在没有真正严格意义上的出资人的混沌状态下生成的企业。(4) 部分资本无论就其最初的出资关系,还是就其支配权和剩余索取权,应当属于私人资本范畴,但却被称为团体所有、社区所有、共同所有、社会所有等种种公有企业,淡化了其排他性。(5) 本来应当私有的部分人力资本的产权不清晰,甚至根本就未被制度承认,这在部分高科技企业中表现得尤为突出。

因此,进一步界定民营企业产权极为必要。我们当然不是为了界定产权而界定产权,而是因为企业产权不清会对企业发展和市场效率产生极为深刻的影响,尽管界定产权需要支付代价,但不界定产权所造成的损失远远大于为界定产权所支付的成本。私营企业产权界区不清对企业发展的不利

---

* 本文原载于《中国民营科技与经济》2001年第5期。

影响至少表现在以下四个方面：

首先，私人资本的产权主体界区不清晰，不利于企业的资本积累，因而从根本上动摇企业的竞争力。

之所以要明确企业产权界区，明确产权的排他性，重要的原因在于为企业寻求真正关心企业资本增值和积累的利益主体。那么，什么人才最关心企业资本的增值和积累呢？显然是企业资本的所有者。所有者作为出资人，不仅要承担企业的资产风险责任，而且最可能从企业资本增值及积累中受益。按照风险与收益对称、责任与权利对称的原则，谁承担最多的资产风险，履行最多的风险责任，谁就最有权利索取企业的利润，而利润恰恰是企业积累的惟一源泉。正因为如此，通常都是所有者要求企业利润极大化，要求剩余索取极大化，而一般的企业经营管理者的行为目标，则更多的是管理权力规模的极大化。

如果企业的产权主体不明，界区不清，那么，就意味着不明确谁应当承担企业的资产风险责任，不明确谁最可能从企业的赢利及资产增值和积累中获得好处，因而，也就没有人关心企业的利润目标及相应的资产增值目标，而更多的人则只关注如何把企业的资产瓜分完毕，至少更快更多地获得个人收入。无论哪种情况下的产权主体不明，都会衍生出削弱企业积累动力的倾向。

在我国现实中，尽管是私人资本，如果在家庭成员或家族成员内部并没有界定清晰产权主体，那么，即使是同一家庭、同一家族的人，关心如何瓜分企业资产，也会更胜过关心企业的积累，因为积累的受益者是不十分明确的，而瓜分之后的归宿是清楚的。如果在企业内部或外部天然就不清楚谁是所有者，那么，无论是内部还是外部，强调利润的分配必然强于主张利润的积累，个人收入极大化目标必然超过企业利润极大化目标，因为个人收入的实现界区是明确的，而企业扩张的利益则是含混的。如果企业产权在经济上的界区清晰，但并未获得法律制度上的明确认可，甚至法律形式否定资本的私人排他性，那么，企业积累所产生的利益的归宿也就具有不确定性，从而动摇所有者的积累冲动。总之，只要产权界区不清，首先受到伤害的是企业法人资产的积累，首先破坏的是企业赢利极大化目标。

其次，私人资本的产权主体不明，必然导致企业易被侵权，企业法人资产的独立性和完整性易被伤害，而企业本身对这种伤害的免疫力天然低下。

私人资本产权界区不清，主体不明，不仅极易诱发人们对企业产权的垂涎，因为无"主"的资本是最容易引起人们的贪欲的。同时，产权主体不明的资本，本身捍卫自身利益的能力也最低，因为所有者不明也就意味着产权损失不会给哪一明确的主体带来损失，所以也就缺少对企业产权的最有力的捍卫者。

本来在古典企业制度中，出资者和企业的经营管理者在自然人身上是统一为一体的，尽管作为老板和作为管理者的职能、权利、责任是不同的，但在古典企业中，由于诸方面的职能、权利、责任统一于同一自然人身上，只要以自然人界定的产权界区是清楚的，只要法律制度和文化习俗对这种自然人的产权界区是真正承认的，企业的产权的独立性和完整性是能够获得保证的。

在现代企业制度中，由于生产本身的社会化程度的加深，导致企业在产权制度上也必须相应地进行调整，调整的主要形式便是以股份制为典型代表的各种企业资产的委托—代理制，调整的基本目的便是使企业制度围绕产权展开职能性分工，以提高资产各方面权利的运用效率。这种现代企业制度的产生前提是股权的高度分散化并以市场化来适应生产的社会化。市场经济作为通过交易来实现资源配置的机制，其竞争的充分性、资产流动的自由性、交易的频繁性是作为资源配置有效性的基本条件存在的，产权交易越充分表现，竞争越激烈，效率也就越高。但企业生产的物质技术所规定的特点、企业生产经营所要求的环境，恰又在于企业法人资产的独立性、稳定性和完整性，企业法人资产不能被随意分割，否则不能保障企业生产的正常进行。现代企业制度，特别是股份公司制度是通过把企业产权的所有权运动和企业的法人产权运动区别开来的形式，来协调所有权交易的充分性与法人资产的稳定性之间的矛盾的。也就是说，在现代企业制度条件下，股权作为所有权可以任意交易，可以频繁更换所有者，但企业法人产权却不能随意变动，即使是所有者也不能凭股权任意分割企业法人产权。股票不得退本，持股者作为企业所有者之一可以出让股权，但不能凭借股权到公司来要求退本，更不能到公司来分割一块资产，除非公司法人破产，破产之后根据事先的法律和契约的规定，按照一定程序来分割企业偿还债务之后的资产余额。

但在产权界区不清晰的条件下，企业法人资产的完整性难以保证。因为，一方面企业产权不清本身就易被侵权，也缺乏制度的和自身的保护；另一方面，产权界区不清，从企业内部便容易产生分家的倾向，人们明确产权的代价，往往是分解原有企业法人资产。我国私营资本目前出现的分家浪潮便是这种产权不清的必然结果。

在我国现阶段,私营企业或法律上虽不明确但事实上是非公有的企业所形成的分割原企业法人产权的分家浪潮,集中表现为两种情况:一种情况是由于以往在家庭、家族、亲朋之间就没有界定产权界区,因而搞不清究竟谁是企业的老板,所以当意见不和而利益又有根本冲突时,分家便成为自然的选择。另一种情况是在一些产权界区天然不清的高科技企业,由于当初物质资本的产权就不清,人力资本的产权更难以界定,所以当企业发展到一定阶段,出于对企业发展和个自利益的不同考虑,最初的创业者们的利益和志向难以调和,于是便采取分家的方式,各奔前程。所以,近些年来,中国的私营高科技企业,或称为民营高科技企业,几乎成了一棵永远也长不大的"小老树",发展到一定规模便要分家,这种不断分家的制度隐患在于,企业开始时的产权就不清晰,缺少老板,大家都是老板,最后只有以分割企业法人产权的形式,各自去做各自的老板。结果,老板虽然当上了,但原有企业的产权已被破坏、被分解了。在当代世界发达国家正大规模的在高科技、高风险领域进行企业兼并,营造适应 21 世纪知识经济时代竞争要求的"航空母舰"时,我国经济中最富活力的私营资本高科技企业,却在法人产权上不断地被分割,不断地分家,其前景的确令人担忧。

　　无论哪种情况的分割企业法人资产的行为,都是与现代企业法人产权制度的本质相抵触的,也是与现代市场经济制度和社会化大生产的发展要求相矛盾的。也就是说,在现代企业制度中,企业的所有权可以是分散的、社会化的,同时是以自然人为单位严格界定界区的,并且是可以而且必须是可以通过市场进行自由交易的,但众多的自然人作为持股者投资而成的企业法人资产,即分散股权集合而成的企业法人产权,却是不能任意分割的,即使是分散股权的所有者也不能凭所有权分割法人产权。而我国现阶段的一些私营资本企业,或事实具有私营资本性质的企业,正是由于在所有权上并不是完全的以自然人为单位明确的产权,因而产权在自然人之间的排他性并不清楚,从而导致企业的所有权主体不明,正是由于这种自然人所有权主体的不明,反过来导致企业法人整体产权处在不断被分割的危险之中。

　　其三,私营资本企业产权界区不清,从根本上影响企业的治理结构,进而影响企业的管理权威。

　　如果企业产权主体具有宗法性,具有血缘、亲缘、地缘性,家企不分,那么,企业在治理结构上必定难以真正形成公司的治理结构,不能不带有治家的权利结构特色。所谓公司的治理结构,说到底,就是指公司各方面权利、责任、利益之间相互制约的机制,本质上是权利与责任的对称性、责任与利益的协调性、风险与收益的对等性;目的是要提高企业相互权利间的监督,特别是提高所有者对代理者的有效监督的可能性,同时降低这种监督的费用,刺激各方面的积极性,在有序的前提下解决企业各方面的要素的效率问题。其中最主要的是股东对董事会的监督、董事会对经理的监督、经理对下级的监督。

有效的企业治理结构的确立的前提是产权清晰,在产权界定上必须清晰地表明各自的权利和必须承担的责任,以及相应的应获利益。如果企业中的产权界区不清,有效的监督根本不可能,因为究竟谁监督谁搞不清,谁应负什么责任也搞不清;如果企业产权具有家庭或家族的宗法色彩,那么,亲缘和血缘关系势必冲淡建立在资产权利和责任基础上的利益约束关系,进而瓦解管理的权威性和严肃性。家庭的宗法管理、治家的准则毕竟与企业的经济管理有着极大的区别,两者交织,不仅降低企业的管理效率,而且损害家庭成员的亲情。这方面的苦恼是当前中国许多私营资本企业所共同面临的。

其四,即使在私人资本企业中,只要产权界区不清楚,由此界定的有关人员相互间的权、责、利不明确,也同样会产生"无票乘车"的道德投机。所谓"无票乘车"的投机,是指当权利与责任失衡时,人们便可能产生不想付出而只想收获的败德冲动。本来在市场经济中应当不存在免费的午餐,不尽责任而想拥有权利,不承担风险而想博取剩余,是市场经济的准则和市场经济的道德所不允许的,否则,势必产生大量的偷懒,从而极大地损害企业的效率。企业作为一个团队,是各种要素的集合,企业的效率源于有效的协调各种要素的集合,使各种要素在集合的过程中尽可能减少偷懒,这就需要在产权制度以及相应的企业治理结构上,明确权、责、利。界区不清的必然结果是使人有空可钻,有空可钻的现实必然鼓励人的投机冲动。

企业不过是一种对市场的替代,在市场上是不同的企业之间的交换,在企业内部本质上也是一种交换,不过是不同要素之间的交换,通过内部交易,在一定交易条件下形成统一,集合为企业。交换的有效性,前提在于产权界区的明确,产权界区越明确,意味着交易中的扯皮摩擦越少,交易成本相应就越低。在企业内部的交换也同样如此,各个要素所有者的产权界区越明确,交易才越可能有效,企业集合为一体的交易成本才可能越低。

即使是私人资本企业,只要存在产权不清的现象,在企业内部的相互摩擦必然增大,企业内部交易过程中各自的权利与责任也就难以界定,因而不负责任的偷懒、不承担辛苦的获取必然蔓延;不是以交换的原则,而是想享受"免费的午餐"的道德投机必然产生。这也正是为何我国一些私营资本企业中，真正关心企业的人少，而真正热衷于从企业瓜分一块利益的人多的根本原因。这种情况在当代西方的企业中，特别是在现代股份公司中也大量存在，只要产权制度有漏洞，这种"无票乘车"的企图便会产生。在我国相当一部分私营资本企业中，由于存在多种形式的产权界区含混，由于没有以自然人为单位界定物质资本及人力资本的产权排他性，家庭成员相互间、合作者相互间力图"无票乘车"，力图享受"免费的午餐"的现象就更为普遍。这种状态若蔓延下去，将从根本上破坏中国私营资本的创业精神和开拓能力。

市场化
与
市场秩序

市场化进程与财产制度的演变*

以中共十一届三中全会的召开作为标志,中国的改革开放至今已有20年的历史了。20年来,中国的经济体制发生了深刻的变化,就资源配置方式而言,已由集权式的计划经济转变为一个"准市场经济机制"社会。据世界银行1996年发展报告评价,世界上全部体制转轨国家的市场化指数平均值为4.4,最高值为6,我国则为5.5,远高于转轨国家的平均市场化速度。据预测,到2010年,中国将基本建立起社会主义市场经济体制。

资源配置方式之所以能够发生如此剧烈的变化,最为深刻的制度原因在于社会财产制度的演变,特别是所有制结构的演变为资源配置方式的转变创造了前提条件。本文集中考察改革开放以来中国所有制结构的深刻变化,考察这一制度演变过程中的主要特点,分析这种所有制结构演变对于中国的经济发展和经济增长的特殊作用。

改革开放以来,我国的所有制结构发生了重大变化,这种变化既体现在国民经济的各个方面,也是国民经济各个方面发生重大变化的动力源

这里根据国家统计局提供的《中国统计年鉴》,主要通过考察社会企业资产结构、社会就业结构、国内生产总值结构等指标,反映中国所有制结构的变化。

1. 中国企业资产制度结构性变化的特点

以独立核算的工业企业为例,① 改革开放以来,我国企业资产制度结构变化的突出特点之一在于国有制企业资产所占比重显著下降(见表1)。

1985年之前,中国城市经济改革尚未全面展开。以1984年10月中共十二届三中全会的召开作为标志(该次会议作出关于全面开展城市经济改革

---

* 本文原载于《中国改革与发展的制度效应》,经济科学出版社1998年11月版。
① 在乡及乡以上的工业企业中,独立核算的企业产值占乡及乡以上工业企业总产值的95%以上,因此,独立核算的工业企业的资产结构大体可反映乡及乡以上工业企业的资产结构。

的决定),城市经济改革全面开展,此前除农村全面展开经济改革外,城市企业改革一方面处于试点阶段并且首先是在商业等流通企业进行,另一方面改革的方式基本上是"放权让利",集中在分配要素方面进行改革,并未真正触及资产关系。1985年之后,才开始逐渐触动企业资产制度。因此,1985年较1978年,在工业企业资产制度上变化不大,变化主要发生在1985年之后。

表1 独立核算企业资产所有制结构(%)

年份	国有独立核算工业企业资产		非国有独立核算工业企业资产	
	固定资产净值	流动资产年均余额	固定资产净值	流动资产年均余额
1985	85.4	76	14.6	24
1992	77.8	65.5	12.2	34.5
1996	58.4		41.6	

资料来源:根据《中国统计年鉴》(1986、1993、1997)有关数据计算。

自1985年之后发生的企业资产制度变化,明显地可以划分为两个阶段,即1985年至1992年为第一阶段,在这一阶段企业资产制度虽已开始变化,国有企业资产比重开始下降,但速度并不显著,7年间国有工业企业固定资产所占比重仅从85.4%降至77.8%,平均每年下降不到1个百分点;自1992年至1996年为第二阶段,在这一阶段企业资产制度改进明显加快,国有企业资产所占比重从70%以上降至58.4%,4年间下降了10多个百分点,平均每年至少下降3个百分点以上。

2. 全社会固定资产投资结构变化的特点

改革开放以来,特别是90年代以来,中国全社会固定资产投资制度结构变化的突出特点在于国有经济固定资产投资增长速度下降,非国有经济尤其是其中的个体和其他经济固定资产投资增长速度加快,因而使全社会固定资产投资的所有制结构发生了深刻变化(见表2)。

表2 全社会固定资产投资的所有制结构变化

年份	固定资产投资总额(亿元)	国有经济		非国有经济	
		国有经济投资总量(亿元)	国有经济所占投资比重(%)	非国有经济投资总量(亿元)	非国有经济所占投资比重(%)
1980	910.8	745.9	81.9	164.9	18.1
1985	2 543.2	1 680.5	66.1	862.7	33.9
1993	13 072.0	7 925.9	60.6	5 146.1	39.4
1996	22 974.0	12 056.2	52.2	10 917.8	47.8

资料来源:《中国统计年鉴》(1997)。

从表2所反映的数据来看,改革开放以来,在全社会固定资产投资上,国有经济比重持续下降,由开始的81.9%降至1996年的52.2%。这种比重上的变化,直接的原因来自年度间固定资产投资增长率上的差异,由于国有经济固定资产投资增长率相对低于非国有经济,因而在结构比重上便呈现出逐渐下降的趋势(见表3)。

表3 全社会固定资产投资增长率在不同所有制经济间的差异

年份	总计增长率(%)	国有经济固定资产投资年增长率(%)	非国有经济固定资产投资年增长率(%)			
			集体	个体、私营	其他	合计平均增长率
1993	61.8	44.1	70.5	20.8	—	—
1994	30.4	21.3	19.1	33.5	99.4	44.3
1995	17.5	13.3	19.2	29.9	21.3	22.8
1996	18.2	6.1	6.1	30.1	37.3	23.9
四年平均	32	23	28.7	28.6	52.6	

资料来源:《中国统计年鉴》(1997)。

3. 工业产值的所有制结构变化及其特征

改革开放以来,我国工业产值按所有制类型划分,其结构变化的突出特点在于国有工业产值所占比重不断下降,但公有经济的工业产值的比重仍占绝对优势,同时,非公有经济工业产值比重上升速度最快(见表4、表5)。

表4 工业产值中不同所有制经济所占比重的变化(%)

年份	国有工业(%)	非国有工业(%)			
		合计(%)	集体工业	个体私营工业	其他经济工业
1978	77.6	23.4	22.4	—	—
1985	64.9	35.1	32.1	1.8	1.2
1992	48.1	51.9	38.0	6.8	7.1
1996	28.8	71.2	40.4	16.5	14.3

资料来源:《中国统计年鉴》(1988、1995、1997)。

表5 不同所有制工业产值的增长速度(%)

年份	国有工业	非国有工业		
		集体工业	个体私营工业	其他经济工业
1980—1994年平均	7.9	23.4	87.1	49.3
1994	6.5	24.9	56.3	74.3
1995	8.2	15.2	51.5	37.2
1996	6.1	19.8	30.6	14.2

资料来源:《中国统计年鉴》(1995、1997)。

表5反映出国有工业产值的增长速度显著低于非国有工业产值增长速度，因而导致不同类型经济的工业产值在工业总产值中所占的比重发生变化。这一变化的突出特征在于两个方面：一是国有制工业比重持续下降，自1992年首次降至50%以下并将首位让于集体工业后，1996年又首次降至30%以下，但同时公有制比重仍居主体地位，即国有工业与集体工业合计仍占近70%；二是公有制工业占主体，特别是集体工业稳步增长的同时，非公有制工业发展速度加快，成为产值增长最快的经济类型。

4. 劳动力就业的所有制结构分布

在就业结构上，由于农村劳动力均不纳入国有经济，因此，无论改革前还是改革以来，吸纳就业的主体均是非国有经济。改革开放以来，一方面，非国有经济吸纳就业的比重又有显著上升；另一方面，在非国有经济内部的不同经济类型之间，劳动力的就业结构也不断发生着变化（见表6）。

表6 劳动力分布的所有制结构

年份	城市总劳动力（万人）	国有经济		集体经济		个体私营		其他经济		农民	
		总量（万人）	比重（%）	总量（万人）	比重（%）	总量（万人）	比重（%）	总量（万人）	比重（%）	总量（万人）	比重（%）
1985	49 873	8 990	18.0	10 323.7	20.7	448.9	0.9	49.9	0.1	30 073.4	60.3
1993	66 373	10 920	16.5	15 738	23.7	3 313	5	536	0.8	35 866	54.0
1996	68 850	11 244	16.3	16 524	24	6 188	9	961	1.4	33 933	49.3

资料来源：根据《中国统计年鉴》(1995、1997)数据计算。

从表6反映的就业结构来看，国有经济1985年吸纳就业人数的比重为18%，这与改革之前的1978年几乎持平(1978年为18.6%)，从1985年开始，国有经济吸纳就业的比重逐年下降，虽然下降幅度不大，但下降的趋势是稳定的；集体经济(包括城市集体和农村乡镇企业)吸纳劳动力的比重逐渐上升，但比重上升速度很缓慢，从1985年到1996年吸纳劳动力的比重上升不到4个百分点(20.7%—24%)，然而其吸收的绝对量最大，成为除农业之外，各类型经济在非农产业中吸纳劳动力绝对量最高的经济类型；个体私营和其他类型的非公有经济在吸纳就业上比重并不十分高，但其比重上升速度最快，从1985年到1996年，其比重扩大10倍以上，特别是1993年以来，个体私营和其他经济吸纳的就业量增长速度越来越快，1993年至1996年，其净增加的就业人员就达3 200万人；农业劳动力在我国基本上属非国有经济吸纳，伴随我国改革开放及由此推动的工业化进程，这部分劳动力由以往集体劳动转变为以农户为单位的劳动力，其从土地上解放出来的比例逐渐提高,农业劳动力由 1978 年的占全部劳动力比重的 70% 猛降至 1985 年的 60.3%,后又由 60% 以上降至 1996 年的 50% 以下,而由此游离出来的劳动力几乎全部为非国有经济吸纳,目前,非国有经济吸纳的劳动力已近 84% 左右。

5. 社会消费品零售总额在不同所有制经济中的分布结构

改革开放以来,在社会消费品零售总额的所有制分布上演变的突出特点,是国有经济所占比重不断降低,不仅个体经济所占比重和绝对量已超过国有经济,而且个体外加集体和其他经济,已成为社会消费品零售总额中的主体,其比重到 1996 年已超过 72%(见表 7)。

表7 社会消费品零售总额在不同类型经济中的分布

年份	总计（亿）	国有经济（%）	集体经济（%）	个体经济（%）	其他经济（%）	合营经济（%）
1978	1 558.6	54.6	43.3	0.12	1.98	—
1985	4 304.7	40.4	37.2	15.4	6.8	0.3
1993	12 462.1	37.5	22	24.2	16	0.3
1994	16 264.7	31.9	20.8	28.4	18.4	0.43
1995	20 620.1	29.8	19.3	30.3	20.2	0.36
1996	24 774.1	27.2	18.4	32	21.8	0.5

资料来源:根据《中国统计年鉴》(1997)数据计算。"合营"指中外合营和不同类型的合营;"其他"包括农村非集体经济、私营股份制、外商投资、港澳台投资经济。此表反映的数据在 1993 年以前是社会商品零售总额(包括农业生产资料),1993 年以后是社会消费品零售总额。

从表 7 可见,改革开放之初,在社会商品零售总额中,国有经济占据主体地位(比重达 54%),再加上集体经济份额(比重达 43.3%),公有经济所占比重为 97.3%。改革以来,这种格局发生了深刻变化。首先,进入 80 年代之后,国有经济在社会商品零售总额中的比重便下降到 50% 以下,虽然在各类经济中仍居首位,但下降的趋势已很显著;其次,自 1995 年开始,在社会消费品零售总额中,国有经济占据的首位被个体经济所取代(29.8∶30.3),到 1996 年差距进一步拉大 (27.2∶32);其三,在结构变化中,集体经济所占份额有所下降,但下降幅度低于国有经济,从 1995 年开始,国有和集体经济合计的公有经济在社会消费品零售总额中所占比重首次低于 50%,从 1978 年的 97.3% 降为 49.1%;其四,比重上升最快的是个体经济,从 1978 年的 0.12% 猛升至 1996 年的 32%,其次是其他经济,从 1978 年的

1.98%升至1996年的21.8%。因此,可以说,自1995年起,在社会消费品零售总额中,不仅国有经济已不再起主要作用(非国有经济占到71.2%),而且公有经济也已开始不起主体作用(非公有经济占到50.9%)。

> **所有制结构的重大变化对我国经济增长起到了巨大的推动作用。没有所有制结构的这种变化,就没有高增长、低通胀的经济现实,也就不可能实现由卖方市场向买方市场的转变**

对于一定社会所有制结构演变的判断,不能以主观的教条加以衡量,只能从生产力发展上寻找支持,即看伴随所有制结构的变化,社会生产力是否有极大的解放;对于促进经济增长和经济发展,这种制度演进是否起到了积极作用,进而使国民经济获得了前所未有的进展。这是历史唯物主义的基本观点。

1. "软着陆":增长的奇迹、改革的奇迹

改革开放以来,以国内生产总值(GDP)增长率为标志值,我国经济增长率平均为10%左右,尤其是自1993年实行紧缩性宏观调控以来,我国在成功地抑制通货膨胀的同时,仍保持着持续高速增长。据统计,1993年至1997年,我国经济增长率逐年分别为13.4%、10.2%、9.7%和8.8%;以1993年至1996年平均计算,经济增长率平均达到11.7%。这一经济增长速度不仅与世界同期平均3%左右的经济增长速度形成鲜明对比,而且与世界公认的当代增长最快的东亚新兴国家6%—8%的年经济增长率相比,也是遥遥领先的,即使与战后经济增长最快的日本经济增长的黄金时代9%—10%的增长率相比,也毫不逊色。①

正是由于这种持续高速增长,使我国的经济发展水平和国力迅速提升。从国内生产总值来看,1996年我国GDP年总量已达6.8万亿元人民币,1997年又进一步上升到7万亿元以上。在国际上,依GDP总量排序,我国已稳居世界第七位(按我国国家统计局测算的人民币购买力评价指数折算成美元排序,折算率约为1:5.3)。据预测,在今后至2010年的十几年中,只要我国经济增长率平均不低于8%,届时按GDP总量排序,我国将列在世界

---

① 国家统计局:《中国统计年鉴》(1997),中国统计出版社1997年版。

第四位。从经济发展的历史阶段性来看,以人均 GDP 为标志值,改革之初我国人均 GDP 仅为 300 美元左右,属于典型的低收入穷国,仅贫困人口就高达 2.4 亿,总劳动力中 80% 以上是农业劳动力,在产业结构上也属于典型的低收入发展中国家的落后结构。若以国际上通行的经济发展阶段作为划分标准,以人均 GDP 1 000 美元、农业劳动力平均占总劳动力 54% 为下中等收入发展中国家的标志,那么,到 1997 年,我国人均 GDP 已达到 1 000 美元(按国家统计局测算的人民币购买力评价指数折算),农业劳动力所占比重至少已在 50% 以下,贫困人口已不足 5 000 万,成为一个典型的下中等收入发展中国家。据测算,到 2000 年,我国将基本不再存在贫困人口,到 2010 年我国将成为一个标准的中等收入发展中国家,不仅人均 GDP 将再呈现成倍提高,而且产业结构上的农业劳动力比重也将下降到 40% 左右。这种发展速度是惊人的。以日本为例,其农业劳动力比重自 85% 降至 55%,用了 40 多年时间(1870 年至 1920 年[①]),我们仅以不到 20 年的时间就实现了这一阶段性的进展,不能不说是一个增长的奇迹和发展的奇迹。

  特别难能可贵的是,我国在实现经济持续高速增长的过程中,基本上保持了宏观经济的均衡,实现了高经济增长与低通货膨胀并行,克服了大多数发达国家和发展中国家高经济增长伴随高通货膨胀的矛盾。改革开放以来,我国通货膨胀率平均低于经济增长率,通货膨胀最高的年份是 1994 年,通胀率也仅在 23% 左右,1995 年便回落到 15% 左右,1996 年进一步回落到 6% 左右,1997 年则在保持 9% 的经济增长率的同时,使通胀率降到 3% 左右,应当说是相当低的,实现了"高增长、低通胀"的软着陆。

  之所以说我国经济增长中的通货膨胀率相当低,不仅是相对于持续平均 10% 以上的 GDP 增长率而言,而且与我国经济发展阶段大体相同、经济体制转换进程大体相似的国家相比,我国的通货膨胀也的确可以称得上是低通胀。据世界银行统计,当代低收入穷国,由于其经济增长速度迟缓,经济货币化、市场化水平低等原因,其通货膨胀率也低,平均在 9% 以下。但进入下中等收入发展阶段后,由于工业化速度加快,无论是投资需求还是消费需求均显著上升,其发展中的要素成本也显著提高,因而通货膨胀率明显上升。当代下中等收入向中等收入发展的国家和地区,年通货膨胀率平均为 62%;中等收入到上中等收入发展阶段的发展中国家和地区,年通货膨胀率平均为 87%;只有到高收入发展阶段后,由于经济加速成长开始放缓,

---

① 杨治:《产业经济学导论》,中国人民大学出版社 1985 年版。

逐渐进入均衡增长时期，通货膨胀率才开始回落，如新加坡、香港地区等通货膨胀率回落到一位数之内。① 我国现阶段正处于下中等收入向中等收入发展阶段，通货膨胀压力之大是可以想像的，我们能够将通胀率长期控制在一位数之内，与其他下中等收入国平均年通胀率62％的差别是显然的。与体制转轨的国家相比，在体制转轨中，随着市场化的进程，一些以往不表现为物价上升的现象会直接表现为物价上升，因而体制转轨国家面临着十分强大的体制性通货膨胀压力，这是许多转轨国家在转轨期通货膨胀高居不下的重要原因。与这些国家高达百分之几百，甚至上千的通胀率相比，我国同样作为体制转轨国家却长期使通胀率低于经济增长率，并能将其控制在一位数之内，这不能不说是一个改革的奇迹。

这种增长、发展、改革奇迹的出现，当然首先与有效的宏观经济政策以及改革所培育的市场经济机制的作用紧密相关，可以说是宏观调控的政策成果，也是发育中的我国市场机制发生作用的体制成就。没有改革初步培育的市场机制，即使有强有力的政府干预，也只能是行政性地干预并通过各级政府来实现的控制，其结果必然回到以往经济大起大落的老路，而不可能是"软着陆"；没有有效的宏观调控，即使存在初步发育的市场机制，也会由于市场本身的不完备和失灵而导致经济的盲目自发扩张，其结果必然是既无秩序又无效率。

但是，之所以有这种市场化的进程，进而之所以为宏观调控政策目标的实现创造了不同于以往的经济运行机制基础，根本原因在于我国所有制结构上的深刻变化。因此，考察我国经济"软着陆"，必须深入分析我国所有制结构变化所起的作用，特别需要考察所有制结构变化中非国有经济的历史作用。

2. 非国有经济的成长："软着陆"中经济高速增长的主要支撑

改革开放以来，特别是党的十四大以来，我国经济体制向着市场经济演进的最为根本的制度原因在于所有制结构的变化，即以公有制为主体、多种所有制经济共同发展的社会主义初级阶段的基本经济制度逐渐形成。在这一所有制结构变化中，最为突出的特点表现为两个方面：一方面，国有制资产比重迅速下降，非国有制资产比重持续上升；另一方面，非公有制比重不断提高，但公有制的主体地位稳固。从1985年到1996年，在我国工业经济中，国有资产比重由85％以上降至58.4％；非国有企业资产由不到20％升

---

① 世界银行：《1989年世界发展报告》。

至41.6%,其中一半以上为各种形式的公有经济,国有与其他公有经济资产合计所占比重近80%。农业经济中则基本上为非国有经济,其中又以集体公有制为主,第三产业中由于不同部门差异极大,难以准确统计其各种经济性质资产比重,但并不由此否定公有制为主体、多种所有制经济共同发展的总体格局。在这一格局中,国有制资产比重下降,同时公有制为主体是显然的。

(1) 非国有经济是1993年至1996年我国经济增长因素形成的主要推动者。

一般而言,推动一国经济增长的主要因素在于总需求的扩张,即总需求拉动总供给的增长。在总需求中主要又可分解为投资需求(据测算,投资需求约占我国总需求的34%—39%)、消费需求(据测算,消费需求约占我国总需求的40%—49%)以及出口需求(据测算,出口需求约占我国总需求的15%—25%)。我国经济之所以在1993年至1996年实行宏观紧缩的同时实现高速增长,主要原因首先在于非国有经济对总需求的拉动。

从投资需求来看,以全社会每年新增固定资产投资为例,非国有经济每年新增固定资产投资增长率明显高于国有经济。1993年至1996年,国有经济固定资产投资平均每年增长23%,低于全社会平均固定资产投资增长率(32%)9个百分点;同期,在非国有经济中,集体经济固定资产投资年均增长率为28.7%,个体经济为28.6%,其他经济为52.6%。由于固定资产投资年增长率上的不同,导致不同类型的经济在全社会固定资产投资中的比重发生变化,其中国有经济固定资产投资在全社会固定资产投资的比重从1993年的60.6%下降至52.2%,而各类非国有经济固定资产投资的比重则由不足40%上升为47.8%。因而,从投资需求增长进而带动总需求增长的作用来看,非国有经济对总需求的刺激作用是不断加强的,其提升速度远大于国有经济。①

从消费需求来看,以社会消费的零售总额的实现来反映消费需求变化,1994年至1996年(1993年与1992年不可比,1992年前是社会商品零售总额,其中包括农业生产资料,1993年后改为社会消费品零售总额),国有经济的社会消费品零售总额增长速度低于非国有经济。1994年较1993年,国有商业经济实现的消费品零售总额增长速度为-13%,而非国有经济中除集体商业实现的消费零售总额增长率为-3.58%外,其他非国有经济均

---

① 国家统计局:《中国统计年鉴》(1997)。

为正增长,其中联营经济增长率为 51.85%、个体经济增长率为 20.08%、其他经济增长率为 17.90%;1995 年较 1994 年,国有经济实现的社会消费品零售总额增长仅为 0.95%,非国有经济中的集体经济增长 0.51%、联营经济增长 -11.41%、个体经济增长 15.17%、其他经济增长 18.12%;1996 年较 1995 年,国有经济实现社会消费零售总额增长率为 3.55%,非国有经济中集体经济增长率为 10.52%、联营经济增长率为 41.36%、个体经济增长率为 12.09%、其他经济增长率为 25.7%。这种消费品零售总额增长速度的差异,使国有经济与非国有经济相比,在社会消费品零售中所占比重发生了根本变化,国有经济由 1994 年占 39% 以上降为 1996 年占 28%,非国有经济则占到 72%。这表明,在消费品零售进而推动消费需求实现的过程中,国有经济的提高速度远低于非国有经济,进而所起的作用也越来越低于非国有经济。①

从创造出口需求来看,仅以非国有经济中的外商和乡镇企业为例,1994 年至 1996 年,外商企业出口额每年递增速度均在 31% 以上,乡镇企业出口增长速度在"八五"期间平均每年增长 63.5%,1996 年比 1995 年又增长 11%,均远远高于同期全国平均出口增长率。到 1996 年,外商出口占我国全部出口额的比重已达 41%,乡镇企业出口已占全国外贸出口的 35.7%,仅此两项合计便高达 76.7%。可见,出口需求主要是由非国有经济创造的。②

(2) 非国有经济是 1993 年至 1996 年我国 GDP 增长的主要贡献者。

从总需求方面看,我国 1993 年至 1996 年的高速增长主要是非国有经济拉动的;从总供给方面看,结论也相同。下面分别考察三大产业 GDP 中非国有经济的贡献。

在第一产业中,1996 年国有经济(国营经济)创造的农业产值仅占农业总产值的 2.77%,也就是说,非国有经济在农业产值中的实际贡献高达 97% 以上,应当说,这一比例多年来是基本相近的。在第二产业中,以工业为例,国有工业产值占工业产值的比重自 1993 年的 47% 下降为 1996 年的 28.8%,非国有工业产值的比重则由 53% 上升为 71.2%。把建筑业计算在内,到 1996 年,整个第二产业中,非国有经济产值已占 70.12%,国有经济只

---

① 国家统计局:《中国统计年鉴》(1997)。
② 陈锦华主编:《1996 年中国国民经济和社会发展报告》,中国计划出版社 1997 年版;农业部乡镇企业局编:《全国乡镇企业基本情况及经济运行分析》(1996)。

占 29.88%，也就是说，目前非国有经济在第二产业中的贡献已高达 70% 以上。在第三产业中，近年来我国第三产业内部构成中，比重最高的是商业（约占第三产业产值 26% 左右），而后依次是金融保险业（20%）、运输邮电业（16%）、服务业（11%）、科教文卫及社会福利（10%）、国家机关及社会团体（9%）、房地产业（6%）、公用事业（1.4%），其中许多部门是国家垄断性行业，因而基本上是国有经济的贡献。在非国有经济存在于较多的领域，即商业和服务业中，商业社会消费品零售总额中国有经济约占 28%、非国有经济占 72% 以上。商业占第三产业产值的总比重为 26%，其中 72% 为非国有经济的贡献，因而非国有商业在整个第三产业产值中的贡献率约占 20%；服务业则基本上是非国有经济，由于服务业占第三产业产值比重为 11%，这部分基本上可以视为非国有经济的贡献。两项合计，非国有经济在第三产业中所做的贡献约为 30%。

以三大产业的产值及所占比重作为权数，综合计算非国有经济对整个国民生产总值的贡献。1996 年第一产业中非国有经济创造的增加值为 13 467.67 亿元（占全部第一产业产值的比重约为 97%），第二产业中非国有经济创造的增加值为 23 529 亿元（占全部第二产业产值的比重约为 70%），第三产业中非国有经济创造的增加值为 6 329 亿元（占全部第三产业产值的比重约为 30%）。将上述三大产业产值合计，再比上 1996 年全国的国内生产总值，在 1996 年我国 GDP 总量中，非国有经济的贡献约为 63.2%，国有经济的贡献则为 36.8%。也就是说，在我国实现高增长低通胀的"软着陆"过程中，经济增长 63% 以上是依靠非国有经济实现的。①

3. 非国有经济发展："软着陆"中低通胀得以实现的重要力量

通货膨胀的根本原因在于经济失衡，尤其是总供给与总需求的失衡，需求严重超出供给，拉动价格上升并迫使货币供给增加。考察非国有经济在实现低通胀中的作用，也应当从非国有经济发展对于缓解供求矛盾所起的作用入手。

（1）从总供给来看，非国有经济发展对于抑制通货膨胀的作用能力大于国有经济。

从总供给方面缓解通货膨胀，关键在于形成有效的总供给，即要保证较

---

① 杨启先先生主持的《关于 1996 年中国改革发展报告》特别强调了非国有经济发展对于"软着陆"的贡献。笔者作为该报告关于非国有经济发展部分的负责人之一，根据工业产值中国有经济与非国有经济的比重，曾提出非国有经济的贡献约为 70%。后经鲁利玲女士进一步进行结构分析，加权平均计算得出在整个 GDP 中非国有经济的贡献约为 63%。本文在此引用。

高的劳动生产率和经济效益。以工业企业资金利税率为例,1996年全国独立核算工业企业百元固定资产利税率为9.8%,而同期国有工业企业百元固定资产利税率仅为7.87%;全国独立核算工业企业百元资金利税率为7.11%,而同期国有企业百元资金利税率仅为6.54%。全国独立核算工业企业流动资产年周转次数为1.53次,而同期国有工业企业流动资产年周转次数仅为1.38次。显然,国有企业资金效率低于国有与非国有经济的平均数,因而也就更低于非国有经济。① 由此,一方面在使投资迅速形成供给的效率上国有经济的能力低于非国有经济,另一方面国有经济又因此而形成更大的对资金需求的压力,使其在缓和总供给与总需求的矛盾中难以有效发挥作用。非国有经济虽然在投资需求方面增长速度高于国有经济,但由于其资金效率较高,形成供给能力提高较快,因而并未因此形成更大的通货膨胀压力,也并未因此加剧总供给与总需求的矛盾。

在我国现阶段,从供给方面抑制通货膨胀,农产品供给丰裕程度有着重要作用。1994年我国出现的20%以上的通货膨胀,从供给方面探究,重要的原因在于农产品供给不足,或者说农产品价格逐步放开之后,农产品由原来的扭曲低价恢复到真正反映供求状况的真实价格之后,拉动整个物价上升。据测算,这种拉动作用对1994年的通货膨胀至少起了50%以上的作用,即20多个物价上升百分点中至少有10个以上来自农产品短缺及相应价格上升所致。而1996年"软着陆"之所以成功,重要的原因也在于伴随前几年粮食价格的调整,农民积极性的提高,使我国粮食生产比大丰收的1995年又进一步增长5%,粮价在供给不断增长的条件下趋于稳定。而在农业产值中97%左右属于非国有经济的贡献。②

(2) 从总需求方面来看,非国有经济发展对于缓解通货膨胀压力起着至关重要的作用。

从对货币资金的信贷需求来看,我国自1993年下半年开始实行从紧的货币政策,在成功地抑制总需求进而抑制通货膨胀的同时,并未对经济增长造成严重副作用,经济增长仍持续保持高速度,重要的原因在于非国有经济在紧缩的货币政策下,具有更强的生存和竞争能力。非国有经济企业贷款比重较低,据统计,到1996年末,全国银行贷款总额中,贷给国有经济的占

---

① 国家统计局:《中国统计年鉴》(1997),中国统计出版社1997年版。
② 李晓西博士作为《1996中国改革发展报告》中非国有经济部分的负责人之一,在其提交的报告中对农业发展在缓和通胀压力问题上进行了深入分析,本文在此引用了他的判断。

87%左右,贷给非国有经济的不到13%。① 但同期非国有经济却创造了GDP总量的63%以上,这既反映出非国有经济的资金效率较高、回收较快、流转较快、还贷能力较强,也表明对于信贷需求的主要压力不是来自非国有经济。信贷规模过量而导致通货膨胀的主要原因不仅不在于非国有经济,相反,正是由于非国有经济资金效率较高,在实现相应的GDP总值过程中,相对地减轻了对货币过量供给的压力。

从对减轻财政赤字压力的作用来看,一方面,非国有经济对财政的直接依赖程度很低,财政并不给予非国有经济补贴,也没有对非国有企业予以资本金和各种政策信贷支持,同时,非国有经济人员的工资、福利也不由财政转移支付,因此,非国有经济发展对于财政赤字生成的压力不大;另一方面,1993年以来,非国有经济对国家财政的贡献一直保持稳中略升的势头,1993年至1995年非国有经济在国家财政总收入中所占比重分别为28.4%、28.6%和28.9%。这表明,在我国经济"软着陆"过程中,对于减缓导致通货膨胀的重要因素——财政赤字,非国有经济是起了积极作用的,而且今后这种作用会越来越显著。②

从淡化总需求波动周期来看,以投资需求为例,我国非国有经济特别是其中的非公有经济的投资需求增长具有一定的反周期性特征。在1993年全国投资高涨时,固定资产投资增长最快的是国有经济和集体经济,分别达到44.1%和70.5%的增长率。当开始实行紧缩后,国有经济投资需求增长速度大幅下降,猛降为21.3%,1995年又降为13.3%,只是到1996年才略有回升达到13.4%。而非国有经济中个体经济在投资热的1993年固定资产投资增长率最低,仅为20.8%,不仅低于国有经济,而且远低于全国当年61.8%的固定资产投资增长率的平均值。当1994年宏观紧缩调控政策开始发生作用之后,非国有经济,尤其是其中的非公有经济固定资产投资需求增长率不仅未下降,反而显著上升,其中其他经济上升99.4%、个体经济上升33.5%,此后在1995年至1996年,其投资需求增长率虽有下降,但也远高于同期全国平均增长水平。这说明,非国有经济发展对于市场需求的真实变化反映是较灵敏的。这种灵敏当然与其财产制度进而与其受市场约束力度较强有关。可见,非国有经济发展在淡化经济周期,在避免经济大起大落从而实现"软着陆",在紧缩需求抑制通胀的宏观调控中实现经济高速增

---

① 中国市场经济决策信息咨询网络:《特供》信息,1998(7)。
② 国家统计局:《中国统计年鉴》(1997),中国统计出版社1997年版。

长起到了重要作用。①

我国非国有制经济在发展中还面临着一系列矛盾，实现规模经济的水平比较低，在资源配置过程中面临着较强的"进入壁垒"，开放度低，产业结构刚性强等，是其发展过程中的主要缺陷

1. 非国有经济发展中的产业组织和产业结构问题

非国有经济进一步发展面临的重要问题之一是产业组织上的矛盾。就现阶段非国有经济产业组织状况来看，至少存在三方面亟待解决的矛盾。

第一，从总体上看，我国非国有经济实现规模经济的水平较低，尽管已有一些较大或大的非国有经济已占有相当的产品市场份额并已粗具规模，但与国际市场竞争的要求甚至与国内市场的要求以及与国有经济总体上相比，非国有经济产业组织上的规模不经济是显而易见的。

第二，我国非国有经济在资源配置过程中面临较强的"进入壁垒"。这种"进入壁垒"主要表现在两方面：一方面，非国有经济尽管在总体上产权界区的排他性相对强于国有经济，但相当部分的非国有经济产权上的排他性是以牺牲产权的市场可交易性为代价的，乡镇集体经济在这方面显得尤为突出，包括部分已改造为股份合作制的企业也面临同样的问题。就乡镇集体企业而言，不仅其"政企合一"的局面严重存在，而且由于受到地缘关系和自然村落的宗法关系的限定，其进入其他产业和市场领域不仅面临市场竞争的经济壁垒，而且面临特定的地缘和宗法壁垒，使得资产的流动性与交易性受到极大的损害，甚至形成较鲜明的"过密"与"过疏"并存的格局，即某些地方、某些产业投资已相当密集，其发展成本已十分高昂，但却难以转移，而同时又有一些地区和产业资本投入严重不足。股份合作制中内部劳动者持股的不可转让性也已构成企业发展的严重威胁。另一方面，缺乏有效的产权交易市场条件，从而使非国有经济的进入与退出或者难以通过市场进行，而成为具有行政性的活动；或者即使通过市场进行，其交易的公开性、合法性、程序性、公正性也受到严重挑战。

第三，非国有经济的"亚产业"特征显著。从总体水平上看，我国非国有

---

① 国家统计局：《中国统计年鉴》(1997)，中国统计出版社1997年版。

经济选择的多为技术门槛和资金门槛以及相应的管理门槛均较低的领域，除少数企业外，在技术选择上多数为中性且偏劳动密集型经济，在资本融通上多数为规模偏小且无稳定的资金市场配合，因此，承受市场风险的能力和经济发展的周期性波动的能力均较低，易于"解体"，很不稳定。目前在"离土不离乡"的条件下，农村土地承包制对这种乡镇企业的"亚产业"的不稳定性尚能予以支持和保障，但随着农业效率的提高和农村经济改革的深入，乡镇企业及农村的其他非国有经济的持续稳定发展问题将会越来越突出。

现阶段非国有经济的产业分布及结构调整上的矛盾也已十分尖锐，主要表现在以下几方面：

第一，非国有经济发展在不同地区之间出现严重的结构性失衡。在东南沿海地区，特别是在对外开放以及市场化进程较深入的地区非国有经济发展迅速，有的省市非国有经济工业产值所占比重已近90%，而中西部落后地区的非国有经济发展相对迟缓，有些省市的非国有工业产值尚不足10%，由此形成所有制结构在全社会分布的非均质性。

第二，非国有经济的产业结构刚性仍然较强。这一方面是由于产业组织上的产权特征规定，另一方面也是由于宏观政策和市场环境的特殊性所致。但无论什么原因，在最终结果上的表现是：非国有经济既难以通过市场，又难以通过政府实现结构上的即时转换和战略调整，使之在结构转换能力上与其已具有的经济地位极不相称，这种结构刚性对整个国民经济的发展，势必伴随国有制经济结构调整和重点的集中而形成更大的威胁。

第三，在部门分布上非国有经济存在三方面值得注意的缺陷。首先，相当一部分非国有经济在产业部门分布上对传统产业，尤其是对传统国有制占据绝对统治地位的"夕阳"产业有着十分深刻的依附性。这种依附性一方面是由于政府为缓解传统产业的困境，特别是缓解其中占统治地位的国有制企业的困境，进而鼓励并扶持在这些产业领域并以原国有企业为母体，兴办一系列非国有第三产业或其他服务性行业，但这些非国有经济赖以生存的市场主要是传统产业领域中的国有企业对其产生的需求，其收入来源主要源于传统产业中的国有企业，因而一旦传统产业彻底衰落，国有企业困难加深，这些非国有企业也将随之衰落；另一方面，这些围绕原国有企业母体展开的非国有经济之所以能生存，主要并非依靠其市场竞争力，而是由于原国有企业对其进行特殊保护，或者出于安排国有企业下岗工人的考虑，或者出于企业职工内部福利目标的考虑，加之非国有经济本身在体制和政策上的灵活及漏洞，使之暂时得以生存，一旦随着改革的深入和体制的规范，这些非国有经济的市场生存将成为严重的问题。其次,非国有经济在部门结构分布上的区域间的趋同倾向同样存在,从某种意义上可以说,非国有经济发展中的重复建设和结构雷同以及相应的盲目性丝毫不亚于国有经济在这方面的弊病。这一方面是由于宏观经济体制和政策本身对非国有经济发展的引导尚不适应市场经济的要求,另一方面表明在市场条件的准备上和非国有经济本身的产权构造上也还难以真正实现"优胜劣汰",因而难以在竞争中形成结构效益。其三,非国有经济中潜在的非产业化、短期行为化以及产业"空心化"的冲动是较强的,因而,"寻租"活动以及对某些投机性极强的经营领域表现出很高的热情。这一方面是由于体制上对非国有经济来说存在较高的"交易成本",另一方面也表明在产权上尚难以有效地规定非国有经济的行为目标长期极大化。

第四,我国非国有经济在结构上的开放性仍显不足。这种封闭性主要表现在三方面:首先,除外商经济外,非国有经济对外开放程度不高,甚至低于国有经济对外开放的水平,这显然是受体制局限和发展历史较短所影响。就体制而言,非国有经济对外国际性开放的途径仍极为不畅,至少十分被动,大多是由外方来主动寻找合作伙伴,而非国有经济自身主动进入国际合作的能力较弱。其次,非国有经济对外开放的层次较浅。目前的对外开放主要体现在贸易上,而不是直接的生产上,更谈不上在资本经营上,这种开放结构显然是亟待改造的。其三,非国有经济在国内市场上的相互封闭性也较强,跨行业、跨地区、跨所有制形成结构调整的能力和体制条件均相当脆弱,缺乏正规的宏观体制和政策安排,也缺少规范的市场机制。

总之,我国非国有经济在产业组织和产业结构方面存在的矛盾,既是发展性问题,这主要是由于我国非国有经济发展较迟缓,其总体的技术水平、管理水平、人员素质以及对市场风险的承受力和资本规模等尚处于"原始积累"阶段;同时更是一个体制问题,包括产权制度、市场制度以及宏观调控机制等方面的问题。

把非国有经济的发展与我国产业组织的改进和产业结构的调整有机统一起来是一个十分重要的课题,尤其是结合贯彻党的十五大提出的所有制结构调整和公有制实现形式多样化的战略原则,在"抓大放小"过程中,一方面提高规模经济水平,另一方面切实以此为契机有效地改进产业结构,对于我国的非国有经济发展以及整个经济发展均有着极其重要的意义。

2. 非国有经济发展面临的市场条件与宏观体制问题

第一,在经济增长的宏观经济方面以及经济发展的结构转换方面,如何为包括非国有经济在内的微观经济单位创造必要的市场有效需求的问题。充分的有效需求是经济高速成长的重要条件之一,需求相对不足固然能够加剧竞争并以此来提高企业的管理水平和促进企业的结构调整,但若较长时期出现有效需求不足,对企业发展是极为不利的,国有企业的困难势必通过市场机制传到非国有经济之中,因为市场经济本身各方面是相互联系的,有效需求疲软下的过度竞争,也必将对非国有经济的发展带来损害。因此,如何适度地培育市场需求,特别是培育新的有市场需求支持的经济增长点,是整个国民经济健康成长,包括非国有经济发展需要解决的重要问题。从目前情况来看,非国有经济难以寻找有效的投资领域和发展领域已成为普遍的现象。

第二,在企业产权制度上如何根据市场经济的基本要求真正塑造出必要的非国有经济产权主体的问题。非国有经济发展中存在的许多问题,可以归结为产权制度问题。首先,非国有经济中的相当部分事实上政企不分较严重,这种政企不分或者来自其产权属性的含混,如以乡镇政府为代表的集体企业等,或者虽然是产权清晰的但由于种种原因有意或无意地模糊了产权主体,如一些所谓"假集体"企业等;或者是以集体名义兴办的企业,但长期以来产权主体含混,从而为政府干预其经济,甚至分割、支配其资产创造了可能;或者在产权上虽不是国有制,但由于种种的历史原因和现实政策原因,事实上被纳入了行政直接控制范围等等。其次,非国有经济中严重存在的产权不可交易性,或者即使交易其交易费用极高,使之在根本上难以适应市场。这种不可交易性或难于交易性主要表现在四个方面:一是乡镇企业由于受地缘和宗法关系的影响,其普遍可交易性受到伤害;二是在非国有的股份合作制经济当中,相当大部分的出资者,包括劳动者作为出资者在内,其股份是不允许转让同时也是没有转让机制的;三是非国有经济在产权上要实现跨地区、跨行业、跨所有制的流动和兼并,困难极大,特别是对国有制的兼并与融合,在体制和政策上尚缺乏必要的准备;四是政府职能转换的滞后和官僚主义作风使非国有经济,包括外资经济的市场竞争和产权集中受到极大限制。

第三,非国有经济发展在要素市场上尚存在较多的体制歧视。尽管非国有经济在市场上表现出高于国有企业的适应力,但这主要表现在商品市场和劳动力市场上,而在其他要素市场上却并无多少明显的竞争力。首先,在资本市场上,无论是间接融资还是直接融资,非国有经济除外资经济外,大都具有不稳定性,其行为也不规范,原因当然是多方面的,但其中重要的原因之一在于缺少为其服务的合法而又规范的市场条件。其次,在高级人才,包括技术人才和管理人才市场上,非国有经济仍面临多方歧视,这种歧视部分来自人们的观念,但更多的则是体制本身所致,尤其是传统体制对非国有经济的排斥,仍有相当大的影响,使得高级人才向非国有经济流动过程中困难重重,或者说流动成本十分高。其三,在技术市场上,由于非国有经济单位的技术获得主要依靠市场,但市场本身又极不规范,有关的科技立法和知识产权法规尚不健全,加之技术市场本身的特殊性、复杂性和我国目前在这方面的不完备性,使得非国有经济在运用技术市场时行为混乱,交易成本极高,获得渠道极不稳定,风险极大。

第四,就非国有经济面临的治理结构而言,在产权构造上普遍存在三方面的问题。首先,由于许多非国有经济自开始便在产权制度上"先天不足",产权主体难以明确,其中特别突出的是经营管理者,甚至他们本身就是创业者,其对企业的贡献以及经营能力等方面的人力资本,在产权制度上应否予以承认,这个问题直到目前尚未真正解决。即使是一些开始时产权主体清晰的非国有经济,由于其产业领域的特殊性,使其中的人力资本有着特别的意义,如某些"民营"高科技企业或"国有民营"科技产业等,创业者的利益在产权制度上如何承认,始终是极具争议的问题,对企业发展已造成相当深远的影响。其次,相当一部分非国有经济,尽管其产权主体是清晰的,但在整个管理架构和约束机制上带有浓厚的"家族"色彩,与现代市场经济的要求距离甚远,这一方面固然与出资者本身水平和利益要求有关,但更重要的则在于缺少有效的管理人员劳动力市场与之配合,也缺少必要的法规、政策予以保护和支持。其三,由于产权的可交易性方面的障碍,更由于对非国有经济中产权保护的制度漏洞,使得非国有经济中相当一部分在产权上难以稳定,不仅难以通过市场兼并扩大积累,在资产上难以实现长期扩张,而且存在不断分割的趋势,即相关人员或者通过"分家"的方式来要求自身的产权,从而破坏企业法人产权的完整性;或者通过违法的方式瓜分、侵吞企业法人资产,导致非国有经济资产流失严重。

就非国有经济面临的宏观调控机制而言,至少有两方面问题迫切需要解决。

第一,政府职能的转换进程与我国的市场经济改革进程的不适应性,突出表现在对非国有经济的规范、引导、监督和服务不足上。现阶段政府职能与非国有经济发展的不适应性集中在三个方面:首先,现有的政府职能仍具有强烈的传统体制色彩,基本上是针对国有经济而形成的经济服务职能和宏观调控机制。在现阶段，非国有经济在国民经济中已占相当比重的现实，要求政府职能必须尽快转变，否则不仅非国有经济的发展难以具备必要的宏观体制供给，而且势必削弱宏观调控本身的有效性。其次，政府对社会不同性质的经济主体提供的经济服务和宏观体制条件，尚缺乏公平性和法权性，这其中既包括对国有经济的不公平（如分解社会负担的责任和税赋上的过高要求等），也包括对非国有经济的不公平（如在市场准入和要素市场上的不应有的限制等），因此，政府职能与市场经济运行的要求尚有很大距离。其三，地方政府的保护行为和行业间的封锁壁垒，使得非国有经济在实现经济联系的过程中难以有效地运用市场机制，包括非国有经济的跨地区、跨行业、跨所有制的资产运动，由于常常遇到行政性分割的市场，因而无法深入进行，或者即使进行，其交易成本极高，根本无法形成规模。

第二，政府对非国有经济发展的调控和服务尚缺乏可靠的体制保证。首先，在政策和体制上缺乏必要的完整性和协调性，因此使得一系列影响非国有经济行为的政策相互间缺乏配合，难以贯彻。如采取分税制后以增值税作为主体的流转税制的实施过程中，相当一批非国有经济单位没有增值税票，与其发生经济往来的主体由此便难以实现应有的抵扣等等。其次，在宏观财政和货币政策上，非国有经济在相当大的程度上未被纳入政策作用空间，至少许多方面没有被直接纳入，这不仅表现在财政支出政策上对非国有经济单位作为纳税人的利益未予以足够的承认，在信贷政策上对非国有经济单位作为市场竞争者应有的权利未充分予以尊重等方面，而且也使财政政策和货币政策作用的全面性、有效性受到影响。其三，政府对非国有经济的法律保护也亟待加强，这种加强不仅体现在制度上必须把非国有经济视为我国社会初级阶段的基本经济制度中不可或缺的内容，而且需要公平地为其提供制度保护，目前尤为突出的是非国有经济单位的资产流失和被侵吞的问题得不到及时而强有力的政府干预，非国有经济在寻求这方面的保护时，往往带有不确定性和非规范性。

3. 非国有经济面临的体制成本和发展成本控制问题

尽管我国非国有经济正处于快速发展时期，但其中的发展成本上升速度也十分快，必须予以充分注意，否则必然制约非国有经济的持续成长。这种发展成本、体制成本主要表现在以下几个方面：

第一，在发展非国有经济过程中，普遍存在的一个体制性目标和政策目标在于使之承担更多的分解社会就业压力的责任，特别是结合国有企业的改革，以发展非国有经济的方式来缓解国有经济下岗人员增多的矛盾。这就必然导致一个矛盾:非国有经济的效率目标与社会对其要求的就业目标之间的冲突。这个冲突客观上会导致非国有经济的发展成本上升,必须予以足够的重视,切实协调好非国有经济效率提高和竞争力提高与解决社会就业之间的矛盾,不能过度牺牲非国有经济的效率而寻求就业目标的充分实现。

第二,非国有经济在发展中所造成的资源、生态、环境成本必须努力控制。不能否认,相当一部分非国有经济发展的效益和市场竞争力是以牺牲整个环境质量和生态、资源良性循环为代价的,由此必然提高整个社会经济的发展代价。对于我国非国有经济而言,在资源利用上的不经济性、对土地资源特别是农业用地的过度侵占问题、在环境污染等方面带来的问题,均已到了非严肃对待不可的程度。否则不仅会使整个社会发展成本上升,而且也会由于体制改革的深入,特别是伴随产权制度上的权利与责任界定清晰度的提高,使非国有经济本身的微观成本上升,使非国有经济本身直接承担由其造成的更多的社会发展成本。

第三,非国有经济发展本身的要素成本上升速度必须予以充分关注。对于非国有经济来说,要素成本上升过快至少有三方面的情况值得注意。首先,在一些非国有经济乃至整个经济发展水平提高较快的地区,伴随经济发展和收入水平的提高,特别是伴随需求的扩张,其劳动力费用、土地费用等要素费用上升速度极快,已经到了严重阻碍经济成长的程度。其次,在推动开放、吸引投资过程中,由于种种原因形成的"过度需求",或者说投机性极强的"泡沫",由于缺少真实需求的支持,在使经济停滞的同时,又使要素价格奇高,严重破坏经济发展,使非国有经济力图通过市场机制再进入的成本上升。其三,由于相当部分的非国有经济,特别是乡镇企业,在很大程度上受地缘和血缘宗法关系影响,其竞争的充分性和资产的流动性受阻,往往不得不继续在资本密集度已相当高,进而要素价格也已十分高的狭窄区域继续投资,其成本相应地迅速攀升。

第四,非国有经济发展中的交易费用不断提高问题始终未能得到有效控制。由于国民经济处于转轨时期,尤其是由于非国有经济基本上是活动于市场中的经济,同时又受市场机制不完备的困扰,受政府行政力量的种种干预和限制,因此,非国有经济往往难以及时、有效地通过正规体制进入市场,从而使其交易成本在体制性摩擦中不断上升。

第五,非国有经济发展中的社会保障要求。应当说,在以往的非国有经济的竞争力中,相当一些企业的活力在很大程度上来自企业忽视或放弃社会保障的解释,包括职工的失业保险、医疗保障以及住房、养老等一系列社会保障,在一些非国有经济单位并未得到必要的安排,其"高工资"若剔除应有的社会保障费用,水平并不高,因而事实上降低了成本。但随着我国市场化进程的深入和社会保障体系及水平的完善与提高,力图以降低社会保障水平而降低成本的做法会受到越来越严格的限制,客观上也会推动非国有经济的发展成本上升。

第六,非国有经济以往在较多地存在规模不经济的同时可以生存,除地方保护等原因外,重要的经济原因在于其要素费用低廉。但随着改革的深入,随着要素价格的逐渐提高,非国有经济规模不经济所带来的成本刚性也会越来越突出。而实现非国有经济的规模经济,不仅要有市场体制的准备,而且需要政府宏观政策的扶持和引导;不仅需要资金运用和技术水平上的提高,而且需要企业在制度上进行现代企业制度改造,这些都将是一较长的历史过程。因而,非国有经济很可能在较长时期中不得不承受规模不经济所带来的成本提高压力。

> **产权的流动性和可交易性是现代市场经济发展的必要条件。我国所有制结构的进一步演变,需要进行制度创新,需要创造各种类型的企业进行公平竞争的制度条件**

尽管我国非国有经济发展面临一系列有待解决的矛盾,但总体上看,我国非国有经济将面临一个更为迅速的成长时期。主要原因在于以下几个方面:

1. 推进所有制改革,发展非国有经济是我国经济体制改革深化的根本

第一,推进所有制改革,发展非国有经济是切实形成社会主义市场经济机制的需要。从理论上来说,国有制若在社会总资产上占据绝对统治地位,那么,这个社会的资源配置方式必然不可能是市场经济机制。根本原因在于,市场经济作为交易的经济,其交易的实质在于所有权的相互买卖,而要保证所有权的可交易性,首先要求这种投入交易的所有权必须是单纯经济性质的权利,因而能够并且只能接受市场交易规则和市场竞争规律的约束,如果是作为超经济性质的权利,如政治的、行政的、宗法的等等权利存在,其权利运动必然首先服从政治、行政、宗法等超经济规则约束,而难以接受市

场硬约束。国有制作为一种国家掌握资产权利的制度,国家作为所有权主体,就国家的属性而言不可能也不应当是单纯的经济力量,必然具有超经济性质。因此,若国有制占据统治地位,社会绝大部分资产的运动首先必须服从国家的意志和政府行政权力的支配,市场规律对大部分资产无以支配,因此也就不可能是市场经济社会。我们既然已明确以社会主义市场经济为基本的体制目标,也就是说要使市场成为调节资源配置的基本形式和基本力量。那么,在所有制结构上就必须根本改变国有制占统治比重的格局,当然这种国有制统治比重的改变,并非私有化,而是采取非国有经济的形式,即在采取多种所有制经济的同时,采取多种多样的公有制新形式。社会主义市场经济需要的是以公有制为主体,但绝不是国有制为主体,国有制可以也应当为主导,即保证国家对国民经济命脉的有效控制,但不能以国有制为主体,否则便不可能使市场经济成为社会经济资源基础性的调节机制。

我国现在距离2010年基本建立社会主义市场经济体制目标尚有十几年时间,我国的社会主义市场经济建设自改革开放以来也已走过20年的历程,我们已经取得的市场化进程取决于财产制度的演变,我们要真正建立社会主义市场经济体制,仍有赖于所有制结构的改造。事实上,社会主义市场经济的财产制度基础在于:各种公有制经济在资产上和国民生产总值上分别保持在70%左右,切实成为经济主体;国有制在资产上必须降到50%以下,按照1980年至1996年国有经济固定资产由90%左右下降到52%的发展轨迹,平均每年下降2.4个百分点,到2010年国有经济固定资产保持在30%左右,而各种形式的公有制经济稳定在70%以上,非公有制经济保持30%左右的比重是完全可能的,从而一方面保证市场经济成为基础性调节机制,另一方面保证国有制对国家经济命脉的有效控制。由此形成公有制为主体,国有制为主导,多种所有制经济共同发展的社会主义市场经济的基本经济制度基础。

第二,推进所有制改革,发展非国有经济是解决国有企业面临的体制性矛盾的需要。国有企业的改革已成为我国经济体制改革的难点所在。从我国国有企业改革的进展来看,从1979年至今,大体已走过四个阶段:第一阶段自1979年至1983年,主要改革内容是放权让利;第二阶段是自1983年至1987年,主要改革内容是利改税;第三阶段是自1987年至1992年,主要改革内容是实行承包制;第四阶段则是自1992年至今,主要改革内容是逐渐进行现代企业制度改造。从已进行的几个阶段,特别是前三个阶段的国有企业改革历程来看,具有普遍性的特点在于两个方面:一方面,在改革的方式上,基本上是自上而下的行政性推动的政府行为过程,这是由于国有企业的所有者是政府,因而改革的决定权掌握在政府手中,使国有企业改革成为一种政府行政行为;另一方面,在改革的内容上,主要是集中在分配关系,特别是集中在政府财政收入与企业收入,以及企业收入与职工收入、地方政府收入与中央政府收入等方面的利益关系的调节和规范上,除少数企业以试点的形式进行所有制改革探索外,大部分国有企业的改革是从分配关系上展开的。从目前国有企业面临的矛盾来看,如果再仅仅围绕分配关系,再主要甚至单纯依靠政府行政性的直接推动,国有企业面临的难题是无法解决的,必须从所有制上进行根本改革,才可能真正使每一位工人、企业领导从切身利益上、责任上、改革的权利和主动性上投入改革,使改革真正具有群众基础,才可能真正解决国有企业面临的体制性障碍。

在现阶段,国有企业改革在体制上至少存在着三个方面的制度性矛盾,也就是说不从所有制改革入手便不可能真正解决这三个方面的矛盾。

首先,如何实现国有企业的政企分离。政企分离的命题早在1979年改革伊始便被提出,十几年来之所以举步维艰,就经济制度而言,是由于政企分离并非是政府对企业的管理方式的转变,而是涉及企业所有权的问题。从理论上讲,作为国有制企业,其所有权归国家并由政府掌握,其资产责任当然也由所有者承担,因而严格的国有制就不应当也不可能真正实现政企分离,对国有企业要求其政企分离,要求作为所有者的政府自企业退出,本质上是侵权;另一方面,若在制度上真正实现政企分离,也就意味着实行非国有制改造,所有权自国家手中转移出去自然也就失去了政企合一的财产制度可能。问题在于,既要使企业保持国有性质,又要求实行严格的政企分离,这在理论上和逻辑上是不成立的。从实践上看,从人类经济发展上看,还未有过既是国有制的企业,同时又实行严格的政企分离的现象,即使是当代资本主义市场经济发达的国家,如英国、法国等,在法律上也是明确规定:国有企业的领导人是政府任命的官员。也就是说,企业领导不对市场负责而是对政府负责,企业行为目标首先不是市场竞争目标而是政府行政目标。因此,要求某企业实行政企分离,本质上需要首先回答:这一企业还需不需要采取国有制。如果就这一企业的性质和国民经济发展的要求等条件而言,仍属需要国家支配的主导命脉的企业,仍需实行国有制,那么,就不是简单地需要政企分离的问题,而是要进一步加强政府监督、控制,进一步完善和严肃国有制,使之更有效地体现国家意志和政府政策目标的要求,即使之更有效地起到国有制应起的对国民经济的主导作用;如果说企业属于需国有制占主导作用的关系国民经济命脉部门之外的其他领域的产业,那么也无须实行政企分离,而更需要采取非国有制改造,政企分离不过是非国有制改造的某种结果。显然,在社会主义市场经济条件下,占据主体地位的大多数企业应当而且必须接受市场调节,因而必须普遍实行政企分离,否则市场中运动的便不可能是经济主体而是行政主体,由此市场不可能成为基础性调节机制,而要做到这一点,除切实体现对国民经济命脉控制力的领域外,对其他大多数国有企业必须采取非国有制改造,在制度上保证政企分离。可见,政企分离这一难题的解决,根本在于所有制改革,在于处理社会主义初级阶段所有制结构中的国有制如何分布,在于明确哪些领域和哪些企业需要采取非国有制。

其次,如何建立国有企业的有效的治理结构,如何实现国有企业的资产权利与相应的资产责任间的相互制衡。权利与责任的失衡是十几年来国有企业改革存在的最显著的制度漏洞。无论是采取承包制还是采取国家绝对控股的股份制,都属于委托—代理制。委托—代理制的形成至少需要两方面的制度条件:一方面,必须事先在法律上规定代理者对所有者的资产责任;另一方面,必须在经济上证明代理者确实具有承担法律规定的责任的能力。这种责任尽管不必是完全的或无限的,但必须大到能够有效约束代理者权利行使的程度,使其获得对社会或对他人资产的支配权受到有效的必要的资产责任约束。实际上,这一问题即使在西方公司制度演变中也始终是个需要不断探索的命题。在我国企业改革中,这一制度漏洞更加突出。以承包制为例,其宗旨是所有权与经营管理权两权分离,因而承包者在市场中所支配的资产,在所有权上并非自身所有,而是属于国家的,因此承包者最应负的责任首先应是对国家(所有者)的资产责任,但承包者作为党的干部,最不可能负的责任恰恰是这个最应当负的资产责任,因为承包者绝大多数均是无产阶级先锋队组织成员,属于无产者,这样,承包人所获得的是对国家资产的支配权,而制约这种权利的责任却不可能是资产责任,至多只能是行政的、政治的和道义的责任。事实上,采取股份制改造的国有企业,只要国家仍持绝对优势股权,而国家作为最大所有者又无法直接进入企业,而是将资产委托给代理者——企业法人(董事会),那么企业法人也就同样获得了对国家资产的支配权,而同时又不具有相应的资产责任能力,董事会成员作为政府任命的行政性官员,根本不可能也不必承担资产责任。因此,国有企业改革需要解决的根本制度问题之一,便是使代理者切实受到资产性责任约束,或者说使最具资产责任能力进而最富资产责任心的主体成为资产的代理者；否则，无论是承包制还是股份制都难以有效。这实际上要求国有制的实现形式发生根本改变，将国有股"稀释"并掺入到其他股份经济之中，而不必绝对控股，如果需要采取委托—代理制，就必须把国有资产委托给资产责任能力最强者；如果仍需国家绝对控股并支配，那么就不必对资产进行委托，仍由国家直接管理，以防止资产权利与责任间的制度性失衡。这种制度建设本质上是所有制的改革，是某种程度上的非国有制改造，是企业资产权利结构的重建，也是国有制实现形式的改变。

其三，如何筹集国有企业改革的成本。改革成本的筹集是约束国有企业改革进展的重要现实条件。直观地看，至少存在以下制度性成本制约国有企业改革。一是传统体制下形成的国有企业离退休职工负担如何解除？据国家劳动部测算，目前全国职工在职工人对离退休工人负担系数已达0.29，即三个多在职人员负担一位离退休工人，并且随着2000年我国进入老龄化社会（60岁以上的人口超过总人口的10%），这一问题会更加突出。二是传统体制下国有企业职工的医疗保险问题如何解决？据估算，目前职工医药费开支大约相当于职工工资总额的15%左右，如何解除企业这一负担是一个重要问题。三是传统体制下国有企业职工的住房问题如何处理？以往是由企业承担，其费用大体已接近国有企业总资产的20%左右，并且不从体制上解决，这一费用还将无止境地增长。四是体制与政策性形成的国有企业过重的债务负担如何解除？特别是"拨改贷"之后，国有企业固定资产的形成基本上由银行贷款形成，国家财政一般不再注资，形成企业过重的负债，增大企业融资成本。上述体制性费用怎样分摊，从政府、企业、家庭三者关系上看，任何单方面均无力承担。如果由政府财政安排，其他不论，仅解除企业政策性债务一项，"拨改贷"形成的企业固定资产大约2万多亿元，若由财政注资切实由国家作为出资人履行所有者责任，那么以目前财政每年大约可集中500亿元注入企业固定资产投资的出资能力，大约需要40年；况且国家财政困难已十分严重，"八五"期末已累计财政赤字6 300多亿元，到1996年已累计发行国债6 700多亿元。如果继续由企业承担，不仅已无可能，而且为时不久便会将国有企业的市场竞争力彻底瓦解。如果由居民家庭承担，那么既不现实也不公平，因为，在传统体制下乃至改革以来，相当长的时期里，职工工资中并未包含这些费用。但是国有企业的改革又不能因此而停滞，拖得越久实际上累计的成本越高。就现阶段现实来看，出路仍在于所有制改革。一方面，通过所有制改革，放掉部分小型国有企业，并采取多种措施对国有制实行非国有改造，努力探索公有制等其他实现形式，以减轻国家对企业的直接经济责任,使国家能够集中力量,特别是在国有经济必须占支配地位的领域,通过资产重组和结构调整,以加强重点,使举办国有制经济与国家财力切实吻合;另一方面,通过出售部分国有资产,包括放掉小型国有企业,也包括以股份制的形式出让部分大中型国有企业的股权,以支付国有企业改革的成本,促进解决企业改革中的"钱从哪里来,人到哪里去"的问题,特别是以此降低企业由于政策性因素形成的过高的负债率。

2. 推进所有制改革,发展非国有经济是保证国民经济有效均衡增长和持续协调发展的需要

从我国改革开放以来的经济发展和经济增长的实践上看,所有制的改革,特别是在"坚持公有制为主体,国有制为主导,多种所有制经济共同发展"这一基本经济制度的基础上,鼓励并支持非国有经济的成长,已成为支持我国经济增长的重要制度动力。坚持并完善这一基本经济制度,更是我国经济协调发展的历史要求。

第一,所有制结构以及非国有经济的发展是我国实现经济均衡增长的重要制度条件。90年代以来,我国之所以能取得这种"高增长低通胀"的均衡增长奇迹,主要原因在于三个方面:一是有效的宏观调控政策实施,尤其是在缩紧财政的同时,货币政策发生了重大作用;二是经济市场化程度的加深,使得微观经济单位的自我约束力逐渐加强,使增长的有效性得到体制保障;三是财产关系上的变化,使微观主体特别是非国有经济主体活跃的同时,不得不在资产制度上切实接受市场硬约束,为均衡增长创造了资产制度条件。事实上,宏观调控政策之所以有效,市场化进程之所以深化,其重要的制度基础也在于所有制结构和公有制实现形式上的深刻变化。

从所有制结构的变化对增长的作用来看,改革开放以来,非国有经济的迅速发展已成为我国经济增长的重要源泉。1992年以来我国年均12%的GDP增长率中,8个百分点以上是非国有经济实现的,国有经济只占3个百分点左右。1996年我国国有工业增长率仅为6.1%,远低于全国9.7%的GDP增长率,但同期非国有的集体工业增长率为19.8%、城乡个体工业增长率为30.6%、其他经济增长率为14.2%,非国有工业增长远高于国有工业增长,而非国有工业在工业总产值中所占比重为70%以上,由此拉动了整个增长率的提高。[①]

---

① 《中国统计年鉴》(1997),中国统计出版社1997年版。

从所有制结构的变化对抑制通货膨胀的作用来看,非国有经济对平抑物价起了重大作用。首先,农业的持续丰收为控制通胀创造了重要的条件,而农业在体制上基本上是非国有经济,加上农村改革的深入,农户行为在制度上基本上纳入市场硬约束,除政府在宏观政策上对农业予以保护、支持外,农户本身不可能直接得到财政的支持,根本不可能由政府财政为其平衡预算,因而农户在市场中不存在"软预算"约束问题,这是农户效率提高的重要制度基础。其次,就非国有的工业和第三产业经济而言,由于其财产制度的特征,一方面,财政不可能直接对其给以补贴,从而减轻了对财政支出的压力。同时,政策性贷款对非国有经济总体上也难以给予优惠,因而缓解了对信贷支出的压力。另一方面,非国有经济由于不能直接依赖国家,只能依靠市场,所以其市场适应力较强,市场竞争效率较高。就工业企业而言,1996年国有工业企业的资产利润率不到1%,而非国有工业企业资产利润率则为3%。因此,非国有经济上缴财政利税增长速度快,到1995年非国有经济上缴财政利税已占利税总额的43.1%,但同时对财政支出依赖度低。非国有经济资金周转快,还贷能力强,但同时对银行信贷支出规模,尤其是对政策性信贷压力小。① 可见,所有制结构上的非国有经济比重上升,在带动经济高速增长的同时,为平抑物价作出了积极有效的贡献。

就我国目前出现的宏观经济失衡而言,突出的问题在于失业率较高。事实上,我国待业下岗、停产半停产以及较长时间停发工资的职工已近10%,再考虑到由于以往体制性因素造成的2 000多万企业冗员,随着改革深入必然成为显性的需要再就业者,单纯依靠国有经济的重振予以吸纳是根本不可能的。克服这种失衡,除发挥宏观政策的作用以及采取产业结构调整、创造新的就业领域等措施外,十分重要的制度因素也在于所有制结构的改造和非国有经济的发展。到1996年,中国城镇职工就业中,非国有经济已占43.3%,农村劳动力则基本上在非国有经济中就业,全国城乡总劳动力由非国有经济吸纳的比重已达84%。② 随着非国有经济的发展和国有企业改革的深化,在吸纳就业方面,非国有经济将越来越成为主要力量。在制度上允许并鼓励非国有经济发展,不仅是我国经济增长的要求,不仅是抑制通货膨胀的要求,同时也是克服另一种宏观失衡——缓解失业的要求。

第二,所有制结构的改造,非国有经济的发展是我国实现经济长期协调

---

① 《中国统计年鉴》(1997),中国统计出版社1997年版。
② 同上。

发展的要求。经济长期发展不同于短期增长的根本原因在于，发展主要是处理产业结构转换的命题，而增长主要是处理总量均衡的命题。我国改革开放以来，从产业结构转换意义上实现的经济发展速度是惊人的。用了不到20年时间，由低收入发展中国家产业结构状态，达到标准的下中等收入发展中国家产业结构状态（当代下中等收入发展中国家农业就业比重平均为54%，农业产值比重平均为17%）。[①] 历史上发达国家完成这一由低收入到下中等收入发展阶段的结构转变大体用了30—40年时间，我国用了不到20年的时间实现了历史上发达国家需要几十年才实现的结构转换，的确是一个发展的奇迹，尤其是考虑到我国总人口和农村人口的特殊性，这种转变就更为来之不易。

如此深刻的结构变化，原因当然是多方面的，但必须承认的是基础性的原因在于所有制的变化，在于非国有经济的发展。首先，如果没有农村的改革，没有农村农户经济的发展，没有农村集体农业经济实现形式的家庭承包制的选择，没有农村乡镇企业的发展，农业效率不会显著提高进而为降低农业就业和产值比重提供可能，也不可能有农村经济工业化的显著进展。正是由于农村的改革，特别是农村财产关系的改革和所有制实现形式的突破，一方面，使得我国在1984年实现粮食总产6 000亿斤，实现了基本解决温饱的目标，而后粮食产量逐年递增，到1996年达到9 800亿斤，使全国未解决温饱的贫困人口从1978年的2.4亿猛降到1996年的4 500万；另一方面，为推动我国工业化、现代化提供了坚实的农业基础。其次，如果没有允许非公有经济发展的改革方针和政策，我国第三产业的发展，无论是从资金来源还是从劳动力来源，无论是从发展规模还是从发展速度而言，都不可能取得如此迅猛的进展。

就我国目前产业结构演变的主要矛盾来看，特别是工业制造业的结构矛盾来看，突出的问题在于两个方面：一方面，产业结构趋同，地区间、行业间"大而全"、"小而全"，并未真正形成市场竞争要求的结构效益，主导产业不明确，优势产业不明显，结构性竞争力弱，在产业结构上难以及时根据市场需求结构的变化作出相应重组；另一方面，在产业组织的规模结构上，企业"大不大，小不小"，普遍未能达到市场经济所要求的规模经济，距离国际市场竞争要求相去更远。

[①] 《中国统计年鉴》(1996)，中国统计出版社1996年版；世界银行：《世界发展报告》(1984、1992)。

究其原因,直观地看在于政府行政干预过多,市场力量作用不强,从而形成行业间、部门间、地区间的行政性封锁和保护,使市场被行政力量分割,因而,资源配置难以根据市场规律的要求,在不同部门、不同产业、不同地区间有效实现流动,导致结构趋同;同时,行政保护下的重复建设,使得企业间难以有效地通过市场竞争形成优势集中,"优胜劣汰"的市场竞争法则在行政保护和割裂下难以实现,市场所要求的规模经济无法形成。进一步分析,之所以存在这种状况,根本原因则在于资产制度上的国有制垄断和企业在产权制度上的超经济性质,这种超经济性质的所有权的普遍存在,是行政性割断资源配置内在有机联系的根本制度条件。因此,要提高我国产业结构效益,切实通过市场经济引导并推动产业结构转换,根本的制度前提之一在于推进所有制改革,使企业产权切实变成市场竞争中可交易的法权,在产权制度上保证资产可以根据市场竞争的要求,在区域间、行业间、部门间、企业间充分流动,资源的流动本质上是所有权的流动;同时,也只有在资产制度上保证产权的市场可交易性,才可以从根本上冲破进入市场的不必要的行政性壁垒,通过竞争真正从所有权上实现兼并、改组、联合,形成企业的规模经济,真正形成市场竞争所要求的,以资本为纽带,通过市场形成具有较强竞争力的跨地区、跨行业、跨所有制和跨国经营的大企业集团。

综上所述,所有制改革,非国有经济的发展,既是我国经济改革和发展取得巨大成就的制度原因,又是我国经济改革和经济发展进一步取得成效的重要制度前提。这就从改革与发展两个层次上为非国有经济的继续发展在提出新的要求的前提下,也提供了广阔的发展空间。随着经济体制改革的不断深入和社会主义市场经济体制的不断完善,非国有经济一定会更加健康地发展。

转轨时期市场经济秩序建设的历史特殊性*

改革开放以来,我国市场化进程取得了实质性进展。首先,改革的目标导向从开始的"摸着石头过河",到党的十四大明确提出建立社会主义市场经济的体制目标。其次,基本实现了"价格闯关",价格体制由90%以上计划定价转为90%以上市场定价。其三,要素市场从无到有,发展迅速,90%左右的劳动力资源实现市场性流动;直接融资(股市)市场建立10年来,企业股票市值已愈4万亿元人民币,相当于国民生产总值的50%左右;中央银行的独立、专业银行体系的构建、商业银行的成长、政策银行的分立等等,使间接融资的市场体系基本确定。可以说,到目前我国已经初步建立起了社会主义市场经济体制。

如果说,根据党的十四大提出的到2010年我国基本建成社会主义市场经济体制,那么,意味着我们用三十多年的历史时间,基本完成由计划经济体制向市场经济体制转换的体制改革;如果说改革的前20年重点在于构建市场体系(市场经济建设的"数量"方面),那么,后10年则主要在于完善市场秩序(市场经济建设的"质量"方面)。市场经济秩序建设更具历史的凝重性和复杂性,其历史内涵至少包括四方面内容:首先,市场经济的竞争主体秩序,即关于谁能进入市场的制度界定;其次,市场经济的竞争交易秩序,即价格决定制度的界定;其三,市场经济的竞争法治秩序,即对市场竞争机制在法制上的社会保护;其四,市场经济的竞争道德秩序,即市场经济在社会道德上的精神支持。如果说,在西方发达国家历史上,建设市场经济秩序经历了几百年的历史,至今尚有多方面的缺陷,那么,在我国仅仅经历了二十多年的市场经济体制建设,有待完成的任务更为艰巨,尤其是如何在社会主义公有制为主体的基本制度下建设市场经济秩序,更是前无古人的事业;如何在中国传统文化深刻影响的背景下,开拓现代市场经济文明,更是中华民族实现伟大复兴的重要历史内容。

---

* 本文原载于《中国党政干部论坛》2001年第5期;《新华文摘》2001年第9期全文转载。

因此，我国社会主义市场经济秩序建设至少具有以下几方面的历史特殊性：

第一，经济生活的"双重转轨"，使市场经济秩序建设中遇到的矛盾更为尖锐。

在经济发达国家历史上，通常是先进行商业革命，然后推动产业革命，即先在体制上实现市场化，然后完成工业化；在俄罗斯等其他体制转轨国家，又通常是先完成了工业化，然后实现其体制的市场化。我国则不然，我们在经济发展阶段的总体上，仍是一个工业化未完成，正处在工业化加速期的国家。我们是在实现工业化的同时，开始市场化建设，即在经济发展模式、经济结构发生急剧变化的同时，经济体制发生深刻的变革。这种发展模式和体制模式双重转轨并行，不能不给我们的市场化进程带来一系列特殊矛盾。本来，在各国历史上，工业化加速时期来自发展本身的社会矛盾就极其尖锐，因为工业化加速时期的突出特征在于产业结构以及由此而来的社会种种结构急速变化、新旧产业的替代、社会阶层的重新分解、结构性失业的突出、收入分配差距的扩大、人们经济及社会地位的结构性重组、面对急剧的结构变化人们心理上产生的尖锐冲突等等，都与工业化加速有着深刻的联系。应当说，这些矛盾的产生主要并非源于制度，而首先是源于发展。一定社会制度的优越，并不在于根本取消这些矛盾，取消这些矛盾便意味着取消经济发展，而在于处理这些矛盾时所支付的代价更低。矛盾的复杂性和尖锐性对体制有效性、有序性的历史要求自然更为严格，而作为"双重转轨"的社会，我国恰恰在工业化加速的同一历史时期开始了市场化的历史进程，不仅要面对来自经济发展的种种矛盾，同时必须承受来自体制转换的种种矛盾和利益冲突。因而，一方面，经济迅速发展，结构深刻变化所产生的矛盾要求经济制度秩序必须迅速完善，以提高处理发展矛盾的制度能力，同时，却又可能由于制度转换滞后于经济发展的要求而产生种种无序；另一方面，体制改革、市场化进程带来生产力解放，同时，改革激发出的种种利益冲突及由此产生的社会不稳定性，却又可能严重破坏工业化的逻辑进展。在这种"双重转轨"的历史过程中，如何有效、有序地推进市场经济秩序发育，构成我国社会主义市场经济秩序建设的重要特性。

第二，企业制度改造和市场价格体制改革同时推进，使市场秩序的历史进程更具不确定性。

当代世界发展中国家，尽管在某种意义上也存在"经济双重转轨"，即在完成工业化的同时推进经济体制的市场化，但这些国家的市场化是在私有制基础上展开的,包括二次世界大战后的联邦德国和日本,战后初期采取全面放弃价格管制大力推进市场化,也是以私有制为基础的,因而,这些国家的价格机制转轨,是以已经具备自由企业制度为前提的。而我国则不同,我国的体制改革是同时推进市场价格体制改革和企业制度改革,我国的市场交易秩序建设并不具备现代企业制度前提,也就是说,我国市场秩序建设中不能不同时处理市场经济竞争主体秩序和市场经济竞争交易秩序两方面的问题。

　　由此,就使我国市场经济秩序建设具有其特殊性。主体秩序的无序与交易秩序的混乱相互作用,使市场秩序受到严重破坏。主体秩序的核心在于企业制度,尤其是企业的产权制度,在于制度上是否严格界定企业的权、责、利,以保证企业有能力、有资格、有权利、有责任、有动力地进入市场。但凡市场价格秩序出现严重混乱,大都与企业主体秩序混乱有关,一旦在市场中的竞争活动主体在制度上可以不受或根本不可能受市场规则约束,那么,市场秩序也就根本不可能存在。我国现阶段由于企业制度改革仍在深化中,尚未真正形成较完备的现代企业制度基础,因而在市场竞争活动的主体秩序上突出地存在以下问题:首先,某些主体凭借特权而不是公平地进入市场竞争。其次,某些主体已经根本不具备应有的责任能力,对其市场活动根本不具备经济责任能力,但仍不负责地活跃于市场。其三,某些主体借企业转制为名,组建新的法人主体而将债务、责任推卸给名存实亡的原企业。据统计,到去年年底,在国有四大商业银行开户的转制企业,有近45%的企业存在逃废债行为,占其贷款本息总额近34%。其四,某些主体凭借垄断地位,或者是行业行政性垄断,或者是地方保护性垄断,破坏公平竞争,利用垄断地位,转嫁成本,维持低效。其五,某些主体根本就未经法律认可,事实上是违法的或假冒的企业,其行为不可能真正遵守市场秩序等等。这些主体秩序混乱,在相当大的程度上构成整个市场经济秩序混乱的根本原因。同时,我国竞争性的市场价格秩序远未真正形成,市场经济的交易秩序极不完善,等价交换的交易规则受到多方面破坏,使得企业在进入和运用市场价格机制的过程中面临诸多困难。我国市场交易秩序目前的混乱主要表现在:首先,制度性的价格歧视依然存在,以往大量存在的"价格双轨制"虽然已不多见,但黑市以及黑市价格的存在仍然是对公平交易的重要破坏,包括严重的走私和资金等重要要素的黑市交易,甚至包括一些本来不应当也不允许投入市场交易的要素(如权力)也进入"黑市",这种交易秩序上的混乱,不仅严重破坏公平竞争,而且必然产生腐败。其次,"第三方付款"现象依然较普遍，大量"报销"现象的存在，尤其是许多属于私人产品（企业生产、私人消费）性质的商品，在种种制度安排下，以福利价格或模拟公共品的方式进入私人消费，包括公费购物卡等等的普遍存在，不仅使价格严重扭曲，特别是由于买卖双方都不付款，而是由第三方支付，因而市场上的买卖双方难以真实地基于切身利益讨价还价，使价格难以准确、真实地反映供求关系变化，失去其引导资源配置的有效功能，而且会产生严重的制度性腐败和精神上的败德。其三，垄断价格的存在并且缺乏对其有效的约束，不仅对市场价格秩序产生严重的破坏，而且严重阻碍公平竞争的展开。其四，欺行霸市、哄抬物价、投机欺诈等等严重破坏市场公平交易的行为亟待治理。应当说，市场经济的主体秩序回答的是"谁在竞争"的命题，而市场经济的交易秩序回答的是"怎样竞争"的命题，两者的统一构成市场经济的内在竞争机制。两方面同时存在无序，必然加剧市场内在竞争秩序的混乱；而两方面同时发生无序，在相当大的程度上又是与企业制度转换和价格交易制度改革同时推进有密切的联系。企业主体秩序改革滞后，不具备真正的企业性质，即使加速价格市场化，企业也不可能接受市场竞争性的价格约束，不会取得市场效率；反过来，市场竞争性价格机制培育落后，不具备真正的市场，即使存在严格意义上的企业，也不可能有效地运用市场，不能获得资源配置的效率。如何同时推进市场主体和市场交易秩序建设，是我国市场经济秩序建设中面临的又一特殊问题。

第三，如何统一市场经济内在竞争秩序与外在环境秩序建设，是我国市场经济建设必须处理的又一特殊命题。

市场经济的主体秩序和交易秩序构成内在竞争秩序，而市场经济的法治秩序和道德秩序构成市场经济的外在秩序。市场经济是法治经济，因为市场经济竞争贯彻的是法权规则；市场经济又是在道德上讲究守信的经济，因为市场经济竞争本身是信用经济。市场经济内在竞争秩序需要外在的法治秩序和道德秩序的保护和支持，而法治及守信的道德秩序又以市场竞争内在秩序为最为深刻的存在基础。

就我国现阶段的法治秩序建设而言，最为突出的问题在于两方面：一方面，由于经济生活的急剧变化，加之法律制度建设本身特有的稳定性，使得法治建设客观上在许多方面滞后于经济变化，从而就形成某些方面的"无法可依"。这种"无法可依"现象在当代是普遍存在的，即使在发达国家，由于知识经济、科技进步等发展因素产生的种种挑战，也使法治秩序难以完全适应经济发展；在我国则更由于经济体制本身在不断改革，就使法治秩序建设不得不同时面对经济发展和体制变化两方面的挑战。另一方面,法治秩序的建设,重要的不仅在于要有法律制度,更为重要的在于法治精神的培育,否则便会出现普遍的"有法不依",这种"有法不依"的法治精神的缺乏,对市场经济秩序、法治秩序的瓦解更为深刻,即有法律但未必是法治。我国具有几千年的封建传统,真正的市场经济建设不过二十多年的历史,法治精神的培育,即遵法守法的社会自觉,尤其是立法、执法及公共权力持有者遵法守法的自觉性,尚有待长期培育,这种法治精神的培育的历史滞后性,不能不给我国市场经济秩序建设带来严重的困难,并且极大地提高市场经济秩序建设的成本。

就我国目前市场经济道德秩序建设而言,最尖锐的矛盾便在于"失信"。市场经济道德秩序的核心是"守信",在道德秩序上产生混乱,甚至出现道德无政府状态,作为信用经济的市场经济的秩序不可能形成。通常认为,在传统自然经济社会的道德核心是"忠诚",在市场经济社会的道德核心是"信任",而在转轨期最易于出现的则是"放纵",即人们之间既无忠诚,也无信任。并不是说我国进入了道德无政府状态,严重"失信"的经济现象表明我们的确要重视市场经济道德秩序建设。

道德秩序与法治秩序有着深刻的联系,因而,依法治国与以德治国有着不可分割的内在统一性,这种统一性对于改革中的我国来说尤为重要。一方面,法治精神的滞后、法律制度的欠缺,使得贯彻法治的成本极高,而效率在某些方面又有限,必须同时推进以德治国,市场经济道德秩序建设本身也是社会法治精神培育的重要基础;另一方面,切实弘扬守信,必须通过法治,使得欺诈失信等败德行为在经济上承受足够的风险和代价,市场经济道德秩序不仅需要人们"不敢骗",而且需要人们"不愿骗"。

货币扩张、经济增长与资本市场制度创新*

一、引 言

第二次世界大战后,为使经济得到快速复苏,西方世界相继采用了扩张性的货币和财政政策,以促进经济持续增长。可这一政策同时也把西方社会带入了上个世纪 70 年代到 80 年代中期的经济滞胀的状态,即高通货膨胀、高失业率和低经济增长状态。这一普遍性的经济实事引发了人们对凯恩斯宏观经济理论的反思。反思的结果使人们认识到,虽然凯恩斯理论存在着一定的局限性,但人们还无法动摇其在宏观经济学的主体地位。通过引入自然失业率的概念,人们可以从理论上对扩张性宏观经济政策所导致的经济滞胀状态有一定的认识,但还无法从理论上认识这种经济现象发生的机理和过程。本文通过对中国经济的实证研究,发现导致经济滞胀的制度缺陷,从而指出了扩张性宏观经济政策的制度基础——持续的资本市场创新。

通货膨胀从本质上来看就是一种货币现象。货币数量论认为货币量的增长是决定通货膨胀的根本因素。弗里德曼通过研究美国的货币发展史发现:货币增长率高时,通货膨胀率也高;而货币增长率低时,通货膨胀率也低。本文首先从理论的角度考察通货膨胀形成的市场机理,即考察市场均衡时通货膨胀的货币成因。通过理论考察说明在现代宏观经济理论中,存在着一个与西方经济事实相一致的理论结果,也就是,积极的宏观政策在短期内会提高经济增长,降低失业率,但同时也导致高的通货膨胀;可在长时期内,扩张性财政政策只会导致通货膨胀,而不会促进经济增长。这说明在技术条件不变的情形下,利用宏观经济刺激政策促进经济增长时,必然带来通货膨胀,进而出现经济停滞。1984 年至 1992 年的中国经济似乎也验证了这一理论的必然性,然而通过对中国经济的实证研究之后,我们发现在中

---

* 本文由刘伟与李绍荣、李笋雨合作撰写,原载于《经济研究》2002 年第 1 期。

国现行的经济制度(包括经济运行机制和金融制度)中,货币扩张到通货膨胀有一个特殊的传导机制,如果在这种传导机制中增加资本市场不断创新的制度保证,就可以减弱这种传导机制的作用。从而证明:在中国经济中只要有一定制度创新作为保证,依然可用积极的宏观政策扩大内需,以促进经济的持续发展。

二、理论模型分析

在宏观经济理论中,可以通过供给和需求两方面来描述和分析通货膨胀率、经济增长和失业率之间的长期关系。总供给方面是由菲利普斯曲线和奥肯定理来描述的:

1. 菲利普斯曲线

$$\pi_t = \pi_t^e - \alpha(u_t - u_n) \tag{1}$$

其中 π_t 表示通货膨胀率;π_t^e 表示预期通货膨胀率;u_t 表示失业率;u_n 表示自然失业率;α 是大于零的调整参数。菲利普斯曲线说明,在一个经济中,从总量上看,通货膨胀率和失业率之间存在一个稳定的关系,即失业率增加通货膨胀率就会下降,失业率减少通货膨胀率就会提高。因而在一个经济中降低通货膨胀率和失业率的愿望有如鱼和熊掌的关系,二者不可同时兼得。

2. 奥肯定理

$$u_t - u_n = -\beta(r_t - r_n) \tag{2}$$

其中 r_t 表示实际产出的增长率;而 r_n 表示经济的正常增长率,也就是在维持自然失业率的状态下经济必须保持的实际产出的增长率,在制度和资源给定的条件下 r_n 是一个常数;β 是大于零的调整参数。奥肯定理说明,在一个经济中,失业率和经济增长率之间存在一个稳定的反比例关系,即只有提高经济增长率才能降低失业率。将(2)带入(1)中得:

$$\pi_t = \pi_t^e + \alpha\beta(r_t - r_n) \tag{3}$$

上式表明在一个经济中,经济增长率与通货膨胀率之间存在一个稳定的正比例关系,即经济增长率的提高会导致通货膨胀率的上升。因此,从总供给的角度看,要提高一个经济的增长速度必然以通货膨胀作为代价,因而在一个经济中经济增长率和通货膨胀率是人们面临的一个两难选择问题。

在总需求方面描述经济增长和通货膨胀之间关系的主要是货币数量方

程：

3. 货币数量方程

$$Y_t = V \frac{M_t}{P_t} \tag{4}$$

其中 Y_t 表示时期 t 经济的实际产出；M_t 表示经济的存量货币，P_t 表示经济中的价格指数，于是 $\frac{M_t}{P_t}$ 表示经济中的实际货币存量；V 表示经济中货币的流通速度，假定货币需求不受到利率的影响，因而货币流通速度从长时期看是稳定的，即 V 是常数。由(4)可推知：

$$r_t = \Delta M_t - \pi_t \tag{5}$$

其中 ΔM_t 表示名义货币的增长率。上式表明从需求的角度看，货币增长率减去通货膨胀率就等于全社会对实际产出增长率的需求，当货币市场达到均衡时，这种需求恰好等于经济的实际增长率。将(5)带入(3)中得：

$$\pi_t = \frac{\alpha\beta}{1+\alpha\beta}\Delta M_t + \frac{1}{1+\alpha\beta}\pi_t^e - \frac{\alpha\beta}{1+\alpha\beta}r_n \tag{6}$$

上式表明，当经济达到均衡时，货币的增长率提高 1%，那么经济中的通货膨胀率将提高 $\frac{\alpha\beta}{1+\alpha\beta}$%，小于货币增长率的提高幅度。因此，从短时期看，增加货币发行会促进经济的增长；从长时期看，经济的增长率 r_t 等于自然增长率 r_n，失业率 u_t 等于自然失业率 u_n。在供给方面，$\pi_t = \pi_t^e$；在需求方面，$r_n = r_t = \Delta M_t - \pi_t$，于是经济在长时期达到均衡时，货币增长不会影响经济的增长率，也不影响失业率，只会提高经济的通货膨胀率，即出现滞胀的经济状态。

三、中国经济的实证分析

1. 数据收集整理以及模型说明

通过 1990—2000 年的《中国统计年鉴》以及 1990—2000 年的《中国金融年鉴》，我们可得到 1985—1999 年中国的名义狭义货币 M_1、广义货币 M_2 和消费物价指数 CPI 的季度数据。为便于分析，我们将货币的发行量通过下列公式指数化：

(1) 狭义货币指数 PM_1：

$$PM_1 = 100 + 100 \times [\log(M_1) - \log(3\,340.9)]$$

(2) 广义货币指数 PM_2：
$$PM_2 = 100 + 100 \times [\log(M_2) - \log(5198.9)]$$

其中 3 340.9 和 5 198.9 分别为 1985 年第四季度狭义货币 M_1 和广义货币 M_2 的发行量。用 ΔM_1、ΔM_2 和 ΔCPI 分别表示狭义货币的增长率、广义货币的增长率以及消费物价指数的增长率,即通货膨胀率。于是有：

$$PM_1 - PM_1(-1) = 100 \times [\log M_1 - \log M_1(-1)]$$
$$= 100 \times \log \frac{M_1}{M_1(-1)}$$
$$= 100 \times \log \left\{1 + \frac{M_1 - M_1(-1)}{M_1(-1)}\right\}$$
$$\approx 100 \times \frac{M_1 - M_1(-1)}{M_1(-1)} \approx \Delta M_1$$

同理有：
$$PM_2 - PM_2(-1) \approx \Delta M_2$$
$$CPI - CPI(-1) \approx \Delta CPI$$

其中括号中的 -1 表示滞后一个季度的数据。因此根据上式计算的增长率是季度增长率,而不是年增长率。

在前面的理论模型分析中,我们假设货币流通速度为常数,则货币流通速度的增长率 $\Delta V = 0$。这一假设的现实依据是：中国自 1979 年开始改革开放以来,经济经历了快速的货币化过程。所谓货币化过程是指以货币为媒介的经济活动的比例不断增长。随着经济的发展和商品化改革的不断深入,不仅总产值增加,货币化经济的比例也增加。因此,货币供应不仅要随经济的增长而有比例地增加,而且还要随货币化交易部门的增加而相应地增加。从 1979—1988 年的季度数据可以看出,货币的不断增加使货币的真实流通速度逐渐趋于稳定,特别是 1985 年以来,高货币增长率导致了高通货膨胀的事实表明,中国经济吸收超量货币发行的潜力下降了,中国的货币化过程慢了下来。所以,在 1985—1999 年中假设中国的货币流通速度(V)稳定应是一个合理的假设。

2. 消费物价指数与货币量之间长期均衡关系的实证研究

现在我们利用消费物价指数和货币指数的时间序列实证研究它们之间是否存在稳定的长期均衡关系。检验两组时间变量之间是否存在长期稳定的均衡关系主要是通过变量之间的共积检验进行说明。若两组变量之间存在着某种共积关系,说明这两组变量之间存在某种长期的均衡关系;若不存

在某种共积关系,则说明这两组变量之间不存长期的均衡关系。变量的共积过程由下列模型描述:

$$y_1(t) = \gamma y_2(t) + u_1(t)$$
$$y_2(t) = y_2(t-1) + u_2(t) \tag{7}$$

其中 $u_1(t)$ 和 $u_2(t)$ 表示随机扰动项。当 $u_1(t)$ 和 $u_2(t)$ 为互不相关的白噪声时,则称变量 $y_1(t)$ 和 $y_2(t)$ 是共积的,它们存在平稳的共积关系($y_1(t) - \gamma y_2(t)$)。在上述的共积过程中,如果 $y_1(t)$ 和 $y_2(t)$ 本身就是相互独立的平稳过程,那么两组变量之间的共积是显然的,故无法通过共积说明它们之间的长期均衡关系。因此,用变量之间共积推导长期均衡关系的前提条件是变量本身不是平稳的过程。

利用 ADF 统计量检验消费物价指数、狭义货币指数和广义货币指数的时间序列是否存在单位根,结果表明消费物价指数、狭义货币指数和广义货币指数都在 10% 的水平上具有单位根,因此它们都是具有趋势项的非平稳过程。

在(7)中用 CPI 替代 y_1,用 $(1, PM_1)$ 替代 y_2,并进行约翰森(Johansen)共积检验,得:

$$CPI(t) = 55.31 + 0.52 PM_1(t) + u_1(t)$$
$$PM_1(t) = PM_1(t-1) + u_2(t) \tag{8}$$

在(7)中用 CPI 替代 y_1,用 $(1, PM_2)$ 替代 y_2,并进行约翰森共积检验,得:

$$CPI(t) = 64.23 + 0.42 PM_2(t) + v_1(t)$$
$$PM_2(t) = PM_2(t-1) + v_2(t) \tag{9}$$

通过检验得知,在 95% 的置信水平下过程 $\{CPI - 0.52 PM_1 - 55.31\}$ 和 $\{CPI - 0.42 PM_2 - 64.23\}$ 都是平稳过程,因此消费物价指数与狭义货币指数和广义货币指数之间分别存在共积关系。所以,我们可以判断消费物价指数与狭义货币指数和广义货币指数之间分别存在长期的均衡关系。

3. 货币增长率与通货膨胀之间关系的实证研究

在前一节的分析研究中,我们说明消费物价指数与狭义货币和广义货币之间分别存在着长期稳定的关系。但这种关系在短时期会表现为怎样的形式,即在短时期内货币对物价指数有什么样的影响形式。由前面的理论模型分析,即方程式(6)说明,在短时期当经济的供给和需求达到均衡时,通货膨胀率主要受到货币增长率和预期通货膨胀率的影响,而预期通货膨胀率又是受滞后时期的通货膨胀率的影响,而滞后时期的通货膨胀率又是受滞后时期的货币增长率的影响,如此循环反复,通货膨胀率和货币增长率之间就形成了一个向量自回归(VAR)的关系。

用向量自回归模型研究变量之间关系时,最重要也是最难点就是确定滞后时期,即确定货币对通货膨胀的有效影响时期。理论上一般认为货币政策对经济活动的影响存在至少 6 个月的时滞。我们从中国的实际数据看,货币增长对通货膨胀的影响大约有 2—3 年的有效期。比如,1985 年、1986 年和 1987 年过高的名义广义货币增长(增长率分别为 33.8%、22%、33.3%),引发了 1988 年和 1989 年的高通货膨胀(通货膨胀率分别为 18.8%和 18%);1991 年、1992 年和 1993 年的高名义广义货币增长(增长率分别为 31.2%、30.9%、25.2%),导致了 1994 年和 1995 年的高通货膨胀(通货膨胀率分别为 24.1%和 17.1%)。以此为基础,我们设定通货膨胀率(消费价格指数的一阶差分 ΔCPI)和货币增长率(狭义货币和广义货币的一阶差分 ΔM_1 和 ΔM_2)的向量自回归模型。

利用通货膨胀率和狭义货币增长率进行向量自回归,得以下模型:

$$\begin{aligned}
\Delta\text{CPI} = &\ 0.73\Delta\text{CPI}(-1) - 0.02\Delta\text{CPI}(-2) - 0.009\Delta\text{CPI}(-3) \\
&+ 0.62\Delta\text{CPI}(-4) - 0.48\Delta\text{CPI}(-5) + 0.01\Delta\text{CPI}(-6) \\
&+ 0.06\Delta\text{CPI}(-7) - 0.71\Delta\text{CPI}(-8) + 0.37\Delta\text{CPI}(-9) \\
&+ 0.18\Delta\text{CPI}(-10) + 0.006\Delta\text{CPI}(-11) - 0.38\Delta\text{CPI}(-12) \\
&- 0.02\Delta\text{CPI}(-13) + 0.032\Delta\text{PM}_1(-1) + 0.01\Delta\text{PM}_1(-2) \\
&+ 0.009\Delta\text{PM}_1(-3) + 0.78\Delta\text{PM}_1(-4) + 0.59\Delta\text{PM}_1(-5) \\
&+ 0.07\Delta\text{PM}_1(-6) + 0.12\Delta\text{PM}_1(-7) - 0.78\Delta\text{PM}_1(-8) \\
&+ 0.53\Delta\text{PM}_1(-9) + 0.46\Delta\text{PM}_1(-10) - 0.28\Delta\text{PM}_1(-11) \\
&+ 0.39\Delta\text{PM}_1(-12) - 0.07\Delta\text{PM}_1(-13) - 0.85 \quad (10)
\end{aligned}$$

$$\begin{aligned}
\Delta\text{PM}_1 = &- 0.08\Delta\text{CPI}(-1) + 0.01\Delta\text{CPI}(-2) + 0.009\Delta\text{CPI}(-3) \\
&+ 0.02\Delta\text{CPI}(-4) + 0.06\Delta\text{CPI}(-5) - 0.01\Delta\text{CPI}(-6) \\
&- 0.004\Delta\text{CPI}(-7) + 0.07\Delta\text{CPI}(-8) - 0.24\Delta\text{CPI}(-9) \\
&- 0.08\Delta\text{CPI}(-10) + 0.06\Delta\text{CPI}(-11) + 0.03\Delta\text{CPI}(-12) \\
&+ 0.01\Delta\text{CPI}(-13) + 0.86\Delta\text{PM}_1(-1) - 0.01\Delta\text{PM}_1(-2) \\
&- 0.007\Delta\text{PM}_1(-3) + 0.28\Delta\text{PM}_1(-4) - 0.31\Delta\text{PM}_1(-5) \\
&- 0.03\Delta\text{PM}_1(-6) - 0.02\Delta\text{PM}_1(-7) + 0.37\Delta\text{PM}_1(-8) \\
&- 0.35\Delta\text{PM}_1(-9) - 0.47\Delta\text{PM}_1(-10) + 0.52\Delta\text{PM}_1(-11) \\
&- 0.43\Delta\text{PM}_1(-12) + 0.12\Delta\text{PM}_1(-13) + 1.03 \quad (11)
\end{aligned}$$

其中用狭义货币增长率的滞后变量解释通货膨胀的方程(10)的判决系数和修正的判决系数分别为 $R^2 = 0.98$ 和 $\bar{R}^2 = 0.936$；而用通货膨胀率的滞后变量解释货币增长率的方程(11)的判决系数只是 $R^2 = 0.82$，修正的判决系数为 $\bar{R}^2 = 0.742$。

利用通货膨胀率和广义货币增长率进行向量自回归，得以下模型：

$$\Delta \mathrm{CPI} = 0.84\Delta\mathrm{CPI}(-1) - 0.01\Delta\mathrm{CPI}(-2) - 0.009\Delta\mathrm{CPI}(-3)$$
$$+ 0.553\Delta\mathrm{CPI}(-4) - 0.46\Delta\mathrm{CPI}(-5) + 0.005\Delta\mathrm{CPI}(-6)$$
$$+ 0.004\Delta\mathrm{CPI}(-7) - 0.61\Delta\mathrm{CPI}(-8) + 0.48\Delta\mathrm{CPI}(-9)$$
$$+ 0.02\Delta\mathrm{PM}_2(-1) + 0.007\Delta\mathrm{PM}_2(-2) + 0.006\Delta\mathrm{PM}_2(-3)$$
$$+ 0.99\Delta\mathrm{PM}_2(-4) - 0.75\Delta\mathrm{PM}_2(-5) + 0.04\Delta\mathrm{PM}_2(-6)$$
$$+ 0.05\Delta\mathrm{PM}_2(-7) - 0.89\Delta\mathrm{PM}_2(-8) + 0.78\Delta\mathrm{PM}_2(-9)$$
$$- 0.99 \quad (12)$$

$$\Delta \mathrm{PM}_2 = -0.07\Delta\mathrm{CPI}(-1) + 0.01\Delta\mathrm{CPI}(-2) + 0.009\Delta\mathrm{CPI}(-3)$$
$$+ 0.018\Delta\mathrm{CPI}(-4) + 0.056\Delta\mathrm{CPI}(-5) - 0.004\Delta\mathrm{CPI}(-6)$$
$$- 0.004\Delta\mathrm{CPI}(-7) + 0.067\Delta\mathrm{CPI}(-8) - 0.16\Delta\mathrm{CPI}(-9)$$
$$+ 0.79\Delta\mathrm{PM}_2(-1) - 0.01\Delta\mathrm{PM}_2(-2) - 0.011\Delta\mathrm{PM}_2(-3)$$
$$+ 0.47\Delta\mathrm{PM}_2(-4) - 0.28\Delta\mathrm{PM}_2(-5) - 0.022\Delta\mathrm{PM}_2(-6)$$
$$- 0.02\Delta\mathrm{PM}_2(-7) + 0.27\Delta\mathrm{PM}_2(-8) - 0.41\Delta\mathrm{PM}_2(-9)$$
$$+ 1.38 \quad (13)$$

其中用广义货币增长率的滞后变量解释通货膨胀的方程(12)的判决系数为 $R^2 = 0.956$，修正的判决系数为 $\bar{R}^2 = 0.923$；而用通货膨胀率的滞后变量解释货币增长率的方程(13)的判决系数为 $R^2 = 0.866$，修正的判决系数为 $\bar{R}^2 = 0.765$。

对上述的向量自回归方程进行格兰杰因果检验得知，狭义货币增长率 $\Delta\mathrm{PM}_1$ 不是格兰杰导致通货膨胀率的概率 $\Delta\mathrm{CPI}$ 是 0.072%，而通货膨胀率 $\Delta\mathrm{CPI}$ 不是格兰杰导致狭义货币增长率的概率 $\Delta\mathrm{PM}_1$ 是 99.78%；广义货币增长率 $\Delta\mathrm{PM}_2$ 不是格兰杰导致通货膨胀率的概率 $\Delta\mathrm{CPI}$ 是 0.081%，而通货膨胀率 $\Delta\mathrm{CPI}$ 不是格兰杰导致广义货币增长率的概率 $\Delta\mathrm{PM}_2$ 是 99.29%。因此从预测的角度讲，货币增长率是导致通货膨胀的原因，而且狭义货币增长率的改变对通货膨胀的有效影响滞后期为 13 个季度，即三年零一个季度；广义货币增长率的改变对通货膨胀的有效影响滞后期为 9 个季度，即两年零一个季度。由此我们可以得到一个重要的实证结果：在中国的经济中，扩张性货币政策或扩张性财政政策对通货膨胀的影响可分为两个阶段。第一阶段是基础货币或狭义货币的增加引发的通货膨胀，这一阶段为期一年；第二阶段是基础货币增加之后引发了广义货币的增加，从而引发通货膨胀，这一阶段的影响期为两年零一个季度。

四、扩张性货币政策与资本市场的制度创新

一个发展中国家最稀缺的就是资本要素，这必然使致力于国家经济发展的政府会自觉或不自觉地动用扩张性宏观经济政策，如扩张性货币政策或扩张性财政政策来刺激经济增长或建设一些大的发展项目。由前述的理论分析可知，这类扩张性宏观经济政策，特别是使基础货币增加的扩张性货币政策的积累最终会把经济带入滞胀的发展陷阱，上个世纪西方国家的经济发展证实了这种理论结果。然而通过对中国经济的实证研究，我们发现在中国经济中依然存在着避开这种发展陷阱的制度空间。

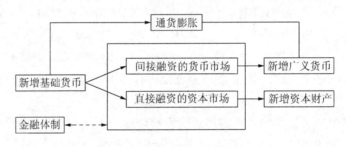

图1 货币市场和资本市场

扩张性货币政策给经济带来的一个直接结果就是增加了经济中的基础货币，如图1所示，这些新增加的基础货币又通过经济的金融体制，一部分进入间接融资市场而转变成新增的广义货币，一部分则进入资本市场而转变为新增的资本财产。然而在对中国经济的实证研究中，我们发现在中国经济中货币增长对通货膨胀的影响过程主要分两个阶段：第一阶段是新增的基础货币对通货膨胀的影响，这一阶段影响的时期短，只是一年，影响的程度小，只是基础货币增长率的3.2%，即方程(10)中变量 $\Delta PM_1(-1)$ 对应的系数；第二个阶段是广义货币对通货膨胀的影响，这个阶段影响的时期长，为两年零一个季度，影响的程度大，为货币增长率的25.3%，即方程(12)中变量 $\Delta PM_2(-1)$ 到变量 $\Delta PM_2(-9)$ 的系数之和，等于 $0.02+0.007$

+0.006+0.99-0.75+0.04+0.05-0.89+0.78。因此在中国经济中,只要我们持续不断地进行资本市场制度的创新,通过直接融资的资本市场大量吸收新增的基础货币,以减少广义货币的增加,就可减少扩张性货币政策带来的通货膨胀压力。

五、结　论

通过对中国经济的实证研究,我们发现在中国经济中消费物价指数和货币指数(狭义货币指数和广义货币指数)之间存在长期均衡的稳定关系,这说明从长时期的角度看,货币是消费物价变动的主要影响因素。从短期看,货币增长率对通货膨胀的影响主要有两个阶段:第一阶段是新增基础货币对通货膨胀的影响,这一阶段为期一年,影响程度是基础货币增长率的3.2%;第二阶段是由新增基础货币所导致的新增广义货币对通货膨胀的影响,这一阶段为期两年零一个季度,影响程度是新增广义货币增长率的25.3%。由此可见,在短期内,通货膨胀主要是由广义货币引起的。因此,如果能持续不断地进行资本市场制度的创新,如增加各种金融衍生产品和各种直接投资的机会,就可以减少新增基础货币对广义货币的增加,也就是说在基础货币增量既定的条件下,资本市场越发达,广义货币增加量越少,直接形成的资本积累越多,对通货膨胀压力越低。所以,在中国经济中还存在广泛的资本市场发育空间的条件下,保持持续的资本市场创新,使用扩张性货币政策或扩张性财政政策就还有更大的空间。

参 考 文 献

1. 戴相龙:《中国货币政策报告》,中国金融出版社 1999 年版。
2. 刘伟:《转型期的国有企业重组》,上海远东出版社 1999 年版。
3. 秦宛顺、靳云汇:《1999—2000 年中国货币政策取向》,《2000 年中国:经济形势分析与预测》,社会科学文献出版社 2001 年版。
4. David Romer, *Advanced Macroeconomics*, McGraw-Hill, 1996.
5. James D. Hamilton, *Time Series Analysis*, Princeton University, 1994.
6. N. Gregory Mankiw, *Macroeconomics*, Worth Publishers, 1997.
7. Olivier Blanchard, *Macroeconomics*, Prentice-Hall International, Inc. 1997.
8. Peter J. Brockwell and Richard A. Davis, *Time Series: Theory and Methods*, Springer-Verlag New York, 1991.

中国银行业改革的侧重点：
产权结构还是市场结构*

一、导　论

在 20 世纪 90 年代，国际范围内银行间的并购浪潮使得银行业的行业结构发生着显著的变化，一方面体现在主要市场经济国家银行业的金融机构数目显著下降，银行业的集中度上升，另一方面体现在单个银行的规模显著扩张。银行间的并购往往发生在大银行间，也就是 90 年代银行并购显现出的一个新的特点即所谓的"强强联合"。例如，1996 年的东京银行与三菱银行并购，大通银行与化学银行并购；1997 年的瑞士银行与瑞士联合银行并购；1998 年的花旗银行与旅行者集团合并成全球最大的金融服务企业，全美排名第五的美洲银行与排名第三的国民银行合并，第一银行与第一芝加哥银行合并等等。这些并购活动所体现出的一个鲜明的事实是，银行业的规模具有不断扩大的趋势。

面对现实经济活动过程中出现的这种新变化，经济理论尤其是产业组织理论必须提供理论层面的解释。对于中国的经济理论学者来说，这更是一个具有现实意义的需要提炼出鲜明政策含义的课题，因为中国银行业的改革正处在关键阶段。

近年来，部分学者从行业结构的角度对中国的银行业存在的主要问题进行了理论或实证层面的研究。例如，于良春等运用哈佛学派的 SCP 范式即"结构—行为—绩效"分析范式对中国银行业的行业结构进行了统计分析，所得出的基本结论是：中国银行业存在高度集中和国有银行垄断低效率问题，因而放松行业进入管制是解决问题的条件（于良春、鞠源，1999；焦瑾璞，2001）。问题是：第一，认为国有银行是垄断者，并且赢利能力却显著低于非垄断者的股份制银行，这里就似乎存在一个基本的逻辑矛盾，SCP 范式

---

* 本文由刘伟与黄桂田合作撰写，原载于《经济研究》2002 年第 8 期。

的基本推论是行业的一定程度集中率导致拥有势力的企业为追求自身利益最大化实施策略性行为,在实现垄断利润的同时降低了全行业的整体绩效和社会福利,并不是指垄断导致垄断者的低效率,如果是这样,企业为什么有动力追求市场势力呢?第二,SCP框架是否具有一般性的解释意义,由此揭示出的问题是否属于中国银行业存在的主要问题。易纲与赵先信的分析虽然没有使用 SCP 框架,但分析的内容属于中国银行业的行业结构问题,他们对国际银行业的行业集中趋势提出了批评,认为银行规模与银行的效率并不正相关、中国银行业存在的主要问题也包括行业结构问题,因而主张尽快放松行业准入制度(易纲、赵先信,2001)。林毅夫和李永军则从银行机构的规模与非金融性企业的规模非对称性角度对中国的银行业的行业结构与中小企业融资冲突问题进行了讨论,认为中国银行业过于集中的一个突出表现是中小型银行发展不足,金融资产过度集中于大银行,不利于中小企业的融资,其政策建议也是集中在放松行业准入上(林毅夫、李永军,2001)。总之,现有的有代表性的论述大都将中国银行业的结构作为切入点,并且大多将行业结构问题视作中国银行业存在的主要问题。

虽然相当部分学者(包括上述学者)提出产权结构单一问题是属于中国银行业存在的主要问题之一,但也是从行业结构调整的角度提出政策建议的,例如通过引入非国有银行,形成整个行业的产权多元化格局。我们认为,通过股份制改造国有银行的产权结构与通过引入非国有银行改造中国整个银行业的产权结构是两种不同的改革方案,其面对的风险是完全有别的。

不论是在资产规模、信贷规模、经营网点的分布,还是在贷款对象方面,中国银行业的确呈现出鲜明的集中型的行业结构特征。不仅中国银行业的金融资产高度集中于效率不足的国有银行,而且信贷资金的投向也高度集中于缺乏效率的国有企业,导致信贷资金配置低效率,这几乎是人所共知的现实。问题在于,从行业结构的角度提出命题是否准确?因为从产业组织的角度提出问题,至少需要回答两个方面的疑问:第一,从一般意义上讲,银行业的集中是否就一定是低效率的?第二,目前中国银行业的集中与一般意义的银行业的集中是否属于同一性质的?中国的银行业目前面对的主要问题是行业集中问题还是其他问题?

如果不分清问题的性质,可能会导致两个方面的混乱:

第一,以中国这种非正常时期的个案,推出的仅仅具有个案意义的结论,很容易将此看作是具有普遍意义的一般性的理论结论,导致理论研究的大忌——以偏概全。例如,由于历史的、体制的原因,目前中国银行业的资产和信贷业务主要集中在没有完全商业化的四大国有银行,而一般市场经济国家的银行业,其商业银行主要是私有银行(主要是股份制银行),如果出现行业集中,其意义与中国目前的状况是完全不同的。因而,中国目前的银行业的集中与一般市场经济国家银行业的集中不是属于同一层面上的问题。

第二,如果坚守逻辑一致性的推理,从行业集中度的角度解释并提炼结论,很容易推导出错误的政策含义。例如,从一般意义上,如果说银行业的集中一定会带来低绩效,那么,就是属于政府要加强干预的问题,或者对现有的大银行实施强制性分拆;或者放松行业准入制度引入竞争主体,达到稀释大银行市场份额的目标;如此等等。然而,中国银行业虽然需要通过行业准入制度的改革,引入更多的竞争主体,形成具有多元化产权结构的、大中小银行构成的、适应中国经济发展需要的齐全的行业体系,但是,从中国银行业目前存在和面对的最突出的问题来看,并不是通过这种显得相对简单的放松行业准入制度、引入多种竞争主体就能够解决问题的。

从银行业的风险特点及其对国民经济的重大影响来看,中国银行业的储蓄资产高度集中于"带病的"严重缺乏"对外"竞争力、潜存着巨大信用风险的国有银行,在近期盲目地放松行业准入,大规模地引进来自境内尤其是境外的竞争主体,虽然能够尽快地解决所谓的市场高度集中、银行结构不齐全的问题,但是,也有可能因国有银行市场份额的稀释,其潜在问题的总爆发而导致整个国民经济出现灾难性的后果。

按照中国政府的承诺,对外放松银行业的行业准入,在五年后的不久的未来,中国银行业的行业结构将会出现重大变化,因而,中国银行业的结构变化只是时间问题,并且已经确定了时间表,现在的关键问题是,现有的国有银行在行业结构经历重新洗牌的痛苦之前,在有限的时间内如何有效解决根本性的问题,极力避免因国有银行潜在的风险总爆发,引起的国民经济的大动荡。

本文认为,银行业有别于其他产业,SCP 分析框架很容易引起政策误导。在现代电子技术广泛渗透到银行体制并引起银行业系统变革的情况下,一定程度的行业集中和银行机构的规模扩张,不仅不会降低绩效,而且能够产生规模经济效应和范围经济效益。根据国际银行业的变动特点和近年来发展起来的理论解释,中国银行业的行业结构变动虽然不能避免,但仍然要保持一定程度的集中率。过度分散的行业结构不利于经济绩效的提高。中国银行业目前的主要问题是国有银行的产权结构问题。在行业结构发生重大变化之前的有限时间内,集中解决产权问题及其相关的制度问题是当务之急。

二、SCP分析范式不适用于银行业

"结构—行为—绩效"(Structure-Conduct-Performance)即 SCP 分析框架,源于20世纪30年代张伯伦(Chamberlin,E.H.)的垄断竞争理论和由梅森(Edward S. Mason)、贝恩(Joe S. Bain)、凯尔森(C. Kaysen)、麦克尔(J. W. Mckie)、麦克海姆(J. Markharn)等人以案例形式对若干行业的市场结构的经验研究,[①]后来由于贝恩、谢勒(Frederic M. Scherer)的贡献成型于20世纪70年代初。[②] 由于 SCP 范式的创建者及其支持者大多属于哈佛大学的经济学者,因而,将结构主义分析框架称之为产业组织理论的哈佛学派。

产业组织理论在最初之所以注重市场结构分析,甚至将市场结构与市场绩效直接挂钩,主要是基于自亚当·斯密以来的这样一个基本理念,即只有竞争才能产生效率,实现资源的最优配置。任何市场势力都会导致市场效率的偏离。然而,到20世纪30年代初,在张伯伦的垄断竞争理论中揭示出,现实的市场结构并不是充分竞争型的,而是属于不完全竞争状态。因为假定市场结构与企业行为、市场绩效之间存在因果关系,所以,产业经济学从开始就关注市场结构,以市场结构的分析为起点。在贝恩等人富有创建性的工作,形成 SCP 分析框架后,运用经验分析方法研究产业组织问题一度成为主流。20世纪60年代中后期,随着经济计量学方法的广泛运用、电子计算机和经济计量学软件的迅速发展,在 SCP 框架下进行数据处理和回归分析,几乎成为产业组织问题研究的时尚。这一分析框架也构成反托拉斯实践的基础。在反托拉斯的司法实践中,一般也是以企业占有的市场份

[①] Chamberlin, E. H., 1933, *The Theory of Monopolistic Competition*, Cambridge, MA: Harvard University Press.

[②] 1959年,贝恩教授在前期研究的基础上,出版了《产业组织》(*Industrial Organnization*, Harvard University Press)一书。该书被认为是第一本系统的现代产业组织经济学的经典著作,标志着产业经济学作为一个相对独立的理论体系的形成。该书出版后的二十余年中,成为许多大学经济学专业的教科书或主要教学参考文献。由于贝恩的产业组织理论体系的基本逻辑是从市场结构推断市场绩效,所以其创立了"结构—绩效"范式。

后来,谢勒出版了《产业市场结构和经济绩效》(1970年第1版,1980年第2版)一书,在贝恩的基础上提出了"结构—行为—绩效"(Structure-Conduct-Performance)三段范式,即 SCP 分析框架。

额的大小作为考察其是否具有市场势力的指标。

问题的关键在于,市场结构、企业行为与市场绩效之间是否存在逻辑因果关系?企业的绝对规模与企业的市场势力一定是正相关的吗?企业相对占优的市场份额能否表明它一定具有相对优势的市场决定权?如果一个行业的销售额集中在少数几家企业手中,能证明就一定存在行业垄断力量和经济上的低绩效和无绩效吗?

SCP框架没有提供答案。因而,自20世纪60年代后期起,施蒂格勒(J. Stigler)、威廉姆森(Williamson, O. E.)、德姆塞茨(H. Demsetz)、波斯纳(R. Posner)、麦吉(Y. Mcgee)等学者对当时被奉为正统的结构主义分析框架进行了激烈抨击。在他们看来,SCP分析框架至少存在两个方面的重大缺陷:第一,SCP框架主要运用经验统计和回归分析方法,所用的资料可能不具有一般性,并且缺乏理论基础和理论逻辑的一致性。第二,政策涵义不准确。他们认为,反垄断的人为政策以是否影响竞争为目标是不对的,而应以是否影响效率为标准,竞争程度与效率之间并不一定具有正相关关系。

在他们看来,问题的关键是市场的集中及其定价的结果是否提高了效率,而不是像哈佛学派那样只看是否损害了竞争。一定程度的市场集中未必损害竞争,高利润率并不一定是反竞争定价的结果,而完全可能是高效率的结果。是绩效或行为决定了结构,而不是相反。他们继承了芝加哥学派的价格理论传统,运用经济学新的理论分析框架,如交易费用经济学、信息经济学、博弈论等,重新构筑了产业组织研究的理论体系。例如,以威廉姆森为代表的交易费用理论分析框架认为,考虑到市场契约的不完全性、资产的专用性、机会主义行为等决定的交易费用的存在,规模经济与范围经济就不是属于正统的新古典意义的成本概念,企业及其市场绩效的衡量标准也需进行调整,企业的规模扩张(包括纵向一体化)、行业一定程度的集中率并不一定是背离绩效原则的,相反,可能是提高企业绩效,进而提升整个行业绩效的前提条件。[1]

产业组织理论新的分析框架及其理论含义对美国反托拉斯活动及政府管制政策产生了深远影响。在里根政府时期,不但有许多芝加哥学派的经济学家或赞成其思想的经济学家成为司法部的顾问,而且有的还担任了联邦贸易委员会主席、司法部反托拉斯局局长或最高上诉法院法官等要职。

---

[1] 奥利弗·E. 威廉姆森著、张群群、黄涛译:《反托拉斯经济学——兼并、协约和策略行为》,经济科学出版社1999年版。

在这些人的影响下,美国司法部于1982年颁布了新的《兼并准则》。该准则偏重用效率原则来指导反托拉斯诉讼,放宽了判定商业活动反竞争的标准。由此,美国的立法、司法和执法机构对兼并活动采取了20世纪以来最为放任的立场。这也是美国在20世纪90年代掀起较前四次规模更大、范围更广的并购浪潮的重要条件。

当然,威廉姆森等人的研究是从一般竞争性行业的研究出发的,那么,SCP分析范式是否适用于银行业的绩效分析?按照SCP范式,银行业的市场结构涉及两个方面的因素,即银行的数量和单个银行的规模。银行业的市场结构影响银行的市场行为,最终决定银行业的市场绩效。按SCP范式的逻辑推论,少数大银行占有的市场份额越多,市场集中率就越高,就越有可能导致银行的垄断行为,也就意味着资源配置的非效率、社会福利的下降。与此相反,低集中率的银行市场结构,属于大量的银行平均分享市场份额,这种状态将使市场更接近于完全竞争状态。按完全竞争理论,银行业在这样的结构下将产生高的市场绩效。那么,银行业的结构与市场绩效间是否存在这样的逻辑联系呢?

银行业在很多方面不同于一般生产性和流通性行业,在市场结构与行业绩效的关系上也存在很大的不同。如果说SCP框架在分析一般生产性和流通性行业存在很多缺陷的话,那么就更不能用于对银行业的结构与绩效的分析。

1. 关于银行业的集中率与市场价格

需要事先说明的是,当今不论是哪个市场国家的银行业,都不存在独家垄断的行业结构,银行业基本属于寡头竞争行业结构。即使是属于寡头结构,是否会导致严重偏离竞争性均衡价格的寡头垄断定价呢?在经济学的众多寡头竞争模型中,尤其是在经典的古诺模型、伯特兰模型中得不到理论支持。

为了分析的方便,我们只考察分业制度下的银行机构的主要业务。分业制度下的商业银行的主要业务是一般商业银行业务,即存款、贷款和结算、票据贴现等;有的还从事部分投资银行业务(限于发行金融债券,代理发行、兑付、承销政府债券,买卖政府债券等)、部分保险业务(限于代理保险业务)、外汇业务、国际银团贷款等。因而,在分业制度条件下,所谓银行的市场价格主要体现在两个方面:一是存贷价格即存款利率和贷款利率,二是中间业务收费价格。我们主要考察存贷利率与市场集中率的相关性。

按SCP范式,银行业的集中率将导致拥有市场势力的银行将贷款利率控制在高水平,并且对存款人支付比低集中率条件下更低的市场存储利率。部分学者的研究结果是支持这一论点的,认为集中率高的银行业,不仅会影响存贷利率,而且银行利润与集中率正相关。而有的学者提出了"有效结构理论",按这一理论,一些银行拥有大的市场份额主要是因为它们具有高效率,因为他们取得这样的市场份额本身就证明它们比其他份额小的银行提供的服务成本更低,所以越是市场份额大的银行,成本效率越高,收益也越大。因而,两方面的看法都存在。①但我们认为,后一种判断可能更符合实际。

在非市场化利率条件下,中央银行决定利率水平,因而,在非市场化利率制度中,所有的银行不论规模的大小和市场份额的高低,都是价格(利率)的接受者,而不是利率的决定者,因而,市场结构不是影响市场价格(利率水平)的因素。

在利率市场化条件下,各个商业银行当然有权决定存贷利率,但是,它们各自的定价行为严格受到至少四个方面的约束:一是市场竞争约束,也就是银行之间存贷竞争约束。二是非银行融资体系的竞争约束,主要是资本市场和直接融资的约束。三是非银行企业的利润率的约束,人为抬高利率水平,直接导致借贷者的资金使用成本上升,从而导致整个国民经济受到负面影响。四是中央政府宏观经济政策及其中央银行的货币政策的约束。不论中央银行的中间目标是选择利率目标,还是选择货币供应量目标,利率水平是任何一个市场经济国家中央银行关注的主要对象。利率是影响一个国家宏观经济走向的重要因素,也是一国政府进行宏观经济调控的主要杠杆之一,因而,一国的银行业即使存在一定的集中度,拥有相当市场份额的银行也不容易控制价格(利率),更不可能明目张胆地实施寡头勾结,达成利率联盟。

在货币银行学中是假定均衡的市场利率水平由信贷资金的供给和需求决定的,这一假定排除了银行的共谋和利率操纵行为。在 Lawrence S. Ritter 等人看来,这一假定的可信度在于,"任何一个人、一个机构、或一个团体组织在他的国家可以凭借市场势力任意地操纵利率水平是不可想像的"②。总之,只要不存在独家垄断,银行业的行业结构与市场价格没有必然的联系。

---

① Roger Leroy Miller and David D. VanHoose, 1993, *Modern Money and Banking*, Third Edition, McGraw-Hill, pp. 266—267.

② Lawrence S. Ritter and William L. Silber, 1991, *Principles of Money, Banking, and Financial Markets*, Harper Collins, pp. 64—65.

2. 关于银行业的集中率与社会福利净损失

是否会产生社会福利净损失或导致多大程度的社会福利净损失,是产业组织理论及其政府管制政策关注的焦点。SCP 范式之所以注重行业结构,是基于这样一种理念,市场集中导致市场势力,而市场势力会导致产量控制进而控制价格,在控制者获得垄断价格的同时导致社会福利净损失(例如,垄断模型的几何图形中的两个表示社会净损失的三角型的面积),使得社会资源的配置不能达到最优水平。

那么,银行业的集中率是否会因市场势力导致社会福利净损失? 微观经济学的基本常识是,企业是否具有市场势力,主要表现在是否具有价格控制能力,而控制价格关键是控制产量及其市场供给量,人为地制造市场短缺,从而抬高价格。所谓垄断条件下的社会福利净损失,实际上就是指相对于竞争性市场的均衡产量而言,垄断势力控制的产量低于竞争性均衡产量水平。按此推论,所谓银行业的集中导致社会福利的净损失,就是属于拥有市场势力的银行以抬高利率水平为出发点,减少信贷规模,从而使信贷资金发放量低于竞争性市场信贷量,导致信贷资金的部分闲置。

如果说非银行部门的集中率有可能导致价格水平在产品边际成本曲线之上的产量控制,那么,具有一定市场集中率的银行业则很难实现这种控制。这主要受两个因素的影响:第一,具有一定市场集中率的银行,难以控制市场均衡价格,即利率水平(前文作过分析)。第二,控制市场供给会急速提升银行成本。一般商业银行的成本可以分为三类:一是利息成本(interest expenses),即负债业务支出的储蓄存款利息;二是真实的资源费用(real resource expenses),主要是日常运行费用,包括职员薪金、设备投资费用等;三是机会成本(opportunity cost)。[1]商业银行的主要市场供给是信贷资金的供给即发放贷款,而银行信贷资金的主要来源是借入资金即储蓄存款,但存款都具有利息成本,因而,在人为缩小市场供给量(较小贷款规模)而不能实质影响市场价格(利率水平)的条件下,资金存放成本就会显著上升。因而,现实经济生活中银行总潜在着超贷的动力,正是如此,各国中央银行为降低商业银行因超贷而导致的信用风险,除银行留足自由准备金外,还设立法定准备率制度,用以牵制超贷行为。

当然,并不否认银行在特殊时期存在"惜贷"情形,但这种"惜贷"不是以

---

[1] Roger Leroy Miller and David D. VanHoose, 1993, *Modern Money and Banking*, Third Edition, McGraw-Hill, pp.172—173.

控制市场为出发点,而是以控制银行的放贷风险为目的。例如,在两年前部分学者认为国内银行存在"惜贷"行为,如果真是如此,也是由于在通货紧缩状态下尤其是贷款资金到期收回率下降等原因,银行为回避风险而选择的不得已的措施。

事实上,主要工业化国家银行业的集中率普遍偏高,但没有形成列宁在20世纪初所预示的结果。①

三、银行规模与绩效

按传统的竞争理论,行业的低集中率及其数量众多且规模近乎相等的企业构成的行业结构是竞争有效率的。在20世纪初期的美国,这一思想也深深渗透到银行业,以为银行部门的竞争效率也是来自市场结构的分散化。但是,这一逻辑越来越显现出它的不切实际。由大量的小银行构成的行业结构与大银行构成的行业结构相比可能更导致竞争的丧失。例如,美国的银行业结构与其他发达工业化国家的银行业结构显现出很多方面的不同。它的商业银行的数目最多,但银行对国民经济的影响则明显低于其他发达市场经济国家。根据 Lawrence S. Ritter 和 William L. Silber 等人的分析,在美国,面对不断变化的经济活动过程,大量的小银行受其规模限制不具备创新能力,也不可能实现成本最优化。它们的存在并不是市场自然进化的结果,而是人为的反分支机构法案使得它们逃避了市场竞争。如果不是相关法案的保护,如此众多的小型银行的存在是不可想像的。② 美国这样的银行结构,也使得它的经营内容及其对国民经济的影响与其他国家相比存在显著差异。

---

① 列宁在他的《帝国主义论》中推论,银行业的竞争导致银行业的高度集中,进而推动银行业的垄断,它与工业垄断资本相融合,形成"金融资本"和"金融寡头",它们成为一国至高无上的垄断者控制国民经济的命脉。

② Lawrence S. Ritter and William L. Silber, 1991, *Principles of Money, Banking, and Financial Markets*, Harper Collins, p.84.
对美国银行业的行业结构及其经营范围产生实质性影响的两个法案是1927年通过的"The McFadden Act"和1933年通过的"The Glass-Steagall Act",第一个法案的主要内容是阻止商业银行跨州设立分支机构,后者则限制商业银行从事投资银行业务,也就是阻止"混业经营"。

表1 1993年主要市场经济国家商业银行家数及
银行业的集中率[①]

国家	商业银行数量	全国总人口/银行家数	按C_3计算的集中率(%)	按1987年银行数计算的集中率(%)
法国	425	135 365	63.6	60 (C_8)
德国	330	245 379	89.5	46 (C_6)
日本	150	831 760	28.3	67 (C_{13})
英国	491	118 328	29.1	57 (C_5)
美国	10 971	23 508	13.3	21 (C_5)

资料来源:Franklin Allen and Douglas Gale, 2000, *Comparing Financial Systems*, The MIT Press; Meir Kohn, 1994, *Financial Institution and Markets*, McGraw-Hill, Inc.

表2 主要发达国家商业银行资产在国民经济中的比重(1993)[②]

单位:10亿美元;%

国家	GDP	银行资产(BA)	BA/GDP	股票市场资本市值(EMC)	EMC/GDP
美国	6 301	3 319	53	5 136	82
英国	824	2 131	259	1 152	140
日本	4 242	6 374	150	2 999	71
法国	1 261	1 904	151	457	36
德国	1 924	2 919	152	464	24

资料来源:Franklin Allen and Douglas Gale, 2000, *Comparing Financial Systems*, The MIT Press.

表1、表2反映出,虽然美国的商业银行的数量最多、行业集中率低,但银行在国民经济中的参与程度也比其他几个发达国家低。根据有关研究,美国的融资渠道主要是资本市场和各种基金机构提供的融资(例如保险基金)、商业银行主要对企业和消费者提供短期的融资服务(Franklin Allen and Douglas Gale, 2000)。面对全球性的银行竞争和大规模经营发展趋势,相当部分的经济学家对美国自20世纪30年代以来的银行管制及其过度分散的

[①] 表中,C_3代表该行业前三位银行的资产占整个行业资产总量的比重,与此相同,C_4为前四位,C_5为前五位。截止到2001年底,中国有3家政策性银行、123家商业银行(包括4家国有银行、10家股份制银行、109家城市商业银行)、190家外资银行机构、1 049家城市信用合作社、38 057家农村信用合作社。根据有关计算(于良春、鞠源,1999),1997年四大国有银行的资产占国内同期全部银行金融资产的93.19%(即按C_4计算的集中率)。

[②] 1999年中国的BA/GDP为125.8%、EMC/GDP为32.3%(易纲、赵先信,2001)。

银行行业结构进行了批评。例如,他们构建的不完全竞争理论分析模型说明传统的竞争理论已经不合时宜(Grossman and Hart, 1979;Hart, 1979;Meir, 1994;Allen and Gale, 1992)。

为什么银行规模与绩效之间具有正相关性? 一般从规模经济(economies of scale)和范围经济(economies of scope)的角度进行解释。在现代技术条件下,银行之所以更能产生规模效益,主要是它的长期平均成本曲线虽然呈 U 型,但比一般行业可能更为平坦。

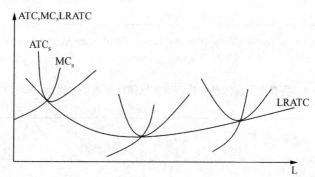

导致银行运行成本尽可能低的关键因素是技术(Anthony Saunders, 1994)。运用于银行的现代技术包括计算机系统、视听通讯技术、便捷服务技术和其他网络一体化技术等。现代技术运用可以说正在引起银行业的大变革,技术投资已经成为银行增长幅度最快的投资。例如在美国,商业银行花费在 IT 系统的投资逐年增长,其中 1990、1991 年每年投资于 IT 技术的资本额达到 140 亿美元,而这些投资主要集中在大银行,美国最大的 35 个银行在 IT 技术上的投资占整个商业银行投资的绝对比重。[①]

如果说在传统的以手工操作方式为主的时代,很难说规模和范围的扩充是否能够产生规模经济和范围经济效应的话,那么,在电子信息技术广泛运用于银行运行的时代,大银行不仅在技术投资上占有明显的优势,而且带来成本节约。

信息技术的运用及其在银行内部的网络化,首先节约了人力资本。一般银行的平均人力资本费用高于其他行业,通过技术对劳动力的替代将大大降低支出。例如,银行之间并购的直接动因之一就是削减职员、降低成本。巴伐利亚联合银行与抵押银行合并后计划裁减 7 000 人,裁减率达

[①] 关于美国大银行在信息技术投资的优势及其银行信息网络的全球化战略的资料参见:Anthony Saunders, 1994, *Financial Institutions Management: A Modern Perspective*.

18%，并期望未来5年内每年节省10亿马克的人事业务费用；美洲银行与国民银行的合并计划裁员5 000—8 000人，裁减率为2.7%—4.4%；瑞士银行与瑞士联合银行合并后计划裁减9 000—12 000人。①

其次是节约了信息处理成本和代理成本。银行的信息网络化无疑便捷了信息的收集和处理，并且对数量众多分布广泛的分支机构的管理一体化，必将大大降低代理成本。

现代电子信息技术的运用不仅体现在降低成本上，更重要的是能够扩充银行的服务内容和服务范围。远程收付、电话及其网络收付、自动柜员机、家庭银行、一卡通等等传统银行业务不可能做到的新型业务内容，在今天已经成为各个银行扩充服务内容和范围，争取客户的主要手段。电子银行业务的发展不仅能为客户提供快捷、简易、便利的服务，而且可以大大降低成本。与目前银行相关服务的单位成本相比，自动柜员机的成本仅相当于现有相关业务的50%，电话理财及网上银行业务的成本只有传统同类业务的10%。②正如英国金融学教授Edwin H. Neave所说的，"技术的变化已经深深地影响着世界金融机构。这个变化开始于20世纪80年代，扩展于整个90年代，并有迹象表明，将一直继续延伸到下一个十年，计算机和通讯成本的下降已经促成金融机构快速地向一体化和国际化方向变化。信息处理要素的普遍化正在改变着人们对传统金融功能的认识，先前传统的金融产业的分割边界已经被弱化或者终结……许多不同的金融业务被计算机更便宜和更便捷地处理……随着有效的信息处理功能的广泛扩散，先前专业化的金融中介机构将合并成多产品和多种服务的金融组织，急速变化的电脑使用和通讯环境，促使金融机构通过开发新的技术，快速增加新的产品和新的服务，以便努力保住甚至增加它们的市场份额。"③

然而，用现代电子信息技术全面装备和改造银行业务，只有达到一定规模的银行才具备实力和产生绩效（Anthony Saunders, 1994）。主要是因为其所需投资大，必须要有相应的业务量才能摊薄成本，并且这种投资需要一定的时间才能产生效益。这表明现代银行技术本身是与规模经济和范围经济直接相关的。

---

① 黄金老：《国际银行并购的成本收益分析》，《经济学动态》1999年第11期。
② 王雪冰：《国际金融报告（1999—2000）》，经济科学出版社2001年版，第157页。
③ Edwin H. Neave, 1998, *Financial Systems-Principes and Organisation*, Routledge, p. 42.

四、在倒计时阶段的中国银行业的改革重点

中国银行业面对的焦点问题不是国有银行规模过大的问题,也不是行业结构过于集中的问题。在一定意义上,只有保住现有的规模,尤其是保住现有的存贷流量,才能够在较为宽松的环境条件下进行实质性改革。加入WTO后,随着外资银行的进入,中国银行业的行业结构一定会发生重大变化,因而,现在的焦点不在于是否需要改变中国银行行业结构,而在于即将到来的银行业市场结构的重新"洗牌",现有的存在问题的国有银行应该怎么办。进一步的问题是,由于国有银行集中了大部分金融资产,它们是否能够在有限的时间内实现机制转换,关系到整个国民经济的安全性。存贷流量规模收缩所导致的国有商业银行潜在问题显性化,将极大地威胁国民经济的稳定和发展。

对于中国进入WTO后中资银行尤其是国有银行将要承受哪些方面的挑战,近年来人们从多角度进行了全面揭示,而这些揭示出的系列潜在问题是否显性化,关键看5年内尤其是5年后随着外资银行的进入,国有银行的存贷流量是否会发生显著变化,即国有银行的流动性是否会受到实质性影响。经验表明,一般竞争性企业不管潜存着多少内部问题,企业的负债率有多高,只要企业有一定的现金流量作支撑,就可以借助于寅吃卯粮的手段掩盖许多问题;如果现金流量出现急剧的收缩,企业累积起来的潜存的系列问题就会立即显现,并进入负效应放大和扩散阶段。

我国国有银行存在的系列问题集中反映在两个相互关联的问题上:一是资本充足率低(根据有关资料显示,到目前为止,国有银行平均资本充足率离8%的标准还有很大距离),二是不良贷款比例高,也就是"一低一高"问题。而这"一低一高"问题的相互交织,是银行作为信用机构的主要缺陷,说得严重些是属于银行的致命缺陷。因为这个"一低一高"与银行的支付危机、流动性困境只是一纸之隔,如果稍有风吹草动,支付危机问题的爆发就难以避免。

随着央行公布的银行业开放日程表中承诺内容的逐项履行,外资银行的进入使得国有银行的存贷流量规模的收缩是不可避免的,它们不仅冲击国有银行的存贷规模,而且冲击国有银行的存贷质量,进而影响国有银行的流动性,最终影响国有银行的支付问题显性化。如果说人们在事前所揭示的国有银行受到冲击的方面具有可能性、不确定性的话,那么,在存贷流量

上的冲击是毫无怀疑的,通过存贷流量的冲击进而冲击国有银行潜存的实质性问题的爆发,对这种传递效应应该保持高度的警惕。

因而,如果将 5 年时间作为一个约束条件,在这个有限的过度期内,我国银行业的改革已经进入到倒计时的读秒阶段,只有采取一揽子改革措施,才能将潜存的主要问题在潜在的状态尽可能地解决,尤其是通过制度变迁,实质性地转换机制,才能承受住加入 WTO 所带来的挑战。

国有商业银行存在的问题是系统性的,但核心是产权结构问题。从银行的资本金充足率来说,实质是产权结构单一问题,由此决定着资本金的补充渠道单一。因为银行的资本金充足率作为一种比例、一个因变量,受两个基本变量相对变化的影响,一是相对于储蓄的负债规模及其变化,二是自有资本金的规模及其变化。为了保证资本金充足率,人为地压低或限制负债规模,显然是违背银行经营之道的常理的。因而,随负债规模的扩充,要保证一定比例的资本金充足率,就要使银行的资本金可以根据负债的变化而变化。而资本金的补充无外乎有这样几种途径:一是所有者资本金的直接追加和新增所有者的投资;二是利润转新增资本金;三是财政无偿拨付;四是银行直接发行债券。如此而已。而我国国有商业银行受现有制度的制约,资本金补充渠道太单一。因为现有的所有者拿不出钱来增加投入,现有的单一的国有银行产权结构还不存在新投资者的投入;赢利能力弱制约了利润转资本的途径;银行直接发行债券用以补充资本金,据说《巴塞尔协议》是不允许的。那么,现有的主要渠道是财政直接拨付,或者通过国债间接拨付,而面对四大国有银行庞大的资产总量,靠财政支持是难以为继的。

中国国有银行在运行机制及其效率上的种种问题,也是由单一的国有产权结构决定的。

将进入中国银行业的外资银行,一定是大规模的银行,也一定是在体制上有效率的银行。全球经济一体化进程中的银行之间的竞争,深层次的竞争是体制竞争、运行机制的竞争。对于中国现有的国有银行体制,只有进行实质性的产权结构调整,才能形成有效的激励机制;才能留住现有的人才;才能有足够的吸引力引进高质量的人才;才能形成健全的内部治理结构和有效的内部约束机制,降低经营风险。

面对国有银行巨大的国有资产存量和存在问题的系统性,通过股份制改造实现彻底的非国有化是不现实的,保持国家的控股地位是必然选择。问题的关键不在于是否国家控股,而在于通过股份制改造,其他的投资主体是否能够形成对控股方的牵制力,进而形成有效的银行治理结构。因而,在引入一般个人投资主体和国有法人投资主体的同时,关键要引入有经济实力且运作规范的民营投资主体及其境外投资主体。因为分散的个人投资主体及其国有法人主体并不能产生对国有控股方的实质性牵制作用。引入有实力的民营经济主体和必要的境外投资主体,一方面能够保持国有商业银行在产权多元化后国家的控制股地位,另一方面能够改善单一产权结构条件下的银行治理结构及其运作机制。

结　语

运用 SCP 框架对银行业的结构进行分析存在显著的缺陷,不仅不能在理论上证明分散化、小规模与行业绩效存在一定的正相关性,而且也不符合国际银行业的变动趋势。在现代技术不断改变银行机构的经营方式和运作机制的条件下,主要发达国家的银行业的行业结构进一步向集中化发展,各个银行为追求规模经济和范围经济效应,进而提高国际范围内的竞争力,在展开规模竞赛。由于历史的和体制的原因,中国银行业的资产与市场份额集中于国有商业银行,虽然如此,但改革的侧重点不能以行业结构的调整为突破口,而是相反,要充分利用进入 WTO 后的有限的过渡期,在中国银行业的行业结构发生显著变化和国有银行的市场份额发生显著萎缩之前,坚决地进行国有商业银行的产权改革。倒闭一个大型或特大型的国有企业与倒闭一个国有银行,对国民经济的负面影响是不能同日而语的。

参 考 文 献

1. 奥利弗·E.威廉姆森:《反托拉斯经济学——兼并、协约和策略行为》,经济科学出版社 1999 年版。
2. 黄金老:《国际银行并购的成本收益分析》,《经济学动态》1999 年第 11 期。
3. 于良春、鞠源:《垄断与竞争:中国银行业的改革和发展》,《经济研究》1999 年第 8 期。
4. 焦谨璞:《中国银行的市场竞争格局及其制度分析》,《宏观经济研究》2001 年第 6 期。
5. 易纲、赵先信:《中国银行竞争:机构扩张、工具创新与产权改革》,《经济研究》2001 年第 8 期。
6. 林毅夫、李永军:《中小金融机构发展与中小企业融资》,《经济研究》2001 年第 1 期。
7. 王雪冰:《国际金融报告(1999—2000)》,经济科学出版社 2000 年版。
8. Roger Leroy Miller and David D. VanHoose, 1993, *Modern Money and Banking*, Third Edition, McGraw-Hill.
9. Lawrence S. Ritter and William L. Silber, 1991, *Principles of Money, Banking, and*

Financial Markets, Harper Collins.
10. Franklin Allen and Douglas Gale, 2000, *Comparing Financial Systems*, The MIT Press.
11. Grossman, S., and O. Hart, 1979, "A Theory of Competitive Equilibrium in Stock Market Economies", *Econometrica* 47.
12. Hart, O., 1979, "Monopolistic Competition in a Large Economy with Differentiated Commodities", *Review of Economic Studies* 46.
13. Allen, F., and D. Gale, 1992, "Arbitrage, Short Sales, and Financial Innovation", *Econometrica* 59.
14. Meir Kohn, 1994, *Financial Institutions and Markets*, McGraw-Hill, Inc.
15. Edited by Frank J. Fabozzi, Edited, 1998, *Handbook of Structured Financial Products*, Frank J. Fabozzi Associates.
16. Edwin H. Neave, 1998, *Financial Systems—Principes and Organisation*, Routledge.
17. Magill, M., and M. Quinzii, 1996, *Theory of Incomplete Markets*, Cambridge MA: MIT Press.
18. Mayer, C., 1988, "New Issues in Corporate Finance", *European Economic Review* 32.
19. Bertero, E., 1994, "The Banking System, Financial Markets, and Capital Structure: Some New Evidence from France", *Oxford Review of Economic Policy* 19.
20. Alan Gart, 1994, *Regulation, Deregulation, Regulation*, John Wiley & Sons, Inc.
21. Berger, A., J. Leusner and J. Mingo, 1997, "The Efficiency of Bank Branches", *Journal of Monetary Economics* 40.
22. Gilbert, R., 1984, "Bank Market Structure and Competition: A Survey", *Journal of Money, Credit and Banking* 16.
23. Keeley, M., 1990, "Deposit Insurance, Risk and Market Power in Banking", *American Economic Review* 80.

经济体制改革新的转折点*

从1978年十一届三中全会召开,到1992年十四大提出建立社会主义市场经济体制的目标,再到现在已经25年了。我们目前已经初步建立了社会主义市场经济体制,为什么还要特别强调坚持完善社会主义市场经济体制?分析起来,主要有四个方面的理由:

第一,市场化进程进入了一个历史性的转折点。

所谓历史性的转折点,是指过去的25年里,我国的市场化主要是在市场机制的"数量"方面的建设,也就是市场机制从无到有,使市场代替计划,拓展市场机制作用的范围和空间;而在以后,我国的市场化进程更重要的是在市场机制的"质量"方面的建设,也就是市场效率的提高,而提高效率的根本就是市场竞争的秩序。因此十六届三中全会对市场经济的秩序问题、各方面协调问题,包括市场竞争体制的产权制度的基础问题等等,都给予了非常明确和深入的阐述。

第二,市场化进程和发展进程面临的问题发生了变化。

不可否认,25年的市场化进程中产生了一些问题,正因有问题才要提完善。有些问题可能有客观原因,可能是历史局限,也可能是我们主观认识造成的,导致我们市场化进程中有不尽如人意的地方。这样的问题有两类。一类是由于市场机制不发达而造成的问题。比如说坑蒙拐骗、不公平竞争等一些无序的活动,这些问题本质上不是市场机制的要求,而是由于我们国家市场机制还不发达造成的,需要进一步完善社会主义市场经济体制才可能根本解决,而不能归罪于市场。但另一类问题就是市场本身造成的了。比如,我曾经做过一个模型,分析1988—1998年我国的生产函数,如果观察其中的市场化指数,伴随着市场化的进展即市场化指数的增加,我国的生产函数中劳动要素和资本要素,其效率是否都提高了?结果是两个要素效率都明显提高。这当然说明改革解放了生产力。但是,资本要素的效率提高

---

* 本文原载于《经济日报》2003年11月24日,第5版。

速度是劳动要素的效率提高速度的900多倍,这就意味着市场化越深入,要素效率提高得越快,特别是资本效率提升得越快,但如果按要素贡献进行分配,按效率优先兼顾公平的原则,那么资本所有者和控制资本权力的人,其收入增长速度原则上应当是一般劳动力报酬增长速度的900多倍。这是因为其代表的要素的效率提高速度是普通劳动者代表的要素的效率提高速度的900多倍。市场本质是要效率的,但如果用这个惟一的目标来排斥其他社会目标,就会发生收入分配的分极化问题。这个问题就属于市场机制本身造成的问题,也就需要综合协调和不断完善社会主义市场经济体制。

第三,我们所要实现的目标发生了变化。

改革开放之初,发展问题的最大矛盾和我们面临的最大压力是经济落后,我国社会一系列问题最深刻的根源是经济水平太低,所以这个时候我们一定要聚精会神地把精力放到经济建设上来。正是这个目标推动了我们的市场化进程,因为市场化就是要解决经济效率提高的问题。

但现在需要注意的是,经济发展到现在,我们的基础和我们面临的未来的任务,是不是还要像过去那样特别突出地强调单一的经济任务和经济效率。在这个问题的认识上,两个方面的倾向都要防止。一个倾向是现在完善社会主义市场经济体制,中央提出几个方面协调发展,即统筹城乡发展、统筹区域发展、统筹经济社会发展、统筹人与自然和谐发展、统筹国内发展和对外开放这样五个统筹,就以此否定我们现在的核心任务还是经济建设。这个倾向是必须防止的,绝不能说因为现在提出协调、均衡的发展观,就忽视和否定经济发展是中心,经济效率是基础。这是不能动摇的,在这个中心和基础上,我们再去强调各个方面的协调和综合发展。另一个倾向是以经济建设和经济效率替代其他的社会目标发展。

今天,我们的目标发生了这样历史性的变化:既要承认经济效率是前提,经济中心是基础,又要承认整个社会现代化的发展不单纯是经济的发展,还有更全面的社会目标,要求各方面的协调发展。在这种情况下,如果简单地用市场机制来推动资源配置和社会发展,就无法实现这样的目标,因此必须进一步完善社会主义市场经济体制。

第四,对市场经济的认识还需要深化。

经过这25年的改革实践,我们的体制发生了深刻的变化,要评价这一变化,现在基本上存在着三种标准。第一种标准是用马克思主义经典作家的说法来评价,根据经典作家的理论看我们的实践是不是符合社会主义的原则。第二种标准是用在改革实践中自己的利益得失来评价,根据自己和自己所代表的阶层的利益在改革中发生了怎样的变化,来判断是拥护还是反对改革。第三种标准就是用社会发展来评价,不看体制的变化怎样触动了个人的利益,也不看体制的变化和经典作家的说法多么不同,而只看它是否解放了生产力,并且在解放生产力的基础上,是否推动了社会文明的进展。在这种情况下,人们对改革和市场化进程就会存在不同的认识。这种不同认识的存在,必然会严重妨碍社会主义市场经济体制的建设。所以在这个时候强调完善社会主义市场经济体制,可以统一人们的认识,调动人们的积极性,坚定不移地走社会主义市场经济改革道路,为我们的发展提供体制上的保障。

关于发展教育产业的讨论

——与国家教育发展研究中心教育发展战略研究室主任诸平、国家教育发展研究中心研究人员王蕊的对话*

1978年以来,在关于教育本质的讨论的基础上,伴随经济体制改革的不断深入,教育是不是生产性部门,是不是一种产业,能否市场化的争论从未停止过。1992年,《中共中央、国务院关于加快发展第三产业的决定》指出:教育事业是对国民经济发展具有全局性、先导性的行业,属于第三产业。此后,教育界关于这一问题的讨论一直是教育政策研究的热点之一,但凡论及发展民办教育、扩大教育规模、高等学校收费制度改革、后勤制度改革等等,都或多或少涉及这一问题。近来,教育启动居民消费,拉动经济增长的呼声很高,发展教育产业随之成为教育界和经济界共同关心的热门话题,带着讨论中出现的一些关键问题,国家教育发展研究中心的部分同志走访了北京大学经济学院副院长、博士生导师刘伟同志。

问:目前关于教育产业化的讨论很多,大致可以分为三种观点。一是认为根据中央文件的精神,教育是产业,完全可以也必须产业化;一是认为教育是一种特殊的产业,某些部分可以产业化;还有一种观点认为虽然教育具有一定的产业属性,但绝大多数国家将其归为准公共产品,是不能也不应该产业化的。而大多数讨论对教育产业的概念缺乏严格的限定,您对这个问题怎么看?

答:任何问题首先要有明确的概念才能开展讨论。限定教育产业化的概念恐怕需要从产业的定义着手。所谓产业,简言之,是指生产性企业、行业、部门的某种集合。在人类经济发展的特定阶段上,哪些活动属于生产性活动不是固定的。本世纪尤其是第二次世界大战以后,伴随科技革命和经

---

* 本文原载于《教育研究》1999年第6期。

济发展的进程,资本主义经济的突出变化之一是服务行业的长足进展,服务业的发展程度甚至成为"后工业化"社会的显著标志,生产性活动概念也随之发生了变化。但无论如何,在市场经济条件下,从产业的角度出发,是否是"生产性"活动的关键在于资本能否通过这种活动增值,是否能够通过市场机制实现再生产。

从经济发展的规律看,产业化一定要求市场化,教育产业化也必然要求教育活动市场化、教育机构企业化、学生受教育投资化。这种产业发展的逻辑并不完全符合教育活动的规律和特点,也不完全符合现行的教育法规,如义务教育法等。从这个意义上说,教育系统的某些部分可以产业化,可以开发出一些教育产业,应该提倡发展教育产业,但不是提倡也不可能实现教育完全产业化。

问: 综观目前关于发展教育产业的讨论,在教育领域可以产业化的活动有哪些方面,人们的认识也很不一致。论及发展教育产业,有人用的是大教育的概念,有人用的是学校教育的概念,也有人指民办或私立教育,指学校后勤、校办工厂、高校办的高科技产业等非教育活动主体的部分。此外,判别教育领域可以产业化的标准也不同,通常认为关系到精神文明的领域和基础学科不能产业化,您认为应该如何判定?

答: 从前面讲到的产业化一定要求市场化的观点出发,判定教育系统中哪些部分可以产业化,哪些部分不能产业化,标准只能是市场化,不能市场化或不应该市场化的领域一定不能产业化。因此,义务教育阶段,教育服务的主体活动不能产业化,非义务教育可以。但可以开发义务教育服务的边缘产业,如教材、教学用书、音像制品,各种发展学生兴趣、爱好、特长的培训等等。

目前,在如何判定哪些部分教育活动可以产业化方面有两个误区。其一是以意识形态作判定教育能否产业化的标准,认为涉及精神文明建设的部分不能产业化。事实上,哪些东西有利于精神文明建设与教育的内容有关,与用什么机制组织无关,不能因为某些领域的活动不能市场化就判断它是高尚的、正义的,能够导入市场化就判断它是低级的、倒退的。市场化只是一种组织方式,与运用市场组织提供的产品和服务的具体效用没有必然的联系。其二是以学科作判定教育能否产业化的标准,认为应用学科很容易进行产业开发,可以产业化,而基础理论学科则不行。其实,能否进行产业开发,不能按提供产品的使用价值来划分,而要按市场需求来划分。有市场需求的,按产业规则办;市场需求不大,而又与国家的长远利益相关的,则可以由国家"购买"。假定一些涉及基础理论或体现人文关怀的教育服务有着广泛的市场需求，同样可以市场化；反过来说，一些对技术进步关系重大的应用技术开发，风险很大，个体或个别企业无法或很难承担，也应该由公共财政给予支持。我们只有打破这两个误区，在观念上有所突破，才可能开发教育产业。

至于学校后勤、校办企业，它们本身并不具有教育的特性，原本就应该是社会化、市场化的。因而，它们不是教育产业，而是教育部门办的其他产业。从经济发展的规律看，高科技产业的发展要靠社会，高等学校只能是高科技开发的源头之一，是高科技产业的一个环节，而高科技产品的产业化则必然是一个市场化、社会化的过程，不能看作高校本身的事。由于教育经费紧张，各级各类教育机构都在发展校办产业上做文章，也不符合社会分工的原则。实质上，伴随经济体制改革的深入，与政企分开相同，校企最终也是要分开的。

问：近来，对发展教育产业的意义讨论很热烈，很多人谈到发展教育产业可以刺激居民消费，拉动经济增长，同时，与扩大高教规模相联系，还可以缓解就业压力，因此，建议政府增加高等教育投入。您认为发展教育产业的意义应该如何认识？

答：开发教育产业，对于经济发展来说，既是现实的需要，又是历史发展的必然。但是，发展教育产业不仅是经济发展的要求，而且是教育改革和发展的要求。应该说，其意义远远不是启动消费可以概括的。

从产业结构升级的内在逻辑与经济发展的规律看，人类经济活动首先是满足最基本的生存需要，满足衣食住行；然后开始发展享受性的行业，传统的服务业、旅游业等等随之发展起来；随着知识经济的到来，发展性的产业必将大幅度发展，以人的发展为目的的教育势必成为新世纪最具竞争性、最有活力的产业部门。世界经济一直面临着三大问题：失业与空位并存的矛盾、经济增长与环境问题的矛盾、公平与效率的矛盾。过去经济学家认为这些问题无解，现在则普遍认为惟一的解决办法是发展教育。因而，德国的一份研究报告提出，21世纪最大的产业是教育，这是经济发展的内在逻辑所决定的，目前，我们已经可以清楚地看到这一趋势了。因此，抓住时机，发展教育产业，对中国经济的发展和两个转变的实现都是很有意义的。

从国内的经济看，目前很难找到像教育有这么大需求、这么大投资潜力的领域，特别是在城市，潜在的、有效的教育需求很大，发展教育产业能够在一定程度上起到扩大内需的作用，并可能带动经济增长。

然而，我认为更重要的在于，发展教育产业是教育发展与改革的必需，是教育体制改革和教育模式转变难得的历史机遇。

一切发达国家经济史上产业间的逻辑推进，均主要是一种经济成长现象，而包括我国在内的当代发展中国家，产业结构转换的同时，包含着经济发展类型和经济体制的转换。双重历史使命集中在同一历史空间，第三产业的发展就不仅具有经济成长的意义，而且更具有经济发展类型和经济体制改革的历史意义，发展教育产业也不例外。

目前，许多人把发展教育产业与扩大高等教育规模和增加政府的教育投入连在一起，企盼用"增长"和增加投入解决问题。我认为，开发具有产业素质的教育领域，应该着力于"发展"，而不是"增长"。发展经济学所说的"发展"，本身就包含着制度变迁。也就是说，开发教育产业，其历史意义不在于非义务教育阶段，尤其是高等教育数量和规模的扩张，而在于结构的调整、效益的提高和制度的创新。这里，主要是指教育事业是否真正具有市场弹性，能否建立一种机制，使教育发展能够不断自我调节，主动适应经济和社会发展的变化与要求。目前，高等教育自身存在许多亟待改革的问题，高校资源配置效率很低，人才培养模式不能满足未来社会发展的要求，如果不改变这种状态，不提高教育对经济社会发展的适应能力和高等教育的市场弹性，只通过增加政府投入进行数量扩张，教育的落后、保守及其与市场经济体制的不匹配，就会利用增加投入得以苟延残喘。

我们还应该看到，如果我们不能抓住这次历史机遇开发教育产业，随着改革开放进程的加快，许多国家将会在我国兴办教育，占领中国的教育市场，因为封闭只能是暂时的，届时教育领域的国际"抢滩"不会亚于金融领域，高等教育将会由于没有良好的运行机制，缺乏竞争能力而面临灭顶之灾。

问：在关于发展教育产业的讨论中，很多学者提到政府应该给予政策和财政支持的问题，您认为政府应该制定哪些产业政策，以什么方式支持教育产业的发展呢？

答：在任何产业的发展过程中，政府的产业政策和政策机理无疑会占重要的地位。但是，如果将这种政策机理仅仅理解为政府向所选中的产业本身提供财政和金融方面的直接优惠扶持，则是根本性的误解。如果一种产业的生长要靠得到其他产业所不能比拟的政府财政、金融方面的长期优惠扶持，那就不是有生命力的产业，而是产业体系中"老弱病残"的典型。

前面已经谈到，九年义务教育阶段教育服务的主体不能产业化，从某种意义上说,九年义务教育是国家通过法律强行规定的市场,因而不是市场开发的问题,而是如何建立秩序、提高质量的问题。

开发义务教育阶段教育服务的边缘产业,关键问题有两个:其一,政府不能直接经营,只能监督管理;其二,打击奸商,通过立法反对垄断和不正当竞争,维护市场秩序。

开发高等教育产业的过程中,当务之急一是扩大高校在市场中的活动空间,增大高校在运营过程中的自主权;二是政府通过制定法律、制度、标准等等,为高等教育发展创造良好的外部环境。扩大学校的自主权,首先要搞清楚高校自身的责任,权利和责任是连在一起的,只有责任没有权利无法工作,只讲权利不负责任则是十分危险的。高校正面临一个新的历史机遇,越来越具有产业性质,只有在外部环境体制和高校自身体制方面有所突破,高等教育才能真正"发展",而不仅仅是"增长"。

目前,人们普遍同意高等教育不能满足人民受教育需求的说法,但是,中国高等教育的短缺不是单纯的数量性短缺,更重要的是一种制度性短缺。因此,发展高等教育,首先必须建立连接教育和市场的机制,如果没有制度准备,扩大规模,同时将原有的结构和体制放大,不利于高等教育持续发展,对经济的刺激作用也很小。因为,只有把教育真正纳入经济范畴,按经济规律来发展教育,才可能真正解决经济发展的问题。

银行业的集中、竞争与绩效[*][①]

一、引 言

针对中国银行业存在的结构问题,学术界提出了多种不同的改革思路,部分学者将行业结构调整放在首位,认为解决行业过度集中问题是关键(于良春、鞠源,1999;焦瑾璞,2001;王国红,2002 等)。而我们认为,考虑到中国金融资产过度集中于国有银行的现实和以行业结构调整为突破口的改革可能引致系统性风险的爆发,选择产权改革作为结构调整的突破口(国有银行的股份制改造)是可行的抉择,产权结构调整比行业组织结构调整更关键(刘伟、黄桂田,2002)。本文进一步研究的问题是,即使进行银行业的产业组织结构调整,那么,形成什么样的行业组织结构更有利于强化竞争机制、更有利于提高金融资产的配置绩效?是相对集中型行业组织结构更具竞争绩效,还是相对分散型行业组织结构更具竞争绩效?

2003 年作为中国银行业进行实质性结构调整的起步年,国有四大商业银行的股份制改造及其上市工作已经提上了议事日程,意味着中国国有银行的产权结构调整将全面展开。与此同时,以新近成立的中国银行业监督管理委员会颁布的"第一号令"——《关于调整银行市场准入管理方式和程序的决定》为标志[②],监管层对现有商业银行扩充业务范围的管理方式开始发生变化,意味着现有银行主要凭借市场竞争力扩充分支机构、拓展业务范围的竞争机制开始启动;也意味着国有银行在进行产权结构调整、推进经营机制转变的同时,中国银行业的产业组织结构也会发生变化。市场竞争机制的强化将可能导致现有商业银行的市场份额发生变化,有实力的银行将

---

[*] 本文由刘伟与黄桂田合作撰写,原载于《经济研究》2003 年第 11 期。
[①] 感谢匿名审稿人提出的宝贵修改意见。
[②] 2003 年 5 月 29 日颁布并于 2003 年 7 月 1 日开始实施的《关于调整银行市场准入管理方式和程序的决定》,对于银行新设分支机构审批权限、新业务审批方式等作了新的调整。取消了最高监管层对中资商业银行在国内保理、银证转账、代理保险、证券公司受托投资托管、信托投资托管、企业年金托管等业务的审批制度;在一定程度上下放对各银行开设分支机构的审批权限。

不断扩大规模,增加市场份额,促进银行业向新的集中趋势变化。

如果说在转轨时期中国银行业的资产和市场份额主要集中于四大国有银行,是属于特殊时期的特别现象的话,那么,由市场竞争机制的作用导致的银行业集中是否对竞争和效率发生负面影响?

作为深信相对分散型行业组织结构更具有竞争绩效的代表,美国参议院银行委员会主席威廉·普诺斯米勒(William Proxmire)认为,相对于其他主要市场经济国家,由于美国银行业由众多的银行组成,所以,美国银行业自然地具有竞争效率。[1]

问题在于,银行业的产业组织标准能否按新古典完全竞争理论所倡导的带有浓厚理想主义色彩的产业组织结构标准来度量?实现社会资源最优配置和达到社会福利最大化水平的银行业产业组织结构是否与非金融行业的产业组织结构的要求是一致的?

二、金融体系的构成状况与银行业的集中程度

按传统产业组织理论,由众多规模相当的厂商组成的集中度较低的行业组织结构能够产生竞争绩效。因而,人们往往从集中度与行业的业绩(利润率)之间的相关性分析着手,如果集中度与行业利润率存在正相关关系,就认为是存在以集中为基础的垄断势力。[2] 问题在于,这种分析思路如果运用于银行业的分析往往存在偏差,因为现代银行是产品多样化的服务机构,

---

[1] Franklin Allen and Douglas Gale, 2000, *Comparing Financial Systems*, The MIT Press.
[2] 衡量一个产业的行业绩效,一般是考察该行业的集中程度与利润率水平之间的相关性。例如,在某一行业中,如果第 i 个企业的利润率为 m_i(多纳德·海和德理克·莫瑞斯,1991):

$$m_i = \frac{s_i}{\varepsilon}$$

其中 s_i 是第 i 个企业的市场份额,ε 是产品的需求弹性。整个行业的利润率的加权平均,权重为企业的市场份额,那么行业利润率 M 为:

$$M = \sum_{i=1}^{i=n} m_i s_i = \sum_{i=1}^{i=n} \frac{s_i^2}{\varepsilon}$$

在单个企业市场份额较小的分散行业结构中,企业的赢利能力将受到限制;在单个企业市场份额相对大且行业集中程度高的行业,企业赢利能力将处于高水平。也就是说,一般行业的利润率水平反映该行业的绩效和资源配置效率。一方面,该行业利润率不能为负,否则,该行业缺乏生存和发展能力;另一方面,其利润率不能高于社会平均利润率水平之上,否则,可能存在市场势力,导致社会福利水平下降。

很难判断每一家银行的利润率是否是由集中率直接造成的。[①] 从各国金融体系的构成状况看,银行业的产业组织结构及其绩效并不能以此为标准进行简单化的判断。

从实际情况看,当代市场经济国家间的金融体系存在着鲜明的差异性。发达市场经济国家的金融体系可以分为两种典型的类型:一种是以金融市场为基础的金融体系,即以股票市场、债券市场、期货市场等构成的金融市场为主体的金融体系;第二种是以银行为基础的金融体系。前者以美国为代表,后者以德国和日本为代表。

两种不同类型的金融体系所体现出的主要差异性是:

第一,银行资产占 GDP 的比重的差异,反映了银行在金融资产配置中扮演的角色不同。

表1 主要发达国家商业银行资产在国民经济中的比重(1993年)

单位:10亿美元

国家	银行资产	银行资产占GDP的比重(%)	股票市场资本市值	股票市场市值占GDP的比重(%)
美国	3 319	53	5 136	82
英国	2 131	259	1 152	140
日本	6 374	150	2 999	71
法国	1 904	151	457	36
德国	2 919	152	464	24

资料来源:Franklin Allen and Douglas Gale, 2000, *Comparing Financial Systems*, The MIT Press.

表2 主要发达国家上市公司数和上市公司总市值占 GDP 的比重(2000年)

国家	上市公司数(个)	上市公司总市值占GDP的比重(%)
美国	7 524	153.5
英国	1 904	182.2
日本	2 561	65.2
法国	808	111.8
德国	1 022	67.8

资料来源:根据《国际统计年鉴》(2002)有关数据整理。

[①] 彼得·纽曼等编:《新帕尔格雷夫货币金融大辞典》,第1卷,经济科学出版社2000年版,第314页。

从表1可以看出,美国全部银行资产只占GDP的53%,而其他国家则在150%以上;除英国外,美国股票市场市值占GDP的比重与其他三国相比高得多。与表1相对应,表2中的美国上市公司的数目是其他国家的3倍以上,在一定程度上说明美国的金融资产主要集中于资本市场,而德国、日本、法国则与美国相反。

第二,以金融市场为基础的金融体系,银行业的产业组织具有相对分散的特征;而以银行为基础的金融体系,银行业则具有相对集中的特点。

各个国家银行业的产业组织结构由于受历史的、制度的、资金配置方式等多方面的差异性因素的影响,银行业的产业组织结构也存在差异。按资产份额排名前三位大银行资产额计算的集中率,1993年法国为63.6%、德国为89.5%、日本为28.3%、英国为29.1%,而美国仅为13.3%(Franklin Allen and Douglas Gale,2000)。作为银行业分散型组织结构典型代表的美国,1992年有11 461家商业银行,22%的商业银行资产不超过2 500万美元;1993年全美前十位大银行的总资产只占全部商业银行资产的30.8%,当年银行资产只占GDP总量的53%。

表3 美国金融资产分布(年末余额)

单位:10亿美元

年份	1970年	1980年	1990年	1993年
公司股票(市值)	960	1 601	4 146	7 548
住房抵押贷款(储蓄贷款协会和互助银行提供)	355	1 106	2 886	3 403
公司债券	167	366	1 008	1 226
联邦地方债券	160	407	1 653	2 260
州和地方债券	146	310	870	1 057
联邦政府机构债券	51	193	435	545
银行商业贷款	152	459	818	781
消费者贷款(金融公司和商业银行提供)	134	355	813	858
商业和农业抵押贷款	116	352	829	771

资料来源:Frederic S. Mishkin(1995)。

表3反映出,美国绝大部分金融资产集中在股票市场和债券市场上,信贷资产并不占绝对比重。

发达市场经济国家的实际情况反映出,银行业的集中程度与金融体系的构成状况有关。至于是集中型银行结构更具有效率还是分散型银行结构更具有效率,不具有可比性。因为不能由此得出银行业集中程度高的国家其金融资产的配置效率低,而银行业集中程度低的国家其金融资产的配置效率高的结论。

进一步的问题是,从产业组织的角度,什么样的产业组织结构使得整个行业的生存和发展相对具有稳定性?一国的银行部门是由为数众多的规模大体相当的中小型银行组成的行业结构,即是按完全竞争理论所要求的行业结构使得整个国民经济更具有安全性,还是相对集中的银行结构更具有安全性?回答这些问题仅从理论层面的逻辑推理是很难说清楚的。

例如,有些学者认为,由规模大的银行组成的高度集中的银行业可能使国民经济面对的潜在风险更大,因为一个大规模的银行由于与众多部门的众多企业及其居民存在债权债务关系,如果该银行破产,将导致连环引爆效应,使得整个经济陷入灾难性的恐慌之中。以此推论,相对分散的由众多规模较小的银行组成的行业结构更有利于保持整个国民经济的安全性。

然而,在部分学者看来(Franklin Allen and Douglas Gale, 2000),由众多的小规模银行组成的产业组织结构可能带来国民经济的不稳定性。他们认为,银行之间的竞争在很大程度上是生存空间的竞争,也就是市场份额的竞争。他们的模型证明,按照传统的完全竞争理论假设条件,由于完全竞争性市场不存在进入和退出壁垒,随着新银行的不断进入,银行的规模不断变小,小规模的银行为了获得未来的生存空间,使得每一个银行有一种冒险的激励,也就是用高储蓄利率招揽储户,超额放贷。同时证明,在完全竞争状态中的零利润率条件下,小规模银行存在追求正利润的冒险经营动力。而由规模相对大的银行组成的相对集中的银行业,由于各个银行拥有一定的市场份额,反而不敢轻易冒险。

因而,仅从理论推理的角度就存在两种完全不同的观点。

但实际经济活动中,银行的安全性与银行规模及其银行业的集中程度并不具有直接的相关性。银行的安全性不仅与各个银行自身的资本结构、资产质量、经营管理水平等内在因素直接相关,而且与政府政策、监管方式等外在因素直接相关。

从实际情况看,分散型的银行结构似乎更表现出了它的脆弱性。例如,在20世纪80年代的银行危机中,从1981年到1991年这10年间,美国有1 300余家银行和1 400余家储蓄机构倒闭破产;仅1991年,破产银行的资产总额就达到112亿美元;在破产银行中,有11家银行的资产超过10亿美元。这是自 20 世纪 30 年代爆发经济危机以来最高的破产数字（Andrew Sheng, 1996）。

而作为集中型银行产业组织结构代表的德国，银行数目比美国少得多，但其银行资产占 GDP 总量的 152%，股票市值只占 GDP 的 24%，相对其他市场经济国家，它的资本市场从金融资产的比例来看，是最低的。也就是说，银行部门在动员和配置资金方面扮演着举足轻重的角色。德国集中型银行业结构并不因此而属于非竞争型的，也不意味着德国因单个银行的大规模导致了国民经济的不安全性，相反，与其他市场化国家相比，二战结束以来，德国金融业和整个国民经济显现出了相对更高的稳定性。德国既是集中型银行产业组织结构的代表，也是全能银行体制的代表，其最大的三个商业银行 Deutsche Bank、Dresdner Bank 和 Commerzbank，服务内容几乎涵盖所有的金融领域，不仅向企业和个人提供各种类型的商业信贷，而且能够向企业投资，并且能够从事商业保险、股票投资等非银行性金融活动。

类似于德国，日本银行业也是属于集中型的产业组织结构。日本的商业银行数目不到美国银行业家数的 1%，但银行业资产占到 GDP 总量的 150%。第二次世界大战前，资本市场与银行在动员和配置金融资产上几乎是不分上下，处于对等的地位，但在二战以后，银行部门在资金融通上不断上升到支配地位。银行对经济活动的广泛渗透，尤其是对企业的渗透，形成了一种特殊的银企关系（即"主银行制"）。当然，到 20 世纪 90 年代，日本银行体系出现了严重的信用问题，但原因是复杂的，最主要的原因是政府"政策诱导性租金"效应及其政府施加的压力导致了银企关系及其信贷机制的严重扭曲（青木昌彦，2001）。日本金融体系出现的问题及其最终演变成 90 年代后期的金融危机，根本原因不在于日本银行业的集中型结构，更主要的是政府过度干预导致的，这是绝大多数学者一致的看法。

总之，不是从理论演绎的角度，而是从经验层面显露出的事实证明，分散型的银行业组织结构并不具有绩效优势。

三、银行规模与竞争

传统产业组织理论认为，行业的集中率会导致市场势力，而集中率与行业内部的企业规模差异直接相关，行业中前几位大企业规模越大，行业集中程度越高，就越有可能产生市场势力，从而影响竞争效率（Bain, 1959）。

应该认识到，银行业本身的特点决定了不可能达到严格意义的完全竞争型组织状态。完全竞争行业的假设条件为：

第一，完全信息条件。但已有的各种信息模型表明，信贷市场是属于不完全信息市场，存在由于信息分布的非对称性而导致的逆向选择问题和道德风险问题。

第二，产品的同质性条件。即使是商业银行的主要业务属于存贷业务，但在市场化利率条件下，不同银行因客户的类型（存贷数量、存贷时间长短、银行面对的风险程度等）不同，存贷业务也存在差异性。尤其是单个银行是由分布在各个地域的分支机构组成的，不同地域的分支机构面对不同类型的客户资源，决定了它们提供的服务也具有差异性，意味着由不同地域的分支机构组成的商业银行所提供服务是由一揽子不同的服务项目组成的。

第三，市场上有大量的买方和卖方。由于市场上存在大量的买方和卖方，任何一个买主或卖主不能左右市场供求量和定价。处于完全竞争行业的所有厂商不可能影响市场均衡定价机制，所有的厂商都是价格的接受者。但在银行业不可能满足这样的条件。除非一国的银行利率和所有的银行服务属于非市场化的严格的管制定价制度，而在利率市场化和服务价格市场化条件下，银行与客户之间的利率以及其他的服务价格除了受供求因素的影响，还受到每一笔业务所隐含的风险因素和货币时间价值的影响。

第四，所有的资源具有完全的流动性。这一假定意味着不存在行业的进入和退出障碍。然而，银行业作为信用中介行业，不仅存在政策层面的进入壁垒，而且也存在信用性、经济性的进入壁垒。因而，任何一国的银行业不存在充分自由的行业准入和行业退出条件。

从以上四个方面可以看出，银行业的产业组织结构不可能达到理论意义上的完全竞争组织结构状态。因而，不论是历史上还是现实中，每一个国家的银行业其产业组织结构更多的是呈现出"垄断竞争型"行业结构或"寡头竞争型"行业结构特征。

问题在于，像银行部门这样的产业组织结构是否产生竞争效率？

与一般工商企业相比，银行规模则与地域分布的广度有更直接的联系。银行规模不属于"工厂规模"，而更接近于"企业规模"的组织形式。任何一国的大银行，都是由分布在不同地区甚至分布在不同国家的大大小小的分支机构组成的，银行规模大小与其所拥有的分支机构的多少正相关。银行业的这种组织结构，一方面有利于金融资源配置效率的提高，另一方面也能形成在各地区内部各个银行的分支机构的竞争机制。

第一，银行面对资源条件的高度分散性和强烈的地域性。银行作为金融中介,吸收社会闲散资金的能量越强,调配资金的能量就越大。社会闲置资金具有强烈的地域分布特征。而银行业内部的竞争,首先是储蓄资源的竞争,需要通过分支机构的当地化,以便捷的服务条件争取拥有闲置资金的潜在储户。

第二,银行面对的需求主体的多样性和分布地域的差异性。在信贷业务上不论是大宗批发业务还是小额零售业务,每一笔在信贷期限的长短、资金需求量的大小以及资金的使用方向上千差万别,尤其是需求方的资信情况千差万别,使得银行的贷放业务也需通过分支机构当地化。当地化的分支机构有利于把握和处理当地借贷方的资信信息,降低银行面对的信贷风险。不仅如此,银行间在贷放业务上也存在激烈的竞争,争取优质客户,需要通过银行的当地化提供便捷、灵活多样、随时随地、动态的跟踪服务。

第三,网络化的分支机构有利于银行更有效率地动员和配置资金。银行可以通过内部分支机构间资金的调度,在实现银行资金使用效率最大化的同时,使得社会资源配置效率相应地得到提高。

各个银行之间的竞争实际上是通过分布在各地的分支机构展开的。除因制度原因限制银行跨地区设置分支机构之外(例如美国),在绝大部分国家,各个地区都存在不同的银行设立的分支机构。同一地区分属于不同银行的分支机构之间,在存贷业务以及其他商业银行业务上,展开着激烈的竞争。不需要严格的理论证明,一个显见的事实是,即使中国银行业的资产及其市场份额高度集中于工、农、中、建四大国有银行,虽然四大国有银行远未实现完全商业化经营,但它们在全国各地分设的分支机构之间,在业务上的竞争已经呈白热化状态。事实表明,虽然中国银行业的产业组织机构呈现出高度集中的特征,但银行之间在存贷业务以及其他银行业务上并未削弱竞争程度。

四、技术创新条件下的银行业集中趋势

20世纪90年代以来,随着新技术的渗透,各国银行业进一步向集中型结构转化。如果说在传统技术手段和传统操作规程条件下银行分支机构的网络化及其规模经济特点不太明显的话,那么,在现代技术装备条件下的银行业,其银行规模则成为是否能够适应现代经济发展的关键条件。

传统技术条件下银行业务主要靠人工操作,随着银行规模的扩大,银行的人力费用投入也相应地增大。与其他服务产业一样,自20世纪60年代

以来,银行的人力资源成本在不断上升,为克服人力资源成本上升带来的行业绩效的下降,用现代快速发展起来的信息技术替代越来越贵的人工操作已经成为一种趋势,并成为银行间展开新的竞争的手段。

不仅如此,现代经济的发展也推动着银行业的技术创新和构建新的网络化,主要是因为:

第一,随着数字化信息技术在非金融类产业的全面渗透,使得这些产业的经营方式、营销模式、结算方式等几乎所有方面都发生着激烈的变革。作为金融服务部门的银行业,仍然采取传统的手工操作方式是远远不能满足需要的。相关产业的技术变革需要银行部门进行相对应的技术创新。通过建立新的操作平台和新的流程与相关产业的操作平台和新的流程对接。只有在相同技术基础上进行对接,银行部门才能有新的生存和发展空间。

第二,技术变革所导致的资金流转方式的变化,需要银行的资金配给方式随之发生变化。例如,新技术渗透使得一切经济活动的运转速度不断加快,要求银行在资金融通方面也应适应这种快节奏的变化,在金融工具上实现系列创新。

第三,随着新技术的使用带来的商业模式变化,居民的消费模式及其支付方式也发生了变化。与居民存储、支付方式紧密相关的银行业也要通过技术创新适应这种变化。例如,互联网和网上交易已经成为新的交易方式和新的消费方式的必然趋势,原有的银行服务方式将必须得到根本性的改变。新的交易方式的改变正在压缩银行原有的金融中介地位,要求银行运用新的技术直接渗透到新的交易方式中去,成为新的商业运作模式的有机组成部分。

第四,经济运作模式的转变,无疑加大了传统银行运行方式的经营风险,固有的信息收集和信息处理方式将会放大银行面对的系统性风险。银行只有通过技术创新,建立现代信息收集和处理系统,才能够防范由新技术带来的风险。

第五,非银行金融组织的发展,尤其是资本市场和各种金融公司的发展,使得银行的生存和发展空间将不断受到挤压。非银行金融机构借助于现代技术不断推动新的金融工具产生,使之日益成为替代间接融资方式的手段。随着资本市场的进一步扩充和非银行金融中介(各种金融公司、保险公司、基金组织等)的进一步发展,传统银行业务将不断缩减,如果不能适应技术的变化导致的对金融服务业服务要求的变化,银行的地位势必日益下降。有的观察家提出,银行地位的下降是不可避免的,主要原因是:企业从资本市场的直接融资将日益替代通过银行中介的间接融资方式;居民家庭持有的金融资产将由银行储蓄逐步转向其他的资产持有方式。我们认为,未来银行的地位不至于那么令人悲观,因为银行也在与时俱进地创新和改革。

针对新技术革命带来的挑战,银行业面临的竞争压力日益增强,有力地推动了银行部门在国际范围内的调整和创新,主要体现在:

第一,以引进新技术、降低成本、提高竞争力、扩大业务范围等为目的的银行间的并购及其规模的拓展活动在全球范围内展开。在现代技术条件下,金融部门的竞争与其说是技术手段的竞争,不如说是规模大小的竞争。因为只有一定的规模,才有能力承担和摊薄创新成本。因而,20世纪90年代以来的银行业并购浪潮,正在改变着各国银行业的产业组织结构,单个银行的规模在不断扩大,行业的集中程度在不断提高。

第二,大规模的银行通过技术创新在强化大宗批发业务的同时,加强了零售业务范围的争夺。银行通过开发在线业务、自动取款业务、电话业务、社区银行、零星小额消费信贷等更快捷、更便利、服务费用更低廉的系列创新性服务内容,赢得小额顾客,争夺市场份额。

第三,20世纪90年代以来,随着主要市场经济国家与时俱进地调整对银行业的管制政策,银行业务开始从传统的相对单一的业务领域向全能银行制度条件下的混合业务拓展。激烈的市场竞争促使各金融机构努力拓宽自己的服务领域和提供便捷的服务手段,各金融机构有实现相互融合的强烈动机,现代通讯和计算机技术的高速发展为这一融合以及通过融合降低成本提供了技术保障,金融创新的发展为突破传统商业银行单一业务的经营界限提供了可能。

为了应对新技术的挑战,进入20世纪90年代,美国商业银行向全能银行发展的步伐进一步加快。1991年美国通过了《1991年联邦存款保险公司改进法》,允许商业银行持有相当于其自有资本100%的普通股和优先股,这就表明长期以来限制商业银行与工商业相互渗透的禁区已被突破。1994年美国又通过了《1994年跨州银行法》,允许商业银行可充当保险和退休基金的经纪人,从而意味着对商业银行涉足保险业的限制也被突破。1999年5月和7月,美国参议院和众议院相继通过了《金融现代化法案》,提议终止银行、证券公司和保险公司分业经营。西欧和日本的商业银行已经突破传统的分业界限,业务范围向投资、保险等领域扩展,全能银行的综合化趋势日益明显。例如,欧共体曾于1992年颁布第二号银行指令,决定在欧共体范围内全面推广全能银行和分行制。日本在1996年底推出了名为"大爆炸"的金融业改革计划,该计划决定在已准许部分银行从事投资银行业务的基础上,继续推进日本银行业向全能银行过渡(王元龙,1999)。随着这些改革的不断落实,银行业务不断向证券业务、保险业务、投资管理业务等先前界定的非银行金融业务渗透,与此同时,非银行金融机构通过参股或其他形式向银行机构渗透,最终形成一些具有全能金融服务的大型金融公司(刘树成等,2001),由此决定着银行业的集中率进一步向高水平演进,单个金融机构的规模将进一步扩大。

五、激烈竞争与低效率并存的中国银行业

主要市场经济国家的经验表明,如果一国的金融资产集中于金融体系中的非银行部门,那么,银行业的产业组织结构则属于相对分散型(例如美国);如果金融资产集中于银行系统,那么,银行业的产业组织结构就属于集中型(例如德国、日本等)。

中国属于典型的集中型银行产业组织结构。从银行金融资产占GDP的比重来看,2002年底,全部银行资产占GDP的比重约为258%。这一比例不仅大大超过美国,而且超过德国和日本,表明中国银行业在金融资产配置中占主体地位。从银行业的产业组织结构看,中国现有4家国有银行、3家政策性银行、11家股份制商业银行、110家城市商业银行、449家城市信用合作社和35 500家农村信用合作社,仅从银行数目与银行业集中型市场经济国家银行数目比较,银行数目并不低,市场集中程度并不太高。不论按资产总额,还是按存款额、贷款额计算的集中率,国有四大银行均占60%以上的市场份额。而按资产份额排名前三位大银行资产额计算的集中率,1993年法国为63.6%,德国高达89.5%。

表4 我国四大国有银行的市场份额(%)

	1996年	1997年	1998年	1999年
资产总额	66.12	62.00	63.77	64.32
存款总额	61.43	62.17	63.10	63.73
贷款总额	59.28	59.83	61.94	63.2

资料来源:根据《中国金融年鉴》(2000)有关数据计算。

之所以如此，原因是多方面的。例如，从行业进入时序上，四大国有银行建立或恢复的时间在20世纪70年代末（农、中、建行恢复于1979年，工商银行成立于1983年），而11家股份制商业银行成立的时间在20世纪80年代后期和90年代初期，较之国有银行晚进入行业近10年。城市商业银行从1996年才开始逐步设立，较之国有银行晚了近20年。进入时间上的差异必然带来市场份额的差异。整个国民经济的市场化进程尤其是国有企业的市场化进程决定了银行部门的市场化进程。由于国有企业的融资主要靠国有银行提供，并且国有银行本身属于国有性质，因而，决定了监管部门自觉或不自觉地对国有银行与其他性质的银行在分支机构的增设和业务内容的拓展上存在政策上的差别待遇。

然而应该清醒地认识到，集中率本身并不是问题的关键。因为这种集中型的中国银行业组织结构，并没有削弱银行之间的竞争。显而易见的事实是，虽然国有银行还需根本性地转换经营机制，但国有银行之间、国有银行与其他非国有银行之间，在各种业务上的竞争已经全面展开，竞争程度在不断加强。问题的关键在于国有银行运行效率低。

中国银行业的市场化程度取决于国有银行的商业化程度，而国有银行的商业化程度取决于国有银行的产权结构调整和不良资产的解决程度。正是国有银行集中了中国金融资产的主体部分，并且形成了高比例的不良资产，使得银行业的市场化进程必须以国有银行的商业化为前提。

即使是中国银行业大幅度地提高了商业化水平，在以银行融资为基础的金融体系中，在市场机制作用下保持相对集中的银行业产业组织结构，既有利于促进金融资产的配置效率，也有利于提升整个中资银行业对外的竞争力。

参 考 文 献

1. 焦瑾璞：《中国银行的市场竞争格局及其制度分析》，《宏观经济研究》2001年第6期。
2. 刘树成、张平等：《"新经济"透视》，社会科学文献出版社2001年版。
3. 刘伟、黄桂田：《中国银行业改革的侧重点：产权结构还是市场结构》，《经济研究》2002年第8期。
4. 彼得·纽曼等：《新帕尔格雷夫货币金融大辞典》，中译本，经济科学出版社2000年版。
5. 〔日〕青木昌彦：《比较制度分析》，中译本，上海远东出版社2001年版。
6. 王国红：《论中国银行业的市场结构》，《经济评论》2002年第2期。
7. 王元龙：《国际银行业发展的新潮流与我国的抉择》，《经济学动态》1999年第11期。

8. 于良春、鞠源:《垄断与竞争:中国银行业的改革和发展》,《经济研究》1999年第8期。
9. 〔英〕多纳德·海、德理克·莫瑞斯:《产业经济学与组织》,中译本,经济科学出版社1991年版。
10. Andrew Sheng:《80年代银行危机概述》,《银行业重组——从20世纪80年代银行危机中得到的经验教训》,中译本,中国金融出版社1996年版。
11. Allen, F., and D. Gale, 1992, "Arbitrage, Short Sales, and Financial Innovation", *Econometrica* 59.
12. Alan Gart, 1994, *Regulation, Deregulation, Regulation*, John Wiley & Sons, Inc.
13. Boot, A., and A. Thakor, 1997, "Banking Scope and Financial Innovation", *Review of Financial Studies* 10.
14. Bertero, E., 1994, "The Banking System, Financial Markets, and Capital Structure: Some New Evidence from France", *Oxford Review of Economic Policy* 19.
15. Edited by Frank J. Fabozzi, Edited, 1998, *Handbook of Structured Financial Products*, Frank J. Fabozzi Associates.
16. Frederic S. Mishkin, 1995, "*The Economics of Money, Banking and Financial Markets*", Harper Collins College Publishers.
17. Franklin Allen and Douglas Gale, 2000, *Comparing Financial Systems*, The MIT Press.
18. Grossman, S. and O. Hart, 1979, "A Theory of Competitive Equilibrium in Stock Market Economies", *Econometrica* 47.
19. Gilbert, R., 1984, "Bank Market Structure and Competition: A Survey", *Journal of Money, Credit and Banking* 16.
20. J. S. Bain, 1956, *Barriers to New Competition: Their Character and Consequences in Manufacturing Industrial*, Cambridge, Mass.: Harvard University Press.
21. J. S. Bain, 1959, *Industrial Organization*, New York: Wiley.
22. Keeley, M., 1990, "Deposit Insurance, Risk and Market Power in Banking", *American Economic Review* 80.
23. Lawrence S. Ritter and William L. Silber, 1991, *Principles of Money, Banking, and Financial Markets*, Harper Collins.

经济学
与
改革的正义性

中国经济学必须直面改革发展现实[*]

不论"中国经济学"这一概念是否准确，但它所包含的对中国经济现实的经济学解释是有其特殊价值和意义的，因而它是成立的，这种成立基于中国经济现实的特殊性和历史性；不论"中国经济学向何处去"这一命题是否恰当，但它所反映的中国经济研究面临的挑战和机遇是深刻而博大的，因而它是能令人产生浓厚兴趣的，这种魅力同样源于中国改革发展现实的生动性、复杂性。

抽象地去定义中国经济学，一般地去描述经济学在中国的发展趋向，如果不是由于现阶段各种历史局限而使之不可能，那么，至少会由于中国经济生活变化之急切而使之无意义。因此，与其忙于建立所谓"中国经济学"，特别是建立反映当代中国经济关系运动规律的经济学体系，不如冷静地认识经济现实中急需经济学分析的命题。我以为，这便是我国经济学的方向。本文拟据此提出几点认识参加讨论。

至少以下几方面的命题亟待经济学界予以解释。

一、公有制的主体地位与分权式的资产委托—代理制所需条件间的矛盾

社会主义市场经济的基本特点在于公有制为主体，并且使占主体地位的公有制本身适应市场经济的一般要求，从而使市场机制成为调节资源配置的主要方式。经济改革过程中企业改革的基本思路是扩大企业自主权，贯彻委托—代理制，即公有尤其是国有资产在国家掌握所有权的前提下，把经营管理权以及监督支配权委托出去，如在我国实行的承包制（所有权与经营管理权的两权分离）和股份制（所有权、支配权与管理权的三权分离）。无论在怎样的历史条件下，所有者根据其所有权，将对自己资产的支配权、管

---

[*] 本文原载于《中国经济学向何处去》，经济科学出版社1997年版。

理权委托他人,其前提条件是代理者必须有能力对所支配的、不属于自身所有的资产承担法律事先规定的资产责任,也就是说权利的分离必须与风险责任的转移相对称,否则在分权的过程中便会产生拿不属于自身的资产去到市场上冒险却又不可能负资产责任的制度漏洞。在我国的实践中,公有制特别是国有制企业的承包者,以及国有股占绝对优势的股份制下的董事会,虽然获得了对国有资产的支配权,但却不可能以自身资产能力对所支配的社会资产负责。为改变这种状况,一些地区和部门则更偏向将国有资产以各种委托—代理的方式,包括股份制、合资等方式,将资产委托给具有资产责任能力的外商或私人经济单位以及产权界定的乡镇企业去支配。但由此一来,若社会大部分公有资产均委托给有资产能力者支配,若社会上的确培育出了大批具有足够资产能力从而对所支配的他人或社会的资产负责的主体,那么,整个社会经济还称为公有制为主体的经济吗?这里又形成一个矛盾:培育出并将资产委托给有资产能力者去支配,公有制为主体将成为很不确定的命题;不允许大批有产者出现并把公有资产委托给无资产能力者支配,尽管肯定了公有制的主体地位,但是与市场经济所要求的现代企业产权的委托—代理制存在距离。

二、国有制的主导地位与市场经济所要求的资产可交易性的矛盾

一般来说,无论在怎样的基本制度下,只要建立市场经济机制,在企业产权上便要满足以下两方面的基本要求:第一,企业资产权利必须是单纯的经济性质的权利,不能同时具有超经济性质。也就是说,对资产的所有权就是纯粹的资产权,不能同时包含超经济的、政治的、行政的、法律的权力在内,否则,政企分离成为不可能,企业行为不可能首先适应市场规则,只能首先服从超经济的规则。由此,企业资产的等价交换成为不可能,超经济性质的权力不能也不应贯彻等价交换原则。第二,企业产权必须有明确的界区。市场经济作为交易的经济,所交易的实际上是不同主体之间的所有权,如果在各主体之间不存在所有权的界区,那么也就不存在交换的可能和必要,也根本不可能形成市场交换的秩序、规则。在人类历史上首先是以资本主义私有制的形式来满足市场经济对企业资产权利这两方面基本要求的,资本主义使资本的法权性质战胜了封建的特权,使对资产的权利成为单纯的经

济权利而不再成为对其他超经济权力的隶属;私有制使产权在人与人之间有着明确的界区。我们现在面临的历史性难题是,如何在公有制为主体的基本制度下,满足市场经济对企业产权制度的一般要求,即建立起一种在个人之间没有排他性的,同时是单纯经济性质的,并且有明确交易界区的资产制度。尤其是使国有制企业在制度上满足市场经济的一般要求,更需进行艰苦的探索。满足市场经济对企业资产制度的要求,核心在于使资产可在市场上交易,那么怎样才能既坚持国有制的主导地位,又使之可交易?国有制是以国家为主体占有资产的制度,而国家不可能仅仅是经济力量的象征,国家天然是社会政治、军事、经济、文化等各方面力量的代表。因此,国有制不可能是单纯的经济性质的权利,必然包含超经济性质,所以,政企不分成为国有制的特征。此外,在国有制占统治地位的条件下,在国有经济内部,就产权主体来说只有一个,即国家。不同国有经济单位之间不存在产权意义上的界区,只存在行政界区,所以,不能等价交换,也不必通过等价的市场交易来建立经济联系。问题在于,若国有制占统治地位,而国有制资产又不能或不允许交易(包括股份制中的国有股也不允许交易),那么固然可以在存量上,静态地建立国有制的比重优势,但由此却使占优势比重的资产无法通过市场交易实现配置,市场经济成为不可能;若允许国有制资产进行所有权让渡意义上的市场经济下的交易,那么,交易之后是否还为国有制?国有制的比重是否还占优势?这都是不确定的。

三、多种经济成分的发展与宏观经济及社会管理体制改革滞后的矛盾

公有制为主体的多种经济成分共同发展是我国经过长期实践探索总结出来的。改革进程表明,我国市场经济之所以取得长足进展,重要的制度基础便在于公有制的多种形式和多种非公有经济取得了迅速的发展,这是国内外普遍承认的事实。微观经济制度基础上的这种变化,对于宏观经济体制及一系列相应的社会调控体制不能不提出新的要求,两者之间进展的不协调,不仅会损害微观经济资源配置的效率,也会削弱宏观经济调控以及整个政府管理的效率。这一矛盾已十分现实地摆在我们面前。我国的宏观调控及社会管理体制长期以来是以公有制,其中尤以国有经济为微观基础和调控对象。当微观经济制度上多种非公有经济迅速发展时,甚至公有制中

的乡镇企业等多种形式迅速成长时,原有的宏观经济及社会管理体制出现了严重的不适应。这种不适应主要表现在以下几方面:

首先,公共财政体制及财政政策如何切实公平地包容非公有经济,遵照公平税赋原则,怎样合理地保证多种经济成分切实成为有效税源,实现有效地监督,严肃税法、税制,防止非公有经济由于监督漏洞而偷、漏税赋,同时,怎样为非公有经济纳税者提供必要的由公共财政承担的服务,均缺乏有效的制度保障。

其次,金融体制及金融政策如何切实涵盖非公有经济,直到目前,正规的金融机制仍主要为公有经济,特别是为国有经济提供资金循环的渠道,非公有经济,甚至乡镇经济在相当大的程度上未被纳入正规金融体制,这也是导致资金大量体外循环的重要原因,甚至在某种程度上推动着"反中介"机制的形成,极大地阻碍了我国经济货币化和金融体制深化的进程。

其三,在社会保险和社会服务方面。由于以往社会保障及社会服务是建立在国有企业占主体,同时企业办社会基础上,在改革中这种状况虽有改变但远不能适应多种经济成分的发展需要,致使非公有经济发展中许多社会保障和服务无以确立。诸如劳动保护、工人就业及失业的保障等,往往既无社会方面的系统体制予以明确,又无企业内部制度的保证。

其四,在政府监督和行政服务方面,由于政府职能和行政管理体制的转换滞后与多种经济成分的发展,因此,非公有经济单位所需要的许多政府职能和行政管理及服务得不到供给,甚至有些方面不知由哪一部门管理等等。

四、发展模式与体制模式双重转换并行可能会发生一系列摩擦

把发展模式与体制模式的转换集中在同一历史时期,往往出现和事实上已经出现一系列矛盾,这些矛盾是双重转轨客观存在的摩擦。因为在根本目标上改革是为了推动发展,在根本条件上发展需要改革,所以,改革与发展历史地统一在一起,成为我国现阶段两大基本命题。尽管如此,在转轨过程中,两种模式的转换毕竟有其独立性,各自的进程也有所不同,所要求的条件也有差异,因而在一些方面往往难以兼顾,从而相互制约。比如,首先,发展尤其是持续发展需要社会经济、政治等方面的稳定,但改革作为一场深刻的革命,必然带来利益的新的调整,从而便不能不产生新的摩擦。这

样,在改革、发展与稳定之间便需要建立某种均衡,寻找这种均衡的位置则是十分复杂的也是困难的事情。其次,经济落后的发展中国家的发展是一个赶超发达国家的过程,就经济力量而言,与发达国家存在极大差距,处于极不利的竞争地位,因而单纯或更多地依靠分散的市场经济,民族经济难以支持与发达国家的竞争,难以抵抗发达国家的排斥,因而需要一定的政府扶持和国家干预,并且要在体制、政策上保证国家干预的有效性;但体制改革,作为从集中计划经济向市场经济的转换,其基本导向便是减少政府干预。这样,便又形成一种冲突,即需要在两者之间建立某种均衡。其三,实现发展的重要内容是经济结构高度的提升,即国民经济质态的上升,这种结构演进单纯依靠分散的市场行为,不仅时间延长而且结果不确定,这种时间延长和不确定对于发展中国家来说往往难以承受,这就要求在某些方面集权,直接克服分散行为的非收敛性;但体制改革的基本逻辑便是分权,市场经济本身就天然具有分散性,是在分散自发行为的基础上实现收敛并逼近于均衡的位置。这就不能不产生矛盾,这一矛盾的存在又要求在分权与集权之间寻求均衡等等。

五、企业改革与社会经济外部环境改造之间的矛盾

　　这是从开始进行改革就提出来的问题。企业改革,尤其是企业产权制度改造,目的是按照市场经济的一般要求来规范企业行为,为社会主义市场经济创造微观制度基础,使企业真正成为市场竞争行为者。但这需要相应的外部环境,至少包括外部市场价格机制的培育、外部法治秩序的培育和外部社会保障体系的发育等。然而恰恰在企业改革与外部环境的改造上,客观上存在历史进程的差异,从而形成相互制约、相互拖累的状态。
　　从企业外部的价格机制培育来看,价格改革一般被视为经济改革的难点和重点之一。很多国家经济改革都是价格改革先行,甚至把引入市场机制的改革归结为价格机制的培育,因为市场机制简单地讲就是市场价格竞争机制,就是通过价格的变化来反映供求矛盾并以此引导资源配置。但若价格先行便不能不面临企业改革,尤其是企业产权制度改造滞后所带来的困扰。因为价格不过是交易条件。所谓价格合理并真实是指价格作为交易条件能够切实反映供求矛盾,即反映买卖双方的利益要求,否则扭曲的价

格、不真实反映供求矛盾的价格信号必然引导资源配置发生错误；但价格作为交易条件的根本取决于交易主体，即买卖双方的利益，如果交易主体的利益并无明确的独立性，这种利益的独立性并无产权制度上的界定和承认，那么，买卖双方便不可能基于自身利益要求真实地讨价还价，最终形成的价格便不能真正反映供求矛盾。在这种条件下即使放开价格，也不可能放出，一个市场竞争性的价格体系，只能是形成一种非收敛的发散的价格机制，所以，放开价格需以企业改革进展为条件。但另一方面，企业改革的目标导向在于适应市场经济要求，即按照市场价格信号反映的供求矛盾来进行资源配置。如果这种取向的企业改革，并不具备一个外部的有效竞争的价格机制，那么，企业不可能实现受市场价格调节的行为规则，这样，企业改革的进展又要以价格改革取得进展为条件。由此，企业改革与价格改革之间就形成一个相互对峙的、相互依赖的矛盾，若同时推进两方面的改革，则会产生一系列复杂的变化和不确定性。

从企业外部的社会保障和企业福利机制的发育来看，我国的国有制企业长期存在"企业办社会"、"企业办社会福利"、"企业办社会保险"的状况。本来许多应属社会提供的或由社会分工商业性地提供的服务，由于社会分工和社会市场化进展的不足不得不由企业承担，尤其是在吸纳就业的问题上，由于体制的原因，也由于后天的和现实的原因，社会对于失业并无保障机制，只能由企业承担，从而形成劳动力非流动性。按照市场经济的要求改造企业，培育企业制度，重要的便是把企业所承担的诸多社会功能分离出来，建立社会服务、社会保障体系，尤其是就业、失业保障机制，才可能使企业按照市场竞争要求配置资源，特别是配置劳动力要素。但困难的是，在企业改革未到位之前，在企业效率未真正提高之前，社会往往没有能力或者在体制上往往没有充分的准备，来吸纳企业分离出来的功能，来提供必要的保障，这就使得企业改革不能不受到极大的限制。

从企业外部的社会法制环境的发育来看，真正使企业成为市场竞争者，对企业的产权、利益及责任必须有法律制度上的承认，对企业与诸方面及企业间的经济联系也必须有法律秩序的维系。因为市场经济作为交易的经济，实际上是契约经济，而要保证契约的严肃性，重要的是需要法律上的制度安排，从而降低交易费用。仅有法律制度规定虽然重要，却远不够，根本上说要有法治精神的确立，也就是说法律要切实可行，切实能从利益上约束市场经济中的当事人，否则法律便无存在的经济根据和可能。要使法律制度切实成立，使之切实能从利益上约束企业行为，又要求企业必须有独立的利益,并且从产权界区上界定其利益。没有利益独立性,法律的制裁便不可能起作用;没有权利、责任的界定,也不可能形成有效的契约关系。这样,在企业改革与法律环境之间又形成一种互相期待的矛盾。

六、农村耕地的可交易性与耕地兼并及流民的矛盾

农村改革以土地承包制为核心,调动了农民的积极性,其历史作用在于基本解决了中国人的温饱问题。但土地承包制的局限在于它使农村经济家庭化、小商品生产化,难以持续支持国民经济现代化的进程。其中重要的制度缺陷在于:土地所有权并不归农民,因而农民往往不愿意在土地上进行长期投入。同时,产权界区的不确定,使耕地交易根本无法进行,因此难以形成规模经济。现在我们一方面进一步稳定农村承包制,同时允许土地承包权的交易,从而为农业规模经济,为耕地使用权进入市场交易提供了制度可能。但由此势必造成耕地使用权兼并、集中的可能。耕地使用权的兼并、集中,意味着同时出现失去土地承包权的农民。尽管这些农户在市场上可以自主、自愿地通过交易放弃土地承包权,而寻求相对收入更高的机会,但若整个经济不景气,大量的城市工业项目、服务项目压缩,便会排斥对农民的吸纳;若国民经济积累无力充分吸纳,也不可能及时并有效地安排,再加之在现阶段的社会保险、保障条件下,农民无论是进乡镇企业还是进入城市,最终的保险、保障只能是其承包的土地,在通常正规保险、保障体制中农民被涵盖得较少。因而,伴随土地承包权的兼并,就可能产生较有规模的流民,当社会工业、城市经济无力吸纳时,便可能产生严重的危机。这在中国地主土地所有权的封建社会中已是一个传统。如何协调土地承包权的可交易性与兼并、集中和流民的矛盾,是非常现实也是非常重要的问题。

七、通货膨胀与经济停滞之间的矛盾选择

在资本主义市场经济条件下,经济之所以停滞,甚至出现危机,根本在于相对于需求来说生产过剩、有效需求不足,因而厂商不愿增加供给,已有的供给积压。为此,若采取通货膨胀政策,一方面可刺激购买者加速购买以减少通货膨胀的损失,一方面可提高价格以刺激厂商扩张生产,从而带动增长。反之,若保持较低的通货膨胀,则相应地会影响经济增长,甚至加剧停滞,停滞则又带来大量的失业。这种替代关系在战后西方经济中确实存在

过,即如菲利普斯曲线刻画的那样。但进入70年代后却不尽如此,而是产生了"滞胀",即通货膨胀与经济停滞并存,而不是替代。

我国是一个发展中国家,经济高速增长对我们来说具有至关重要的意义,尤其是考虑到我国特殊的就业压力,停滞及由此而来的失业将会形成严重的威胁。但我国作为一个双重转轨中国家,客观上通货膨胀的压力又极大,严重的通货膨胀同样形成极大的威胁。这就使我们在两者间难以寻找替代,就业(增长)目标和稳定货币(反通胀)目标同样不能损害,但现实有时又往往迫使政策作出轻重选择。

作为发展中国家,我们至少面临经济发展、经济体制、经济政策三方面的加剧通货膨胀的压力。从发展上看,工业化加速时期正是投资需求和消费需求迅速扩张的时期,从而不仅以需求拉上,而且以成本推进通货膨胀。在世界各国的发展过程中,低收入阶段通货膨胀通常在10%以下;由低收入到中下等收入,再由中下等收入上升到中上等收入阶段,则是通货膨胀加速期,平均达到60%—80%以上;进入上等收入阶段后,通货膨胀才又回落到10%左右。我国现在正处于中下等收入发展阶段。从体制上看,一方面由于体制改革,许多以往并不表现为物价上涨的现象,如票证供应,排队、定量等短缺现象,放开物价后,这种短缺便转化为物价上升;另一方面,体制改革本身就要加深经济货币化程度,使以往许多非市场配置的资源通过价格机制流动,这在客观上也会推动通货膨胀。从政策上看,由于金融体制改革的滞后,更由于货币政策目标首先不在于稳定货币,而是服从了更迫切的经济增长的目标要求,加之体制上未能保证货币政策的独立性,使货币政策目标能够首先服从增长目标,从而导致通货膨胀。

面对极大的通货膨胀压力,使我们在政策选择上难以在通胀目标与增长目标间作出替代抉择,甚至损害货币稳定目标不仅不能刺激增长反而可能出现"滞涨"。这是我们面临的一个十分艰难的选择。

八、对企业的扩权让利与财政,尤其是与中央财政的矛盾

党的十一届三中全会以来的改革与以往的管理体制变动的一个根本不同点在于,这场改革是以企业改革为中心,是从对企业的放权让利开始的,进而体现了改革的深刻性。但也正因如此,这场改革始终存在对企业的放

权让利与财政,尤其是与中央财政收入目标的冲突,两者之间形成强有力的制约。

1979年开始对企业放权让利,允许企业利润留成一定比例。在财政支出及整个政府职能未转变的情况下,对企业的让利极可能损伤财政目标。因而,1980年便设置了若干调节税,以确保财政。之后,随着对企业放权让利的进一步扩大,留利比例逐渐提高,财政压力也逐渐增大。1983—1984年便采取了两步利改税,将此前采取的部分企业的承包否定了,只保留了100多家继续试点,从而企业税赋加重,加之银行约束力度加强,企业活力受到影响。到1987年开始不得不全面承包,第一轮承包结束,1991年进入第二轮承包时,96%的大中型国有企业均采取了不同形式的承包,相应地各级地方政府对中央财政实行包税制。

这种冲突本质上反映的是微观经济单位的利益与集中的国家整体利益的冲突,计划经济实际上就是财政主导型的计划分配的体制。

包税制在某种意义上使税收制度失去其严肃性和一致性,威胁着中央财政收入目标。因为包税制下中央与地方财政分灶吃饭,当地方完成上缴任务后,便有权处理有关税赋,或者是竞相减免以招引投资,或者是直接减免企业应缴利税,包税制使这一状况寻找到了制度根据。这样,当地方财政出现紧张时,或者向当地企业摊派,在摊派与缴税之间,企业往往宁可接受摊派;或者把必须支出的缺口留给中央财政,而中央财政在赤字的条件下,只能通过向中央银行透支的办法来减轻来自各方面的压力,由此又扩大货币供给,推动通货膨胀。

因而,由包税制向分税制的转变成为必然。转向分税制固然减轻了中央财政与企业间的直接冲突,但却进一步扩张着地方财政与中央财政的冲突。包税制是利税合一前提下的包税,分税制则需利税分离,利的归属是所有权,国有资产归国家,各级地方政府只是分级管理,并非所有者,因而,利自然不归地方财政;利税分离后,中央与地方财政再分税,地方财政目标自然受损,尤其是在企业普遍缺乏效益甚至亏损的情况下,作为地方政府税又以所得税为主,也就更无保障,由此形成与中央财政的矛盾。为缓解这一矛盾,中央财政便要以(1993年)一定的地方财政为基数,采取返还补齐的办法,但在地方(1993年)财政收入基数普遍较多的条件下,中央财政的返还补齐也存在极大困难。

问题的关键是企业效益,在效益未得到有效提高的条件下,任何对企业的让利均损害财政,任何确保财政收入目标的措施又均影响企业利益、动力。当地方财政对当地企业更多让利时,便又使这一矛盾转化为地方财政与中央财政的冲突。因为企业效益提高存在一个过程,需要一系列体制条件,包括财税条件,而在这一过程中,财政的职能并未有效转变,负担并未减轻,在分权的同时并未把相应的责任转移出去,因此,不能不形成矛盾状况。

以上这些命题源于中国的改革发展实践,当然中国伟大的改革发展实践提出的问题远不止这些。应当说,这不仅是对中国经济学的挑战,实际上更是对我们整个民族智慧的考验。这些命题许多是前无古人的,因而或许会诱发人们产生"中国经济学向何处去"的疑惑,但这些命题的存在实际上更是中国经济学界的幸运。为解释大变革大发展中的中国经济,一场深刻的经济学本身的革命是不可避免的。

经济学本身变革的实现需要许多条件,这些条件有些目前尚不具备,有些正在创造中,但中国改革发展的历史实践对经济学革命的要求确已凝重地提出。对于经济学的发展、变革,包括价值取向、经济哲学观念、经济学研究方法、经济学的基本命题假设、经济学理论体系、经济理论所蕴含的政策倾向等等,需要长期深入、百家争鸣地探讨,这种探讨需要审慎、科学地处理马克思主义经济理论与中国实践、中国的传统文化包括传统经济学与现实、中国经济学与西方经济学等多方面关系,才能真正使我们经济学的进展适应时代的历史发展要求。

在本文即将结束时,我还想就经济科学建设中的对外开放问题谈几句。

经济学作为一门独立的科学之产生、发展,应当说它从一开始就是在比较、借鉴、批判的过程中进行的,因而,它本身就是开放的。学术思想的相互交流、影响、批判是国界所不能界定的。这是经济学,包括其他学科发展的历史已经并且仍在证明的。

问题在于我们怎样对待这种经济学建设所要求的开放,怎样建设这种开放并在开放中建设经济学。开放包含两方面的含义:一是如何使我们的经济理论走出去,走到国际学术前沿上去;二是怎样把国外的经济理论引进来,真正有批判、有比较地引入我们的经济分析中来。首先遇到的困难便是如何对待不同学者借其理论所反映的不同立场及价值观。由于价值取向的不同,经济学不同理论、流派之间很难有统一的标准去衡量孰先进、孰落后。从马克思主义经济学立场来说,资产阶级经济理论作为其阶级意识的某种表现,在总体上显然不可能解释、适应社会主义经济。这是问题的一方面,甚至是主要方面。但另一方面,经济学又是对经济生活的说明,不同的社会制度往往又面临某些相同的经济问题,如商品关系、发展中的某些障碍、国际经济往来问题等等。发达国家处理这些问题的历史更长,其经济理论对这些问题的解释也就更丰富。当这些问题作为新问题摆在我们面前时,了解这些解释应当是有益的。

就引进方法而言,恐怕有两种倾向值得注意。一是盲目、随意引进。在理论上缺乏较深刻的把握和必要的比较;在著述中缺乏严谨的学风和较充实的学术训练;在运用西方学者的方法、语言考察和说明我国经济问题时,既未切实了解西方学者方法、语言的意义,也未对我国经济生活深刻把握,不仅未能真正提高经济理论对我们自身现实的解释能力,甚至流露出几分学术媚骨,而且歪曲、贬低了西方学者的理论原有的学术价值和可成立性。二是反对引进。明确而公然反对者并不多见,因为我们毕竟已处于改革开放的历史时代。但确有些似是而非的观点、情绪在阻碍着健康、必要的引进。比如常听说"我们不反对引进,但必须真正搞懂再引进"。这一命题看来不错,但确有含混。谁搞懂?如果说某位力图借鉴、运用西方经济理论的某种思想的学者必须搞懂人家的原意再运用到自己的研究、著述中来,这当然是正确的也是必要的。但如果说把这种"搞懂"理解为某位研究者之外的某类群体的认可或共识,那么,这一命题便很难成立。因为没有引进,哪有广泛的讨论、比较,进而大家搞懂并取得共识?况且某位研究者的"真正搞懂"也很难界定。要倡导在学术研究上、经济学建设中的引进,恐怕是"认真的引进",并且首先是认真的学习西方经济学,只有广泛、深入地学习,才可能在实践中不致照搬,任何照搬和简单地否定,大概都是首先缺乏学习所致。

培育效率与公平相互协调的制度基础[*]

效率与公平难以兼得,这一命题几乎成为人们普遍接受的当代人类社会经济发展中的共同难题。[①] 作为经济发展中的大国,在推进工业化加速发展的成长阶段和推进市场化深入的体制转型期,这一矛盾在我国显得尤为尖锐。严格地讲,效率应当属于社会经济基础的范畴,而公平作为一种权利以及社会对这种权利的普遍要求,应当属于社会上层建筑的范畴。因此,从最一般的意义上讲,效率从根本上决定着公平权利的历史实现程度,同时公平作为上层建筑属性的权利,在一定条件下会极大地影响效率。在市场经济条件下,无论是当代资本主义制度基础上的市场经济,还是在我国发育中的社会主义市场经济,从经济学的利益实现上看,如果要保证效率,尤其是坚持效率优先,就必须承认在市场竞争中形成的效率差距,高效率者应获得高报酬,反之亦然,进而保证对效率提升的足够刺激。因此往往会扩大人们在收入水平的差距,也就是说,坚持机会面前人人平等的市场经济平等竞争的法权规则,会导致事实上不平等的收入差距的扩张;若通过包括转移支付、社会保障等一系列政策和制度安排在内的措施,将市场竞争中的高效率者的报酬转移给竞争中的弱者,则又会损害高效率者的积极性,从而降低效率。我国现阶段的经济发展要求,不能不长期坚持效率优先、兼顾公平的政策原则,那么,在制度上,尤其是在社会经济制度的基础——财产制度上,而不仅仅是在社会分配制度和社会保障、社会福利制度上创造条件,有效贯彻效率优先、兼顾公平的原则,就不能不成为我们面临的重要问题。[②]

---

[*] 本文原载于《管理现代化》2001 年第 6 期。
[①] 人们通常认为,当代社会经济发展存在三大共同难题:一是公平与效率难以兼得;二是失业与空位长期并存;三是经济增长和发展往往以牺牲环境作为重要的代价。
[②] 我国以往关于收入分配中的公平与效率矛盾的讨论,包括关于我国基尼系数的算算以及比较研究,多为纯粹或主要从分配问题本身展开,而未深入到生产层面;多为分配制度和政策研究,而未深入到所有制分析。

一、制度变化与经济增长的效率

对于当代发展中国家来说,实现经济的持续高速增长,主要是依靠两方面相互联系的途径。一是不断增大要素数量的投入,其基本方式是寻求传统产业(如农业)之外的新的投资领域(如工业制造及第三产业),实现产业结构的升级,从产业结构的升级中寻找扩大低成本要素投入的经济可能性。二是推进制度变迁,其基本方式是加速并不断完善资源配置机制的市场化进程,使资源配置在更大程度上纳入市场作用范围,以提升要素的效率,支持经济增长的有效性。正是基于这两方面的基本途径,当代发展经济学家往往把发展中国家的经济发展过程解释为工业化和市场化的过程。前一条途径,即工业化所产生的产业结构急速变化,对于经济增长的数量扩张,即总产出的扩大,通常具有显著效应;而后一条途径,即市场化所产生的经济机制的深刻改变,对于经济增长的效率提升,即要素效率的提高,通常有着显著的效果。因此,发展中国家以工业化为基本内容的现代化建设,初期往往表现为产业结构的升级演进,并由此获得巨大的投资空间,再加之要素(如劳动力、土地等)价格低廉,从而形成高速增长。然而这种主要依靠产业结构变化以及相应的要素投入扩大所形成的增长,若缺乏市场化的深入以及由此带来的要素效率的上升,是难以持久的。

当代经济增长最为活跃的经济发展中国家当属东亚新兴工业国,如韩国等。其经济增长之所以经过一段时期的繁荣之后进入长期迟缓,尤其是1997年亚洲金融危机之后,一直难以振作,一个重要的原因就在于其经济高速增长在经过较长时期依靠产业结构升级扩大要素投入规模之后,市场化并未取得实质性进展,却反而由于权力过多地直接进入市场,在造成权钱交易盛行的腐败的同时,极大地损害了要素效率,特别是损害了最为稀缺的要素——资本的效率。韩国等东亚国家,甚至包括日本在内,在企业产权制度上的一个深厚传统是偏向间接融资而不直接融资。也就是说,企业扩张最需要的资金,通常不是依靠企业产权的社会化、公众化、股份化来实现,不是将企业的产权分割给更多的所有者,不是以增加新的所有者的方式来直接获得,而主要是依靠向银行等金融机构贷款的间接融资方式获得。这就使得企业负债率偏高,同时导致企业对银行等金融部门依赖度极大。而银行虽然是独立的商业银行,但作为东方的发展中国家,包括日本的发展过程在内,政府为在短期内实现资源的重点倾向,迅速扶持一批大企业形成国际竞争力，从而尽快实现经济赶超目标，充分享受所谓"后发利益"，往往制定了一系列的产业政策。银行等金融机构的信贷资源如何分配，在相当大程度上要服从政府产业政策，即所谓产业政策约束下的"政策金融"。否则，银行等金融机构将会面临政府一系列制裁。因此，最为紧缺的资源——货币资本的分配，在相当大的程度上首先服从政府政策的目标。企业要获得资金，最主要的途径首先是说服政府，或者说进入政府产业政策倾斜范围。而企业由于是以间接融资为主，其发展的首要条件是银行的支持，直接融资作用并不显著，银行的信贷资源首先又是听命于产业政策，所以，一个简单的事实便成为普遍现象，即企业向政府政策制定者和执行者行贿。这样最为稀缺的要素——资本的流动，便难以取决于运用资本的市场效率，银行信贷资源的分配取决于企业与政府有关权力部门的权钱交易程度，取决于"行贿指数"的高低，大量的资金通过权钱交易方式流入低效率企业。在金融危机发生之前，低效率企业可以通过不断地行贿从而不断地获得信贷，以贷还贷，来掩饰其低效率，但一旦发生金融危机，各方均抽紧银根，就难以不断获得贷款，到期债务便无以偿还，从而不得不进入破产程序。往往是破产一个大企业，连带一批相应的银行；倒闭一家银行，便会暴露出一批贪官，形成企、银、官三方相互勾结、相互牵扯、相互联带的怪圈。这其中的腐败自不待言，从经济分析的角度来讲，更为重要的是由于权力对市场公平竞争的破坏，由于权钱交易的腐败，使最为稀缺的资本的效率受到严重损害，尤其是在以间接融资为主的条件下，这种官、银、企相互勾结所造成的资本低效率就更为普遍。因此，虽然依靠大量成本较低的要素投入的扩大，依靠产业结构演变中形成的新的投资领域，可以使其经济获得一段时间的高速增长，但这种增长缺乏要素效率上升的基础，很难持久，同时，伴随着经济增长，要素成本本身也会上升，其经济的竞争力便会普遍降低。

改革开放以来，我国经济增长速度之快是名列世界前茅的。1990年至1997年我国经济增长率平均达到9.8%左右，1997年以来，虽然有所放慢，但也在7%—8%之间，远远高于同期发达国家和发展中国家的平均增长水平，并且就可预见的未来发展而言，我国在未来10年左右的时间里，保持平均7%甚至更高一点的年增长率是有根据的。我国这种持续高速增长在当代经济发展史上的确是罕见的。究其原因，主要在于，一方面，改革开放以来，我国的产业结构发生了急速而又深刻的变化，工业化速度空前加快。以农业就业结构这一变化最为重要的指标为例，改革开放之前我国农业劳动力比重为72%左右，与当代低收入穷国平均农业劳动力比重(70%)极为相似。现在我国农业劳动力比重已降至49%以下,与当代下中等收入发展中国家的平均比重基本一致。与之相应,非农产业在整个国民经济中所占比重显著上升。这种产业结构的变化无疑拓展着我国经济增长的空间,拓展着要素投入增长的新领域,从而推动着我国的经济增长。这一点,我国与其他发展中国家是相同的。但另一方面,我国在推进工业化的结构升级的同时,体制也在发生着深刻的变化,即发展模式和体制模式的"双重转轨"。在体制转轨过程中,我国的经济生活和资源配置,在越来越大的程度上被纳入市场,而且市场化速度是相当迅速的。据世界银行在20世纪90年代中后期(1996年)所作的分析,世界各经济转轨国家平均市场化指数为4.4,最高值为6,而我国则为5.5,明显高出转轨国家的平均值。另据国家计委的一项分析报告(1996年),我国在20世纪90年代中期,市场化程度已达65%,即经济资源的配置特别是商品的价格决定已基本上由市场支配。如果按世界银行估算的我国市场化指数为5.5%计算,到目前我国经济的市场化程度应当已接近80%以上。之所以有如此迅速的市场化进展,重要的原因在于所有制结构的变化,尤其是国有制比重持续下降,相应地非国有制比重持续上升。据统计,改革初期,我国国有工业企业固定资产净值余额占全社会工业固定资产净值的比重在90%以上,目前已下降至70%左右;国有企业国有资产投资占全社会固定资产投资的比重,从81%以上降至50%左右;国有经济实现的零售总额从55%左右降至23%左右;国有经济贡献的国内生产总值由70%以上降至35%。[①] 在国有制比重持续下降的同时,非公有制经济极其活跃。从1988年至1998年,我国私有企业(包括个体经济、私有独资经济、私有制为基础的有限责任公司)户数增加11倍,从业人数增加9.4倍,平均每户注册资本额提高45倍,平均每户产值规模上升36倍。据估算,目前中国私有企业总户数已接近4万户,其总资产已过万亿,大体占全社会企业资产的10%左右。[②]

正是由于这种产业结构的升级和经济体制的市场化,使我国经济高速增长的动力不仅来自资源投入数量的扩大,而且来自要素效率的提升。根据1992年至1999年的有关数据,建立相应的估计模型,我国这一期间产业结构的变化只使得生产规模扩大0.52%;而所有制结构的变化影响的是要

---

① 具体的估计模型及分析,可见刘伟、李绍荣:《所有制变化与经济增长及效率提升》,《经济研究》2001年第1期。

② 同上。

素效率，当非国有经济比例扩大时，要素的产出弹性，特别是资本的产出弹性将增大。因而，我国的经济增长不同于一般的工业化加速发展中国家。一般的发展中国家(如韩国等)的增长主要依靠投入扩大，依靠产业结构升级带来新的投资领域，依靠要素价格低廉，而要素特别是资本要素的效率并未显著上升。我国则是产业结构变化带动要素投入扩大，从而拉动总量扩张的同时，由于市场化体制改革，使要素效率特别是资本效率显著上升。只要以市场化为目标导向的改革继续深入，来自制度变迁而产生的要素效率上升就会继续保持。因此，中国的高速增长将持续更长的历史时期。

可见，在制度上要保证不断刺激经济效率提升，包括宏观上的经济总量的有效增长和微观上的要素效率的不断提高，在我国现阶段，一方面必须不断深化市场化进程并大力完善市场经济秩序，市场化进展越深入，市场竞争秩序越完备，资源才越可能较大程度上纳入市场的有效约束，也才越可能具有市场竞争性的效率；另一方面，必须深入所有制改革，努力创造与社会主义市场经济相吻合的社会所有制结构和企业产权制度，所有制改革越深入，市场化进程才越可能在基本制度上有保障，要素效率提升也才越可能获得坚实的制度支持。

二、效率提升中的公平损失及其制度性弥补

不可否认，当社会经济制度变迁，特别是资源配置方式上市场化程度不断提高，财产关系上非国有化比重持续上升的时期，制度变迁在提高着经济增长和要素效率的同时，收入分配的社会公平目标的历史实现会遇到特殊的困难，收入差距在绝对意义和相对意义上都可能迅速而显著地拉大。从某种意义上可以说，收入分配公平目标的受损或许是体制和制度转型中所支付的最为重要的社会成本。

在转轨期形成收入分配差距扩大的原因是多方面的，但归结起来，最为主要的原因不外乎两方面。一方面是伴随着市场竞争加剧，进而人们在市场竞争中所体现出的效率和贡献提高速度不同，相应地，通过市场机制实现分配的利益增加速度也不同，从而形成收入差距的扩大，这是市场竞争的必然，也是效率目标的客观要求。另一方面则是由于体制处在转型中，原有的计划经济秩序已根本动摇，而新的市场经济秩序正处于发育中，从而使得经济秩序及对人们经济行为的约束机制产生混乱和严重的软约束，种种无序为破坏公平竞争创造了可能，使不公平竞争成为一部分人富起来的重要方

式,特别是种种有悖市场公平的腐败,使收入分配差距严重扩大。

根据我们对我国经济增长的估计模型测算,我国的市场化和非国有化极大地提升了要素效率,并在此基础上有效地拉动着经济增长,然而这种所有制及体制变化对于资本要素和劳动要素的效率影响程度是不同的,尽管由于制度变化,资本效率和劳动效率都得到了提高,但在这一提高过程中,资本效率上升的速度更快。据测算,所有制变化对资本效率的提升作用是对劳动效率提升作用的 900 多倍。1992 年至 1999 年,由于所有制结构的变化,如非国有企业的就业人员比例每扩大 1%,资本的产出弹性将增加 0.038 个百分点,而劳动的产出弹性只上升 0.0000407 个百分点(0.038/0.0000407≈900 多)。这里的问题是,如果收入分配主要是通过市场直接进行,如果根据市场竞争的效率原则,即按市场竞争中对经济增长的贡献大小进行直接的市场分配,那么,由于资本效率提升是劳动效率提升的 900 多倍,这就意味着按市场效率原则,资本所有者及与资本权利直接联系者的收入增长将是普通劳动者收入增长的 900 多倍。这样,广大无资产的劳动者将不会从这种体制变化所带来的经济增长中获得更多的好处。这就是说,必然会发生资本所有者和劳动者之间贫富差距,而且是以相差 900 多倍的速度在扩张差距。

如果说上述资本和劳动之间收入差距的扩大,还是以市场竞争中的效率和贡献的差别为根据的,因而尚具有其历史的合理性,也具有相对的市场竞争的公平性,那么,在转型期种种以破坏市场公平竞争为基础所形成的收入分配差距扩大,则不仅严重破坏社会公平目标,而且在损害公平目标的同时严重损害效率。事实上,以破坏公平竞争为谋利手段的行为,是市场经济条件下最典型也是最严重的腐败,这种腐败所得不仅毫无效率和贡献的根据,而且成为对效率的最严重的损害力量,当社会财富和资源按照特权而不是按照市场竞争的法权规则分配的时候,当财富和要素的流动不是按照竞争效率而是按照腐败指数流动的时候,要素和资源的运用不可能有经济效率。中国现阶段的腐败类型主要包括四种,即寻租、地下经济、税收流失、公共权力滥用。实际上这四种类型的腐败本质上都是对市场经济秩序的破坏。寻租即权钱交易,利用对权利的垄断而通过市场交易获得额外的租金,这种行为在我国现阶段重要的方式是利用普遍的价格歧视,即利用"双轨制"而实现,这本身就是对市场交易等价交换的基本秩序的破坏。地下经济的存在本质上就是对市场经济主体秩序的败坏,不该进入市场的主体通过种种渠道进入了市场,从而既不受市场规则约束,又以逃避法律约束为前提。至于税收流失和公共权力的滥用所导致的腐败,则是对市场经济法治秩序和道德秩序的破坏。市场经济秩序说到底就是市场竞争的交易秩序(价格即交易条件决定原则)、主体秩序(界定谁有资格进入市场的规则)、法治秩序(对市场内在竞争秩序的法律肯定)和道德秩序(对市场竞争的道德支持)的统一。而我国目前的腐败基本上是通过对多方面的市场秩序的破坏而形成的。据有关人士测算,在 90 年代后半期,仅上述四种腐败达成的经济损失和消费者福利损失平均每年在 9 875—12 570 亿元之间,占全国 GDP 总量的 13.2%—16.8%,而且其中尚不包括转型期三大价格差(商品价格差、利率差和汇率差)所形成的租金。[①] 改革从某种意义上可以说是效率和腐败在比赛,制度和体制、秩序和政策变化过程,可以提高效率,同时也可能为各类腐败行为提供机会,关键在于如果改革带来的效率提升,包括要素效率和社会的总体福利增进程度,高于腐败带来的损害程度,改革就是可取的,至少是可以接受的。

对于上述基于效率和基于腐败两种根本不同原因所形成的收入分配差距扩大,应当在制度上采取不同的方式加以纠正。

就克服基于腐败而扩张的收入差距而言,除在政治制度以及社会其他监督约束方面加大反腐败力度外,在经济制度上必须加速市场秩序的完善。转轨社会产生腐败的原因很多,但在经济制度方面重要的原因是转型中的经济秩序混乱。如上所述,市场经济秩序的历史内涵包括市场经济竞争的主体秩序、竞争的交易秩序、竞争的法治秩序、竞争的道德秩序。第一,就主体秩序而言,是界定谁有资格进入市场成为市场竞争活动的行为主体的规则,如果主体秩序混乱,大量不应进入市场的行为主体,如具有种种特权或垄断地位或行政权力掌握者,直接进入市场成为市场交易者,那么,特权下的交易对公平就是根本破坏,权钱交易的腐败就难以避免。怎样在主体秩序上保证纯粹的经济性质的主体和能够对自己经济行为承担相应经济责任的主体成为市场竞争活动的中坚,而非经济的主体、不具资产责任能力的主体尽可能迅速地退出市场,对于完善市场秩序并在经济制度上防止权钱交易的腐败有着重要意义。第二,就竞争的交易秩序而言,是界定交易条件如何确定的规则,即价格如何决定。在价格决定上越是体现等价交换,市场就越有序,转型期的寻租式的腐败,大都是利用了价格"双轨制",而双轨制本质上就是对等价交换的制度性否定,因此怎样更为充分地贯彻等价交换原

---

① 胡鞍钢:《中国 90 年代后半期腐败造成的经济损失》,《国际经济评论》2001 年第 5—6 期。

则,是防止通过破坏等价交换进而形成腐败的重要方面。第三,就竞争的法治秩序而言,市场经济是法治经济,市场经济的法治秩序本质上只是对市场经济内在竞争机制的承认和保护。法治秩序建设一方面是指需要尽可能充分和完备的法律制度供给,另一方面则是指社会法治精神的积累,即社会成员对法的尊重,以及遵法守法的自觉性,否则社会有法律,但未必有法治。尤其是公共权力掌握者更应具有遵法守法的自觉性,在制度上更为重要的也在于对于公共权力持有者有多少法律监督和制约,这一点是表明一定社会法治化进展程度的重要标志。公共权力的滥用是形成腐败的重要原因,因此法治秩序建设对于反腐败就有着极为重要的意义。加强法治不仅包括反对腐败、反对权钱交易、反对滥用公共权力,而且包括制止偷税漏税、制止地下经济、制止假冒伪劣等违法行为,而这类违法行为恰恰是我们社会转型期形成腐败的重要原因。如果是按市场竞争效率进行分配,也可能会扩大收入分配上的差距,但却是以提高效率为基础的;如果依靠违法的腐败行为而致富,则不仅会扩大收入差距,而且是以严重损害效率为前提的,是以破坏市场公平竞争为条件的。第四,就竞争的道德秩序而言,主要包括两方面内容:一方面,必须强调"信用"准则的弘扬,因为市场经济是信用经济,反对乏秩失信行为,使人们在社会道德上普遍批判欺诈及"无票乘车"式的投机,从而在收入分配过程中减少人们追求"免费午餐"的投机冲动,使社会在精神上承认市场经济竞争准则,承认只有按贡献、按市场效率的大小实现个人收入分配才是道德的,通过欺诈、通过贪占实现的收入分配是与市场经济的道德根本冲突的;另一方面,在一些市场失灵的领域,即市场规则难以有效发挥作用的领域,往往要依靠社会公共道德的力量来解决矛盾。这种公共道德是超越市场道德的,比如对弱者的同情、对公共品的爱护等等。这种超越市场准则的道德力量,尽管在市场经济时代未必形成普遍的社会精神,却有着重要的价值,在缓解收入分配矛盾上有着突出的作用。

就基于市场效率提升不同而形成的收入差距扩大而言,首先必须明确的是这种收入差距形成与腐败带来的收入差距有着本质的不同。对于经济发展中的我国来说,在现阶段最为重要是效率优先,公平只能是"兼顾"。公平作为一种权利,其真正的历史提高,在根本上只能建立在效率提升的历史基础上,但渴望公平是人们的普遍追求,即使是基于效率而形成的收入差距积累到一定程度,不仅会对公平目标的实现产生严重破坏,而且也会从根本上损害效率。

尽管我国现阶段强调的是效率优先、兼顾公平,因此首先在原则上根据市场效率、根据在经济增长中的贡献大小进行收入分配,也只有这样,才有利于效率提升,否则人们就会减弱甚至失去竞争的动力。但在长期里,必须通过相应的收入分配政策,真正做到对公平的"兼顾",对由此形成的差距加以控制,而不能不顾。这一点在当代西方国家也是极为重视的,在我国社会主义市场经济建设中就应当更为重视。此外,更为重要的是加快广大劳动者真正成为有产者的速度。既然在市场化的经济增长中,资本所有者的收入增长是劳动者收入增长的 900 多倍;既然在现阶段又不能牺牲效率,不能否定按贡献大小进行分配的原则,那么,缩小这种差距的最为重要的制度方式,便在于使广大劳动者在更大程度上成为资本持有者。社会主义社会条件下,要使人们共同富裕,前提是使人们普遍成为有产者,使人们普遍在获得劳动收入的同时,在制度上可能获得资本性收入。使劳动者成为有产者并实现共同富裕,这是符合中国社会主义建设的本质要求的,也是"三个有利于"标准和"三个代表"思想的重要体现。

经济学:争论为何回归基础问题
——价值、劳动、生产、阶级、剥削*

记者:目前有个现象很引人关注,即在十六大召开之前,经济学界讨论和争辩的问题都集中在一些最基本的经济学范畴上,比如劳动价值论、阶级、劳动、生产、剥削等。更令人深思的是不仅经济学家在讨论,哲学、法学、社会学等各个学科的学者都在讨论。对此请您谈谈,为什么在十六大召开之前重新提出对经济学最基本范畴的讨论?

刘伟:从十二大到十五大我们在每一阶段解决的理论问题虽然重大,但基本上是就某一方面而言的。改革开放之前,我们一直把市场看作是与社会主义经济相对立的东西,直到党的十二大提出了"以计划经济为主,市场调节为辅"的原则才打破了"对立论"的传统。其实早在上世纪50年代中期,陈云同志就提出了"以市场经济为辅"的思想,但在当时被批判为右倾保守主义。到了70年代末80年代初,陈云同志重新提出这个思想,小平同志等老一代革命家给予了支持,并将此写进中共十二大文件。十二届三中全会提出了"社会主义经济是有计划的商品经济"的思想。十三大坚持了这个思想,同时指出计划和市场都是覆盖全社会的,进而又克服了"主辅论"的局限。十四大则以小平同志南方谈话作指导,进一步明确了我们要搞社会主义市场经济。十五大则为社会主义市场经济的运行方式明确了财产制度基础,解决了社会主义市场经济需要什么样的所有制问题。市场机制仅是配置资源的方式,一定要有财产制度作为基础,所以当时把以公有制为主体、多种所有制共同发展作为社会主义初级阶段的一项基本制度确定下来。改革开放以来,从十二大到十五大理论的发展脉络上可以看出,这些问题的解决都是非常重要的,而且逐层深入,其特点是围绕经济制度从资源配置方式入手,逐渐深入到财产制度。

与以往不同,在十六大召开之前理论界碰撞和争辩的焦点不再集中于

---

* 本文原载于《理论前沿》2002年第7期。

对某一具体原则问题的讨论,而是聚焦在经济学最基本的一些理论概念上,比如价值、劳动、阶级、剥削等,而且成了理论界争论的热点。这种现象的出现是有其历史原因的,对最初原始概念的重新认识和检讨,实际上是中国20多年来经济制度改革在理论上的一次深刻反省,因为这20多年来中国的经济体制发生了空前深刻的变化。

记者:能否请您简要总结一下这20多年来中国经济体制所发生的变化?

刘伟:这种制度的变迁归纳起来主要集中在两个方面:

其一是资源配置方式从过去行政的、财政主导型的计划经济,向以市场作为配置资源基础性力量的方向转变,这个变化我们简单地把它概括为市场化的进程。在历史上看,这20多年市场化进程的速度是非常快的。资源配置方式的转变,从计划体制向市场体制的转变,最主要是看商品市场化程度和要素市场化程度两个方面。不管是投资品还是消费品,中国的商品市场化程度是相当快的。1995年末国家计委曾经作过一个测算,测算方法主要是看定价,结果表明1978年改革开放前我国消费品和投资品95%左右的价格是由政府行政性决定的,而到1995年末已经有92%左右的商品价格由市场决定,这个变化是巨大的。再看要素市场化的程度,要素市场最主要由劳动力和资本两方面来体现。劳动力是不是市场化调节,关键要看工资是行政性决定还是市场决定。根据国家计委的测算,1995年末中国的劳动力尤其是农村劳动力已经是市场化调节了,城镇劳动力有84%的工资是市场决定,16%是政府决定,主要指的是政府官员和财政预算下的事业单位以及国有研究机构等。从资本要素看,中国市场化改革进展最慢的就是资本市场的发育。直接融资市场到90年代才开始有深、沪两个股市;而间接融资市场的利息率即资金的价格始终是由政府决定,直到今天还不是市场汇率和市场利率。

但从历史的角度看,资本市场发展的速度还是相当快的,直接融资市场10年略多的时间虽然不长,但发展势头很猛。我国2000年的GDP总数将近9.1万亿元,而上市公司股票的市值就已经有4万多亿元,占51%。当然这有点特殊,因为中国上市公司的股票不全都是流通股,但这个速度也是相当快的。间接融资市场,虽然仍实行利率管制,但是在前几年我们已经把信贷规模管制取消了,这是一个巨大的进步。

目前,我国银行有如下几大特点:第一,中央银行独立。第二,国有专业银行体系由工、农、中、建等几大行构成。第三,政策性银行的分离,像进出口银行、农业发展银行从专业银行中独立出来。第四,地方性、区域性的国有股份制银行发展迅速,像福建兴业、北京华夏、上海浦东、深圳发展等。再有城市商业银行的改造,从城市信用社和农村信用社的整顿到1993年以后各方面的金融立法相继出台,尽管资本市场比商品市场、劳动力市场发育迟缓,但90年代以来发展速度相当快。1996年世界银行曾就中国社会整个市场化的发展情况作过一个分析,世界上所有从计划经济向市场经济转轨的国家,其市场化指数平均每年递增程度的平均值为4.4%,而中国是5.5%,高于平均值1.1个百分点。

1995年末国家计委作了一份报告,对资本市场、劳动力市场、商品市场和投资市场进行综合判断,认为这一年中国整个经济的65%已经纳入了市场直接调控。基于这个数字,再参考世界银行所提供的以每年5.5%的增长速度来计算,我估计中国经济目前已有80%左右纳入了市场。这是对中国经济市场化程度的基本估计。中共十四大提出的改革目标是在2010年建立社会主义市场经济体制,如果按照这个时间表,等于我们从70年代末开始改革到2010年,用30年略多的时间来完成从计划体制向市场体制的历史转变。到现在,我们已经用去了2/3的时间,整个市场化程度已达到80%左右,应当说是符合历史进程的。所以,江泽民总书记去年讲"中国目前已经初步建立了社会主义市场经济体制"。到这种体制的最终建成,应该说后10年更主要的不是扩展市场作用的范围,而是完善市场秩序,提高市场运行的质量,也就是竞争性的效率。因此可以说,前20年中国市场化主要偏重于数量方面,后10年应主要偏重于质量方面。

其二是财产制度上的非国有化。从这20多年的制度变迁来看,配置资源的方式之所以能够市场化,背后一定有财产制度的变化提供支持。市场经济是一种交换的经济,交换的本质不是一个物理运动,而在于背后的所有权的转移,这才叫市场交易。所以,要使市场成为配置资源的基本力量和方式,一个制度前提就是所有制和产权制度必须改变。这些年来之所以市场化进展这么快,一个根本原因就是所有制的变化。而所有制变化里又异常突出地呈现出两大特点,其一是国有制比重持续下降,其二是非国有经济当中的私有制经济异常活跃。

改革开放之前,国有工商企业的资产比重占全社会的90%以上。1985年末即开展城市经济改革的第一年,国有工商业企业资产占全社会企业资产的87%,而到1995年仅占65%。仅10年时间从87%下降到65%,下降了22个百分点,平均每年下降2.2个百分点。到2000年末,全社会工商业企业的资产大概是30万亿元略多一点,其中国有资产是13万亿元,占43%的比重。从1995年的65%到2000年的43%,又下降了22个百分点。从1985年的87%到2000年的43%,15年下降了44个百分点,持续下降的速度大概是平均每年3个百分点以上。

在国有制比重持续、迅速下降的同时,我们还看到,在非国有经济比重提高的过程当中,私有制经济表现得尤其活跃。我们现在讲私有制经济主要是指三种组织形式:个体经济、私有制经济和私有财产权的有限责任公司。在这三种形式当中,有限责任公司大概占私有制企业总数的51%左右。原因是90年代末以来,一些国有小型企业采取各种形式的产权改造,组建成新型的有限责任公司;乡镇企业在二次创业时,大部分改制成了有限责任公司;私有企业为适应管理上的要求改制成有限责任公司,因此有限责任公司成了中国私有制企业的主要形式。有一个数据可以证实私有制经济发展的速度:1988年到1998年这10年间,三种形式的私有制企业数增加了11倍,户均注册资本规模平均增加了44倍,产值规模增加了36倍,雇工人数增加了9.4倍。可见,在整个非国有制经济的总体比重上升的过程当中,私有制经济显得尤其活跃。

在改革开放之前,国民生产总值大概是三七开,国有部门提供70%甚至是70%以上,非国有部门不到30%,而现在大体上是倒三七开。2000年末,农业95%左右是非国有部门的;第二产业即工业制造业的国有部门只占28%,非国有部门占72%;第三产业有些特殊,因为其中产值规模最大的领域,像金融、航空、铁路、邮电、电信等基本上是政府垄断的,因此国有部门所占比例超过60%,非国有部门不到40%。如果把第一、第二、第三产业平均算起来,国有部门提供的产值在整个国民生产总值中占30%略多一点,非国有部门提供的产值接近70%。财产制度发生的这种变化,不是一个简单的数量变化,它对中国经济生活以及经济生活方式的影响是相当深刻的,而且我们在意识形态、法律、宏观调控制度以及政策传导机制上,对于这种深刻的制度变化的准备显然还不是非常充分。

记者:20多年的经济改革所产生的变化及影响是巨大而深刻的,那么当前所进行的关于价值等基本问题的争论是否与之相关?

刘伟:是的。经济制度上的深刻变化,已经开始在社会、政治及文化各个方面提出了一系列根本性的有待于我们重新思考和认识的问题。我们现在要回答的一个根本问题,就是这20多年来中国深刻的制度变迁是历史的进步还是倒退?我们要从根本的历史价值观上去回答这些问题,要系统地、全面地针对我们20多年深刻的制度变化的历史事实,从总体上探讨、检讨历史正义性、历史进步性问题,而不是像过去那样仅仅去回答改革某一方面的原则和制度选择问题。正因为如此,我们不能不回到最基本命题的讨论,同时也要求我们对这段历史变化的正义性、合理性、公平性给予全面的解释。而要解释这些问题,就不能不从经济学这几个最基本的范畴入手。

劳动、生产、阶级、剥削等概念,从理论上讲最本质的就是价值问题。阶级的划分、剥削的确认、什么是劳动、什么是生产,其理论基石都是价值论。从经济学的发展历程看,西方经济学从产生以来,任何一个有影响的经济学家或经济学流派,都把价值理论作为支持其思想体系或学派的理论基石,因此价值论特别是劳动价值论就会成为一时讨论的热点问题,成为其理论体系当中不可或缺的重要组成部分。比如以古典学派为代表的自由竞争时代的资产阶级经济学家,他们要从经济学的立场和角度为资本主义生产方式的历史合理性作出论证,说明人类选择这种生产方式是正义的、进步的、公平合理的。19世纪之前的西方经济学家之所以那么关心价值理论,其目的不是一般性地讨论价值量有多少、价值量大小由哪些因素规定等技术问题,而是要说明历史价值观,价值理论是整个资产阶级经济学各个流派的基石。19世纪70年代之后,资本主义统治地位完全牢固了,没有必要再去为这种生产方式在历史上存在的必要性、合理性、公正性论证了,而要论证怎样运用这种生产方式才有效。所以西方经济学的主流不再去讨论价值理论,而是讨论怎样发现均衡价格,怎样配置市场使得资源更有效。

马克思在19世纪60年代提出价值论无外乎两个要点:一个是劳动价值论,一个是剩余价值论。马克思用劳动价值论去否定一切存在私有制和存在市场的社会的合理性;用剩余价值论去否定资本主义生产方式的历史合理性。马克思的劳动价值论认为,一切有商品、有货币的社会都是异化,指出由于价值的存在,人和人的关系采取了交换价值的形式,人的劳动和社会形式曲折地表现为商品,这种价值性就是一种对人类劳动的异化,是不合理的,是扭曲的。在马克思看来,未来的理想社会,人和人之间的关系根本不需要间接的市场交换。所以,在马克思设想的未来社会里没有商品,没有货币,没有市场。恩格斯讲得也很明白:在未来的理想社会里,人和人不需要"著名的"价值插手其间,人和人的社会关系通过货币及市场交换表现的社会都是扭曲的、不合理的、不符合人类发展的理想。对此,我们不应持有教条主义的观点。因为我们的改革开放就是要建立市场经济、完善市场经济、扩大市场作用的范围,就是要引入市场、商品、货币,引入价值的东西。

所以,不能教条、机械地照搬马克思劳动价值论的某些观点。马克思劳动价值论本身的理论体系是极其科学、极其严密的,逻辑上是成立的,是和未来的共产主义历史阶段相吻合的。但是,它与中国现在的历史阶段不尽相符。当前中国毕竟还处在社会主义初级阶段,我们的实践就是要大力建设社会主义市场经济。

马克思用剩余价值论批判资本主义的历史合理性和公正性,否定把劳动力都变成商品,认为劳动力一旦成为商品之后,就有了剩余价值,有了剥削,所以不是正义的,因此要推翻。马克思的剩余价值论是从价值观上审视一切历史制度的合理性,去批判一切有私有制、有商品、有市场经济的历史的扭曲,尤其是批判资本主义市场经济历史的不公正性,我理解这是马克思剩余价值论的真谛所在。所以,从思想史上看,所有关于价值论的讨论要回答的根本问题只有一个,即有关学者总是代表自己所属的阶级,为自己这个阶级所需要的生产方式在历史正义性、历史公平性、历史进步性等方面进行论证。这也是当今中国的经济学界之所以讨论价值问题的最根本的历史原因所在。

20多年来,中国经济制度发生了深刻的变化,面对市场化以及财产制度上的非国有化的巨大变革,我们现在要回答的是这种制度变化是不是正义的?是不是合理的?就经济学家而言,必然从价值论开始讨论。所以,正是基于这个原因,价值理论以及和价值理论相联系的几个最基本的经济学范畴,成为我们现在讨论的热点问题。我们现在需要透过种种现象,科学地对这20多年制度变化的正义性有一个历史的证明。而脱离价值论这个层面的开拓,要想解释一个社会历史制度变化的正义性是不可能的。

记者:刘教授,在您看来,应该如何评价20多年来我国经济制度所发生的变化?以什么标准来判断这种制度变化的正义性和进步性呢?

刘伟:无论从理论上还是实践上,要讨论一种历史制度变迁的正义性、公正性,首要的问题是以什么标准去衡量,以什么标准作为出发点来判断。我们可以找出很多标准,甚至可以世世代代争论下去。比如以什么主义作为标准、是否符合某项原则等等。但是,这些标准恐怕都不是真正的标准。但是,小平同志有一句话,即"发展是硬道理"。所以,无论从理论上还是从实践上,看待一个制度变化有没有价值,是不是正义,最根本的是看这个制度变迁是不是空前解放了社会生产力。生产力的解放,无论从宏观上还是微观上,无论是在某个年度之间还是在漫长的历史过程当中,都是可以证明的。我们讨论20多年的制度变迁,无论这个变化多么出乎人们的意料,多么不符合改革者的初衷,多么不符合马克思主义经典作家的某些说法,但最关键的就是看它是不是空前地解放了中国的生产力。如果是,那么就应承认这种变化就是正义的,就是历史的进步,我觉得这才是历史唯物主义的基本立场。

伴随着这20多年的制度变化,检讨一下中国生产力的发展和生产力的解放,是不是胜于以往中国历史的发展阶段,这是一个根本性的尺度。包括企业也是这样,企业制度的某种变化应当符合生产力的实际状况,不必盲目崇拜现代企业制度。发展是硬道理,不管什么制度,要看它是不是空前推动了企业竞争力的提高和企业生存能力的提高以及企业生产力的发展。所以,无论对企业还是对社会,从这个角度去认识什么是正义的、什么是历史的合理性,这才是科学的,是符合历史唯物主义基本原则的。

20多年来,改革开放带来的中国社会经济的变化,对中国社会生产力的解放和推动,的确在中国近现代史上是空前的。从生产力的进步、民族的现代化来看,这20多年确实大大提升了我国的现代化素质。人均GDP可以说是衡量现代社会一个国家发展的最主要的标准之一,2001年我国GDP不到10万亿元,人均约800多美元,折合人民币6 000多元。这个水平跟发达国家比甚至跟某些发展中国家比并不算高。但在80年代,中国人均才390多元人民币,以当时人民币和美元的汇率计算,人均100多美元。按照世界银行的分类标准,一个国家如果国内生产总值人均280美元以下,就是低收入穷国;到740美元以上为下中等收入的发展中国家。我们从低收入穷国进入下中等收入的发展中国家,这是一个阶段性的提升。日本人当初完成这个阶段用了40多年,而我们只用了20多年,应当说是非常不容易的。从经济学上所谓的"马太效应"来看,从贫困的陷阱里跳出来,需要的能量最大,时间最长,步履也最为凝重。中国作为一个12亿多人口的大国,没有重大的制度创新和重大历史性机遇,要想从贫困的陷阱里跳出来是非常困难的。

除了人均GDP,体现生产力发展的第二个指标就是人民生活的改善。我们可以用"恩格尔系数"来衡量人民生活水平,即用食品支出占家庭总支出的比重来说明家庭生活水平的变化。一个国家居民如果吃的支出超过家庭总支出的60%叫赤贫;50%—60%叫温饱;40%—50%叫小康;30%—40%叫宽裕;20%—30%叫富裕;20%以下是极其富裕。1978年,我国城乡居民平均的恩格尔系数是61%,属于赤贫,温饱都没有解决。到2000年末,我国城乡居民平均的恩格尔系数是46%,达到了小康水平。十几亿人口的大国,从1978年以前的赤贫到80年代解决了温饱,直至90年代进入小康,这20多年的改革开放进程确实是当代世界经济发展的一个奇迹。

从人均GDP的阶段性提升以及恩格尔系数的体现来看,我们的进步在中国近现代史上是空前的。如果是这样,我们难道没有理由说这20多年的制度变化是正义的,是进步的吗?只要是真正从历史唯物主义的基本立场出发,从解放生产力和发展生产力这个标准出发来看我们这20多年的制度变化,市场化也好,非国有化也好,无论这种变化怎么出乎人们的意料,我们都应当认定它是与时俱进的,是体现历史进步的,是神圣的。

新时期经济学研究的历史重任
——访北京大学教授刘伟[*]

从改革之初"实践是检验真理的惟一标准"的讨论,到小平同志"发展是硬道理"著名论断的发表,再到江泽民同志"三个代表"重要思想的提出,对经济理论研究而言,最重要的就是从根本上确立了对理论建设和理论创新的指导思想、基本态度和评价标准。中国经济理论研究也在这种研究方法和价值取向的重大变化中不断创新和发展。那么,进入新世纪以后,中国经济学发展的新增长点在哪里?中国经济学研究的历史重任是什么?著名中青年经济学家、北京大学经济学院院长刘伟教授认为,如果说,此前经过多年的探索,我们终于明确了改革的目标是建立社会主义市场经济体制,那么,新时期中国经济学研究的重要课题,同时也是经济学家的历史重任之一,就是要为这种改革目标提供理论上的论证和张扬。

一

建立社会主义市场经济体制目标的确立至今已有 10 年。经过 10 年的改革和发展,正反两方面的经验都有了,面对很多生动的复杂的经济现象,如收入分配差距的扩大、私营企业家入党、国有企业职工下岗等,人们可能产生很多疑惑,焦点是市场经济的改革目标的提出是不是正义的? 是不是历史的进步?

发展的数据能否说明问题? 刘伟说:不能。举一个例子,谈及中国 20 多年的变化时会看到,现在国有制经济的总值已达 3 万多亿元,占 GDP 的 1/3 左右。这组数据既可以用来证明是改革开放的伟大成就,也可以证明是所有制结构调整的直接结果。也就是说,在经济学上,同样一组数据,可以证明不同的观点。如果数据不足以说明问题,还有什么能够对改革正义

---

[*] 本文原载于《光明日报》2002 年 10 月 29 日。

性作出说明？刘伟指出，去年以来，尤其是喜迎党的十六大召开之际，理论界对价值、劳动、阶级、剥削这四大经济学乃至整个社会科学基本范畴的讨论空前热烈，其重要意义也就是要回答十四大提出的建立社会主义市场经济体制改革目标是不是正义的，是不是历史的进步。对这些问题加以讨论和明确，正是今后一个时期经济研究的重点之一。

刘伟指出，要说明我们的改革是不是正义的，除了要对价值、劳动、阶级、剥削等相关的基本问题加以讨论之外，还要弄清检测一种制度变迁是否正义的标准是什么。在这个问题上，可能有三个标准。第一个标准是经典作家的论述，亦即根据马克思主义经典作家对社会主义、共产主义、资本主义性质的判断，来检验我们的改革究竟是符合哪种主义的。很多人都在自觉不自觉地使用这个标准判断我们的各项改革。刘伟说，这些论述毕竟是上百年前经典作家对未来社会的一种天才性的预测，这种天才无论有多伟大，它的历史局限性肯定都是存在的，肯定很难反映我们现代的活生生的创造。第二个标准是利益标准，也就是从个人能够观察到的局部变化和感受到的个人利益消长来评价一项改革是对是错，从而决定他对一项改革是赞同、支持，还是否定、反对。刘伟认为，以这个标准评判问题，可以理解，但并不科学，因为以个人在多大程度上获益来判断一项改革是不是历史的进步，确实有它的局限。第三个标准就是生产力标准，就是观察一种制度的变化，它不管多么出乎人们的意料，不管多么不符合我们的传统认识，不管多么不符合经典作家当初的预测，只要它在这个制度变迁中使社会生产力获得了空前的发展，那就应当在原则上肯定这种制度变迁的正义性和历史进步性。从这个意义上讲，小平同志的"三个有利于"论述和江泽民同志的"三个代表"思想，都反映了对待历史变迁的基本态度。只有这样才能避免从理论到理论，或者用个人利益消长标准来判断改革正义与否的局限。

二

刘伟强调，为了更好地承担起经济学研究的历史重任，同时也为各项经济建设工作服务，作为致用的科学，经济学在分析方法上就要特别强调尊重实际，方法论上要有一个实事求是的实践的观点。在解决中国经济问题时，对一个事物不必一定要首先说清它符合什么主义，然后再来论证要不要用它，而是要反过来：什么东西能解决中国的实际问题，然后我们再来看它是什么性质的。换句话说，作为一门经验的科学，经济学研究应当少一点形而上学。尤其是在人们对什么是社会主义都没有搞清楚的时候,什么东西能解决中国的实际问题,真正解决中国的现代化,真正解决中国在历史发展中最紧迫的问题,我们就用什么,这也是历史唯物主义的基本标准。而不必拿一个没有讨论清楚的概念来匡正我们的实践。事实上,活生生的实践是任何教条都难以匡正、难以裁剪的。

此外,经济学不是纯粹的技术问题,它还是一门历史科学。经济学家要勇于承担自己的历史重任,就要有明确的历史价值观。前已述及,现在之所以要对劳动、阶级、剥削、价值等最基本的范畴重新提出来讨论,就是要从历史价值观来审视和回答改革的正义性问题。正是这样的一些基本范畴要求,经济学作为历史的科学永远会有一个使命,那就是为它所代表的阶级,对其在历史发展中的进步性和正义进行张扬。所有经济学家都有这样的历史任务,只是自觉不自觉的问题。对改革正义性的论证,哲学家用哲学家的语言说明,社会学家用社会学家的语言说明,而经济学家必须用经济学家的语言说明,这正是我们的历史责任。

三

一个时期以来,经济理论界关于价值理论的探讨非常热烈。实际工作部门的许多同志对此深表不解。刘伟教授的解释令人信服,也就是说:价值理论所表达的价值取向,是任何一种学说、一个学者、一个学派的历史观的最本质的展现。一切经济学、一切经济学家研究价值理论的根本目的都在于为其所代表的阶级以及所要求的生产方式的历史必然性和正义性申辩。

刘伟指出,经济学中不同阵营的对立,重要的不在于其具体分析工具和方法上的差异,而在于其分析背后的价值观的不同,一定的经济学分析不过是对一定历史价值观的经济学的解释,也正因为如此,才使得经济学真正具有历史的科学意义。

价值是一种抽象。价值理论和价值观的对立,首先从关于价值的定义开始。价值这一概念,严格地说,首先并不是经济学意义上的一种抽象,不是作为经济学范畴存在的,而是一个哲学意义上的范畴。从一般哲学意义上来讲,价值表现的是作为主体的人与客观世界之间的某种关系。正如马克思所说,价值这个普遍要领是从人们对待满足他们需要的外界物的关系中产生。然而就是对这一普遍概念而言,也包含着极大的分歧。首先,这里所说的价值是人与外界物间的关系,那么,是指人与客观存在的自然物质的关系,还是指人与自然物质变换过程中人与人的社会关系? 其次,如果像马克思那样把价值理解为人与人的社会关系,那么,物质要素在价值形成中有无作用? 再次,如果像西方学者那样把价值归为人与自然的关系,那么,价值概念还有多少历史内涵? 即使归结为人与物的关系,价值究竟是指物对人的效用(客观效用论),还是指人对物效用的评价(主观效用论)? 等等。这些分歧不仅直接导致对价值源泉的认识不同,而且直接体现不同学说的历史观的根本对立。从经济学意义上来说,尽管围绕什么是价值问题产生了许多分歧,由此产生了相应的种种不同的价值理论,但归结起来,这种分歧和对立就其主流而言,可以归结为劳动价值论与效用价值论的对立。

劳动价值论不是马克思的创造,而是西方古典经济学的首创。早在马克思经济学产生之前,劳动价值论在马克思劳动价值论之前已得到了相当充分的发展。古典经济学的劳动价值论在资本主义第一次产业革命前后一度曾上升为主流的价值论;而后是效用价值论成为主流,以1871年边际革命为边界,此前以客观效用价值论为主流,此后则以主观效用价值论为主流;再而后是以马歇尔的价值—价格论为主流,即在综合主观、客观效用论的基础上,实现了价格论对价值论的替代;此后便是当代学者在马歇尔价值—价格论基础的进一步补充和发展。这一演变的根本逻辑线索,是遵从为资本主义制度有效性、和谐性论证的需要。这是西方经济学为什么研究价值论的根本使命所在。西方经济学的价值论如此,马克思的价值论使命同样如此。刘伟认为,今天,我们创造构建适应社会主义市场经济历史要求的价值论,同样应以承担这一使命为基本出发点。

怎样看待改革中经济制度演变的历史合理性[*]

——生产力标准的历史唯物主义考察

我国改革开放以来的经济制度变化,可以扼要地概括为两个方面:一方面是资源配置方式的变化,即由财政主导型的集中计划经济向社会主义市场经济的转变,我们可以把这种转变简称为市场化;另一方面是社会所有制的变化,即由国有制占统治地位向公有制为主体,多种所有制经济共同发展的所有制结构以及公有制多种实现形式的转变,我们可以把这种转变简称为非国有化。

这种经济制度的转变是极其深刻的,它不仅根本改变着我国的国民经济运行,而且深刻地改造着社会经济生活方式;不仅推动着微观经济基础产生深刻的制度变化,特别是企业产权制度和管理制度的变化,而且要求宏观经济调控方式发生根本转变,特别是政府职能和宏观经济政策决策及实现机制发生转变;不仅使我国经济制度和生产方式产生了历史性的变迁,而且对我国社会、政治、文化各方面提出了尖锐的挑战,因为社会经济基础的历史变化终究会要求并反映到社会上层建筑领域的变化。问题的关键在于,如何看待这种制度变化。就统计事实而言,这种制度的历史演变是一种客观存在,但以怎样的历史价值观去评价和审视发生并仍在进行的制度演变,人们面对如此深刻的制度演变,不可回避而必须回答的问题是这种历史变迁是否具有历史的必然性、合理性,这种制度演变是否具有历史进步性、正义性。而回答这一问题的根本又在于,以怎样的历史观去选择评价的标准,是以历史唯物主义的观点去看待社会制度改革,还是以其他唯心主义或教条主义的价值观去判断改革。

我们不能不承认二十多年来已经发生的市场化和非国有化的制度变化

---

[*] 本文原载于《前线》2002年第3期。

事实。

就资源配置方式的市场化而言,改革开放之前我国是较为典型的集中计划经济,经过二十多年的改革开放,到现阶段我国已基本建立起了社会主义市场经济体制。所谓基本建立起了社会主义市场经济体制,是指在商品(包括投资品和消费品)市场上,在传统体制下,95%以上的商品价格是由计划决定,而目前95%以上的商品价格是由市场决定,商品生产和流通的市场化程度已经相当高。在要素市场上,劳动力的配置基本上是市场化的,除城镇劳动力中的15%左右(主要指政府行政人员和事业单位以及其他财政支持人员)的工资(劳动力价格)仍由政府决定外,其余劳动力的价格(收入)均由市场决定;资本要素市场化程度虽然相对较低,特别是资本的价格(利息率)和外汇的价格(汇率)的决定仍是政府管制性定价,但资本市场的发育也取得了空前的进展。直接融资市场(股市)自90年代初建立以来,发展迅速,目前上市企业股票总市值已大体相当于国内生产总值(GDP)的50%左右;间接融资市场(信贷)的发育伴随金融体制改革,特别是90年代以来,取消各商业、专业银行信贷规模管制,中央银行独立,国有专业银行体系(工、农、中、建四大国有银行)的构建,政策性银行(开发银行、农业发展银行等)的分立,地方性国有股份制银行(福建兴业、北京华夏、深圳发展、上海浦东等)的组建,城市信用社的商业银行的改组,农村信用社的改造等等,再加上相关的金融立法(如商业银行法、票据法等等)的加速,均为间接融资市场的发育创造着不可或缺的体制条件。根据国家计划委员会在90年代中期的估算,1995年时,我国商品市场化和要素市场化的综合进展,大体上在国民经济中已达到65%以上,即65%以上的商品和要素受市场直接支配。又据世界银行1996年关于转轨国家市场化指数(市场化每年的提高速度)测算,世界各转轨国家平均每年市场化程度提高率为4.4%,而其中的中国为5.5%。据此推算,我国目前经济市场化程度应已超过80%。正是在这个意义上,我们可以说经过二十多年的改革,我们已经初步建立了社会主义市场经济体制,即国民经济的绝大部分已由计划约束转入市场约束,在商品生产和流通以及要素市场化进展上,市场体系已基本构建出来。如果说我国经济体制转轨目标是建立社会主义市场经济体制,如果说根据中共十四大提出的,到2010年我国基本实现这一历史转轨目标,那么,前二十多年我国的市场化重在"数量"方面,即在规模上不断扩大市场作用的范围和程度,而后十几年我国的市场化重点则在"质量"方面,即在效率上不断完善市场运行秩序和竞争性。

就我国的所有制结构演变而言,其中最为突出的特点是国有制企业资产占全社会企业资产比重持续下降,相应地非国有制经济比重持续上升。从增量上看,在每年新增固定资产投资中,1980年国有企业固定资产投资额占当年全社会固定资产投资额的比重为82%左右,改革开放以来,这一比重逐年下降,到目前,国有企业固定资产年投资额占当年全社会固定资产投资额的比重已降至50%左右。与之相联系,从存量上看,全部国有企业(不包括金融类企业及我国在境外的投资和某些特殊性质的企业)资产总量占全社会企业资产总量的比重逐渐下降,1985年(城市经济改革全面展开的第一年)国有企业资产占全社会企业资产比重为87%左右;到1995年,这一比重降为65%左右;到2000年,再降为45%左右。15年间下降了42个百分点,平均每年下降近3个百分点。所有制结构的这种变化,反映到国民经济运行上,在我国工业总产值中,国有工业企业产值所占比重由改革开放前的78%左右,降至目前的28%左右,下降了50个百分点;在社会消费品零售总额中,国有经济部门实现的零售额所占比重由改革开放前的55%左右,降至目前的23%左右,下降了32个百分点。

与此同时,非国有经济迅速发展,尤其是各种非国有经济中的私有经济(不含外资)更为活跃。从80年代末至90年代末,10年间,我国私有制企业(主要包括个体私有经济中的私有经济、私营企业、私有产权基础上的有限责任公司和股份有限公司)户数增长了11倍,从业人数增长了9.4倍,平均每户注册资本额提高了45倍,平均每户产值规模上升了36倍,私营企业集团已近2 000户,私营企业中的上市公司已有30家左右。

一、如何选择判断制度变化的历史价值标准

可以说,没有所有制结构上的这种深刻变化,便不可能有真正的市场化进展。因为,市场经济是交易的经济,而交易的本质并非商品或要素的物理位置的简单移动,而是其背后的当事人的所有权的相互转移,市场化的进展不过是一定的社会所有制结构变化的表现形式。问题的根本在于,我们以怎样的历史观看待我国的所有制变化以及在此基础上的市场化进展?

同样的制度变化的历史事实,可以用来证明完全不同的历史价值观,人们既可以用这些制度变化的事实,去证明这是改革开放取得的伟大成就,是历史的进步;人们也可以用同样的事实,去证明这是历史的倒退,是对社会主义事业的根本否定。正因为如此,一些最为基本的经济理论(其实不仅包

括经济学)范畴和命题,便有了重新认识和争辩的历史需要,如什么是劳动,私营企业主的活动是不是劳动,种种市场经营活动,甚至投机活动是不是劳动;什么是剥削,各种有产者通过各种形式获得的资产性收入是不是剥削;什么是阶级;如何认识在新的所有制结构中占有资产的不同以及由此所获收入的不同;在所有制结构演变和市场化配置资源过程中,哪些活动真正创造价值、真正构成价值的源泉,进而其收入的获得是否合理,等等。其实,这些基本命题的重新争论,都基于这样的历史事实,即中国改革开放以来所有制的深刻变化和市场化的迅速进展;这些基本范畴的重新认识,都是基于这样的历史需要,即回答中国的制度变迁是否合理、是否正义、是否是历史的进步,总之,以怎样的历史价值观来看待我国制度的深刻变化。

不同的学科可以用不同的方法和语言去论证这种历史变迁的正义与反动,不同的学者可以站在不同的立场上去为一定历史制度变迁的合理性、公正性进行争辩。就经济学而言,这种对历史变迁合理性、正义性的争辩,极为集中地体现在其价值理论中,不同经济学者的历史价值观的根本分歧,也是集中地反映在其价值论中。这也是为何价值范畴以及与之相关的剥削、阶级、劳动等命题成为我国目前经济理论界研究的热点问题的根本原因。

经济学自作为相对独立的学科起,无论是古典经济学还是之后的西方经济学,无论是马克思的经济学还是当代马克思主义经济学,价值理论均构成其系统的最为核心的部分,因为价值理论是经济学及经济学家解释社会经济现象、解释社会制度历史变化的"最后的理论根据"。不同的经济学家所代表的阶级利益不同,不同的阶级在社会发展史的不同阶段所处的地位不同,因而也就规定了不同的经济学说中的价值理论的不同。

在经济思想史上,19世纪之前,西方经济学关注的热点问题是价值论问题。因为在资本主义自由竞争时代,资本主义生产方式并未稳固地占据统治地位,仍然面临着封建主义生产方式的种种挑战,当时的资产阶级革命的主要对象是封建地主阶级。作为上升时期的资产阶级意识形态的代表之一的资产阶级经济学家的重要任务,便是为资本主义生产方式存在的历史合理性和公正性去申辩,从而也就不能不特别地关注价值论。他们要从经济学上证明,资本主义生产方式是合理的,因为这种生产方式是贯彻等价交换原则的,所以是公正的,那么以什么为基础贯彻等价交换原则呢?这其中的"价"又是怎样决定的呢?为此,他们就不能不系统地提出自己的价值理论并使之成为核心问题。在古典经济学(以斯密为代表)那里,价值理论是二元的,既有古典劳动价值论,又有要素收入决定价值论,因为自由竞争时代资产阶级面临的最主要的敌人是封建主阶级,最根本的任务是彻底战胜封建主义代之以资本主义,所以古典经济学家既要证明资本要素获得收入是合理的,又要承认无产阶级劳动者凭劳动获得报酬是公平的,从而统一资本和劳动的力量对抗封建,为证明这种公平与合理,斯密等人便提出了二元的价值论,即劳动价值论和收入决定论(斯密,1776)。19世纪之后,资本主义生产方式已相对稳定,作为资产阶级的学者已无必要兼顾对于无产阶级劳动者劳动的正义性的论证,而需要特别论证资本存在的历史合理性,因而便产生了以萨伊为代表的"效用价值论"以及相应的"萨伊定律",即劳动者获得工资,资本家获得利息,地主获得地租是天经地义的,是公平合理的正义(萨伊,1803)。19世纪70年代之后,资本主义生产方式的全面统治已是不可逆转的事实,因而资产阶级经济学家没有必要再去为这种生产方式的历史合理性、正义性予以特别的论证,他们更为关心的问题是,在肯定这种生产方式历史正义性的前提下,如何运用资本主义生产方式取得更有效的、对资本更有利的经济效果,因此,如何运用资本主义市场机制,如何配置资源对资本更有效,由此,如何发现均衡的位置,如何发现实现资源有效配置(帕累托最优状态)的均衡价格等问题成为讨论的热点,价值问题逐渐淡出经济学家的视野。

也是针对西方资产阶级学者对价值论的忽略,马克思的经济理论给予价值论以特别的强调。马克思的价值理论主要包括两部分,即劳动价值论和剩余价值论(马克思,1867)。马克思之所以特别强调劳动价值论,根本目的是要指出,一切存在阶级、存在私有制、存在商品交换、存在市场的社会都是不合理的,虽然有其历史的现实性、必然性和进步性,但从人类发展的理想目标来看,存在私有制和市场的社会都是不正义、不合理的,因此,在未来理想社会中,一切私有制和一切与市场交换相联系的经济范畴都将根本取消,因为人类劳动的社会性表现为价值,人们的劳动的社会性要通过市场交换才得到承认。在马克思看来,这本身就是人类劳动的异化,是一种对人类劳动社会性的扭曲。马克思之所以创立剩余价值理论,根本目的是要指出,资本主义生产方式是更不合理的,因为它不仅使一般的人类劳动异化,而且更特殊地使劳动力本身成为商品,从而形成资本剥削的价值源泉。总之,马克思的价值理论目的也在于说明阶级社会制度的不合理性。其劳动价值论说明一切存在阶级和私有制,进而存在交易的社会的不合理性;其剩余价值论说明资本主义生产方式的不合理性,进而为理想社会的产生,为无产阶级革命创造历史合理性、正义性的根据。

总结思想史上关于价值论的讨论,不难发现,无论是资产阶级学者还是马克思,之所以关注价值论,根本目的都在于说明资本主义社会制度是否是正义的、是否是合理的、是否是有价值的。而他们的价值观的选择,事实上均出自于各自所代表的阶级利益,出自于其所代表的阶级在一定历史时期面临的根本任务。无论哪种活动或制度安排,有助于其所代表阶级利益实现的最大化,就被视为最有意义、最富价值的活动和制度,反之则予以批判和否定。19世纪之前的资产阶级学者关注价值论,是因为资产阶级生产方式统治不牢固,需要从价值理论上回答历史为什么要选择资本主义;古典经济学之所以在提出收入决定论的同时提出劳动价值论,是因为当时资产阶级最主要的任务是战胜封建,最主要的矛盾不是与无产阶级的利益冲突;庸俗经济学之所以提出效用价值论,是因为他们面临资产阶级与无产阶级的阶级对立成为社会主要矛盾的现实,要对资本剥削劳动的合理性予以特别的阐释;后来的资产阶级学者之所以对价值论予以忽视,是因为他们的主要任务不再是论证资本主义的合理性,已取得牢固统治地位的资本主义,关心的主题是如何运用资本主义市场机制实现资本利益最大化;马克思提出劳动价值论和剩余价值论,是因为其所代表的无产阶级的根本利益在于消灭一切私有制,消灭一切剥削,因此,一切存在阶级和私有制、存在市场和资本的社会都是不合理的。

探讨我国改革开放以来的种种制度变化的历史正义性与合理性,应当坚持马克思主义历史唯物主义的基本方法,对于一切制度变化的正义性判断标准,应当首先视其是否有助于解决我们社会发展面临的最为根本的问题,是否有助于实现中国共产党作为执政党所代表的最广大的人民群众利益,是否有助于推动中国的现代化。有悖于此的一切活动和制度,都是无历史正义性和合理性的,都是无价值的,无论它多么符合传统;有助于此的一切活动和制度,都是正义的和合理的,都是有价值的,无论它多么不符合正统。我们必须从这种历史唯物主义立场出发来评价和审视我国改革开放中的一切制度变化;我们必须从这一立场出发来创造社会主义市场经济所需要的新的"价值论",以证明改革的正义性、进步性,而不是简单地、机械地、教条主义地援引马克思的劳动价值论和剩余价值论的某些观点,来否定或者肯定我们所进行的改革事业的历史合理性。

二、我国制度变化历史合理性的经济发展证明

我们现阶段面临的最为主要的矛盾,是生产力相对落后,因此,一切有助于发展,一切符合小平同志所说的"三个有利于"标准,一切体现江泽民同志所说的"三个代表"的制度创新,都是正义的、富有价值的。一定的制度变化是否代表历史的进步,孤立地观察制度变化本身难以回答,抽象的价值观上的争辩也难以证实,从经济学来说,最根本的在于考察伴随制度变化,社会生产力是否获得了极大的解放,是否取得了空前的发展。

——就经济增长速度而言,改革开放以来我国保持了持续高速增长。1980—1997年我国GDP年均增长率为9.8%,1998年以后虽有所下降,但也分别达到7.8%、7.2%、8%和7.3%,这种增长速度无论是与同期发展中国家比,还是同发达国家比较,都是明显领先的,并且保持高速增长时间之久,在各国经济发展史上也是少见的。

就经济发展的实质性进展而言,从人均GDP水平上看,1978年我国人民GDP为379元人民币,按当时汇率折算,人均100多美元;到2001年末,人均GDP超过7 600元人民币,相当于1978年的20倍,折算成美元(即使按黑市1∶8.3计)人均超过915美元,超过了当代下中等收入发展中国家的平均水平(740美元),实现了由低收入穷国(人均380美元以下)向下中等收入发展中国家的阶段性提升。从产业结构所体现的经济质态上看,以就业结构为例,1978年我国就业结构中,第一次产业所占比重为70.5%,到目前已降至50%以下;第二次产业就业比重由17.3%上升至目前的23%左右;第三次产业就业比重由12.2%上升至目前的28%左右。与当代世界各国相比较,我国目前的就业结构与当代世界各国平均就业结构相类似(当代世界各国平均三大产业就业比重依次为49%、20%、31%),而1978年我国的就业结构则与当代低收入穷国平均水平最为接近(当代穷国三大产业就业结构比重依次为69%、15%、16%)。作为一个发展中的劳动力大国,就业结构发生如此深刻的变化,表明我国经济质态的阶段性成长。从人民生活水平来看,以恩格尔系数为例(家庭食品支出占总消费支出的比重越高则表明生活水平越低),1980年我国农村居民家庭恩格尔系数平均为61.8%,城镇居民则在59%左右,城乡平均超过60%,根据联合国的划分标准,恩格尔系数在60%以上为贫困状态,温饱尚未真正解决,当时我国有近2.5亿贫困人口。到目前,我国城乡居民恩格尔系数平均为46%左右,已经达到

联合国划定的小康标准(40%—49%),如此众多的贫困人口,在20多年的时间里,从贫困进入了温饱(80年代),又从温饱达到了小康(90年代),的确是当代经济发展史上的奇迹。就经济增长的效率而言,在经济持续高速增长过程中,要素(资本、劳动和土地)的效率是否不断提升,是经济增长能否持续的关键,也是检验一定的制度变化是否真正解放和发展社会生产力的重要方面。根据我们运用1993年至2000年的数据,建立制度变化,特别是所有制结构变化对生产要素效率影响的模型,并对模型进行回归分析,发现伴随着我国的改革进程,我国产业结构和所有制结构的变化对经济的影响是不同的。产业结构的变化主要影响经济的生产规模(即经济的生产可能性曲线),影响整个国民经济的生产规模的提升;而所有制结构的变化则主要影响生产要素效率,即伴随我国所有制结构的变化,特别是非国有制比重的上升,要素的产出弹性(即同样的要素增量带来的产出增量),特别是资本要素的产出弹性增大,也就是说,所有制结构的变化,提高着要素的效率,特别是提高资本的效率。这表明,我国以市场化为目标导向的体制改革,不仅在经济增长的速度和数量方面推动经济发展,而且在要素效率方面支持着增长的有效性。[①]

  总之,改革开放空前解放和发展了我国的生产力,尽管不能将生产力发展视为评价制度变迁历史合理性的惟一标准,但以历史唯物主义的观点看,毫无疑问,生产力发展应是最重要的标准。据此,我们可以说,我国的改革开放尽管存在许多有待处理的矛盾和问题,有些还相当深刻,但总的来说,这种制度变化是历史的进步,对于这种制度变化中产生的种种社会制度现象,在总体上应肯定其历史的正义性和合理性,而不是在历史价值观上予以根本否定。这是实践作出的证明,当然,也还需要理论上予以充分的论证。

---

① 具体证明和分析可参见刘伟、李绍荣发表在《经济研究》2001年第1期的论文。

经济学为什么研究价值理论

——兼论马克思劳动价值论面临的历史性挑战*

价值范畴首先并不是作为经济学范畴存在的,但却在经济学中具有极为特殊的意义。任何一种经济理论或一位经济学家,都有自己独特的或恪守的价值论,并以此作为其全部学说的最为坚定的基石。价值理论所透视的历史价值取向是一种经济学说历史观的最本质的展现,经济学中不同阵营的根本对立,重要的不仅在于其具体的经济分析工具和方法上的差异,更重要的在于其分析背后的价值观的不同,一定的经济学分析和证明不过是对一定历史价值观的经济学解释。正因为如此,才使得经济学真正具有历史的科学意义。为自己所从属的阶级,为本阶级所代表的社会生产方式存在和发展的历史必要性、合理性、正义性、和谐性进行经济学上的证明,这是价值理论的实质所在。

一、为什么劳动价值论曾在西方经济思想史上长期占据主流

在经济思想史上,西方学者关于价值论的认识,或者说不同价值论的主流地位的更替是沿着这样的线索展开的:先是以劳动价值论为主流,古典经济学所提出的劳动价值论支持西方经济学长达一个世纪之久,在第一次产业革命前后成为主流价值论;之后是效用价值论成为主流,以 1871 年边际革命为标志,此前以客观效用价值论为主流,此后则以主观效用价值论为主流;再以后是以马歇尔的均衡价值—价格论为主流,即在综合主观、客观效用论的基础上,实现了价格论对价值论的替代;此后进入 20 世纪的西方学者则是在马歇尔以价格论替代价值论的基础上,对均衡价格理论的进一步补充和发展。

---

* 本文原载于《经济理论与经济管理》2003 年第 5 期;《新华文摘》2003 年第 9 期全文转载。

之所以在资本主义第一次产业革命前后的一百多年里,以古典经济学为代表的劳动价值论能够成为主流价值理论,根本原因在于两个方面。

第一,在第一次产业革命前后,资本主义生产方式作为历史上新兴的生产方式,资产阶级作为新兴生产方式的代表,其在历史上的统治地位尚未稳定,人类历史发展是否能够真正承认资本主义社会,资本主义生产方式能否占据统治地位,或者说,资本主义制度应不应当替代封建制度,都还是有待证明的命题。因此,作为资产阶级意识形态的代表,包括经济学家、哲学家、法学家、社会学家、历史学家等等在内,时代以及其所属阶级的利益,要求他们从各个方面,以不同的方法和不同的学术语言、逻辑,去证明同一个命题,即证明资本主义社会的必然性和合理性。那么,经济学家是如何通过经济学的分析来证明这一命题的呢?由此,价值论便成为那一时代的经济学中的基本问题。因为,从经济哲学意义上来说,要证明资本主义生产方式的必要性和合理性,必须证明这种生产方式有无哲学意义上的价值,有价值才有必然性。从经济学意义上来说,要证明资本主义生产方式的必然与合理,必须证明这种生产方式是否公正,从经济学来看,如何证明这种公正性呢?因为资本主义生产方式是交换的市场社会(或称市民社会),它贯彻的是法权原则,而不是特权准则,这种法权准则在经济生活中是如何体现的呢?它是通过在商品、价格、货币、买卖、市场面前人人平等,即通过贯彻等价交换的原则来体现公平的。也就是说,资本主义市场社会是等价交换的社会,因而是公正的社会。但是,什么是等价交换?等价的"价"又是根据什么来决定的?怎么衡量交换是等价的呢?这就不能不涉及价格决定问题,即价格由什么决定,等价交换的基础是什么。由此,价值问题便成为人们关注的热点,人们发现等价交换背后存在一种决定价格的力量,而这个力量本质上便是价值。即是说,在第一次产业革命前后,资产阶级经济学者之所以关注价值问题,根本目的是要从经济理论上证明资本主义社会的历史必然性和合理性,因为那个时代资本主义生产方式并未稳定地取得统治地位,还需要为其存在、发展的历史必要性加以论证。在经济学家看来,资本主义社会是合理的,因为它公正;为什么说它公正呢?因为它平等;为什么说它平等呢?因为它贯彻等价交换的法权规则;为什么说它是等价交换呢?因为价格是由价值决定的,等量的价值决定着交换中的价格相等。所以,价值论的讨论便与证明资本主义生产方式的正义性紧密联系在一起,成为那一时代的经济学的热点命题;证明资本主义生产方式合理性的历史迫切需要,使得价值论在经济学中有了特别重要的意义。

第二,资本主义第一次产业革命时代,是自由竞争的时代,总体上资产阶级是有其历史进步性的,资产阶级为取得其所代表的资本主义生产方式的统治地位,面临的最主要的敌对力量是封建地主阶级,而不是无产阶级,反而要联合无产阶级共同对抗封建地主阶级,这种联合实际上是以资本雇佣劳动的生产方式去根本否定封建主义社会生产方式。因而,在资产阶级经济学家的价值论中就不能不对无产者存在的合理性,不能不对无产阶级活动的合理性给以部分的承认,这种承认的最为集中的体现便是承认劳动创造价值,正因为价值的源泉是劳动,所以一切劳动,包括无产者的雇佣劳动都是有价值的活动,因而是正义的。当然,当时资产阶级学者对无产者劳动的正义性的承认仍是有保留的,甚至是矛盾的,这种矛盾性同样也体现在其价值论中,如斯密在提出劳动价值论的同时,在进一步讨论价值构成时,又背离了劳动价值论,主张价值是由工资、利润和地租三种收入构成,实际上这是收入价值论(斯密教条)。之所以在古典经济学的价值论中存在这一矛盾,是因为如果彻底贯彻劳动价值论,那么,资本所获得的利润以及土地主所获得的地租便都是劳动创造的,因而资本和土地私有制存在的合理性和正义性便会受到怀疑,资产阶级学者无论如何不会把无产者劳动的正义性、合理性置于资本占有的正义性、合理性之上的,所以在提出劳动价值论的同时,又提出三种收入决定价值论。但是,毕竟那一时代资产阶级的主要敌人是封建地主阶级,所以,资产阶级经济学家在承认地租的存在但又否定其正义性的同时(比如把地租视为地主对劳动者和资本的盘剥,视为工资和平均利润之外的一项加价,是凭借对土地所有权的垄断获得的一部分超额利润等,都透现出他们对地主的鄙视),不能不对无产者的劳动给以更多的肯定,不能不对劳动的正义性给以更多的承认,这种肯定和承认集中体现在他们所提出的劳动价值论中。可见,这一时代的资产阶级经济学家之所以提出劳动价值论,根本目的也在于为资本雇佣劳动制度的正义性、合理性加以证明。特别需要指出的是,古典经济学家提出劳动价值论的根本目的包括对劳动的合理性、正义性的考虑,但主要并不是证明这一点,而是要证明资本主义社会的等价交换的合理性、公正性,只是为了说明等价交换,为说明等价交换所依赖的根据,才进一步提出劳动价值论。同样,也必须说明,劳动价值论在这一时期能够成为主流价值论,其中也的确包含了对劳动的正义性的相当程度的肯定,因为在此之前,在古希腊和古罗马时代,劳动价值论和效用价值论虽都有所萌芽,并且在漫长的历史时期,甚至包括整个中世纪,劳动价值论和效用价值论思想萌芽一直共存,但古希腊和古罗马时代,经济生活是从属于政治和美学利益的,研究经济问题不仅是粗糙的,而且是为了解决更重要的伦理和法律问题,并无经济目的,就整个时代而言,当劳动主要是奴隶的活动时,是不可能被视作正义和尊贵的,虽然当时就有思想家感觉到劳动与价值存在某种联系,但劳动本身并不被视为"高尚"的有价值的活动。至于中世纪神学家的认识,他们虽然对价值问题有所关注,但并不是也不可能建立专门的经济理论体系,他们只是要阐释据称是来自上帝安排的要求人们必须遵守的行为准则,他们视财富的积累是一种罪恶,崇尚基于财产共有的经济制度,赞赏自然经济的农业,有保留地宽容制造业,严厉谴责商业,因而,对资本以及与资本和制造业大生产相联系的雇佣劳动的正义性是不可能真正予以承认的。而在古典经济学的倡导下,劳动价值论成为主流,这既是对资本主义生产方式的历史产生和发展的反映,也是对产业革命带来的社会化大生产的反映。①

总之,西方古典经济学提出劳动价值论,并且劳动价值论之所以在资本主义第一次产业革命前后的长达一个世纪之久的时期里,成为主流的价值论,根本原因是出于证明资本主义生产方式的公正性、正义性的需要,因为那个时代的资本主义发展需要为其取得稳定统治地位而进行申辩,资本主义在当时还尚未真正稳固。

二、为什么发生了效用价值论对劳动价值论主流地位的替代,并进一步以价格论取代了价值论

我们先来考察西方经济学主流价值论为何从劳动价值论转向客观效用价值论。生产费用价值论、生产要素价值论、生产成本价值论等都可以归结为客观效用价值论。应当说,这种客观效用价值论发端于古典经济学家斯密。从一定意义上可以说,斯密的价值论包括了社会生产成本价值论的基本思想,后来的资产阶级学者,正是循着这一思想逐渐发展出生产费用价值论。斯密提出了劳动价值论,同时又提出了三种收入决定价值论。这两种相互矛盾的价值论在斯密的学术体系中是如何统一的呢? 在斯密看来,无论是劳动,还是利润、工资、地租三种收入,都是成本,正是这种成本决定并构成商品的价值。不同的是在历史的不同阶段,如在原始阶段,构成商品价

---

① 晏智杰:《劳动价值学说新探》,北京大学出版社 2001 年版,第 137—149 页。

值的主要成本是劳动,因此说劳动创造价值;但在后来的资本发展阶段,构成商品价值的成本则包括工资、利润和地租三种收入,因而这三种收入同时构成商品价值的源泉。他认为到资本发展的一定阶段,劳动价值论便要让位于收入决定价值论。斯密这种成本价值论当然存在一系列理论上的深刻矛盾,尤其是难以解释收入决定论与劳动价值论之间的矛盾,混淆了价值创造和价值分配的关系。同时,按其收入决定价值论,把全部价值分解为三种收入,也就难以解释生产资料价值部分的客观存在(这也是斯密难以提出再生产理论的重要原因)。更为重要的是,斯密的收入决定价值论包含了对资本和地租存在的合法性、合理性的论证,这是其阶级属性所决定的。如果按其劳动价值论的观点,地租和利润是对劳动所创造的价值的剥削,因而也就不存在公正性;如果根据其收入价值论,则不仅体现了对地主阶级的妥协,承认地租存在的合理、合法性,而且特别论证了资本获得利润的正义性,因为利润、地租既然和工资一样,都构成价值的组成部分,都是价值的源泉,从价值论上看就都有其相同的公正性。显然,斯密的这种成本(收入)价值论之所以提出,根本目的是为资本的存在,为资本存在的合理性、正义性进行论证。[①]

劳动价值论的主流地位让位于生产费用(成本)价值论的直接动因,是李嘉图学派的破产。李嘉图继斯密之后,将古典经济学提出的劳动价值论推到了资产阶级学者所能够达到的极致。李嘉图认为,价值的源泉在于劳动,效用和生产要素并不决定商品的价值,尤其是资本和土地等自然条件,只能影响使用价值的生产,但却不影响价值创造,不构成价值源泉,价值的源泉是惟一的,即人类劳动。李嘉图坚持一元的劳动价值论,论证了地租不过是对劳动创造的价值的剥削,进而指出了工业资本社会与封建社会的对立,为反封建提供了有力的经济学理论根据。但他的一元劳动价值论中也同时包含了资本与劳动的对立,因为如果价值的惟一源泉是劳动,那么,资本所获利润无疑也是对劳动创造的价值的剥削,显然,这不是作为资产阶级意识形态代表的李嘉图的本意,李嘉图不仅要反封建,更要为资本主义的历史合理性、必然性进行论证。这样,李嘉图学说便不能不面临一个根本矛盾:坚持劳动价值论固然有利于反封建,但同时意味着否定资本本身的合理性;承认资本获得利润的合理性,便意味着要放弃或根本动摇劳动价值论。再加之,从理论本身来说,李嘉图把价值源泉归结为惟一的活劳动,但对资

[①] 亚当·斯密:《国民财富的性质和原因的研究》(上卷),商务印书馆1974年版。

本主义经济现实中价格与价值背离的实际现象，特别是对一些耗费活劳动大体相当，但由于种种因素所导致的价格大相径庭的现象，李嘉图难以作出令人信服的解释。以至于李嘉图的追随者们，一方面出于为资本合理性论证的阶级本能，另一方面出于解释价格与价值背离的理论需要，不得不将死劳动，尤其是作为劳动创造的价值的积累——资本，也作为创造价值的源泉，甚至把自然力的作用也作为创造价值的源泉，从而导致李嘉图学派的破产。李嘉图学派的解体直接导致了主流价值论从劳动价值论向生产成本价值论的转变。[①]

生产成本价值论是19世纪初由法国经济学家萨伊系统提出的。萨伊的价值论是生产要素论、供求论、生产费用论和效用论的混合，但其基础是要素论和效用论。在萨伊看来，价值即效用，创造价值就是创造效用。而作为效用的价值是如何创造出来的呢？萨伊认为价值(效用)是劳动、资本、自然(土地)三要素共同的创造，就价值创造而言，资本和土地与劳动一样，都具有生产性。[②] 后来约翰·穆勒对生产成本价值论又作出了完整的表述。[③] 至此，在西方正统的经济学中便不再存在劳动价值论，而是由生产成本价值论取代了其主流地位。

可见，在西方经济思想史上，生产成本价值论对劳动价值论的替代，或者说，之所以发生主流价值论从劳动价值论向客观效用价值论的转变，最根本的原因在于，资产阶级经济学家为论证资本存在的合理性、必要性、正义性的需要。

下面我们再来考察为什么在西方经济思想史上，客观效用价值论的主流位置又被主观效用价值论所替代。提出主观效用价值论的学者很多，各自的论证方式也有所不同，但其核心思想在于，把价值归结为效用，但强调这种效用不是客观的物的效用，而是对人的欲望满足程度的效用，而这种欲望及满足程度又被归结为人对物的效用的主观评价和感受，从而把商品价值的本质归结为人的主观评价，价值不再是一种客观存在，而是一种人的主观感受。这样，不仅形成与劳动价值论的对立，而且形成与客观效用价值论的对立。

主观效用价值论思想的最初提出，在理论背景上也是基于李嘉图劳动

[①] 李嘉图：《政治经济学及赋税原理》，商务印书馆1962年版。
[②] 萨伊：《政治经济学概论》(1803)，中译本，商务印书馆1964年版。
[③] 约翰·穆勒：《政治经济学原理》(1848)，中译本，商务印书馆1991年版。

价值论的解体，不过在李嘉图劳动价值论解体之后，首先发展并且较完善起来的是客观效用价值论，主观效用价值论尚处于提出阶段。1871年边际革命之后主观效用价值论上升为主流，替代了客观效用价值论的位置。主观效用价值论的最主要的分析方法即边际分析，也就是说，价值是由人在主观上对满足其欲望程度的评价决定的，但随着人的欲望不断地被满足，同样的物带给人的满足程度，在主观感受上是不同的，存在一个满足效用程度递减的规律，因此，决定价值大小的主观评价不是一般的主观感受，而是边际效用，即最后一个增加量给人带来的满足程度。

为什么会发生主观效用价值论对客观效用价值论主流地位的取代呢？最根本的原因在于客观效用价值论难以解释并支持19世纪后期以来的资本主义发展。19世纪后期，资本主义生产方式的统治地位已经较为稳固，而且资本主义生产方式本身固有的种种制度矛盾也已开始尖锐，特别是经历了几次大的经济危机之后，人们发现资本主义生产方式也并非是和谐的，大量生产过剩的经济危机的反复出现，使得人们不仅怀疑客观效用价值论所主张的生产自然创造需求，因而供求会自然均衡的主张，而且进一步怀疑资本主义制度是否是和谐的、合宜的制度。这就要求资产阶级经济学家必须从理论上论证资本主义制度的和谐、合宜性。因此，他们对需求问题，对需求与供给的均衡问题便不能不给予特别的关注。相应地，在价值理论的研究上，自然便把人的欲望以及欲望的满足程度提到极为重要的位置，甚至归结为价值的本质。目的是要说明资本主义生产方式是有价值的，是正义的、合宜的，因为它能在最大限度上满足人的欲望，并通过满足人的欲望使整个社会经济生活达到和谐均衡的状态。可见，边际革命以及由此而形成的主观效用价值论对客观效用价值论主流地位的替代，根本动因也还是出于论证资本主义制度合理性的需要。

但是，边际效用价值论取得主流地位时间不长，便很快被马歇尔的英国新古典综合价值论所取代。如前所述，马歇尔的价值论是对客观效用价值论和主观效用价值论的综合。这种综合之所以可能，最根本的原因在于无论是资产阶级学者的劳动价值论、客观效用价值论，还是主观效用价值论，本质上都是为资本主义制度的正义性申辩的，之所以发生主流地位转换，也是根据资本主义社会发展的历史需要，更充分、更有效地解释资本主义制度的合理性。这种学说的阶级性和使命，使之有可能被加以综合。当然，之所以能够被综合，还因为在理论分析方法上这些价值论有某些共同处。

马歇尔提出的综合价值论的本质是以价格论替代了价值论。可以说，自马歇尔之后,西方经济学的主流不再关注真正原来意义上的价值论,而是关注均衡价格论,马歇尔本人提出的是局部均衡价格,之后的当代西方经济学者在此基础上进一步讨论了一般均衡价格问题,关注的热点是:什么是均衡价格,如何去发现均衡价格。①

为什么有这种从价值论向价格论的转变呢? 直接的理论原因当然源于马歇尔的综合分析,但更为深刻的历史原因则在于,19 世纪末 20 世纪初的资本主义生产方式已经牢固地取得了统治地位,相比较而言,论证这种制度的合理性、正义性,进而为这种制度的确立并取得统治地位作理论上的争辩已无更大的意义,因为它的统治早已成为历史事实,更为重要的是要论证如何运用资本主义生产方式,如何运用资本主义市场机制,才能够使经济资源配置更有效。因此,重要的问题不再是价值命题,不再是讨论资本主义有没有价值,不再是讨论资本主义社会哪些活动创造价值。资本存在的合理性、正义性不需要更多的理论证明,所以也就不需要特别阐释资本是否创造价值,不需要通过论证资本与价值源泉的关系去证明资本的正义和存在的必然。重要的是怎样保证资本主义制度有效和谐地运行,实现资源有效配置,从而证明其制度的有效和优越,而这种有效和谐的运行状态,恰恰是被概括为均衡的状态,所以怎样去发现均衡的位置,怎样逼近均衡状态,便成为西方经济学的根本任务,由此,均衡价格的讨论替代了价值论的讨论。这种替代,实际上是从回答为什么要选择资本主义制度,向回答怎样运用资本主义制度的转换。

可见,西方经济思想上,从古典经济学的劳动价值论到效用价值论,从客观效用价值论到主观效用价值论,从效用价值论到综合的价值—价格论,其主流地位演变的根本逻辑线索,是遵从为资本主义制度的合理性、公正性、正义性、有效性、和谐性论证的需要。这便是西方经济学为什么研究价值论的根本使命所在。据此,我们可以说,一切经济学、一切经济学家研究价值理论,根本目的都在于为其所代表的阶级以及所要求的生产方式的历史必然性和正义性申辩。价值理论的深刻和对立之尖锐的根本原因源于此,价值理论在经济学中的重要也源于此。西方经济学的价值论的使命如此,马克思的价值论的使命同样如此,我们创造和构建适应社会主义市场经

---

① 马克思在讨论价值决定时,假定总供给和总需求是相等的,因此,社会必要劳动时间不包括需求的约束,只是从生产条件上讨论的一种平均化。进入总量分析之后,马克思又对"社会必要劳动"赋予了新的含义,指出社会必要包含总需求意义。正因为如此,产生了当时和后来马克思价值向生产价格转型问题的大论战。

济历史要求的价值论,同样应以承担这一使命为基本出发点。

三、马克思的劳动价值论究竟要说明什么

马克思劳动价值论的实质在于把价值归结为人与人的社会关系,并将这种社会关系视为历史运动的结果。

马克思的劳动价值论是在对英国古典经济学的劳动价值论批判基础上,继承并发展起来的。马克思劳动价值论建立的时期,也正是英国古典经济学劳动价值论解体,进而西方经济学中占主流的价值论从劳动价值论向生产成本价值论转变的时期。马克思在批判地继承发展古典经济学劳动价值论的同时,对生产成本价值论(客观效用价值论)进行了深刻的批判,马克思的价值论正是在这种继承、批判中形成的,而这种继承、批判的基本出发点,在于马克思坚持价值是人与人的社会历史关系,而不是人与物之间的效用关系。

从马克思的劳动价值论来看,他是怎样论证价值的本质是人与人的社会关系的呢?第一,马克思严格区分了价值和使用价值,认为商品虽然是价值和使用价值的对立统一,但经济学只在使用价值作为价值的物质承担者的范围内关注使用价值,此外,经济学不研究使用价值,即不研究物的效用。这就在价值论中彻底排除了人与物的关系。这一点,古典经济学者已经提出,但远不如马克思彻底。第二,马克思严格区分了价值和交换价值(价格),这是马克思对古典经济学劳动价值论的重要发展。古典经济学的劳动价值论,包括斯密和李嘉图,都混淆了交换价值和价值,因此只关注相互交换的比例(交换价值)的高低,但却无从发现在交换价值背后的决定性的实体是什么。第三,马克思科学地论证了价值的源泉,而这正是古典经济学所困惑的。马克思创造了劳动二重性学说,劳动二重性学说对于马克思的劳动价值论具有特殊的意义。古典经济学把劳动仅仅视为具体劳动,并没有从各种不同方式的具体劳动中抽象出抽象的社会一般劳动,因此,在坚持劳动价值论,并把劳动作为价值源泉时,难以区分劳动对于使用价值和价值的不同关系,从而难以把价值源泉惟一地归结为劳动。更为重要的是,具体劳动反映的是人与自然间的物质关系,是人运用劳动工具作用劳动对象的具体过程,而社会一般的抽象劳动,才真正反映人们劳动的社会性质和历史形式。抽象劳动作为具体劳动的社会化的一般的还原,即去掉劳动的具体形式,还原为共同的抽象劳动,这一过程本身既是理论的抽象,也是现实的社

会化的过程。把各自不同的具体劳动还原抽象为社会一般劳动,这种还原和抽象本质上是人们彼此承认劳动,也是个别的劳动被社会承认的过程。具体劳动生产的物的效用,要具有价值,必须经过社会承认并经过社会将其劳动抽象为社会一般劳动的过程。价值是一种社会关系,也是一种社会关系的运动过程,这是马克思劳动二重性学说的要义。第四,马克思在抽象劳动基础上,进一步提出了价值量的决定——社会必要劳动时间范畴。价值量的决定既不是个别劳动时间决定,也不是如李嘉图所说的最坏的生产条件下耗费的劳动时间决定,而是社会必要劳动时间,即社会平均和必要的劳动时间决定。这表明,在马克思价值论中,有无价值,有多少价值,不是个别劳动决定的,而是社会决定的,个别劳动在多大程度上被社会承认,个别劳动时间在多大程度上符合社会必要劳动时间的要求,都是社会的过程,因而价值本身是人与人的社会关系,而不是人与具体物的个别的关系。第五,马克思分析了商品的价值形式和货币的起源及本质,而这一点也是古典经济学所忽略的。本质上,价值形式和货币的起源及发展的过程,是社会历史的过程,是人们经济关系及经济制度历史变化的体现。马克思价值形式和货币起源及本质的分析,正是从这种经济制度演变发展中揭示人们相互经济关系运动的变化,价值以及价值形式、交换以及货币等等,不过是人们经济关系在一定社会历史条件下采取的特定的历史方式。

但是,价值虽然是劳动创造的,是人与人之间的社会经济关系,在现象上却表现为物与物的关系,而且表现为物对人的支配,商品生产者的生产取决于他们的私人劳动能否转化为社会必要劳动,能否实现私人产品向货币的转换,而这一转换过程又是自发的社会化的,而不是商品生产者本身主观可以预料和控制的。于是,商品货币在人的面前便有了神秘性,有了事先的不可预知性,人们不能不对商品货币关系的运动产生迷信,即产生商品货币拜物教。也就是说,在商品生产和交换过程中,人们之间的经济关系的必然性和内在逻辑性,是通过自发的、偶然的、人们不可知的外在物与物的关系运动来实现的。本来是人们之间的社会经济关系,本来是人的劳动创造了价值,商品货币不过是人类经济关系在一定社会历史条件下采取的运动方式,但在商品货币拜物教面前,人类本身的活动却反过来受物与物关系的支配。这是一种异化,是一种扭曲。马克思商品货币拜物教学说正是对这种异化和扭曲的深刻批判,通过这种批判,马克思进一步深刻揭示了商品价值的本质及价值形式的运动实质,不过是人的社会经济关系的运动。

马克思把价值归结为人们社会经济关系的历史运动,通过这种归结要告诉人们什么呢？最主要的，即在价值观上要告诉人们两方面：一方面，价值是劳动创造的，劳动是价值的惟一源泉，因此一切不劳而获，无论是通过资本私有还是通过土地私有占有价值都是对劳动的盘剥，尽管这一点的证明和科学分析是在马克思的剩余价值论中展开的，但在这里，劳动价值论已深刻地揭示了劳动与资本的对立，揭示了资本剥削的非正义性、非合理性，因为一切死劳动都不创造价值，也正因为如此，劳动价值论不仅成为剩余价值论的经济理论基础，而且成为剩余价值论的伦理价值观的基础；另一方面，马克思在价值观上告诉人们，人类劳动的社会性质是通过自发的、人本身不能控制的、异化的形式来实现的，本来是人类劳动生产的物，但却表现为人不能支配并反受其支配的物，人们劳动要通过交换来间接地证明其价值，这本身就是对人的经济活动的某种异化，是不合理的。之所以有这样的历史的扭曲，是因为存在私有制。在社会分工条件下，私有制割断了人们生产的直接社会联系，人们生产的社会性迂回地表现为间接的外在过程，要克服这种异化，最根本的就是要消灭私有制。一切与私有制直接相联系的商品价值、货币、交换关系都是一种历史的扭曲，因而从发展趋势上看，从人类理想社会的价值取向上看，这些最终都是要取消的，所以，马克思的劳动价值论在价值观上所昭示的是对商品关系和市场交换的一种否定。上述两方面是马克思劳动价值论分析的根本目的所在，也是我们研究其价值论时必须牢牢把握的。

四、马克思的劳动价值论遇到了怎样的历史性挑战

1. 公有制与市场经济能否统一，或者说，以公有制为主体的社会，其主体经济本身可不可能成为市场经济

我国社会主义市场经济的建设，困难的也是重要的不在于把社会主义社会存在的非公有制经济纳入市场机制，而在于把占主体地位的公有制经济纳入市场经济，否则，市场机制对于占主体的经济难以构成真正的约束作用，整个社会经济就不成其为市场经济。但是，如果严格按照马克思劳动价值论的逻辑，公有制的社会是不可能成为市场经济社会的。事实上，一定社会的所有制与资源配置方式之间的确存在深刻的内在联系，财产制度是资源配置方式选择的制度前提及根本动因，而资源配置方式则是一定的社会财产制度的运动形式和利益实现方式。

马克思的劳动价值论的逻辑线索是这样的：从商品这一最为普遍的现

象出发,分析什么是商品。商品是使用价值和价值的对立统一,没有这一矛盾,产品就不成其为商品。那么,为什么产品成为商品,成为使用价值与价值的对立统一体呢?因为生产商品的劳动过程的性质有了历史的变化,劳动过程成为具体劳动与抽象劳动的对立统一,具体劳动形成使用价值,抽象劳动形成价值,正是劳动过程的这种特殊矛盾性,使劳动的结果成为使用价值与价值的矛盾统一体。那么,为什么劳动过程成为具体劳动与抽象劳动的对立统一的过程?因为社会生产过程中的主要矛盾发生变化,生产的私人性和生产的社会性的对立统一,成为社会经济中的基本矛盾。生产的私人性使得实现生产的劳动过程总是具体的个别的劳动过程,而生产的社会性又要求实现生产的劳动具有一般的社会必要劳动的性质,要求个别劳动必须从一开始就是为社会并最终须经社会承认。那么,为什么社会生产的矛盾以及由此规定的生产的性质会发生这样的变化?为什么生产具有私人性与社会性的矛盾?因为人类社会经济发展中的基本制度条件伴随生产力的发展发生了变化,出现了社会分工制度和生产资料私有制,私有制使得人们的生产总是私有的并且是为私人利益进行的,但社会分工又要求人们必须相互交换产品,要求私人生产必须具有为他人提供产品的社会性,因而,社会生产成为私人性与社会性的对立统一矛盾运动的过程。马克思的劳动价值论正是通过这种矛盾的逻辑分析,揭示商品价值作为人与人的社会关系是如何制度性地历史发生并运动的。价值范畴之所以产生,最为深刻的原因在于私有制的产生,在这里思想的逻辑和历史的逻辑是一致的。如果我们把马克思劳动价值论分析的最为根本的历史逻辑基础——私有制抽去,替之以公有制,那么,构成商品关系的一系列特殊矛盾是否还能成立?也正是在这个意义上,可以说,马克思的劳动价值论的逻辑,是把商品、市场经济范畴与私有制联系为一体,并在根本上否定了公有制与商品关系和市场经济统一的可能。

对于社会主义经济改革的理论和实践探索来说,不能不同时面对两个传统教条:一个是来自西方经济学的教条。全部西方经济学,无论是自古典经济学以来的思想发展史,还是当代活跃着的各个学派,无论相互间存在多少分歧,但在把商品、货币、市场经济与私有制,特别是与资本主义私有制直接联系起来这一点上是一致的,即在他们看来,市场经济关系只能在资本私有制下才可能存在和发展,任何取消私有制的社会都不可能存在市场。另一个是来自社会主义经典理论的传统。在经典理论那里,商品、货币、市场等经济关系,不过是资本私有制度采取的一定运动形式,是私有制的产物,取消私有制便意味着取消商品、货币、市场关系。因此,公有制与商品、货币、价值、市场等制度是根本对立的。马克思的劳动价值论分析的逻辑彻底否定了公有制与市场有机统一的历史可能。

　　社会主义公有制社会的实践者最初也是遵循这一传统,将市场与社会主义公有制对立起来,在公有制下根本否定商品、货币关系,否定市场机制,但却为此付出了极其高昂的代价。实践使人们认识到,改革传统体制,在公有制基础上培育市场机制的探索是历史的选择。可以说,各国改革的实践,最初并在相当长的时期里,都是围绕如何统一公有制与市场机制这一历史命题展开的,但直至今天,这一命题并未真正得以解决,我国虽然明确提出并坚持以社会主义市场经济为改革目标,即在公有制为主体的制度前提下使市场成为配置资源的基础性力量,统一公有制与市场经济,但一方面对于这一选择在经济理论上还需深入分析和探讨,另一方面更重要的是还有待于实践探索和证明。在公有制社会建立市场经济,这是马克思劳动价值论否定的,而又是我们目前要实践的历史性难题。前苏联、南斯拉夫、东欧等斯大林模式的计划经济国家以及后来的俄罗斯,关于经济改革的理论和实践相当长的时期里都是围绕如何统一公有制,特别是统一国有制与市场机制这一命题展开的,但他们提出的种种理论、方案在实践中均未能实现财产制度公有性质与资源配置市场化要求之间的统一,最终,为获得市场效率,为使市场机制成为配置资源的基本方式,纷纷放弃了公有制,使改革在性质上发生了根本的转变。

　　然而,我国社会主义经济建设的理论和实践,要处理的根本性历史难题,恰恰在于统一以公有制为主体的财产制度与以市场机制为基础的资源配置方式。这是人类历史上从未真正解决的问题,也是马克思经济理论特别是马克思的价值论根本否定的命题,如果我们教条地坚持马克思劳动价值论的观点,机械地恪守马克思劳动价值论的逻辑,那就意味着我们在理论上同样否定公有制与市场经济统一的历史可能,显然这样的理论是不能支持中国社会主义市场经济伟大实践的。

　　2. 公有制为主体的社会应不应该以市场机制作为配置资源的基础,或者说应不应当肯定市场经济在社会主义社会的历史进步性和正义性

　　价值论是一种经济学的分析,但更是一种历史价值取向,它要说明的根本问题,是从经济学的角度去论证一定的社会生产方式的历史公正性或非公正性。马克思提出的价值理论,广义地说,包括劳动价值论和剩余价值论两部分。马克思通过其劳动价值论学说,不仅揭示出资本与劳动的对立,而

且否定了一切存在私有制和存在市场的社会的公正性。因为马克思的劳动价值论认为，一切商品、货币、价值、市场关系都是人类劳动的异化，人类劳动的社会性要通过市场交换范畴曲折地表现并支配和统治人们的经济活动，这是对人类劳动的扭曲和颠倒，是不合理的，不符合人类社会发展的理想。所以，在未来公有制的理想社会，人与人之间的社会性不需要交换，商品、货币、价值、市场等插手其间。马克思通过其剩余价值论批判资本主义并否定资本主义社会的合理、公正性，认为在资本主义雇佣劳动条件下，劳动力成为商品，进而有了剩余价值和资本对剩余价值的剥削，所以，资本主义社会在根本上是不正义的。

因此，马克思的劳动价值论不仅从根本上否定了公有制社会存在市场关系的可能，而且在价值观上彻底否定了公有制社会存在市场关系的合理性和正义性。但是我国的社会主义经济改革和发展实践，恰恰要统一社会主义公有制与市场经济机制，处理这一前无古人的历史性命题，我们不仅要在实践上回答可不可能统一的问题，同时必须在理论上回答应不应该统一的问题。显然，在这里马克思的劳动价值论与我们的实践产生了冲突。

改革开放的总的体制目标，是建立在公有制为主体，多种所有制经济长期共同发展基础上的市场经济机制。从理论上说，从开始将社会主义公有制与市场经济相对立的传统对立论到逐渐接受社会主义经济是计划经济为主、市场调节为辅的主辅论，再到社会主义有计划的商品经济中计划经济与市场调节相互作用的结合论，直到党的十四大明确提出改革的目标就是建立社会主义市场经济体制，我们对公有制社会的市场经济存在的历史必然性的认识是伴随改革实践越来越明确的。从实践上来说，改革开放二十多年来，中国经济体制的市场化速度在所有的转轨国家中，是属于较快的，据世界银行曾作过的一项测算，全部体制转轨国家在20世纪90年代中期市场化指数平均值为4.4，而中国为5.5，高出平均值1.1个百分点。中国无论是在商品市场化，还是在劳动力市场化方面都取得了极大的进展，在进展相对迟缓的资本市场化方面，虽然由于国际国内种种原因，使得资本市场化成为极为复杂的命题，但在我国改革开放实践中已取得许多实质性进展，包括直接融资（股市）市场从无到有；中央银行独立，国有专业银行体系构建，股份制银行的发展；金融服务市场的逐渐开放；利息率的逐渐市场性浮动等等。可以说，尽管在市场秩序的完善方面我们还面临相当艰巨的历史任务，但到目前为止，市场机制已经替代计划机制，成为我国资源配置中起基础性作用的力量。与这种市场化进程相适应，我国所有制结构发生了深刻的变化:国有企业资产比重从改革初期的87%左右降至现阶段的40%以下,私有经济资产比重从开始不到1%升至现阶段的7%左右;在国民生产总值中,国有经济由原来的70%左右下降至不足30%,私有经济则由微不足道上升为20%以上,其余为混合经济(占30%左右)和外资。与这种资源配置方式市场化、社会所有制结构多元化相适应,收入分配发生了重大变化:一是伴随着市场竞争,地区间、企业间、城乡间、阶层间收入分配差距扩大;二是资本所有权以及经营资本的能力本身成为收入的合法来源,从而使收入分配方式发生了深刻的变化;三是在利益关系越来越复杂的条件下,个人收入分配中的公平与效率的矛盾如何处理变得越来越复杂等等。

在公有制为主体的社会主义社会经济中,资源配置方式市场化、所有制结构多元化、分配方式多样化,这一系列的制度变迁是不是正义的?是不是文明的进步?这是包括经济学在内的各人文社会科学学科必须予以回答的问题。正因为如此,在经济学中价值论问题重新成为人们讨论的热点。因为价值论回答的正是一定的生产方式及其变迁的历史合理性及公正性问题。但是,如果我们机械地沿用马克思的价值论,逻辑的结论便是否定引入市场机制改革的历史公正性及合理性。因此,我们必须从实践出发,在坚持马克思主义科学的分析方法的基础上,发展并探索新的价值论,以在理论上支持社会主义市场经济的实践。这既是马克思劳动价值论在价值观上面临的历史性挑战,更是需要我们处理和创造的崭新命题。

跋

到 2005 年,北京大学经济学院已建院 20 周年了。为纪念建院 20 周年,在北京大学出版社的大力支持下,通过经济学院师生的共同努力,推出了《北京大学经济学院先贤文集》和《北京大学经济学院教授文库》两套学术系列著作。"先贤文集"由晏智杰先生任主编,在许多老先生的热情帮助下,陆续编辑并出版了李大钊、马寅初、蒋硕杰、陈岱孙、陈振汉等一批北大经济系前辈的论文集。"教授文库"则以北大经济学院(系)现任教授和离退休的教授为主体,由曹和平、睢国余任主编。出版这两套文集的根本目的在于三方面:一是检阅北大经济学院(系)的学术历史进程,二是展现北大经济学院的科研成果,三是推动并鼓励学术研究的深入。我这部文集便是"教授文库"中的一部。所以,在这里我首先要感谢北大经济学院为我的这部文集出版提供了机会,感谢作为这套文库主编的诸位老师和有关师生为文库出版所作的努力,同时也感谢北大出版社方面予以的大力支持。

我是从 1983 年开始正式发表经济学学术论文的。记得最初是在当时由陈岱孙先生任主编的《经济科学》1983 年第 1 期上发表的第一篇论文。也是在同一年,在当时由卫兴华先生任主编的《经济理论与经济管理》1983 年第 5 期上发表了第二篇论文。这部论文集所收的文章截止期限为 2004 年,也就是说,自我发表第一篇学术论文至此已有 20 余年。粗粗算一下,20 年来我发表的学术论文大体上超过了 150 篇(包括与人合作),另有 20 余部学术著作(包括与人合著)出版。1995 年,黑龙江教育出版社曾推出了一套《中青年学者文库》,其中有一部《刘伟集》,我在 1994 年以前发表的主要学术论文大都收进去了。1998 年,中国发展出版社约我把那几年在报刊上发表的一些短文结集出书,这样就有了一本名为《面对转轨之国》的短论集。所以,在这部文集中,所收录的均是 1995 年之后发表在各个报刊上的较长篇的文章,共选 33 篇。其中 7 篇发表在《经济研究》上,1 篇发表在中共中央主办的理论刊物《求是》上,4 篇发表在由董辅礽、厉以宁等先生任主编的相关论文集中,19 篇分别发表于《北京大学学报》、《中国工业经济》、《经济科学》、《中国党政干部论坛》等重要的学术核心期刊上,发表在报纸上的文章2篇,即《光明日报》、《经济日报》各选1篇。在这里,我向支持我发表学术论文的这些期刊、报纸的编辑人员致以深深的谢意。尤其要感谢《经济研究》多年来对我的信任和支持。《经济研究》是我十分尊重的学术刊物,我从1988年开始在上面发表文章,至今已有13篇,其中有一篇曾获全国首届青年社会科学优秀论文奖(胡绳奖)惟一的经济学一等奖。从20世纪80年代的董辅礽先生到赵人伟、张卓元、刘树成先生等几位主编,从唐宗琨到朱铁臻、樊纲、郑洪亮等几任编辑部主任,还有乔桐封等许多编辑,均给了我许许多多难以忘怀的指导和帮助。

  我知道,我的文章无论是在思想上还是在学术上都存在不足,但我的确是经过深入思考的;我也知道,我的文章无论是在选题上还是在论证上都有待进一步讨论,但我的确是在努力贴近中国经济改革和发展社会现实的。我曾多次讲过,中国社会经济发展问题的求解,不是学者坐在书斋里皓首穷经便可以找到答案的,而是需要各方面艰苦的实践,需要在实践基础上的理论探索。幸运的是,中国改革发展的历史进程,中国现代化的凝重步伐,为学者们提供了极为生动、丰富而又极为珍贵的实践平台,只要我们真正投身实践,真正以对我国社会经济发展负责任的态度对待学术研究,相信会取得丰硕成果的。让我们继续为此作出努力吧!

刘 伟
2005年春于北大